WELFARE FOR
THE ELDERLY

노인복지론

양철수 김현옥 윤원섭 윤희열 이영희
이정미 이척희 임선희 전미숙 진윤지 공저

수양재

머리말

유엔 경제사회국(DESA)의 「2019년 세계 인구 전망」에 따르면, 기대수명이 2019년 72.6세에서 2050년 77.1세로 늘어날 것으로 예상했다. 이에 따라 인구 65세 이상 고령층이 2019년 9%에서 2050년에는 16%로 증가하며, 고령화가 점점 심화할 것으로 전망했다. 한국은 2026년에 노인인구가 20%를 넘어서는 초고령사회에 도달하고, 노인인구수도 1천만 명 이상을 기록할 것으로 추계되고 있다. 이러한 한국의 고령화 추이는 전 세계에서 유례를 찾아보기 어려울 정도로 빠른 속도로 진행되고 있다.

한국사회는 과거 전통사회의 변화된 사회환경에서 다양한 노인문제와 이에 따른 복지욕구들이 발생하고 있는데, 대표적으로 노인부양문제를 비롯하여 노인빈곤, 노인치매, 노인학대, 노인자살 등을 들 수 있다. 이러한 노인문제를 해소하고 노인과 그 가족의 복지욕구를 충족시키기 위한 다양한 제도들이 시행되고 있다. 본서는 이러한 상황을 직시하고 『노인복지론』을 집필했음을 밝히고자 한다. 또한 본서는 이론과 실천 사이에서 균형을 취하고자 노력했다. 본서의 내용을 보면,

개요

노인복지란 아동, 장애인, 여성 등과 마찬가지로 인생에 있어서 노인 시기라는 특정한 생애주기에 있는 인간이 처할 수 있는 생활상의 문제에서 발생되는 노인문제에 대응한 조직적인 활동이다. 또한 노인복지는 주로 공적이고 사회적인 차원에서 노인의 일상생활상에서 겪을 수 있는 문제나 욕구를 해결해 나가는 과정을 포괄적으로 의미한다. 본 과목은 이러한 노인복지를 학습한다.

학습목포

첫째, 노인복지에 관한 기초 지식을 습득한다.

둘째, 사회복지전문가로서의 소양을 갖춘다.

셋째, 노인복지에 관한 이론과 실천의 균형감을 유지한다.

학습내용

Part Ⅰ 노인복지의 이해

- 1장 노인복지의 기초
- 2장 노년기의 발달
- 3장 노화이론

Part 2 노인문제

- 4장 노인문제의 이론적 접근
- 5장 노인학대
- 6장 사회적 배제
- 7장 노인의 성

Part 3 노인복지정책

- 8장 노인소득보장정책
- 9장 노인의료보장정책
- 10장 노인주거보장정책

Part 4 노인복지실천

- 11장 노인복지서비스
- 12장 노인상담
- 13장 노인의 건강과 죽음

본서가 나오기까지 공동저자들로서는 힘든 고통의 여정이었지만, 이제 출판을 눈앞에 두고 보니 부족함에 옷깃을 여민다. 학습자 여러분들께 감사하면서 어떠한 질책도 겸허히 수용하겠음을 밝히고자 한다. 본서가 출판되기까지 수고를 아끼지 않으신 수양재 대표님과 임직원분들께 진심으로 감사의 말씀을 드린다.

2019년 8월

대표저자 양 철 수

차 례

PART 02 노인문제

04 노인문제의 이론적 접근 / 89

05 노인학대 / 105

06 사회적 배제 / 125

07 노인의 성 / 147

PART 03 노인복지정책

PART 04 노인복지실천

PART

01

노인복지의 이해

contents

Senior Services Welfare

CHAPTER

01

노인복지의 기초

학습목표

1. 사회복지학에 대한 기본적 이해
2. 각 이론에 대한 학습
3. '노인'에 대한 학습의욕 고취

학습내용

1. 노인
2. 노인복지
3. 고령화

개요

'노인'이라는 용어는 말 그대로 나이 들어 늙은 사람이라는 의미이다. 이때 늙어 간다는 것, 즉 노화는 생물적 · 심리적 · 사회적 기능이 쇠퇴해 간다는 의미를 지닌다. 노인복지는 노인에 대한 정의를 바탕으로 복지적 관점에 노인을 이해한 것이다. 여기에서는 노인복지의 기초 지식을 학습하고자 한다.

CHAPTER

01
노인복지의 기초

1. 노인

1) 노인의 개념

(1) 노인의 일반적 정의

'노인'이라는 용어는 말 그대로 나이 들어 늙은 사람이라는 의미이다. 이때 늙어 간다는 것, 즉 노화는 생물적 · 심리적 · 사회적 기능이 쇠퇴해 간다는 의미를 지닌다. 노인이라는 용어는 나이가 들어 여러 기능이 저하된 사람임을 의미한다. 그러나 일상 생활, 학술연구, 각종 정책 등에서 노인을 호칭하는 말은 단지 노인이라는 단어에만 국한되지 않고 노년, 고령자 등으로 다양하게 쓰이고 있다. 먼저 '노인'이라는 용어는 나이든 사람에 대한 일반적 호칭으로 가장 널리 사용되고 있다. '노년'이라는 용어는 노인이라는 용어가 지닌 부정적 의미를 줄이기 위한 시도로 제안된 용어지만, 주로 노년기라는 생애주기에 있어서 인간발달단계상의 마지막 단계를 의미한다. '고령자'라는 용어는 노인만을 지칭한다기보다는 장년층에서 노년층까지 해당되는 보다 넓은 인구를 통칭하는 경우에 주로 사용된다. 이외에도 우리나라에서는 가족관계에서 활용하는 용어를 확장하여 할아버지, 할머니라는 용어로 부르기도 하며, 비하적인 의미를 지닌 용어가 다양하게 사용되기도 한다. 노인에 대한 존경의 의미를 담고 있는 용어로 우리의 옛글에서는 '아주 큰 아버지와 같은 존재'라는 의미를 지닌 '한아비'라는 용어를 사용하였으며, 최근 노인복지 실천현장에서는 '어르신'이라는 용어를 사용하고 있다.

세계적으로 노인을 의미하는 다양한 용어가 사용되고 있다. 영어권 국가에서는 늙은 사람(older person), 나이든 사람(aged), 연장자(elderly), 선배시민(senior citizen), 황금연령층(golden age)이라는 용어를 사용하고 있다. 프랑스에서는 적극적인 노후생활을 영위한다는 의미로 '제3세대'라는 용어를, 중국에서는 60대는 장년, 70대 이상은 '존년'이라는 용어를, 그리고 일본에서는 실버(silver) 또는 노년이라는 용어를 사용하는데, 이런 용어들은 노인이라는 용어와 함께 사용하고 있다.

이와 같이 어떤 문화권이든 간에 긍정 - 중립 - 부정의 세 가지 의미를 지닌 다양한 용어로 노인을 호칭하고 있다. 부정적 의미를 지닌 '노인'은 노년기의 기능 저하, 사회적 지위의 하락 등을 드러내어 노인을 사회적으로 비하 또는 차별하는 경우에 사용되기도 한다. 긍정적 의미의 '노인'은 노인의 높은 사회적 지위를 인정하고 사회의 웃어른으로 존중하고자 하는 의도를 내포한다. 그러므로 부정이나 긍정의 의미를 지닌 노인 관련 용어는 일상생활의 대인관계 또는 전문 원조과정에서 주로 사용되며, 객관성과 중립성을 요구하는 노인 관련 학문분야나 연구에서는 중립적 의미를 지닌 용어를 사용하는 것이 타당하다. 따라서, 노인복지의 실천현장에서는 '어르신'이라는 용어를 사용하는 것이 적절하며, 학술적 논의를 위해서는 부정적 의미가 없는 것은 아니지만, 현재 사용하고 있는 우리말 중에서는 상대적으로 중립적 의미를 지닌 '노인'이라는 용어를 사용하는 것이 바람직하다(권중돈, 2013: 20-21).

이와 같은 노인에 관한 개념 정의를 종합하여 볼 때, 노인이란 노화의 과정 또는 그 결과로서 생물・심리・사회적 기능이 약화되어 자립적 생활능력과 환경에 대한 적응능력이 약화되고 있는 사람이라고 규정할 수 있다.

(2) 조작적 정의

① 개인의 자각에 의한 노인

개인의 자각에 의한 노인이란, 개인 스스로가 주관적 자각에 의해 스스로를 노인이라고 생각하는 사람으로 규정함을 말한다. 그러나 이러한 정의도 어느 정도 생리적・신체적・사회심리적 노화의 상태를 내포한다고 할 수 있지만, 개인의 주관적 느낌에 전적으로 의존하므로 객관성이 결여되어 보편적 정의로 받아들인다는 것은 불가능할 것이다. 그러나 노년학영역에서 노인으로서의 자각의 시기를 조사한다거나, 그러한 사람의 행위양식이나 의식구조들을 조사할 경우, 개인의 자각에 의한 노인을 노인으로 규정하기도 한다(김인혁 외, 2015: 34-35).

이러한 개인의 자각에 따른 노인의 정의는 노화의 다양한 측면을 고려한 종합적 판단을 내포하기는 하지만, 매우 주관적이고 추상적이어서 노인에 관한 연구나 정책에서 활용하기에는 한계가 있다. 그러나 이 개념은 노인의 일상생활이나 대인관계, 그리고 노인을 위한 상담 등의 임상적 실천에서는 매우 유용하게 사용할 수 있다(권중돈, 2013: 22).

② 나이(역연령)에 따른 노인

노인은 한마디로 정의하기가 어려운 용어이다. 노인은 대개 노인, 어르신, 고령자, 시니어, 연장자, 원로 등으로 표현한다. 즉, 신체적으로 퇴화기에 있으며, 심리적으로 성격이 변화되고, 정신적 기능이 약화되어 있으며, 사회적으로 지위와 역할이 상실되고 있는 사람을 일컫는다. 그러나 노인들 간에 개인차가 심하여 신체적・심리적・사회적 특성만 가지고는 노인을 정의하기가 매우 어렵다(이근홍, 2018: 13).

이러한 노인에 대한 정의의 다양성으로 노인을 객관적으로 규정한다는 것이 어렵기 때문에, 우리나라는 연령적으로 65세 이상을 '노인'이라고 정의하며, 이를 세분해서 60~69세를 연소노인, 70~75세를 중고령노인, 75~84세를 고령노인, 85세 이상을 초고령노인으로 구분하는 경향이 있다. 그러나 노화가 시작되는 시기는 개인에 따라 차이가 있고, 개인마다 운동능력과 사고능력의 노화 정도가 다르며, 의식수준도 개인차가 심하기 때문에 노인을 한마디로 규정하기는 어렵다. 따라서, 일상적 활동이 감소하면서 사회와 유리되는 은퇴시기에 해당되는 사람을 노인으로 간주하고 있다(강경미, 2016: 372-373).

「노인복지법」에서는 65세를 노인으로 규정하고 있으며, 일반 기업체의 정년퇴직 연령은 55세 정도인 경우가 가장 많다. 우리 사회에서는 55~65세 사이에 노년기가 시작된다고 할 수 있다. 하지만 50대 후반의 사람을 노인으로 규정하는 경우는 매우 드물기 때문에 「노인복지법」에서 규정한 노년기의 시작 연령인 65세부터 노인으로 규정하는 것이 타당할 것이다(양철수 외, 2018: 326).

노인에 대한 다양한 정의와 연령기준에 대한 논의에도 불구하고, 현실적 · 객관적으로 노인을 정의해보면, 노인이란 신체적 · 생리적으로 퇴화되고 정신적 기능과 특성이 변화되며, 개인적 · 사회적 지위와 역할이 약화되어 있는 65세 이상이 된 사람이라고 할 수 있다(이근홍, 2018: 13). 그러나 평균수명이 연장되고 노인의 건강이 증진되면서 노인의 연령기준을 65세 그 이상으로 상향조정하자는 논의가 진행되고 있다. 대한노인회에서는 2015년에 노인의 연령을 70세로 상향조정하는 것을 공론화하자는 제안을 한 바 있다. 앞으로도 노인의 연령기준을 70세로 상향조정하자는 논의는 지속적으로 이루어질 것으로 전망된다.

③ 사회적 역할 상실에 의한 노인

주요 사회적 지위와 역할이 상실된 상태에 있는 사람을 노인으로 보는 것인데, 사회적 직업활동에서 퇴직하거나 가정에서 주부의 지위와 역할을 이양한 상태에 있는 사람을 말한다. 이러한 정의는 노인을 사회적 역할 면에서만 본 것이며, 사회적 지위와 역할이 분명하지 않거나, 그러한 사회적 역할을 수행하지 않는 상태에 있는 사람(특히, 여성)에게는 적용하기 힘든 정의다. 우리나라에서는 55세에 정년퇴직하는 경우가 아직도 가장 많고 그 이후에는 거의 사회적 지위와 역할이 주어지지 않은 상태이므로 사실상 55세 이후에 많은 사람들이 사회적인 노인이 된다고 볼 수 있다. 그러나 사회적 역할 상실로 판단한 노인은 퇴직 연령에 따라 다양할 수 있기 때문에 특정 연령 이상의 사람이라고 정의하기는 어렵다(최성재 · 장인협, 2014: 32).

④ 기능 정도에 따른 노인

역연령에 의해 획일적으로 노인을 규정한다는 것은 노화진행에 대한 개인차를 무시하고, 개인이 가지고 있는 능력 및 특정 연령대가 소유하는 특수능력을 간과하게 된다는 문제점을 가지고 있다. 예컨대, 20~30대에는 신체적 활동성과 분석적 능력을 필요로 하는 영역에서 강점을 나타낸다면, 40~50대에는 조직적이고 종합적인 능력을 강조하는 영역에서 우세할 것이며, 60~70대에는 정적이고 사회적 관계와 경험에 의한 능력을 요구하는 영역에서 강점을 나타낼 수 있을 것이다.

이러한 점에 비해 기능적 연령에 의한 노인의 정의는 역연령상의 능력을 완전히 배제하는 것은 아니지만, 각 연령대가 가지는 신체적 · 심리적 · 사회적 특성과 사회나 산업현장에서 각각의 영역들이 요구하는 기능의 특성과 정도를 고려한 상태에서 노인을 규정하려는 것이다. 예를 들어, 50대와 60대의 사람은 육체적으로 높은 강도를 요구하는 건설현장의 노동자로서는 쇠퇴한 노인일 수 있지만, 육체적 강도보다는 사회적 관계나 경험을 가지고 어떤 일을 처리하거나 관리를 해야 하는 영역에서는 노인이 아닐 수도 있다.

기능에 의한 노인의 정의는 산업노년학에서, 특히 관심을 가지고 발전시켜 나가는 정의이다. 이러한 정의는 개인의 능력과 기능을 감안하고 개인차를 고려한 상태에서 노인을 규정하고 있다는 장점은 있지만, 개인이 가지고 있는 실제능력을 판단할 수 있는 의학적·사회적·심리적 기준이 모호하여 많은 경우 관찰자나 판단자의 주관적 기준에 의해 노인으로 규정될 수 있다는 단점이 있다(김인혁 외, 2015: 36-37).

2) 관련 법에 의한 노인

「노인복지법」은 1981년에 제정되었으며, 급속히 진행되는 고령사회에 대비하기 위하여 1989년과 1997년에 전부 개정되었고, 그 후에도 동법 및 시행령, 시행규칙의 수차례에 걸친 개정을 통하여 노인을 위한 새로운 노인복지의 기초를 마련하고 있다.

현행 「노인복지법」의 제1조 목적에서는 "이 법은 노인의 질환을 사전예방 또는 조기발견하고 질환상태에 따른 적절한 치료·요양으로 심신의 건강을 유지하고, 노후생활안정을 위하여 필요한 조치를 강구함으로써 노인의 보건복지증진에 기여함을 목적으로 한다."고 규정하고 있다. 제2조에서는 노인복지정책의 대상 집단이 되는 노인에 대한 개념 및 성격을 정의하고 있는데, 구체적인 내용을 보면 다음과 같다. ① 노인은 후손의 양육과 국가 및 사회의 발전에 기여하여 온 자로서 존경받으며 건전하고 안정된 생활을 보장받는다. ② 노인은 그 능력에 따라 적당한 일에 종사하고 사회적 활동에 참여할 기회를 보장받는다. ③ 노인은 노령에 따르는 심신의 변화를 자각하여 항상 심신의 건강을 유지하고 그 지식과 경험을 활용하여 사회의 발전에 기여하도록 노력하여야 한다.

「노인복지법」에서 노인복지의 목적과 목표를 도출해 낼 수 있다. 먼저 노인복지의 목적은 신체적·심리적·사회적으로 편안하고 안락한 상태의 삶, 즉 의식주의 기본적인 욕구를 충족하고 건강과 문화적인 삶을 영위하는 것이다. 다시 말해서, 신체적·심리적·사회적 욕구나 문제를 예방 또는 해결하고, 창조적인 문화생활을 영위하는 것을 의미한다. 따라서, 노인복지가 추구하는 목표는 노인의 안정된 생활을 유지, 자아실현의 욕구 충족, 사회통합이다(송진영 외, 2016: 39).

2. 노인복지

1) 노인복지의 개념

노인복지란 아동, 장애인, 여성 등과 마찬가지로 인생에 있어서, 노인 시기라는 특정한 생애주기에 있는 인간이 처할 수 있는 생활상의 문제에서 발생되는 노인문제에 대응한 조직적인 활동이다. 또한 노인복지는 주로 공적이고 사회적인 차원에서 노인의 일상생활상에서 겪을 수 있는 문제나 욕구를 해결해 나가는 과정을 포괄적으로 의미한다. 그런 의미에서 민간이나 개인에 의해서 일회적이고 비조직적인 활동으로 이루어지는 영역은 노인복지로 지칭하기는 어렵다. 그러나 민간영역에서도 비영리적이고 공익적인 차원에서 노인들을 대상으로 필요한 자원과 서비스를 제공하는 활동들이 조직적으로 이루어질 수 있다고 보면, 노인복지를 어느 특정 주체의 활동이라는 식으로 제한하는 것도 타당하지 않다. 따라서, 노인복지의 개념은 한마디로 간파하기 어려운 개념이다. 그럼에도 불구하고, 이는 노인복지정책론 전반에 토대가 되는 핵심적인 틀을 제공하는 개념이기도 하다(고수현 · 윤선오, 2018: 103).

노인복지의 정의를 정리하면 다음과 같다.

최성재 · 장인협(2014: 313)에 따르면, 노인복지(social welfare for older persons)는 한마디로 노인이 복리적인 상태를 유지하도록 하는 사회적 활동으로 사회복지정책과 서비스의 한 분야다. 노인복지는 노인이 인간다운 생활을 영위하면서 자기가 속한 가족과 사회에 적응하고 통합될 수 있도록 필요한 자원과 서비스를 제공하는 데 관련된 공적 · 사적 차원에서의 계획과 서비스 제공 활동이다.

이근홍(2018: 28)에 따르면, 노인복지란 노인의 사회적 욕구를 충족시키기 위한 사회적 노력이며, 노인문제를 예방하고 해결하기 위한 대책으로서, 노인이 인간다운 삶을 영위할 수 있도록 필요한 서비스를 제공하는 정책적 · 실천적 모든 활동이다.

박석돈 외(2016: 67)에 따르면, 노인복지의 개념은 노인이 인간다운 생활을 영위하면서 자기가 속한 가족과 사회에 적응하고 통합될 수 있도록 필요한 자원과 서비스를 제공하는 것과 관련된 공적 및 사적 차원에서의 조직적이고 전문적인 활동이다.

결론적으로 노인복지는 기본적으로 인간다운 삶을 영위할 수 있는 가용 자원과 서비스가 제공되는 상태가 전제되어야 하며, 이에 필요한 전문적이고 과학적인 사회정책을 의미한다.

2) 노인복지의 원칙

노인복지정책과 서비스의 목표를 달성하기 위해서는 사회복지의 기본적인 가치관을 전반적으로 반영하는 다음과 같은 원칙들이 준수되어야 할 것이다(최성재・장인협, 2014: 328-331).

(1) 존엄성과 개인존중의 원칙

인간은 신분, 직업, 연령, 신체적・정신적 건강, 경제적 지위 등 어떤 면에서도 차별받지 않는 권리로서 존엄성이 존중되어야 하며, 이와 관련하여 개인은 다른 개인과 구별되는 특성과 욕구를 지니고 있는 개성 있는 존재로 인정되어야 한다. 특히, 생산성의 저하로 노인의 존엄성이 무시되어서는 안 된다. 이와 같은 원칙은 대한민국 「헌법」의 규정(제10조)에 "모든 국민은 인간으로서의 존엄과 가치를 지니며…"라는 내용으로 보장되고 있다.

(2) 개별화의 원칙

인간은 타인과 구별되는 고유한 특성이 있으므로 개성이 존중될 수 있도록 개별적으로 다루어져야 한다. 일반적으로 노인을 역연령에 의해 60세 또는 65세 이상을 동일한 하나의 집단으로 다루는 경우가 많다. 노인을 역연령으로 정의할 경우, 그 연령의 폭은 60~120세까지 대단히 넓다. 그 이유는 60세 노인과 80세 노인, 100세 노인이 같을 수는 없기 때문에 "노인들은 이러이러하다.", "노인들은 다 그래." 등과 같은 일반화의 오류를 범하거나 고정관념이나 편견(stereotype)을 가지는 것은 피해야 한다.

(3) 자기결정의 원칙

노인도 인간으로서의 존엄성과 개성을 가지고 있으므로, 가능하면 노인 자신의 복리에 영향을 미치는 어떠한 결정도 노인 자신의 선택에 의하여 이루어지도록 해야 한다. 이 과정에서 노인이 판단능력이 없거나 부족한 경우를 제외하고는, 서비스 제공자는 여러 가지 선택 대안을 제시하고 각각의 장단점을 설명하여, 노인이 스스로 한 가지를 선택하도록 하는 것이 중요하다.

(4) 권리와 책임의 원칙

모든 노인에게는 권리와 책임이 수반되어야 한다는 것이다. 이러한 원칙은 「노인복지법」 제2조에 다음과 같이 잘 명시되고 있다.

① 노인은 후손의 양육과 국가 및 사회의 발전에 기여하여 온 자로서 존경받으며, 건전하고 안정된 생활을 보장받는다.
② 노인은 능력에 따라 적당한 일에 종사하고 사회적 활동에 참여할 기회를 보장받는다.
③ 노인은 노령에 따르는 심신의 변화를 자각하여 항상 심신의 건강을 유지하고, 그 지식과 경험을 활용하여 사회의 발전에 기여하도록 노력해야 한다.

위의 조문 중 ①과 ②는 노인의 권리를 보장해야 함을 나타내고 있고, ③은 노인으로서의 책임 이행을 권장하고 있다. 물론 법조문에 '권리'라는 표현은 없으나, ①과 ②는 「헌법」 제10조(기본적 인권의 보장) 및 제34조(사회보장)에 의해서 뒷받침되는 것으로 받아들여 노인의 권리로 인정되고 보장받는 것은 당연하다. 특히, 노인은 산업사회에서 은거나 은퇴로 무위도식하며 비생산적인 존재로서 낮은 자아상을 갖게 되거나 아무런 책임도 없는 무료한 존재로서 간주되어서는 안 된다. 이러한 의미에서 위의 ③항은 노인의 개인적 · 사회적 책임을 촉구하는 것이라고 본다. 노인들도 가족이나 사회 또는 국가의 정당한 기대나 합리적인 여망을 받아들이고 책임감을 가져야 하며, 사회봉사활동 등에 자발적으로 참여해야 하고, 자신의 발전에 도움이 되는 기회를 적극적으로 활용하는 등 책임의식을 명확히 할 필요가 있다.

(5) 보편성과 선별성의 원칙

선별적 프로그램은 급여의 자격요건이 잠재적인 클라이언트의 재정상태를 평가하는 자산조사나 소득조사의 결과에 의하여 결정되는 데 반하여, 보편적 프로그램은 경제상태에 관계없이 어떤 계층이나 범주에 속하는 모든 사람에게 급여를 제공하는 것이다. 노인은 경제적 상태에 관계없이 공통적인 욕구(예, 사회적 · 심리적 욕구 등)와 발달과업을 가지고 있으므로, 이를 해결하기 위해서는 65세 이상의 노인 전체에게 공통적으로 주어지는 서비스가 필요하다. 그러나 개인마다 경제적 사정이 다르므로 경제적인 욕구의 정도도 다른데, 사회적인 입장에서 비용의 절감과 비용의 효과성을 위해서 경제적 소득이 일정 수준 이하인 노인에게 한정하여 선별적으로 혜택을 줄 필요성이 있다. 따라서, 노인복지사업은 정부의 주어진 재정적 · 사회적 여건 속에서 노인의 욕구에 따라 선별적 원칙과 보편적 원칙을 적절히 대치하거나 병행하여 적용해야 한다.

(6) 개발적 기능의 원칙

개발적 기능의 원칙은 노인의 개별성이나 주체성을 인정하는 데서 비롯된다. 문제를 가진 노인이 자발적으로 문제를 해결하도록 도움을 주어야 한다. 즉, 노인을 문제해결의 주체로 보고 노인이 스스로 문제를 해결하도록 도와주는 것이 되어야 한다.

따라서, 이러한 경우 노인복지 서비스의 과제는 노인에게 내재되어 있는 능력을 발견하며 개발하는 것으로, 개인뿐 아니라 소집단과 지역사회를 대상으로 하여 실행할 수 있다.

(7) 전체성의 원칙

노인복지정책과 서비스의 계획 및 실천에서 노인을 하나의 전체성을 띤 인간으로 받아들여야한다. 노인은 신체적 · 정서적 · 지적 · 사회적 · 심리적 · 영적 모든 측면의 총체로서 인정해야 하며, 어느 한 측면만을 강조하여 원조를 하는 것은 바람직하지 못한 것이다. 더구나, 노화는 신체적 · 심리적 · 사회적 측면에서 각각 다르게 나타나고, 이러한 측면들이 상호 관련을 가지고 있으므로, 노인을 신체적 · 지적 · 정서적 · 사회적 · 심리적 · 영적 측면을 포함해 전체적으로 이해하고, 이를 기반으로 서비스를 제공하는 것은 아주 중요하다. 특히, 최근 노인복지 서비스의 접근방법으로 생물심리사회적 접근방법(biopsychosocial approach)이 중요하게 부각되는 추세도 이러한 전체성 원칙을 반영한 것으로 볼 수 있다.

(8) 전문성의 원칙

노인복지사업은 전문적 지식과 기술을 기반으로 하여 실시되어야 한다는 원리다. 흔히 노인복지라고 하면 자선이나 연민의 차원에서 자발적으로 상식적인 도움을 주는 행동으로 간주하는 경향이 아직도 농후하다. 경로와 봉사라는 마음만 있으면 노인의 제반 사회생활상의 문제를 해결할 수 있으리라는 생각은 잘못된 것이다. 노인복지사업이 그 목표를 달성하기 위해서는 전문적인 사회복지조직이나 기구, 전문적인 훈련을 받은 인력이 도움을 주어야 한다. 사회복지발달사적인 면에서 볼 때, 자선적 · 상식적 차원의 자원봉사자만으로는 인간의 제반 생활상의 문제를 잘 해결할 수 없음이 밝혀져서, 전문적인 교육에 의한 사회복지 전문가의 참여가 필요하다. 오늘날 노년학의 제반 응용분야인 노인의학, 노인간호학, 노인사회복지학 등의 등장은 노인문제를 전문적인 지식과 기술 위에서 해결하려는 필요성을 반영한 것으로 볼 수 있다.

(9) 노인의 시대적 욕구 반영 원칙

노인은 연령에 관계없이 동질적인 사람이 아니며, 시대에 따라 각각 다르게 이해되어야 한다. 즉, 오늘의 노인과 내일의 노인은 같지 않다는 것이다. 노인을 연령 코호트(cohort)로 보면, 이들은 각각 다른 사회적·역사적 경험을 하고, 다른 사회화과정을 거쳐서 노년기에 이르게 되었기 때문에, 노인들의 욕구는 시대에 관계없이 동일하다고 할 수는 없다. 노인복지사업은 시대적으로 다른 노인들의 욕구를 잘 파악하여 이를 적절히 반영해야 한다. 그러므로 수시로 욕구조사를 하고 새로운 프로그램을 계획하는 것은, 노인복지정책과 노인복지 서비스를 발전시키는 주요 요소이자 효과적인 노인복지 서비스의 원칙이 된다.

3) 노인복지정책의 기본 원칙

노인복지정책을 수립·실천하는 데에는 몇 가지 기본 원칙이 있다. 그 내용은 다음과 같다(박석돈 외, 2016: 82-86).

(1) 시회정의의 원칙

사회의 전문적·문화적 제도는 인간의 일반적 생활조건을 전제로 운영되므로 평균 능력 이하의 사회적 약자는 제외될 수밖에 없다. 이러한 일반적 제도의 테두리로부터 탈락되는 자는 그러한 제도에 대신하는 사회적 기관이 없다면 현실적으로 생활할 수 없게 된다. 따라서, 평균 이하의 능력조건이나 특수한 욕구를 갖는 노인은 현실적으로 기본적인 삶을 유지할 수 있는 조건에서 보호되어야 한다.

노인의 사회적 측면에서 노인복지정책이 소수의 불행한 노인을 위한 선별적 서비스에서 전체 노인을 대상으로 보편적 서비스를 제공해야 한다. 노인의 부양과 보호는 개인과 가족만의 책임이 아니라, 이제 사회 공동체의 문제로 인식하고 국가의 책임 하에 실천되어야 한다.

(2) 세대 간 연대성의 원칙

각 국가는 전통, 사회구조 및 문화적 가치의 맥락 아래 모든 연령계층의 사람들이 안녕과 조화로운 발전을 추구하여야 하므로 노인복지정책은 전통적인 요소와 혁신적인 요소 사이의 균형을 유지하여야 한다. 다양한 구조와 형태를 가지고 있는 가족은 세대를 이어가는 사회의 기본적인 단위이며, 각 국가의 전통과 관습에 따라 유지되고, 강화되고 그리고 보호되어야 한다. 연령 차별에 대한 적극적인 조치로서 세대 간 상호지원과 세대 간 통합이 장려되는 노인복지정책이 수립되어야 한다.

(3) 자발적 참여의 원칙

노인의 욕구를 해결하기 위한 개입방법과 지원과정이 노인 당사자가 스스로의 능력에 맞추어 문제와 욕구를 해결하는 실마리를 스스로 생각하고 실행하도록 돕는 것을 말한다. 욕구를 해결하는 서비스의 선택에서 노인의 자기결정권을 존중하여야 하며, 서비스 제공과정에서도 단순한 보호 측면보다는 능력부여를 통해 가족의 수발기능을 강화하고 가급적 노인 스스로 일상생활을 유지할 수 있도록 지원한다.

정부, 특히 지방정부, 민간단체, 개인 자원봉사자, 그리고 노인협회를 비롯한 자발적 단체들은 가정과 지역사회에서 노인들을 위한 지원과 보호에 중요한 기여를 할 수 있다. 또한 노인들 자신이 정책의 형성과 실행과정의 적극적인 참여자이어야 한다.

(4) 독립성의 원칙

소득, 가족과 지역사회의 지원 및 자조를 통하여 적절한 의식주 및 건강보호에 접근할 수 있어야 한다. 일을 할 수 있는 기회를 제공받거나, 직장에서 언제, 어떻게 그

만들 것인지에 대해 스스로 결정할 수 있어야 한다. 적절한 교육과 훈련 프로그램에 접근할 수 있도록 차별이 없어야 하며, 개인의 선호와 변화하는 능력에 맞추어 안전하고 적응할 수 있는 주거와 환경에서 살 수 있어야 한다.

(5) 포괄성의 원칙

노인 개인이 갖는 다양한 사회복지적 욕구가 전체로 조화될 수 있어야 한다는 원칙이다. 고령화는 전 생애에 걸친 과정이며 누구나 경험하게 된다. 전 인류의 노후 삶에 대한 준비로서의 노인복지정책은 노인의 육체적 · 심리적 · 문화적 · 정신적 · 경제적 건강 및 기타 요소들을 포괄적으로 충족시킬 수 있는 통합적인 분야가 되어야 한다. 특히, 물질적인 측면뿐 아니라 정신적인 측면에서도 정당하고 번영된 노후를 달성하기 위하여 세계적인 사회 · 경제 · 문화 그리고 정신적인 추세의 보다 광범위한 배경하에서 고려되어야 한다.

(6) 지속성의 원칙

노인들의 정신적 · 문화적 · 사회적 · 경제적인 기여는 사회에 귀중한 것이므로, 노인이 생산적인 활동에 더 많이 참여할 기회가 제공되어야 한다. 노인의 참여와 동기, 기여를 촉진하기 위한 사회적 지출은 지속적인 투자로 간주되어야 한다. 고령화와 관련된 모든 측면에서의 계속적인 연구를 통해 개별 노인의 보다 안녕된 삶의 유지와 사회적 가치의 창출에 노력하여야 한다. 고령화는 경험과 지혜의 상징인 동시에 사람들로 하여금 많은 것을 배우고 얻을 수 있게 해줄 수 있다. 초기 노령기에서부터 임종에 이르기까지 노인의 욕구 변화에 지속적으로 대응할 수 있는 서비스, 상담, 프로그램의 제공이 정책적으로 마련되어야 한다.

(7) 사회적 보호의 원칙

노인은 신체적 건강의 욕구에서부터 가족문제, 수발문제, 보호 서비스의 요구, 경제적 안정의 욕구에 이르기까지 다양한 욕구를 지니고 있고, 이 욕구에 대한 사회복지적 개입은 노인의 욕구를 포괄적이며 체계적으로 해결할 수 있도록 지원되어야 한다.

노인은 각 사회의 문화적 가치체계에 따른 사회제도의 수준 안에서 가족과 지역사회의 보살핌과 보호를 받아야 한다. 정부와 민간단체들은 노인을 돌보는 가족들이 부양의무를 충실히 이행할 수 있도록 필요한 때에 필요한 곳에서 지역사회로부터 적절한 자원을 제공받을 수 있도록 하여야 하며, 특히 노인을 가정에서 부양하기를 원하는 저소득가족을 지원하는 사회복지 서비스를 마련하여야 한다.

3. 고령화

1) 고령화의 개념

UN의 기준에 따르면, 65세 이상 인구가 총인구를 차지하는 비율이 7% 이상을 '고령화사회(Aging Society)', 65세 이상 인구가 총인구를 차지하는 비율이 14% 이상을 '고령사회(Aged Society)'라고 하고, 65세 이상 인구가 총인구를 차지하는 비율이 20% 이상을 '초고령사회(super-aged society)' 또는 '후기고령사회(post-aged society)라고 한다.

UN 경제사회국(DESA)의 '2019년 세계 인구 전망'에 따르면, 기대수명이 2019년 72.6세에서 2050년 77.1세로 늘어날 것으로 예상했다. 이에 따라 인구 65세 이상 고령층이 2019년 9%에서 2050년에는 16%로 증가하며, 고령화가 점점 심화될 것으로 전망했다(서울경제, 2019년 6월 18일자). 또한 2025년에 65세 이상의 인구가 총인구에서 차지하는 비율은 일본 27.3%, 스위스 23.4%, 덴마크 23.3%, 독일 23.2%, 스웨덴 22.4%, 미국 19.8%, 영국 19.4%로 예측되고 있다. 즉, 대부분의 서구 선진국들은 20세기 초를 전후해 고령화사회로 진입했고 영국・독일・프랑스 등은 1970년대에 고령사회가 됐다. 일본의 경우, 1970년에 고령화사회로, 이어 1994년에 고령사회로 진입했다.

고령이란 용어에 대한 정의는 보편적으로 일정한 것은 아니다. 한국의 「고령자고용

촉진법」 시행령 제2조에서는 55세 이상을 고령자, 50~54세를 준고령자로 규정하고 있다. 인구의 고령화 요인은 출생률의 저하와 사망률의 저하에 있다. 평균수명이 긴 나라가 선진국이고 평화롭고 안정된 사회를 상징하는 의미에서 장수는 인간의 소망이기도 하지만, 고령에 따르는 질병·빈곤·고독·무직업 등에 대응하는 사회경제적 대책이 고령화사회의 당면과제이다.

고령화현상은 전 세계적 인구 변화의 추세로 이미 많은 국가에서 고령화에 적응하고 있다. 우리나라 역시 급속한 고령화 속도를 보이고 있으며, 노인인구 역시 양적으로 급증하는 것으로 나타났다. 이 같은 노인층의 규모 확대는 노인집단 특성의 변화를 야기하고 있다. 65세 이상 노인집단 내에서도 출생 시점별, 인구사회학적 배경에 따라 다양성을 가져올 것으로 예측되고 있다. 이에 65세 전후반 노인과 80대 후반, 나아가 90대 이상의 연령별, 그리고 교육수준과 건강상태 등에 따라 집단의 다양성은 점차 커질 것으로 예상된다. 이와 같은 노인인구의 양적 증가와 특성의 다양화는 관련 복지 서비스에 대한 욕구로 연결될 것으로 전망되며, 이에 최근 급속히 증가한 요양 서비스를 비롯하여 여가복지 서비스, 고용복지 서비스 및 주거 관련 서비스 등이 계속적으로 증가할 것으로 예상된다(이윤경 외, 2013: 발간사).

2) 고령화 현황

통계청(2018a: 21)의 '2018 고령자 통계'에 따르면, 2018년 우리나라 전체 인구는 5,163만 5,000명으로 2031년까지 계속 증가 후 감소하는 반면, 65세 이상 인구는 738만 1,000명으로 2050년(1,881만 3,000명)까지 지속적으로 증가할 전망이다. 2018년 인구 피라미드는 30~50대가 두터운 항아리 형태였으나, 2060년에는 고령화로 인하여 60대 이상이 두터운 모습으로 변화될 것으로 전망된다. 2018년 65세 이상 인구가 차지하는 구성비는 14.3%로 지속적으로 증가하고 있다.

연령별로 살펴보면, 65세 이상 인구 중 65~69세와 70~74세가 차지하는 구성비는 감소하는 반면, 75세 이상의 구성비는 지속적으로 증가 추세이다.

고령인구의 연령대별 구성비는 〈표 1-1〉과 같다.

〈표 1-1〉 고령인구의 연령대별 구성비 (단위: 천 명, %)

연도	총인구	65세 이상		연령대별 인구 및 구성비					
			구성비	65~69세	구성비	70~74세	구성비	75세 이상	구성비
2000	46,136	3,375	7.3	1,377	40.8	919	27.2	1,078	32.0
2005	47,279	4,372	9.2	1,683	38.5	1,255	28.7	1,434	32.8
2010	48,580	5,434	11.2	1,817	33.4	1,569	28.9	2,049	37.7
2017	51,423	7,171	13.9	2,315	32.3	1,756	24.5	3,100	43.2
2018	51,635	7,381	14.3	2,360	32.0	1,798	24.4	3,223	43.7

자료: 통계청(2019a: 12).

통계청(2019a: 7)의 '장래인구특별추계: 2017~2067년'에 따르면, 2017년 현재 65세 이상 고령인구는 13.8%(707만 명)로 나타났다. 이는 2017년부터 0~14세 유소년인구보다 많아지고, 2067년에는 고령인구가 유소년인구보다 5.7배 많을 것으로 전망된다. 또한 고령인구가 2017년 707만 명에서 2025년에 1,000만 명을 넘고, 2050년에 1,901만 명까지 증가한 후 감소하기 시작하여 2067년에는 1,827만 명에 이를 전망이다. 고령인구 구성비를 살펴보면, 2017년 13.8%에서 빠르게 증가하여 2025년 20%, 2036년 30%, 2051년 40%를 초과할 전망이다.

고령인구 추이는 [그림 1-1]과 같다.

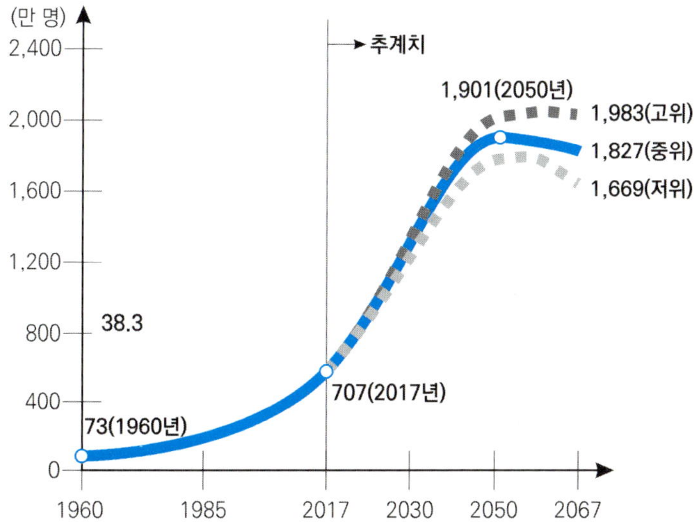

자료: 통계청(2019a: 12).

[그림 1-1] 고령인구 추이

2017년과 2067년의 연령별 인구 구성비를 보면, 65세 이상 고령인구 비중은 13.8% → 46.5%로 증가할 것으로 전망된다.

연령계층별 인구 구성비는 [그림 1-2]와 같다.

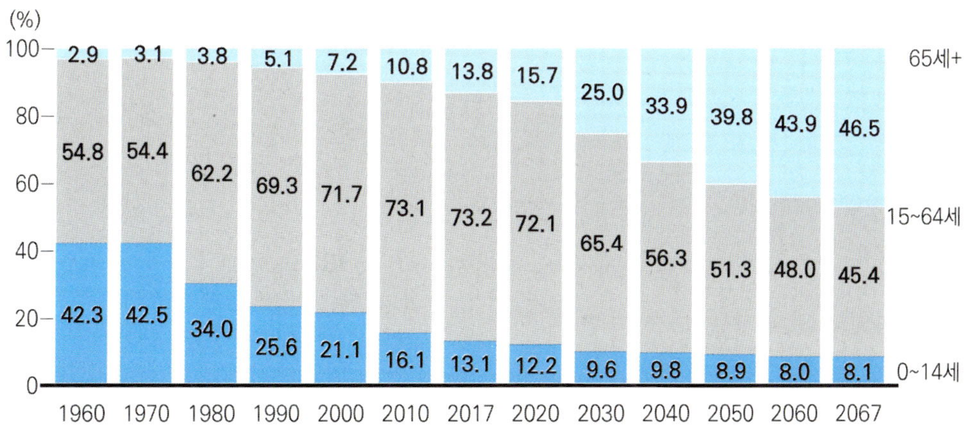

자료: 통계청(2019a: 7).

[그림 1-2] 연령계층별 인구 구성비

3) 고령화의 문제점

노인인구의 증가는 사회 전반에 심각한 영향을 끼치고 있다. 그 내용은 다음과 같다.

(1) 세대 간 갈등의 심화

세대 간 갈등이 심화될 가능성이 높다. 노인인구의 증가는 연금재정을 압박하게 될 것이므로 이를 해결하기 위해서는 연금급여액은 낮추고 연금보험료를 높이는 방향으로 연금제도를 개혁할 수밖에 없다. 이 과정에서 노인인구는 더 많은 연금급여를 요구할 것인 반면, 생산인구인 젊은 세대는 연금보험료 인상에 반대하게 됨으로써 세대 간 갈등이 심화될 가능성이 높다. 그리고 노인인구와 유년인구의 비율이 역전됨에 따라 어떤 세대를 위한 재정투자를 더 많이 할 것인가를 놓고 정책적 가치갈등이 표출될 수도 있다(최세영 외, 2018: 335).

최근 정년연장의 논의는 또 하나의 갈등요소가 되고 있다. 정년연장은 노인에게 능력 활용과 소득 증대라는 유리한 측면이 있는 반면에, 청년들에게 일자리 획득 기회를 박탈할 수 있는 양면성이 존재하고 있다. 이는 사회적인 이슈에 대해 세대 간 의식 차이라는 차원을 넘어 각 세대 간의 생존권에 관한 문제이기 때문에 양보를 이끌어 내기가 쉽지 않다.

(2) 경제성장의 우려

고령화는 일반적으로 경제성장을 둔화시키는 인구요인으로 인식하고 있다. 고령화는 임금을 상승시키는 반면, 생산성을 저하시키며, 국가경제에 부정적으로 작용한다고 지적되고 있다. 또한 노동력 자체가 고령화되면서, 젊은 노동력의 실업과의 대체관계 등 새로운 문제가 제기되고 있다(김치영 외, 2014: 37).

그중에서도 경제적으로는 사회적 부담의 증대를 비롯하여 고용구조, 국민저축, 노인복지 등에 큰 영향을 미친다. 우선 상대적으로 증가하는 노인인구를 부양하기 위한 연금지급액의 증대, 의료비 부담 등 사회적 부담은 증가할 수밖에 없을 것이다.

고령화사회에서는 경제주체들이 노후를 대비하기 위해 현재 소비를 줄이고 저축을 늘리는 등 소비·투자가 감소할 수 있으며, 노동자의 고령화로 인한 임금 상승효과는 기업의 부담을 늘려 연구개발 혹은 신규 투자가 줄어들 수 있다. 또한 고령층의 소비비중이 높은 주택, 보건, 식료품 등의 수요는 증가하는 반면, 오락 및 문화, 의류 등의 산업은 침체될 가능성이 있다.

결국 고령화로 인한 사회적 비용증가는 경제성장에 대한 우려를 자아내게 하여 구가경제에 크나 큰 부담으로 작용할 수 있다.

(3) 노인문제의 발생

인구의 고령화가 진전됨에 따라 사회적 의미에서 노인문제가 특수한 문제가 아니라, 사회 전반에 영향을 미칠 수 있는 문제로 등장하여 정책과 학문분야에 자리를 잡게 된 것은 현대화, 도시화, 산업화와 궤를 같이하는 비교적 최근의 일이다(김근홍 외, 2013: 254).

노병일(2018: 100)에 따르면, 전 세계의 선진국에서는 여러 가지 노인문제가 등장하고 있다. 앞으로 인간의 수명이 길어짐에 따라, 노인의 어려움을 겪는 기간은 길어질 전망이다. 이러한 노인문제의 증가 배경에는 산업화로 인한 가족형태 변화, 공공교육기회의 확대와 지식의 대량생산과 보급, 인터넷의 발전, 가부장제의 쇠퇴 등의 다양한 요인들이 작용하고 있다. 문제는 한국사회에서 이러한 변화들이 모두 점진적으로 온 것이 아니라, 매우 급속히 왔기 때문에, 노인이 직면하는 다양한 문제들에 대해 대비할 여유가 없었고, 그 결과 일부의 노인들은 매우 심각한 상황에 직면하는 경우도 많이 나타난다.

박철현(2018: 349)에 따르면, 노인문제는 기본적으로 노인의 사회적 지위하락에서 출발한다. 다시 말해서, 노인의 지위가 하락하지 않았더라면, 아마도 노인문제는 현대사회의 중요한 사회문제로는 등장하지 않았을 것이다. 따라서, 이러한 문제를 감안하여 노인문제를 정의하면, 노인문제란 노인의 사회적 지위하락으로 인하여 사회생활에서 불편을 겪고 사회적 비용을 발생시키는 것으로, 사회의 영향력 있는 사람들이 사회문제로서 정의하는 상태이다. 따라서 이 정의에 따르면, 노인의 빈곤, 노인학대, 노인의 소외와 자살 등의 다양한 노인문제를 모두 포괄할 수 있다.

표갑수(2010: 127)에 따르면, 노인문제는 노인의 기본적 생존과 발전의 욕구 및 문제를 노인 자신이나 가족의 노력에 의해 해결하지 못하는 상태를 말하는데, 경제적 어려움, 건강보호의 어려움, 고독·소외·갈등을 느끼는 현상, 역할상실과 여가선용의 어려움 등을 포함하는 현상을 말한다. 즉, 노인문제란 추상적 개념에 해당되는데, 학자와 시대 및 장소에 따라 다르게 정의되고 있으며, 청소년 비행 및 성차별문제같이 특정현상을 말하는 것이 아니라, 복합적 양상을 보이기 때문에 한마디로 정의하기 어렵다. 하지만 다수의 노인들에게 공통적으로 나타나는 문제로 노인 자신이나 가족의 노력만으로 해결할 수 없는 문제라고 볼 수 있다.

노병일(2018: 100)에 의하면, 사회문제화된 노인문제로 노인빈곤, 노인정신건강, 노인학대 등을 들고 있다. 즉, 첫째, 노인빈곤과 관련된 논의이다. 노인빈곤의 주요 요인으로는, 고용, 건강, 지출 등과 관련된다. 이러한 노인빈곤은 노인의 삶에 크게 부정적인 영향을 미친다. 둘째, 노인의 정신건강과 관련된 논의이다. 노인은 여러 가지의 상실을 경험하기 때문에 정신건강이 열악할 가능성이 있다. 특히, 노년기에는 심리적·사회적으로 스트레스를 많이 경험하고 또한 뇌가 변화하기 때문에 노인은 정신건강문제를 겪기 쉽다. 셋째, 노인학대와 관련된 논의이다. 노인학대는 노인에게 신체적·정서적·성적·경제적으로 어려움을 주는 행동이라고 볼 수 있다. 일반적으로 노인학대는 부모가 자녀와 함께 살거나 자녀에게 의지하는 경우에 가장 많이 발생한다.

CHAPTER

02

노년기의 발달

학습목표

1. 노년기 발달특성 이해
2. 노년기의 성격변화 숙지
3. 노년기의 사회적 활동 분석

학습내용

1. 노년기의 개념
2. 노년기의 발달특성
3. 노년기의 활동

개요

노년기는 중년기 이후부터 죽음까지를 일컫는 데, 노년기는 인생의 마지막 단계이다. 노년기에 들어서면 중년기에서의 생활로부터 급격한 삶의 변화가 온다. 아울러 임종과 함께 죽음을 맞이하는 노인들은 본인뿐 아니라, 가족을 포함한 주변인들에게 적지 않은 영향을 미친다. 노년기는 긍정적·부정적 관점이 교차한다. 여기에서는 노년기의 발달특성을 학습하고자 한다.

CHAPTER

02

노년기의 발달

1. 노년기의 개념

인간의 발달단계를 생애주기로 구분할 때, 노년기는 중년기 이후부터 죽음까지를 일컫는데, 노년기는 인생의 마지막 단계이다. 물론 노년기의 시점에 관한 견해는 다양하여 노년기의 시작 나이를 일률적으로 규정하기는 쉽지 않다. 그러나 노년기에 들어서면 중년기에서의 생활로부터 급격한 삶의 변화가 온다. 아울러 임종과 함께 죽음을 맞이하는 노인들은 본인뿐 아니라, 가족을 포함한 주변인들에게 적지 않은 영향을 미친다. 취업활동을 비롯한 노년기 사회활동이 하향곡선을 그리면서 생활환경이 바뀌고, 노화로 제반활동이 줄어들고, 결국 가족이나 노인복지시설에 의지하는 경향이 강하다. 이뿐만 아니라, 임종과 죽음을 맞이하면서 발생하는 노인들의 심리적 변화와 이들의 가족 간 관계가 불러일으킬 수 있는 여러 문제는 사회문제로까지 대두하고 있다(최옥채 외, 2015: 347).

이 시기에는 자녀양육 책임으로부터 벗어나 부부관계에 보다 초점을 맞추게 되고, 자녀들이 성인이 되는 등 중년기까지의 자신의 삶이 결혼생활과 자녀양육에서 그리고 직업 등에서 성공했는지 실패했는지를 평가할 수 있는 증거가 축적된다. 따라서, 노년기에는 지나온 삶에 대한 평가를 하게 되는데, 이 과정에서 자신의 성취한계를 깨닫고 어느 정도의 실망을 하게 된다. 문제는 이것을 어떻게 받아들이는가인데, 어떤 경우에는 지나온 삶을 돌아보면서 극도의 우울감에 빠져 현재의 어떤 경험도 그 우울을 보상하지 못하는 경우가 있는가 하면, 어떤 경우에는 지나온 삶에 대한 평가를 지나치게 긍정적으로 합리화하여 극도의 자신감을 표현하는 경우도 있다(김이영 외, 2015: 185).

한편, 노년기의 의미를 바라보는 관점은 긍정적 관점과 부정적 관점이 있는데, 노년기를 죽음에 이르기까지의 인생의 마지막 단계로서 신체적 능력의 쇠퇴와 사회적 관계의 축소, 그리고 사회경제적 지위의 하락과 같은 쇠퇴가 일어나는 시기로 보는 시각이 있다. 다른 시각은 노년기까지 삶을 살아오는 데 축적된 경험과 지혜를 바탕으로 사회를 위해 봉사할 수 있으며, 죽음에 대비해 자신이 살아온 삶을 정리하는 과업이 중요한 시기로 보는 긍정적인 관점이 있다(지영주 외, 2016: 320).

2. 노년기의 발달특성

1) 신체적 발달

노화(aging)란 정상적 성장과 발달의 한 과정으로 연령 증가에 따라 인간 유기체에서 일어나는 생리 및 신체・심리・사회적 측면의 쇠퇴나 무기력화 현상이라고 정의할 수 있다. 이중 신체적 노화란 연령의 증가에 따라 일어나는 신체 구조적 및 신체 내적 기능의 변화를 의미한다. 이 시기에 들어서면 얼굴의 표피는 점차 얇아지고, 주름이

지며, 제2차 성장이 점차 위축되어 성별의 특징이 사라지게 된다. 골격은 뼈의 경화, 철분의 퇴적, 뼈대 구조의 변화가 나타나고, 신장이 줄어들며, 근육은 탄력성을 잃고 섬유소가 증가한다. 또한 감각기관의 능력이 감퇴하고 자극에 둔감해지며, 뇌의 무게가 줄고 뇌공은 팽창하며 피질조직은 좁아진다. 신체 기능상의 변화도 뒤따르는데, 자율적 조정능력이 감퇴하여 동작이 느려지고 동작 사이의 조정이 잘 이루어지지 않아 행동이 서툴고 어색하며, 지능이나 기억력 등 정신능력의 감퇴가 일어난다.

신체 내부의 장기는 40세부터 중량이 감소하지만, 심장은 말초혈관의 동맥경화에 의한 심장 비대, 지방분의 증가 등이 원인이 되어 오히려 중량이 늘어난다. 즉, 심박출량과 심장박동능력이 떨어지면서 노년기에는 각종 심장질환에 걸릴 가능성이 높아진다. 노년기는 치아 결손, 소화효소분비량의 감소, 위 근육의 약화 등으로 소화기능이 감퇴된다. 그리고 폐용적의 감소로 폐 속에 잔기량이 증가하여 기관지 질환이나 호흡기 질환에 걸릴 가능성도 높아진다. 심장기능의 저하와 혈관기능의 저하는 혈액순환에 방해를 가져와 혈압의 상승을 가져오고, 이에 따라 동맥경화나 혈관성 치매에 이를 가능성 또한 높아진다(정은, 2014: 280).

노년기에는 수면에도 변화가 온다. 전체 수면시간은 줄어들며 자주 잠에서 깬다. 노인들은 하룻밤에 평균적으로 약 20번 잠에서 깨어나며, 밤 시간의 약 20%는 깨어 있는 것이다. 노인의 약 1/3이 불면증을 호소한다. 잠자는 동안 일시적으로 호흡이 중단되는 현상(apnea)도 노년기 수면의 한 특징이다. 호흡 중단은 한 번에 약 2초에서 2분간 지속되며, 하룻밤에도 수백 번 나타날 수 있다(Hayachi & Ende, 1982).

감각기능의 손상 또한 현저하다. 눈의 렌즈의 조절기능의 약화로 인해 시야 가까이 다가오는 물체에 대한 시각적 예민성이 급격히 감소된다. 노안이 오며, 하나 이상의 초점이 형성됨으로써 시야가 흐려지게 된다. 홍채의 유연성이 떨어져서 약한 불빛에서 동공의 크기가 확장되지 못하므로 밤눈이 어두워진다. 실제로 불빛이 흐린 상태에서 노인의 망막은 젊은이의 약 10~33%의 밝기밖에 받아들이지 못한다(Kosnik et al., 1988). 50대부터 색깔 변별능력이 낮아지는데, 초록과 파란색 계통의 변별력 손상이 먼저 오며 빨간색은 가장 늦게 나타난다. 이러한 시감각능력의 변화는 시지각 감퇴를 유발한다. 생리적 기능의 감소는 신체적 질병 가능성을 증가시킨다. 또한 노화되면서 난청현상이 나타나 목소리를 구별하기 힘들어진다. 즉, 고음을 들을 수 있는 능력이 점차 저하되기 시작하여 나중에는 저음을 구별할 수 있는 능력도 감퇴된다. 이러한 청각기능의 장애는 타인과의 의사소통과정에서 걸림돌이 되어 대인관계에도 문제를 가져오게 된다(이순형 · 성미애, 2014: 354).

결론적으로 65세 이후에 신체적 문제가 전혀 없는 노인은 발견하기가 어렵다. 연령 증가와 함께 심장혈관계의 효율성이 감소하고, 허파, 신장, 간, 신경계 활동 등 신체 전반의 활동이 저하된다.

2) 인지적 발달

인간의 성장의 의미는 퇴화도 함축하고 있다. 소위 연륜이라는 개념도 고연령에서는 의미가 없다고 하겠다. 그런 측면에서 인지적 변화는 노화의 측면에서 이미 앞에서 언급된 마음이나 지적 능력이 젊은지 늙었는지에 관계된 정신연령과 달력연령의 결합된 결과라고 할 수 있다. 그러나 노화에 있어서 중요한 사실은 인지능력에서 정신연령과 달력연령이 반드시 비례하는 것은 아니라는 점이다. 왜냐하면 과거와 다른 영양상태의 증진과 의학기술의 발달은 인간의 평균수명뿐만 아니라, 건강수명까지도 연장시켰기 때문이다.

일반적으로 인지적 변화는 총체적인 측면에서 인지능력의 퇴화를 의미하는 것이지만, 부분적으로는 증진되는 능력도 있다. 달력연령의 성장은 다음과 같은 능력들이 어느 순간을 기점으로 둔해진다.

노년기의 특징인 지적 능력의 저하가 환경의 산물이라는 지적도 있다(Newman & Newman, 2011). 노년기의 환경은 새로운 사고나 체계적 사고를 강화하고 격려하는 유형이 아니며, 이러한 요인이 인지적 능력의 쇠퇴에 기여한다. 예를 들어, 많은 노인들이 혼자서 사는데, 이것은 지적 분화와 새로운 사고형성을 촉진하는 다양한 사회적 상호작용이 결핍된 환경이다. 또한 노인들은 과거에 대해 이야기할 때 강화받는 경향이 있으며, 이렇게 회상에 사로잡히는 것은 새로운 방향의 사고를 격려하지 않는다.

언어능력의 변화를 살펴보면, 대체로 연령이 높아짐에 따라 음성이 달라지는데, 이런 변화는 후두연골이 경화되어 탄력을 잃어서 생기는 것이다. 즉, 후두의 근육이 약화되면, 이에 따라 성대도 약해져서 점막에 변화가 생기고 음성이 달라진다. 또한 대체로 연령이 높아짐에 따라 음성이 고음으로 변하며, 성대가 서서히 힘을 잃어가고 폭도 줄어든다. 따라서, 일상의 대화보다 음량을 크게 요구하는 성악활동이나 연설을 할 때 곤란을 느끼게 된다. 그리고 노년기가 되면 말이 점점 느려지는데, 이는 발음기관의 변화에서 비롯된다기보다는 중추신경계통의 퇴화로 인해 생긴 결과이다. 그러나 어휘능력 면에서는 비교적 감퇴가 적다. 어휘는 아동기에 점차 확장되면서 일상생활에서 사용되기 때문에, 다른 정신능력에 비해서 감퇴 정도가 약하고, 감퇴속도도 느리다. 어휘력은 연령보다는 오히려 흥미, 교육수준, 언어의 기회, 언어 사용의 질과 정도 등의 요인들이 더 크게 영향을 미친다(이순형 · 성미애, 2014: 360).

스키너(Skinner, 1958b)는 노년기에 인지적 능력의 쇠퇴를 막기 위한 개입으로 타인들과 언어적 상호작용을 촉진하는 규칙적인 기회를 가질 것, 기억이 감퇴하는 것을 막기 위해 책이나 논문의 개요를 작성해 볼 것, 아이디어가 떠올랐을 때 즉시 행동에 옮길 것 등을 제시했다.

노년기의 인지능력의 변화는 다음과 같다(김귀환 외, 2015: 258-259).

(1) 감각과 지각의 변화

시각 퇴화에 따른 원근감각의 약화, 고음청취 곤란 및 소리 식별능력 쇠퇴, 청각 쇠퇴로 인한 대인관계상의 문제, 촉각과 통각의 쇠퇴, 후각 · 미각 · 균형감각의 쇠퇴 등이다.

(2) 지적 능력의 변화

추리력, 기억력, 도형지각력 등과 같은 유동성 지능은 감소하지만, 어휘력, 상식, 이해력 등 결정성 지능은 증가한다. 즉, 많은 경험들은 후형식적 사고를 가능하게 하며, 결국 그것은 지혜의 증가를 의미한다.

(3) 학습과 기억능력의 변화

전반적인 학습능력의 저하, 단기 기억력・최근 기억력의 급감, 장기 기억력・최고 기억력의 점진적 감소, 동기・압박감・노력・보상 등에 의한 창의성의 개인차・다양화 등이다.

3) 정서적 발달

노년기에는 신체적 건강수준의 쇠퇴, 만성질환, 평생토록 함께 살아온 배우자의 죽음, 정년퇴직으로 인한 경제사정의 악화, 가족이나 사회로부터의 소외 등으로 인하여 외로움, 고독감, 불안감, 좌절감, 죄의식 등을 갖게 되어 우울증 경향이 증가한다.

노년기가 되어 사회활동이 줄어들면서 노인들은 사회로부터 위축되어 내면의 자아로 몰두하게 되면서 내향성이 증가하게 된다. 또한 노인들은 어떤 일을 처리하는 데 있어서 스스로 노력이나 시도를 해보기도 전에 포기하거나 문제해결을 우연에 맡기는 경향이 있으며, 능동적이라기보다는 수동적이다(양철수 외, 2018: 330).

노년기에는 융통성이 부족하고 경직성이 증가하여 환경의 변화에 적응하지 못하고 과거의 사고방식이나 태도를 고집하는 경향이 있다. 또한 시각, 청각 등의 감각기관의 퇴화와 과거의 경험을 바탕으로 한 정확성과 완벽성의 추구로 인하여 어떤 일을 할 때 조심성이 증가한다. 노인들은 가족구성원 간의 감정적 유대관계를 중요시하고, 믿고 의지할 사람을 찾게 되며, 물질적 도움보다는 심리적으로 의존할 수 있는 대상을 필요로 한다.

노인이 되면 그동안 살아온 자신의 인생을 되돌아보고 과거의 다양한 경험을 회상하는 일이 많아지며, 자신이 오랫동안 소중하게 여겼던 물건들이나 주위의 친근한 사물에 대해 애착을 갖게 된다. 노년기에는 시간의 흐름에 대한 인식이 달라져 생애의 나날이 젊은 시절보다 더욱 빠르게 느껴지며, 자녀, 재산, 작품 등과 같은 유산을 남기고자 하는 경향이 나타나게 된다. 또한 노인이 되면 남성과 여성의 성역할 지각의 변화가 나타나 남성은 집 안에 있기를 좋아하는 반면, 여성은 사회활동을 좋아하게 된다.

노년기에 들어서면 여러 가지 신체적·인지적 노화현상으로 인해 성격의 변화가 나타난다. 노년기의 성격 변화의 특성을 살펴보면 다음과 같다(이순형·성미애, 2014: 363-365).

(1) 시간전망의 변화

인간은 중년기인 45세를 전후하여 자기의 일생을 보는 관점이 달라지기 시작한다. 청소년기는 출생 후 나이가 증가해 가는 것으로 보지만, 중년기를 넘어서면서부터는 죽음을 염두에 두고 수명이 한 해씩 짧아지는 것으로 파악한다.

(2) 신체적 변화에 대한 민감한 변화

자신의 신체적 노쇠현상에 대해 지나치게 우려하게 된다. 비록 실제로 신체가 노화되지 않았다 하더라도, 중년기 이후부터는 건강에 세심한 주의를 기울이고 청년기와 비슷한 수준의 건강상태를 유지하려고 안간힘을 쓴다.

(3) 우울증 경향의 증가

신체적 건강수준의 쇠퇴와 질병, 퇴직으로 인한 직업역할 상실과 경제사정의 악화, 가족이나 사회 여러 단체와 모임들로부터의 고립 등으로 우울증 경향을 보이게 된다. 구체적으로 불면증, 체중감소, 강박관념, 증오심 등의 우울증상이 나타난다. 그러나 성숙한 성격의 소유자는 모든 일에 감사하는 자세로 임하여, 부정적이고 고통스러웠던 과거의 경험을 부각시키기보다는 오히려, 긍정적인 일이나 다행스러웠던 일을 생각하면서 평안한 심리적 적응상태를 이룩하게 된다.

(4) 내향성 및 수동성의 증가

노년기에 이르면 일처리 면에서 수동적인 자세를 취하고, 더 나아가서는 노력이나 시도를 해 보기도 전에 포기하고 미신이나 우연을 통해 문제를 해결하려는 신비주의적 경향이 높아진다.

(5) 경직성의 증가

경직성이란 융통성에 반대되는 개념으로 사물이나 환경을 다루는 면에서 새로운 방법을 채택하기를 꺼리고, 구태의연한 방법을 고집하는 경향을 말한다. 그런데 이와 같은 경직성과 관계되는 것은 단순히 연령증가 때문만은 아니다. 오히려 지능지수와 출생동시집단(cohort group)과 관련이 깊다. 즉, 지능(IQ)이 낮을수록 경직성이 높고, 같은 연령이라 하더라도 시대적으로 예전에 태어난 사람이 경직성이 높다. 그러므로 단순히 노인이기 때문에 사고가 경직되었다고 단정해서는 안 된다.

(6) 인지양식의 문제

자기 주위의 환경을 파악할 때, 환경 속에 주어진 여러 가지 자극으로 인해 주의가 산만해지는 사람과, 이와 반대로 여러 가지 혼란스런 자극이 있더라도 별로 영향을 받지 않고 자기주장대로 사물을 파악하는 사람이 있다. 전자를 '장 의존적 인물'이라 하고, 후자를 '장 독립적 인물'이라 한다. 일반적으로 사람은 노인이 되면 '장 의존적' 경향을 띠게 되어, 여러 가지 자극 속에서 찾아내야 하는 자극을 빨리 구별해 내지 못한다고 알려져 있다.

(7) 조심성 경향의 증가

무슨 일을 계획하거나 실행에 옮길 때 노인은 젊은이보다 대단히 조심스럽다. 여기에는 두 가지 상반되는 주장이 있다. 첫 번째 입장은, 노인은 시각, 청각 등 감각능력이 크게 쇠퇴하므로, 그 부산물로 불가피하게 조심스러워진다는 주장이다. 두 번째 입장은, 노인은 속도보다는 정확성을 중요시하므로 모든 것을 조심스럽게 처리하여 시간이 많이 걸리고, 능률이 떨어지더라도 완벽하게 일을 해 낸다는 주장이다. 이러한 주장에서 볼 때, 조심성 경향의 증가는 단순한 연령증가의 문제라기보다는, 어려운 시기를 살아온 세대와 이런 고난을 덜 겪은 젊은 세대 사이의 '세대차이'라고 할 수 있다.

4) 사회적 발달

(1) 노년기의 사회활동이론

노년기의 역할 변화가 삶의 중요한 기능에서의 전환을 가져온다. 즉, 이 시기에 가족관계의 변화, 사회관계적 변화, 은퇴 등에 의해 역할 상실이 일어난다. 또한 조부모 역할, 퇴직자 역할과 같이 새로운 행동양식과 관계형성을 요구하는 역할들이 출현한다.

일반적으로 노년기에 이르면 여러 가지 사회활동이나 직업적 책임에서 벗어나서 조용히 은둔생활을 즐기는 것이 심리적 적응을 잘하며 만족한 노화과정이라는 사회유리설(사회분리설, social disengagement theory)이 있다. 그에 반해, 최근에는 은둔생활보다는 오히려 계속적으로 활동하는 노인이 생활만족도가 높고, 적응을 잘한다는 사회활동설(social activity theory)이 주장되고 있다. 두 이론은 노인 각자가 일생 동안 지녀왔던 성격특성과 행동경향에 따라 다르게 적용된다. 즉, 항상 능동적이며 적극적이었던 노인은 노년에도 적절한 수준의 활동을 통해 만족한 노년기를 보낼 수 있을 것이다. 반면, 은퇴 후에 아무런 책임 없이 조용히 보낼 수 있는 것을 오히려 다행으로 생각하는 노인은 사회와의 유리를 통해 더욱 적응을 잘할 수 있을 것이다.

노년사회학(sociology of aging)

노인문제를 종합적으로 연구하는 사회학의 한 분야를 말한다. 즉, 노년기를 개인에 내재하는 신체적·정신적 능력의 변화라는 관점에서가 아니라, 외재적인 여러 조건, 이를테면 사회제도나 사회적 지위·역할의 변동과 같은 사회학적 관점에서 파악함으로써, 노년기와 관련된 구체적인 문제들을 해명하고 분석하려는 개별과학의 한 분야이다.

대표적 이론으로는 먼저, 적응론(accommodation)이 있는데, 이 이론은 노년기 직업활동 적응성에 분석의 초점을 두는 사회활동설과, 시점을 퇴직 후에 두는 사회이탈설(사회유리설)이 있다. 둘째는, 역할이론으로, 노년기에 있어서 일정한 지위와 역할 상실에 분석의 초점을 맞추는 사회적 통합이론(social integration theory)·부차문화론(secondary culture theory)·역할출구론(role exit theory) 등이 있다. 또한 사회적 지위와 역할 중에서, 특히 가족적 지위와 역할에 착안한 노년기의 가족주기적 이해와, 생명체로서의 생물학적 노화를 중시하는 생명주기적 변화를 근거로 한 라이프 스타일(life style)로부터의 접근도 노년사회학의 대표적인 입장이다.

① 사회유리설

이 이론에서 성공적인 노화는 일과 사회적 역할로부터 점차 벗어나 자유로워져 가는 과정이다. 노년기의 사회적 역할로부터 유리되는 것은 단절과 고립 또는 수동적이며 비활동적인 삶을 의미할 수 있지만, 다른 면에서는 일로부터 오는 과도한 스트레스를 줄여주며 신체 및 인지적 쇠퇴에 잘 적응할 수 있게 해줌으로써 내적 평온을 가져다주는 적응적 가치를 갖는다. 사회적 유리는 사회로부터 활동의 요구가 줄어들고, 사회적 및 가정적 역할의 중요성이 감소하는 중년 후기부터 시작하여 노년기에 들어서면서 더욱 급격하게 진행된다.

근래에 유리이론은 노년기 적응양상을 부분적으로 설명해줄 수는 있으나, 보편적 적응양상은 아니라는 비판이 가해지고 있다(송명자, 2008: 402).

② 사회활동설

이 이론에서는 성공적인 노화를 위해서 기존의 역할과 과업으로부터 벗어날 것이 아니라, 지속하고 유지해야 한다고 주장한다. 노년기에는 자녀의 성장, 은퇴, 능력감퇴 등 여러 가지 여건의 변화 때문에 불가피하게 이전의 역할을 계속하지 못하는 상황이 오게 된다. 활동이론에서는 성공적인 노화를 위해서 활동의 내용을 대치시켜 안정된 활동수준을 유지해야 한다고 주장한다(Havighurst, 1961; Havighurst et al., 1968).

1,000명 이상의 노인들에게 활동과 생활만족도에 관해 조사한 연구결과에 의하면, 가장 높은 만족을 얻은 노년기 삶은 친구와 가족들과 함께 비공식적인 활동에 많이 참여하는 삶이었다. TV 시청, 독서, 취미 등은 노년기 만족도 수준에 영향을 미치지 않았으며, 공식적이며 구조화된 단체활동에 참여하는 것은 노년기 생활만족도에 부정적인 영향을 미치는 것으로 밝혀졌다(Lognino & Kart, 1982).

(2) 사회관계적 변화

노년기에는 퇴직, 배우자와 친구의 상실 등으로 인하여 사회적 관계망이 줄어드는 것이 일반적이다. 그리고 직장 등과 같은 2차 집단과의 유대관계 및 참여 정도는 줄어들고, 가족, 친구, 이웃 등과 같은 1차 집단과의 관계가 사회적 관계의 중심이 되며, 그중에서도 가족이나 자녀와의 관계가 핵심적 관계축이 된다.

노년기에는 평균수명의 연장과 출산자녀 수의 감소로 자녀양육기간이 줄어들고, 배우자 사망 이후 독신으로 생활하는 기간과 여가시간이 늘어나게 된다. 따라서, 노년기에 있어서 원만한 부부관계의 유지는 삶의 만족도를 유지하는 데 필수적인 요인이 된다. 노년기에 원만한 부부관계를 유지하기 위해서는 건강 및 경제적 자립, 생활범위 조정 등이 이루어져야 한다. 특히, 남성노인의 경우 은퇴 이후 익숙하지 않은 가정이라는 공간에서 머물게 되는 시간이 늘어나게 되면서, 배우자와 갈등을 일으키는 경우가 많아질 수 있으므로, 양성적 성역할을 사전에 학습할 필요가 있다. 노년기가 되면 배우자의 사망이라는 상실을 경험하게 되는데, 이때 많은 노인들이 슬픔, 불면증, 식욕상실, 체중감소, 사회활동에 대한 관심 저하, 불안, 우울, 분노, 비통, 죄의식 등과 같은 애도 감정이나 이와 관련된 행동을 나타낸다. 전통사회에서는 일부종사의 유교적 윤리에 근거하여 노년기의 이혼과 재혼을 금기시해 왔으나, 최근에는 황혼이혼이 점차 증가하고 있으며, 노년기 재혼에 대해 보다 허용적 태도로 바뀌고 있다.

노년기에는 성인 자녀와 적절한 유대관계를 형성해야 하지만, 노인이 부양자의 지위에서 피부양자의 지위로 전환하는 과정에서 많은 어려움을 겪기도 한다. 특히, 핵가족화, 소가족화의 영향으로 자녀와 별거하는 비율이 높아지고, 부모 - 자녀 간의 정서적 유대관계도 소원해지는 등 질적 관계에서도 많은 변화가 일어나고 있다. 결혼, 취업 등으로 인하여 자녀가 모두 부모의 곁을 떠나고 노부부만 남게 되는 '빈둥지(empty nest) 시기'에 자유롭게 자기 자신을 개발할 수 있는 기회로 활용하는 경우가 있는가 하면, 자녀가 떠난 빈자리로 인하여 우울을 경험하는 경우도 있다. 노년기에 부모 - 자녀관계를 원만하게 유지하기 위해서는 자녀에게 일방적으로 의존하기보다는 상호 지원관계를 유지하고, 신체적 건강의 유지, 안정된 소득기반의 조성 그리고 심리적 건강 등을 확보하여야 한다.

노년기에 들어서 새로운 친구를 많이 사귄다는 것은 어려운 일이지만, 오래된 친한 친구의 존재는 노인의 삶의 의욕을 유지시키고 인생의 만족감을 경험하게 하는 요인으로 작용한다. 노년기에도 친구관계는 친밀감을 제공하며 여가활동을 함께하고, 인지적인 자극을 주는 역할을 하며, 노년기의 즐거움과 기쁨의 원천이 된다. 또한 친밀한 관계의 친구는 일상생활에서의 긴장이나 스트레스를 경감시키고 통제할 수 있도록 도움을 주는 역할을 한다.

노년기에는 직장동료관계 등과 같은 기존의 사회적 관계가 축소됨에 따라 친구의 수가 줄어들게 되지만, 새로운 친구를 사귀기가 쉽지 않으며, 대부분 지역적으로 가까운 곳에 사는 이웃노인이 친구가 되는 경우가 많다. 따라서, 노년기에 친밀한 친구관계를 유지하기 위해서는 경제적으로 안정되어 있어야 하며, 건강상태가 양호해야 하고, 동일한 지역에서 오래 거주하는 것이 바람직하다. 대다수의 노인들은 자신이 거주했던 집에서 살고 싶어 하며, 주거지를 변경하는 경우는 많지 않다.

(3) 사회화와 사회적 역할

사회화(socialization)란 사회적 상호작용을 통하여 사회의 규범, 가치, 역할기대 등을 학습하고 사회생활에 필요한 사회적 기술들을 발전시키게 하는 사회적 학습과정이다(Atchely & Barusch, 2003). 노인들도 사회의 연령규범과 사회화에 대한 기대에 순응하여야만 적응적인 삶을 영위할 수 있게 된다. 한 사회의 연령규범이 명확할수록 구성원들의 사회화과정은 보다 쉽게 이루어질 수 있다. 그러나 급격한 변화를 경험한 우리 사회는 노년기에 대한 긍정적 시각과 부정적 시각이 혼재해 있고, 노년기의 사회적 역할과 연령 적합행동에 대한 사회적 합의가 이루어지지 못하고 있는 실정이다.

이와 같이 노년기와 관련된 명확한 연령규범의 부재로 인하여 중년기 이후에 노년기에 적합한 가치, 기술, 지식, 행동 등을 사전에 학습하고 싶어도 할 수가 없게 되며, 예비적 사회화과정을 거치지 못한 채 노년기에 진입하게 됨으로써, 노후생활에 많은 혼란과 어려움을 경험하게 된다. 또한 한국사회는 어린이나 젊은이의 사회화에 주력하는 관계로, 노인은 새로운 지식이나 기술을 습득할 수 있는 기회가 제한됨으로써 사회에서 분리될 수밖에 없다(권중돈, 2014: 208).

노년기의 역할 변화가 삶의 중요한 기능에서의 전환을 가져온다. 즉, 이 시기에 배우자 사망, 은퇴 등에 의해 역할 상실이 일어난다. 또한 조부모 역할, 퇴직자 역할과 같이 새로운 행동양식과 관계형성을 요구하는 역할들이 출현한다. 노년기에는 퇴직, 배우자와 친구의 상실 등으로 인하여 사회적 관계망이 줄어들게 되는데, 노년기의 사회적 관계는 주로 가족을 중심으로 한 1차적 관계가 중심을 이루게 되는 것이 일반적이다. 그리고 노년기에는 중요하고 가치 있는 사회적 지위와 역할을 상실하는 경우가 많다. 그래서 노년기를 두고, '상실의 시기(time of loss)' 또는 '역할 없는 역할(roleless role)을 갖는 시기'라고 말하기도 한다.

그러나 노년기가 꼭 사회적 지위나 역할을 잃기만 하는 것은 아니며, 새로운 역할을 얻기도 하고, 동일한 역할을 수행하더라도 그 수행방법이 달라지며, 역할 자체의 중요성이 변화되는 등 다양한 역할전환을 경험할 수도 있다. 달라지는 노년기의 지위와 역할을 살펴보면, 우선 노년기에는 직업인의 지위에서 물러나서 퇴직인의 지위를 갖게 되며, 가족의 생계를 책임지는 가장으로서의 역할 또는 아내로서의 역할에서 피부양자, 독신, 조부모의 역할로 전환되게 된다. 그런 점에서 볼 때, 노인들의 직장이나 사회단체 등의 이차집단에서의 지위와 역할의 수와 종류는 줄어들지만, 일차집단 내에서의 지위와 역할은 종류를 달리할 뿐 큰 변화는 없다고 말할 수 있다. 그러나 중요한 사실은 노년기에 노인들이 중요한 지위와 역할을 상실하고, 사회적으로 가치가 낮은 지위와 역할을 획득하게 됨으로써, 노인 스스로 자신의 가치를 평가절하하게 되고, 그로 인하여 자존감과 삶의 만족도 등이 낮아지게 된다는 점이다(장수환 외, 2017: 119). 그리고 사회 역시 노년기의 지위와 역할 상실을 당연하게 받아들이거나 오히려 이를 조장하는 경향을 보임으로써, 노인의 사회적 분리와 소외를 초래하는 경향이 있다. 그러나 노년기의 역할전환이 항상 부정적 결과를 초래하는 것은 아니며, 대다수의 노인들은 이러한 역할전환에 성공적으로 적응하고 있고, 새롭게 획득한 지위와 역할에 만족하는 경우도 많이 있다.

(4) 퇴직자(은퇴자)의 역할

노동시장의 안정을 도모하기 위해 조기퇴직이 증가하는 추세이다. 조기퇴직은 노인들에게 다양한 문제를 불러일으킨다. 물론 고용자가 노동자에게 조기퇴직을 강요할 수는 없지만, 여러 가지 수단과 분위기를 통해 미묘한 압박을 주어 조기퇴직을 유도한다.

조기퇴직은 사회적으로 노동공급을 감소시키고 젊은 인력을 노동시장으로 빨리 끌어들일 수 있다는 장점이 있지만, 반면에 조기퇴직자들에 대한 퇴직연금 지불비용은 이미 거대한 수준이다. 또한 개인에게 퇴직은 아무런 준비나 도움 없이 새로운 인생과 지위에 직면하는 것을 의미한다.

개인적으로 여러 가지 여건이 좋지 못한 상황에서 퇴직한 노인들의 생활은 여러 문제에 봉착하게 된다. 특히, 우리 사회가 젊은 노동자를 대상으로 하는 노동시장 진출과 관련한 교육 및 다양한 제도를 개발해 온 반면, 노인이 퇴직을 준비하는 데 필요한 제도는 거의 개발해 오지 않았다(지영주 외, 2016: 333).

퇴직한다는 것은 개인의 삶의 많은 부분을 바꾸는 변화이다. 개인의 일상생활이나 사회적 관계, 자아정체감 등이 직업을 중심으로 형성되어 왔기 때문이다. 퇴직은 어느 정도 예측된 사건이므로 사전에 준비를 충실히 할수록 퇴직자의 역할에 대한 적응이 순조로운 것으로 알려져 있다. 퇴직이 갑작스러울수록, 그리고 그 사람의 직업역할에 깊이 뿌리박고 있을수록 퇴직자의 역할 적응에 어려움을 겪는 것으로 나타나고 있다.

노년기 '노후를 보내고 싶은 방법'의 조사(통계청, 2018a: 40)에 따르면, 2017년 65세 이상 고령자의 58.2%는 '취미활동'을 하며 노후를 보내고 싶어 하는 것으로 나타났다. 이는 2년 전보다 '취미활동'은 감소한 반면, '자원봉사활동', '종교활동', '소득창출활동'은 증가하고 있다. 남녀 모두 '취미활동'이 각각 60.0%, 56.8%로 가장 많고 그 다음으로 남자는 '소득창출활동' 20.8%, 여자는 '종교활동' 17.7%을 하면서 노후를 보내고 싶다고 생각하고 있는 것으로 나타났다.

결론적으로 '자원봉사활동'이나 '종교활동'이 70%를 초과하는 현상은 매우 바람직스러운 경향으로 평가될 수 있으나, '소득창출활동'이 17.1%를 점유하고 있는 현상은 노년기 소득안정이 이루어지지 않고 있다는 것을 말해준다.

노후를 보내고 싶은 방법은 〈표 2-1〉, [그림 2-1]과 같다.

〈표 2-1〉 노후를 보내고 싶은 방법(65세 이상) (단위: %)

구분	계	취미활동	학습 및 자아개발 활동	자원봉사 활동	종교활동	소득창출 활동	기타
2015	100.0	58.4	4.3	4.8	12.5	16.2	3.8
2017	100.0	58.2	4.3	5.3	13.4	17.1	1.7
남자	100.0	60.0	4.9	5.5	7.5	20.8	1.3
여자	100.0	56.8	3.8	5.2	17.7	14.4	2.0
65~69세	100.0	56.2	4.5	6.9	12.0	19.8	0.6
70~79세	100.0	57.8	4.3	5.1	13.8	17.4	1.7
80세 이상	100.0	62.7	4.0	3.0	15.1	11.4	3.8

자료: 통계청(2018a: 40).

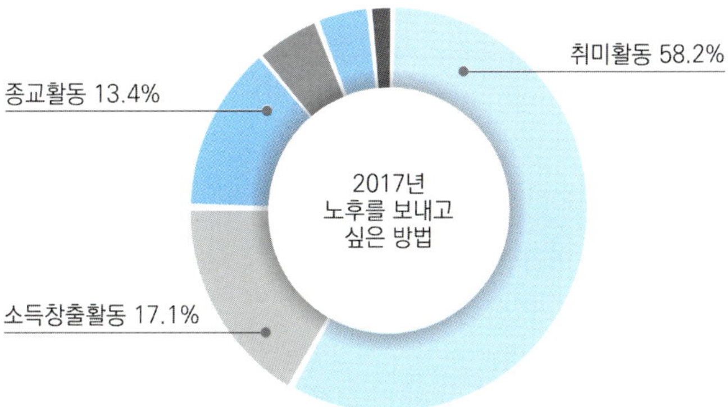

자료: 통계청(2018a: 39).

[그림 2-1] 노후를 보내고 싶은 방법(65세 이상)

(5) 가족관계적 변화

① 가정에서의 역할 변화

전통적인 가정에서 노인은 삶을 통한 오랜 경험, 지식, 지혜 등을 토대로 가정의 중요한 문제와 최종결정자로서 자손의 교육과 진로지도의 역할을 수행하였다. 그러나 현대에 들어와서 급격한 사회 변화에 따라 가족과 사회 속에서 노인의 역할이 크게 변화하였다. 가족 내에서 노인의 역할 변화에 가장 큰 영향을 미친 것은 핵가족화

현상이다. 도시화와 상업화로 가족농업의 산업구조가 해체되고 부부 중심의 핵가족화가 되었다. 그래서 가족의 기능도 과거의 가족이 수행하였던 경제적 · 사회적 · 문화적 기능이 크게 변화되면서 가족의 의미가 크게 축소되었다.

전통적인 가정에서 노인의 지위와 역할이 현대사회의 변화 속에서 어떻게 달라졌는가는 〈표 2-2〉와 같다.

〈표 2-2〉 가족관계에서의 노인 역할 변화

구분	전통사회	현대사회
가장	가정의 우두머리이며 가족의 대표	가장에서 피부양인으로
원로	모든 가족원의 정신적 지주로서 가족의 상징이자 존경의 대상자	지혜의 보고에서 시대의 낙오자로
가정교육의 책임자	자녀에 대한 교육과 사회화 및 사회적응에 대한 책임	가정교육의 책임자에서 방관자로
가계의 책임자	가정 경제를 책임지는 자산관리자이며 가계운영자	가정경제의 중심에서 종속인으로

자료: 송선희 외(2016: 85).

② 조부모로서의 활동

노년기의 역할 변화 중 하나는 조부모의 역할이다. 손자녀의 출생으로 인하여 이전에 경험해보지 못했던 조부모의 역할을 수행하게 된다. 조부모의 역할이란 손자, 손녀 등 아동기와의 만남으로 손자녀에게 오래된 동화를 이야기해주거나, 놀이터에 데려가서 함께 놀아주거나, 함께 지내면서 즐거움을 느끼며, 자신의 어린 시절을 되돌아보는 것이다. 조부모의 역할을 수행하는 데 필요한 기술이나 지식은 부모역할로서 요구되는 것 이상으로 어려운 것이다.

전통적으로 노인들이 수행해 온 조부모의 역할은 보통 대리부모의 역할, 정서적 지지자의 역할, 훈계자의 역할, 손자녀를 위한 수단적 역할, 가계역사를 계승하는 역할, 성역할, 조언자의 역할 등이 있다. 대부분의 조부모는 조부모의 역할을 통해 자아개념과 목적의식에 중요한 의미를 가지며, 손자녀에게 자부심과 만족감을 느낀다(지영주 외, 2016: 332-333).

③ **부부관계 및 배우자 사별로 인한 역할 변화**

노년기 부부는 자녀를 독립시킨 후 이전보다 더 많은 시간을 함께 보내고 질병을 앓거나 몸이 불편한 배우자를 보살피며 상호 간에 의지하며 살아간다. 노년기 부부에게 배우자는 동반자로서 매우 중요한 의미를 갖는다.

결혼 만족에 대한 연구들은 노부부만이 남는 시기가 자녀를 양육했던 시기보다 그 만족수준이 높다는 것을 보여 준다. 노년기의 부부관계는 결혼 초기에 비해 덜 열정적이고, 상호 간 자아노출의 수준이 낮아지나, 상대적으로 결혼관계에 대한 상호적인 투자와 가족애, 상호 간 충정심의 수준이 높아진다고 나타났다.

그러나 부부간의 갈등으로 인하여 노년기 이혼율이 최근 증가하고 있어서 소위 황혼이혼이 사회적 관심을 받고 있다. 최근의 이혼통계에 의하면, 20년 이상 동거한 부부의 이혼 비중이 지속적으로 증가하고 있으며, 55세 이상 연령에서의 이혼 비율이 연령별 분포에서 증가추세를 보이고 있다. 한편, 이혼을 회피하기 위한 수단으로 '졸혼'이라는 신풍속도가 노인들 사이에서 나타나고 있다.

고령자의 이혼 건수 조사(통계청, 2019c: 44-46)에 따르면, 2018년 전체 이혼 10만 8,684건 중 60세 이상 남자의 이혼은 1만 6,029건(3.3%)으로 전년도 1만 3,579건(3.0%)보다 10% 증가했으며, 여자의 이혼은 9,806건(1.6%)으로 전년도 8,136건(1.4%)보다 0.9% 증가한 것으로 나타났다. 노년기의 이혼은 다른 연령대에 비해 그로 인한 영향이 심각한 것으로 볼 수 있는데, 이혼을 한 후에 제한된 인간관계로 인해 오히려 사회적으로 소외될 가능성이 높고, 고립된 생활을 할 가능성이 높아진다. 한편, 이혼한 노인의 1/3 정도는 친구와 접촉하지 않고, 남성이 여성보다도 고립되는 경향이 있다(양철수 외, 2018: 338).

60세 이상 남녀의 최근 5년간 이혼 건수는 다음과 같다.

〈표 2-3〉 남자의 이혼 건수

(단위: 건)

연도	계	19세↓	20~24	25~29	30~34	35~39	40~44	45~49	50~54	55~59	60세↑
2014	115,510	30	968	3,507	11,251	15,867	21,765	21,677	17,984	11,201	11,260
2015	109,153	31	1,067	3,295	9,904	14,691	19,510	20,273	17,183	11,563	11,636
2016	107,328	33	1,133	3,165	9,506	14,554	18,006	20,093	16,633	11,938	12,267
2017	106,032	28	1,065	3,329	8,817	14,581	16,738	19,776	16,122	11,997	13,579
2018	108,684	30	1,004	3,317	8,052	14,665	16,135	19,658	16,562	13,232	16,029

자료: 통계청(2019c: 44).

〈표 2-4〉 여자의 이혼 건수

(단위: 건)

연도	계	19세↓	20~24	25~29	30~34	35~39	40~44	45~49	50~54	55~59	60세↑
2014	115,510	280	3,419	8,208	15,949	18,402	22,638	19,261	13,703	7,701	5,949
2015	109,153	215	3,054	7,342	14,345	16,978	20,802	18,696	13,298	8,208	6,215
2016	107,328	173	2,993	7,225	13,575	16,674	19,184	18,886	12,980	8,635	7,003
2017	106,032	176	2,782	7,126	12,857	16,870	18,096	18,339	12,766	8,884	8,136
2018	108,684	140	2,791	6,806	11,889	17,158	17,201	19,146	13,743	10,004	9,806

자료: 통계청(2019c: 46).

CHAPTER

03

노화이론

학습목표

1. 노화에 대한 개념 이해
2. 노화의 특성에 대한 학습
3. 노화 성격유형이론 숙지

학습내용

1. 노화의 개념
2. 생물학적 노화
3. 심리적 노화
4. 사회적 노화
5. 성격유형이론

개요

노화는 인간의 성장발달 과정 중에 나타나는 정상적인 현상이지만, 생물학적 또는 사회학적인 관점에서는 주로 성장 또는 성숙의 뒤에 나타나는 쇠퇴 또는 상실을 의미한다. 여기서는 노화를 정의하고 노화이론을 학습하고자 한다.

CHAPTER

03 노화이론

1. 노화의 개념

시간이 흐름에 따라서 인간뿐만 아니라, 모든 생물은 변화가 일어나기 마련이다. 인간은 늙어가기 마련이며 생체조직이나 세포, 기관 등 생체 전반에서 쇠퇴나 무기력 등의 현상이 나타나게 된다. 이와 같이 늙어 가는 현상을 일반적으로 '노화' 또는 '노화현상'이라고 말한다(김태현, 2012: 38).

노화에 대한 정의를 살펴보면 다음과 같다.

비버(Beaver, 1983)에 따르면, 노화는 시간이 흐름에 따라 유기체의 세포, 조직, 기관조직 또는 유기체 전체에 일어나는 점진적인 변화라고 정의한다. 이러한 의미에서 보면, 노화는 인간이 출생하여 죽음에 이르는 과정의 전반적인 변화를 말하는 것이다.

비렌(Birren, 1959)에 따르면, 노화는 인간의 정상적 성장과 발달과정의 한 부분이며,

적어도 신체의 기관과 체계의 구조 및 기능이 시간의 경과에 따라 변화하는 생물학적 노화, 축적된 경험에 의한 행동·감각·자각기능, 자아에 대한 인식 등이 변화하는 심리적 노화, 생활주기를 통하여 일어나는 규범, 기대, 사회적 지위와 역할의 변화를 의미하는 사회적 노화의 과정을 포함한다.

김수영 외(2017: 33)에 따르면, 노화는 인간의 성장발달과정 중에 나타나는 정상적인 현상이지만, 생물학적 또는 사회학적인 관점에서는 주로 성장 또는 성숙의 뒤에 나타나는 쇠퇴 또는 상실을 의미한다. 따라서, 노년기를 경험해 보지 못한 청장년이나 중년들은 노화현상을 부정적인 의미로 받아들이며, 심지어 초기 노년기에 속한 사람들은 자신의 노화를 받아들이지 않으려는 경향도 나타나고 있다.

사실 노화란 복잡한 현상으로 그것을 한마디로 정의하기란 결코 간단한 일이 아니다. 노화현상이 표면에 나타나는 것을 중년기 이후일지 모르지만 인간은 출생에서부터 성장기를 통해 노화가 서서히 진행되고 있다. 따라서, '노화'는 나이를 먹는다는 말을 뜻하는 '노령(aging)'으로 나타내고 있다.

인간의 삶의 과정은 역동적인 안정과 변화의 연속이며, 이러한 변화를 '발달'이라고 지칭한다. 발달은 유기체(organism)의 생물적 발달에만 국한되지 않고 심리적 발달과 사회적 발달까지를 포괄하며, ① 양적으로 증대하고 구조적으로 분화, 정밀화 그리고 통합되고 기능적으로 유능화되는 상승적 발달과, ② 양적으로 감소하고 구조적으로 단순화되며, 기능적으로는 무능화되는 퇴행적 발달 모두를 포함한다(권중돈, 2016: 45). 노화(aging)는 이러한 발달 중에서 퇴행적 발달을 의미하며, 상승적 발달을 의미하는 성장(growth)이나 성숙(maturation)과는 대비되는 개념이다. 즉, 노화란 시간의 흐름에 따라 유기체의 생물적·심리적·사회적 측면에서 나타나는 점진적이고 정상적인 발달과정상의 변화로서, 주로 퇴행적 발달을 의미한다고 정의할 수 있다.

일반적으로 노화현상의 원인으로 제기된 내용을 보면 다음과 같다(김태현, 2012: 40). 첫째, 구체적으로 제시하지 않고 일반적이며 관념적인 고찰에 의해 그 원인을 분석하는 경우, 둘째, 신진대사의 변화가 노화의 원인이 된다는 경우, 셋째, 일정한 조직과 장기에 생겨나는 변화가 중요한 역할을 지닌다는 경우, 넷째, 노령 변화의 원인은 세포나 조직의 전체적 변화에 따른다고 보는 경우이다.

노화에 대한 몇몇의 특징을 보면 다음과 같다(김태현, 2012: 39).

첫째, 노화는 시간의 흐름에 따라 세포나 조직, 기관 등의 유기체 전반에 걸쳐서 일어나는 점진적인 변화이다.

둘째, 노화는 시간의 경과에 따라 생기며 시간적으로 관련되거나 혹은 제약되는 것으로 환경의 변화에 적절히 반응하게 되는 조직과 기능의 결합을 갖게 한다.

셋째, 노화란 본질적으로 생체에 내재하고 있는 필연적 과정으로서 생기는 것으로, 외상이나 전염병 또는 외적 · 환경적 인자에 의해서 발생되는 것이 아닌 내재성(intrinsicality)을 갖는다.

넷째, 연령에 수반되는 생리적 기능의 저하, 스트레스에 의한 변화에 대해 자기회복력의 저하, 예비력의 저하 또는 병에 걸리기 쉽고 죽음의 확률이 연령과 더불어 대수적으로 증가하는 현상이다.

그러나 노화의 개념을 좀 더 정확히 이해하기 위해서는 노화의 특징과 관련된 몇 가지 논쟁을 깊이 있게 탐색해 보아야 한다(권중돈, 2016: 46).

첫째, 일반적으로 노화는 발달상의 변화로 이해하는 경우가 많지만, 나이가 들어도 어릴 적 생김새를 지니고 있는 것에서 보듯이, 노화의 과정에서 변화만 일어나는 것은 아니다. 따라서, 노화를 논의함에 있어서는 변화와 함께 생물적 · 심리적 · 사회적 측면에서 변하지 않고 동일하게 남아 있는 특성, 즉, 안정성에 대해서도 함께 고려해야 한다.

둘째, 노화의 과정에서는 일반적으로 상실 혹은 쇠퇴가 특징적으로 나타나지만, 노년기에 신체건강은 상실하는 반면, 경험과 지혜는 확장되는 것과 같이 새롭게 어떤 특성을 얻기도 한다. 노화는 상실과 획득, 쇠퇴와 성장, 부정과 긍정 두 가지 측면을 가지고 있으므로, 이 두 가지 측면을 동시에 고려해야 한다(Vaillant, 2002).

셋째, 노화는 모든 사람에게 보편적으로 나타나는 일차적이고 본질적인 것이지만, 같은 나이에도 늙어 보이고 젊어 보이는 사람이 있듯이 개인에 따라 노화의 속도나 정도에 차이가 있다. 따라서, 노화의 보편성과 개별성을 동시에 고려해야 한다.

넷째, 노화를 유전적 프로그램에 의해 유발되는 외적 변화로 인식하는 경우가 있지만, 외부의 환경적 요인 역시 노화를 일으키는 주요 요인이며, 노화에 따라 내적 변화 또한 일어나게 된다. 따라서, 노화의 원인과 결과를 논의할 때 반드시 유전과 환경, 내적 요인과 외적 요인을 동시에 고려해야 한다.

다섯째, 생물적 노화를 기준으로 하여 일단 노화되면 원래 상태로의 회복은 불가능하다고 하지만, 직업적 역할의 상실과 같은 사회적 노화는 얼마든지 원래상태로의 회복이 가능하다. 따라서, 노화가 일반적으로는 비가역적 특성을 지니고 있지만, 반드시 그렇지만은 않다는 점을 고려해야 한다.

이러한 노화 관련 논쟁과 함께 노화와 질병의 관계를 살펴볼 필요가 있다. 노화는 인간에게 유해한 과정이고 노화가 진행될수록 죽음에 이를 가능성이 높아지며, 죽음이 질병과 밀접한 연관성을 지니고 있기 때문에 노화의 결과를 질병과 죽음으로 간주하는 경향이 있다. 그러나 정상적 노화과정 자체만으로는 질병이 유발되지 않으며, 노화되면서 각종 질병의 발병 가능성이 높아지는 것을 병리적 노화라고 일컫는다. 즉, 정상적 노화로 인하여 인간의 신체적 기능이 저하된 상태에서 특정한 위험인자가 개입하게 되면 정상적 노화과정은 병리적 노화과정으로 변환되며, 그 결과 질병에 걸리게 된다.

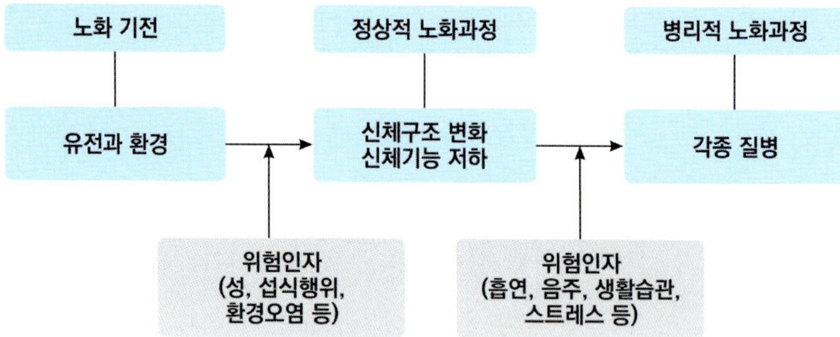

자료: 권중돈(206: 47).

[그림 3-1] 정상적 노화와 병리적 노화의 관계

노화는 질병이 아니며 질병과 동일시될 수 없는 개념이다. 노화는 당사자보다 주위의 사람들 눈에 더욱 명료하게 나타나는 것으로, 이것은 하나의 새로운 생물학적 균형이며, 적응이 잘 이루어질 경우 노화를 겪는 당사자에게는 질병과는 달리 별로 느껴지지 않는 것이다. 또한 노화에서 유래되는 쇠퇴는 그 진행을 막을 수 없으며, 해가 더할수록 더 심해지고, 아무도 피할 수 없는 특징을 갖는다. 이런 의미에서 노화란 인간이 출생하여 죽음에 이르는 과정의 전반적인 변화를 말하는 것이다.

노화는 인간의 정상적인 성장과 발달과정의 한 부분으로, 생물학적인 변화, 심리적인 변화 및 사회적 변화의 과정까지 다 포함되는 것으로 이해되어야 한다. 그러나 대체로 노화는 생물학적인 변화나 감퇴의 측면에서 대표적으로 이해되고 있다.

그러므로 노화에 대해서 보다 포괄적이며 전반으로 이해하기 위해서는 신체기능의 저하나 감각기능의 저하뿐만 아니라, 개인의 경험으로부터 나타나는 노령기의 심리적 특성까지도 포함하여 이해되어야 함이 필요하다.

2. 생물학적 노화

1) 생물학적 노화의 개념

사람은 질병이 없더라도 나이가 들면 늙어 간다. 이러한 노화과정은 유전적인 계획에 따라 진행되기도 하지만 다양한 심리적 · 사회적인 요인의 영향을 받기도 한다. 전자는 노화의 속도나 진행을 거의 조절할 수 없는 1차적 노화이며, 후자는 어느 정도 조절 가능한 2차적 노화이다. 그러나 이 두 종류의 노화는 연령과 상관이 있기 때문에 구별하기가 쉽지 않다. 그 내용은 다음과 같다(이순형 · 성미애, 2014: 350-351).

(1) 1차적 노화

나이가 들면 누구나 특별한 질병이 없어도 저절로 신체적 · 생물학적 기능이 서서히 쇠퇴하고, 환경에 대한 반응능력이 차츰 떨어진다. 나이가 들어도 세포가 재생되기는 하지만 거의 제 기능을 하지 못하게 되면서 노화현상이 나타난다. 이것은 누구에게나 일어나는 아주 자연스러운 현상으로 '1차적 노화(primary aging)'라고 한다. 이러한 노화는 주로 유전적인 계획에 따라 진행되기 때문에 외적인 노력으로 그 속도를 조절하는 것은 거의 불가능하다. 우리가 일상적으로 노화라고 할 때는 1차적 노화를 의미한다.

1차적 노화는 유전인자가 일치할수록 유사하게 나타난다. 이것은 이란성 쌍생아보다는 유전인자가 동일한 일란성 쌍생아의 수명이 더욱 유사하게 나타난 연구들을 통해 입증되고 있다. 한 연구(Kallman & Jarvik, 1959)에서는 일란성 쌍둥이들은 48개월 이내에 둘 다 사망한 데 비해, 이란성 쌍둥이들은 약 66개월 간격으로 사망하는 경향을 보였다. 또한 출생 후 각기 다른 환경(농장, 도시)에서 자란 두 쌍둥이가 동일한 날짜에 뇌출혈을 겪고 26일 이내에 모두 사망한 경우도 있었다(Perlmutter & Hall, 1985).

(2) 2차적 노화

일생을 살아가다 보면, 다양한 심리적·사회적 요인이 노화를 촉진할 뿐만 아니라, 개인의 생활습관이나 만성적인 질병이 노화를 가속화시키고 수명을 단축시킨다. 예를 들어, 배우자나 사랑하는 사람이 불의의 사고로 사망했거나 뜻밖의 실직으로 직업 역할을 상실했을 경우, 이로 인해 겪는 경제적·심리적인 고통이 노화를 촉진시킬 수 있다. 또한 질병에 자주 노출되거나 만성적인 질병을 앓고 있는 경우에도 더 빨리 늙고 수명이 단축될 수도 있다. 이처럼 외적인 요인으로 인해 노화가 가속화되고 수명이 단축되는 현상을 '2차적 노화(secondary aging)'라고 한다.

그런데 2차적 노화가 흔히 정상 노화로 오인되는 경우가 있다. 그 이유는 이러한 노화 역시 나이와 밀접한 상관이 있기 때문이다. 예를 들어, 젊은 시절에는 사랑하는 사람의 죽음을 경험하거나 실직을 당했을지라도, 스트레스에 대한 저항력이 높아서 정신적·신체적인 충격을 이겨내고 회복될 가능성이 더 높다. 그러나 나이가 들어 이러한 사건을 경험했을 때는, 그 충격으로 갑자기 폭삭 늙어버리거나 수명이 단축되는 경우가 있다. 이것은 나이가 들면서 그만큼 스트레스에 대응하는 능력이 취약해졌기 때문이다.

하지만 2차적 노화는 보편적이거나 불가피한 것은 아니다. 개인이 건강관리를 어떻게 하고 어떤 생활양식으로 사느냐에 따라 충분히 조절이 가능하다. 대체로 2차적 노화는 식사조절, 운동, 음주, 흡연, 약물남용, 질병, 다양한 스트레스와 관련이 있다. 무엇보다 생활양식을 바로 하고 질병에 노출되지 않는 것이 중요하다.

(3) 노화의 생물학적 특징

노화의 생물학적 노화의 특징은 다음과 같다(서혜경 외, 2017: 23).

첫째, 노화는 시간의 흐름에 따라 세포나 조직, 기관 등의 유기체 전반에 걸쳐서 점진적으로 일어난다.

둘째, 노화는 시간의 경과에 따라 생기며, 시간적 과정에 관련되거나 환경의 변화에 적절히 반응하는 조직의 기능과 관련된다.

셋째, 노화는 본질적으로 생체에 내재하고 있는 필연적 과정에서 생기는 것으로, 외상이나 질병 혹은 외적·환경적 인자에 의해서 발생하기보다는 내재성을 갖는다.

넷째, 연령에 수반되는 생리적 기능의 저하, 스트레스에 의한 변화로 자기회복력이 저하되며, 예비력의 저하로 병에 걸리기 쉽고, 죽음의 확률이 연령과 더불어 기하급수적으로 증가한다.

생물학적 노화지표는 〈표 3-1〉과 같다.

〈표 3-1〉 생물학적 노화지표

제지방체중 (fat-free mass, lean body mass)	지방을 제외한 체중은 성장기 이후 10년에 3kg꼴로 근육을 잃는데, 45세 이후 이 속도가 증가한다.
체력	노인은 근육과 운동신경이 퇴화되므로 체력이 떨어진다. 30~70세에 평균적으로 20%의 허벅지 운동 단위를 잃으며, 신체 다른 부위의 대소근육도 이와 비슷하게 퇴화한다.
기초대사율(basal metabolic rate)	신체의 대사율은 20세 이후부터 10년에 2%씩 떨어진다.
지방질	20~65세에는 근육에 비하여 지방질의 비율이 평균 2배로 늘어난다. 앉아서 지내는 생활방식과 과식은 이 비율을 더 높일 수 있다.
산소이용효율	65세까지 신체의 산소이용효율은 30~40% 떨어진다.
혈압(blood pressure)	나이가 들수록 꾸준히 올라간다.
혈당내성	나이가 들수록 혈중 포도당을 이용하는 능력이 떨어져서 제2형 당뇨병에 걸릴 위험성이 높아진다.
콜레스테롤치	전체 콜레스테롤의 양은 50세까지 남녀가 모두 올라가는 경향을 보인다. 그리고 '좋은' HDL(High Density Lipoprotein) 콜레스테롤이 심장마비 발생률을 높이는 '나쁜' LDL(Low Density Lipoprotein) 콜레스테롤로 대치된다.
뼈의 밀도	나이가 들수록 뼈에서 칼슘이 빠져나가 뼈의 밀도가 낮아져 부러지기 쉽고, 골격이 약해진다. 이러한 경향이 심해지면 골다공증을 유발한다.
체온조절능력	나이가 들면서 체온을 36.5℃로 안정되게 유지하는 능력이 떨어지므로, 노인은 더운 날씨나 추운 날씨에 모두 취약하게 된다.

자료: 서혜경 외(2017: 23-24) 재구성.

2) 생물학적 노화이론

사람은 신체적으로 매우 건강한 상태를 유지한다고 해도 어느 시점부터는 노화하기 시작한다. 이러한 생물학적 노화에 대해 네 가지 이론, 즉 진화이론, 세포시계이론, 유리기이론, 호르몬 스트레스이론 등은 왜 노화가 이루어지는지에 대한 이론적 근거를 제시하고 있다(Santrock, 2015).

(1) 진화이론(Evolutionary Theory)

노화의 진화이론에서 볼 때, 자연선택(natural selection)은 노인들에게 있는 많은 유해한 조건과 비적응적 특징들을 제거하지 않았다. 왜 그러한가? 자연 선택은 성인기 초기에만 있는 생식적 건강과 연관되어 있기 때문이다. 되돌릴 수 없는 뇌 손상인 알츠하이머(Alzheimer)병은 중년 말기나 성인 말기에야 나타났다. 진화이론에 의하면, 아마도 알츠하이머병이 발달 초기에 나타났다면 그것은 수세기 전에 없어졌을 것이다. 우리는 암을 극복하고 이겨낸 환자를 한 명 정도는 알고 있다. 하지만 알츠하이머를 극복했다는 이야기는 들어본 적이 없을 것이다. 2018년 현재 대한민국 65세 인구 중 약 10%가 치매의 일종인 알츠하이머를 앓고 있는 것으로 추정되고 있으나, 완치는 커녕 흔한 치료제 하나 없는 실정이다. 알츠하이머를 두려워하는 이유는, 알츠하이머에 걸리면 인지기능장애로 인해 밥을 먹고 옷을 입고 말을 하는 것처럼 인간을 인간답게 만드는 모든 행동이 마비된다. 즉, 알츠하이머가 우리에게 끔찍한 질병으로 다가오는 것은 죽음을 맞기 오래 전부터 환자가 인간답게 살 수 있는 모든 의지를 말살하기 때문이다.

(2) 세포시계이론(Cellular Clock Theory)

세포시계이론은 헤이플릭(Leonard Hayflick)이 주장한 이론으로, 하나의 세포는 최대 약 75~80번까지 분열하는데, 노화됨에 따라 세포들이 분열을 할 수 없게 된다. 헤이플릭에 따르면, 50~70대에 이르는 성인들에서 채취한 세포들은 70~80번보다 적게 분열한다. 헤이플릭은 세포가 분열하는 방식들을 근거로 삼아 인간의 잠재 수명의 상한선을 약 120~125세까지 보았다.

센트록(John W. Santrock)에 따르면, 지난 십 년간 과학자들은 세포시계이론에서의 틈을 메꾸기 위해 노력하였다. 헤이플릭은 세포들이 왜 죽는지 알지 못했다. 그 답은 염색체의 끝에 있을지 모른다. 매번 하나의 세포가 분열되는데, 염색체 끝 부분에 있는 텔로미어(tdometes)는 염색체 끝을 싸고 있는 DNA 염기순서(base sequence)들로 점점 더 짧아진다. 약 70번 또는 80번의 복제 후에 텔로미어(염색체의 말단 부분, telomere)들은 현저하게 감소하며 세포는 더 이상 복제될 수 없다. 한 연구는 건강한 100세 이상인 사람들은 건강하지 않은 100세 이상인 사람들에 비해 텔로미어가 더 길다는 것을 알아냈다. 그리고 최근의 연구에서도 텔로미어의 길이가 짧을수록 사회적 관계의 악화, 낙관적이지 않은 것, 적대성의 증가와 연관이 있다는 것을 발견했다.

실험실에서 배양한 인간세포에 '텔로머레이스(telomerase)'라는 효소를 주입하였을 때 70~80번의 정상세포 분열을 넘어서 세포의 생명을 실제로 연장시킬 수 있었다. 그러나 텔로머레이스는 약 85~90%의 암세포 속에 있으며, 따라서 세포들의 건강한 수명을 연장할 수 없다. 현재 연구자들은 암세포 속에 텔로머레이스가 많이 있다는 것을 이용하여 유전치료를 연구하고 있는데, 유전치료는 텔로머레이스를 억제하여 암세포는 죽이고, 건강한 세포들은 살아남게 하는 것이다. 최근 이러한 유전치료는 줄기세포와 그 재생에 초점을 두고 있다. 텔로미어와 텔로머레이스는 점차 줄기세포 재생과정의 중요한 구성요소로 인식되고 있으며, 암을 억제하고 노화를 늦추는 데 가능한 하나의 방법을 제공한다.

텔로머레이스(telomerase)

텔로머레이스는 염색체의 말단에 반복염기서열 구조인 텔로미어를 신장시키는 효소이다. 이와 연관된 대표적 유전병은 선천성이상각화증(*dyskeratosis congenita*)이다. 이는 매우 드문 진행성 선천성 유전질환으로 증상적 관점에서 조로증과 유사하다. 골수부전으로 인해 결과적으로는 주로 외부로부터 신체를 보호하는 피부기관에 영향을 미친다.

(3) 유리기이론(Free-Radical Theory)

이 이론은 세포가 에너지를 대사할 때 부산물로 '유리기(free radical)'라고 하는 불안정한 산소분자(즉, 활성산소)를 포함하기 때문에 사람들이 늙게 된다는 것이다. 유리기들은 세포 주위를 스쳐 날면서 DNA(deoxyribo nucleic acid)와 다른 세포조직들을 손상시킨다. 그러한 손상은 암이나 관절염을 포함한 다양한 질병을 초래할 수 있다. 과식은 유리기의 증가와 관련이 있으며, 최근에 연구자들은 칼로리 제한, 즉 적당한 단백질과 비타민 그리고 미네랄이 함유된 저칼로리 식사가 유리기에 의한 산화적 손상을 감소시킨다는 것을 발견했다. 비만 남성에 대한 최근의 한 연구는 지구력 운동이 산화적 손상을 감소시키는 것을 확인했다.

미토콘드리아(mitochondria)의 감소를 강조하는 것은 유리기이론과 관련이 있다. 미토콘드리아는 세포 안에 있는 사립체로 기능과 성장, 그리고 재생에 필수적인 에너지를 공급하는데, 미토콘드리아의 감소는 주로 산화적 손상과 세포에 의해 공급되는 중요한 미량원소의 손실에 기인한다. 미토콘드리아의 손상은 암과 관절염, 그리고 알츠하이머병과 같은 다양한 질병을 초래할 수 있다. 그러나 미토콘드리아의 결함이 노화를 일으키는지 혹은 단순히 노화과정을 수반하는지에 대해 알려진 바는 없다(Santrock, 2015 재인용).

DNA 검사(DNA fingerprinting)

DNA 검사는 사람이 가지고 있는 DNA(디옥시리보핵산) 중 다형성이 매우 심한 초변이성(Hypervariability) 일부만을 DNA 증폭기술을 이용하여 선택적으로 증폭하여 개인 간의 유전자형의 차이를 알아내 신원을 확인하는 것이다. 이것은 손가락 지문처럼 사람마다 서로 다른 DNA 모양을 형상화하는 기술로서, 일란성 쌍둥이를 제외하고는 모든 사람들이 자신만의 유일한 DNA 염기서열을 갖기 때문에 신원을 확실히 구별할 수 있다.

(4) 호르몬 스트레스이론(Hormonal Stress Theory)

세포시계이론과 유리기이론은 세포수준에서의 노화를 설명하고자 하였다. 이와 대조적으로, 호르몬 스트레스이론은 신체의 호르몬 체계에서의 노화가 스트레스에 대한 저항을 낮출 수 있으며, 질병의 가능성을 증가시킨다고 주장한다. 정상적으로 사람들이 스트레스를 주는 사건들을 경험할 때, 신체는 특정한 호르몬을 내보내면서 반응한다. 사람들이 나이가 들수록 스트레스로 인해 자극받은 호르몬들은 사람들이 더 젊었을 때보다 오랫동안 높아진 수준으로 지속된다.

이처럼 지연되고 높아진 수준의 스트레스 관련 호르몬들은 심혈관계 질환이나 암, 당뇨병, 고혈압과 같은 많은 질병에 걸릴 위험의 증가와 관련된다. 연구자들은 노화과정에 대한 스트레스의 부정적인 영향들을 약화시키는 방법을 찾기 위해 운동을 포함하여 스트레스를 완화시키는 전략을 찾고 있다.

최근에 호르몬 스트레스 이론을 다소 수정한 이론에서는 노화에 따른 면역체계기능에서의 쇠퇴가 노화에 기여한다는 것을 강조하였다. 노화는 면역체계 결손에 영향을 미치며 그것은 노인들에서 감염증을 일으킬 수 있다. 노인들이 지속적인 스트레스를 받으며 재생과정의 감소를 경험할 때 면역에 대한 노화의 영향이 가속화될 수 있다(Santrock, 2015 재인용).

결론적으로 이러한 생물학적 이론들 가운데 어떤 이론이 노화를 가장 적합하게 설명하는가에 대한 통일된 의견은 없다. 이러한 생물학적 과정 가운데 하나 또는 여러 이론들이 노화에 영향을 미치는 것일 수 있다.

3. 심리적 노화

1) 심리적 노화의 개념

노화를 생물적 측면에서 살펴보면, 인생의 1/4은 성장하면서 보내고, 나머지 3/4은 늙어가는 데 보낸다고 할 수 있는 데 반해, 심리사회적 측면에서 보면 인생의 1/4은 성장하는 기간이고, 2/4는 일을 하는 기간이며, 1/4은 늙어가면서 보내는 기간이라고 할 수 있다. 이 표현에 따르면, 인생의 마지막 1/4 기간 동안 이루어지는 심리적 노화는 주로 퇴행적 발달의 의미가 강하다. 하지만 심리적 노화는 감각기능, 인지기능, 정서 및 정신기능, 성격 등의 심리 내적 측면과 심리 외적 측면의 상호작용에서의 퇴행, 유지 및 성숙을 동시에 내포하는 심리적 조절과정이다(권중돈, 2016: 54).

심리적 노화는 다음과 같이 분류할 수 있는데, ① 감각기능, 지각과정, 심리운동수행능력(psychomotor performance), 정서 및 정신기능 등의 심리적 기능, ② 자아의 발달과 성격 변화와 같은 발달적 특성, ③ 정신건강과 장애로 나누어 볼 수 있다(Atchley & Barusch, 2003). 최근에는 이러한 심리적 노화의 영역 중에서 주로 심리적 기능과 관련된 연구가 활발하게 진행되고 있다.

심리적 노화도 생물학적 노화나 사회적 노화 등 노화의 다른 차원과 밀접한 관련성을 보인다. 감각, 지각, 인지와 같이 생물학적 노화와 관련된 심리적 기능은, 연령이 증가함에 따라 쇠퇴하는 경향이 나타난다. 그러나 경험과 밀접하게 관련된 심리적 기능은 그대로 유지되거나 향상되는 경향이 있다. 실험연구에서는 감각, 지각 및 정신기능이 쇠퇴하는 것으로 밝혀진 것과 다르게, 실생활에서는 연령이 증가해도 현상 유지되는 노인이 많은 것으로 나타나고 있다(Atehley & Barusch, 2003).

심리적 노화와 사회적 노화는 밀접한 상관관계가 있으나, 인과관계를 명확하게 규명하기가 쉽지는 않다. 예를 들어, 우울과 사회적 고립이 상관관계가 높은 것은 분명하나 우울증상이 심해지면서, 사회적 고립현상이 발생하는 것인지 혹은 사회적 고립으로 인해 우울증상이 심화되는 것인지 명확하지 않다.

심리적 노화는 사회문화적 영향을 직접적으로 받는다. 사람은 자신이 나이 듦에 대해 반응을 하게 되는데, 이러한 개인적 반응은 자신이 속한 사회와 문화가 노화와 노년에 대해 가지고 있는 가정을 개인이 내면화한 것과 관련이 있다(서혜경 외, 2017: 56).

2) 심리학적 노화이론

심리적 노화에 관한 이론은 발달과업이론, 성격발달이론, 인지이론, 행동유전이론, 노년초월이론 등 매우 다양한 이론들이 제시되고 있다.

(1) 하비거스트의 발달과업이론

하비거스트(Robert J. Havighurst)는 후기 성인기에 활발한 사회적 참여로부터의 이탈 혹은 새로운 생활 속의 역할에 대한 재정립 등이 주요한 문제가 된다고 주장하면서, 개인이 노년기에 직면하게 되는 발달과업에 대해 논의하였다(Havighust, 1972). 그에 따르면, 이 시기에는 개인의 활동을 위축시키는 생물학적 · 사회적 상실에 대한 적응과 보상이 주요 과제가 된다.

하비거스트는 그의 발달과업이론에서 6단계의 인간발달단계를 제시하고 있는데, 노년기의 발달과업을 ① 쇠퇴하는 기력과 건강에 대한 적응, ② 퇴직과 소득 감소에 대한 적응, ③ 배우자의 죽음에 대한 적응, ④ 동년배집단과의 유대관계 강화, ⑤ 사회적 역할의 융통성 있는 수행과 적응, ⑥ 노후생활에 적합한 생활환경의 조성으로 규정함 등으로 제시하고 있다.

하비거스트의 발달과업이론은 교육 프로그램을 개발할 때 지침으로서 유용한 반면, 이 발달과업이 일반적인 노년기를 대상으로 규정한 것이기 때문에, 결혼하지 않은 노인, 자녀가 없는 노인, 문화적 배경이 다른 소수노인집단에는 그대로 적용하기에 제한점이 있다.

(2) 펙의 발달과업이론

펙(R. C. Peck)은 에릭슨(E. H. Erikson)의 생애주기 7단계와 8단계를 통합해 중년기 이후의 발달과업을 제시하였는데, 노년기의 심리적 성장은 이 발달과업과 관련된 세 가지 차원의 심리적 적응으로 이루어지는 것으로 설명하였다(Peck, 1968).

첫째, 자아분화(ego-differentiation) 대 직업역할 몰두(work role preoccupation)의 차원으로, 주 쟁점은 직업으로부터의 은퇴의 영향에 관한 것이다. 성인기 자아의 정체감과 가치는 직업역할에 크게 근거한다. 자아가 잘 분화되어 있으면 자아의 지지기반이 직업역할 외에 여러 가지 역할에 분산되어 있지만, 자아의 분화가 안 되어 있으면 자아의 지지기반은 거의 전적으로 직업역할에만 집중된다. 부모 자아, 서예가 자아, 동호인 모임 회원으로서의 자아 등 여러 가지 역할에 분산되어 있는 노인의 심리적 적응과, 은퇴했는데도 교사라는 직업적 자아에 여전히 집착하고 있는 노인의 심리적 적응은 다를 것이다. 은퇴기인 노년기에는 직업에서 떠나 새로운 활동에서 만족을 얻을 수 있도록 개인의 가치가 재평가되고 재정의되어야 한다. 따라서, 자신의 가치 있는 속성을 찾아내 은퇴 이후 새로운 활동을 추구하는 것에서 만족을 얻는 것이 성공적인 노화에 필수적이다.

둘째, 신체초월(body transcendence) 대 신체몰두(body preoccupation) 차원으로, 노년기가 되면 대부분 신체적 약화를 경험하게 되는데, 생의 안락을 신체적 건강과 동일시해 온 노인은 건강의 쇠퇴를 큰 위협으로 여긴다. 반면, 쇠퇴하는 건강에도 불구하고 생을 즐겁게 영위하는 노인들은 신체적 관심을 초월하였다고 할 수 있다. 신체적 쇠퇴기인 노년기에 신체에 대한 관심에 사로잡히면 생활이 침체되기 쉽다. 신체 몰두에서 벗어나는 성향은 성인 전기 무렵에 발달시켜야 하지만, 이는 말년에 결정적으로 시험을 받는다. 인생 전반에 걸친 한 가지 목표는 연령에 따라 증가할 수 있는 정신적 · 사회적 힘의 배양이며, 이뿐 아니라 세월이 지나면서 쇠퇴하기 쉬운 그러한 특성, 즉 힘, 아름다움, 근육협응능력, 기타 신체적 건강을 증명하는 것들의 배양이기도 하다.

셋째, 자아초월(ego transcendence) 대 자아몰두(ego preoccupation)의 차원으로, 현실적 자아와 관련된다. 현실적 차이를 초월하는 것은 자아의 부정이 아니라, 자신이 죽고 난 후에도 계속해서 생존할 사람들을 위해 자신의 삶을 의미 있는 것으로 만들고자 하는 적극적인 노력인 것이다. 이는 노년기의 주 과업인 죽음을 이해하고 받아들이는 것과 후속세대에 대한 관심을 의미한다. 자아를 초월해 인간의 문화를 영속시키고자 적극적으로 활동하는 사람은 심리적으로 노화에 잘 적응하는 사람으로 간주된다. 노인들이 직면하고 있는 가장 어려운 과업은 아마도 바로 지금의 자신 및 자신의 인생에 대한 관심을 초월하는 것이며, 다가올 죽음의 실체를 받아들이는 것과 같다(peck, 1968; Neugarten et al., 1968).

(3) 클라크와 앤더슨의 적응발달과업이론

클라크와 앤더슨(M. Clark & B. Anderson)은 노년기에 직면하게 되는 적응과업을 다섯 가지로 제시하였다(Clark & Anderson, 1967).

첫째, 노화현상과 이로 인한 행동 및 활동에 제약이 오는 것을 자각하는 과업이다.

둘째, 신체적·사회적 생활반경을 재정의하는 과업이다.

셋째, 노화로 인한 제약 때문에 이전처럼 만족시킬 수 없는 욕구를 다른 방법으로 만족시켜야 하는 적응과업이다.

넷째, 자아의 평가기준을 새롭게 설정하는 과업이다.

다섯째, 노년기의 생활에 맞도록 생활의 목표와 가치를 재정립하는 것으로 규정하는 것이다.

4. 사회적 노화

1) 사회적 노화의 개념

인간은 소속된 사회와의 상호작용을 통해서 발달하고 다른 사람들과 지속적인 상호작용을 하면서 살아가는 사회적 존재다. 즉, 가족, 친구, 이웃, 지역사회, 국가 안에 속하고 상호작용을 하면서 지위를 획득하고, 그 지위에 따른 역할을 수행하는 사회적 관계를 유지하는 것이다. 나이 듦에 따라 사회적 역할과 관계는 변화한다(Hooyman, 2014). 생물학적 · 심리적 · 사회적 변화와 사회적 참여 기회가 노인이 다른 사람과 어떻게 상호작용하는지에 영향을 미치게 된다.

사회적 노화는 생물학적 노화와 심리적 노화 같은 노화의 다른 차원에도 의미 있는 영향을 미칠 수 있다. 은퇴로 인해 사회적 관계망이 축소되는 것은 만성질환에 걸릴 위험과 같은 신체적 요소에 영향을 미칠 수 있으며, 사회적 관계 관련 요소들은 노인 우울증이나 자살 위험과 같은 심리적 차원과도 관련된다. 역으로 생물학적 노화가 사회적 노화에 영향을 미칠 수도 있다.

신체적 건강은 신체적 독립을 유지하고 일상생활을 영위하며 개인의 목표를 달성하는 데 있어 필수적인 요소이다. 노인의 신체건강은 사회적 지표로 작용하기도 하는데, 신체적 상태는 노인들이 외출하고, 사회활동에 참여하며, 다른 사람들과 상호작용하는 자발성을 좌우하는 요소다(McInnis-Dittrich, 2013). 노인들이 활기찬 노후를 원하는 경우, 그렇게 하고 싶은 기분이나 욕구보다 신체적 안녕이 그 가능 여부를 결정하는 요소가 된다. 신체건강은 심리사회적 측면에서 자아상을 긍정적으로 유지하고 대인관계에서 소외되거나 고립되지 않고 적정하게 어울릴 수 있는 기반이 된다. 건강은 가정과 사회에서 기대하는 사회적 역할수행의 필요조건이 되기도 한다.

사회적 동물인 인간은 자신의 사회관계망에 속해 있는 사람들과 지속적으로 상호작용하는 과정에서 사회규범을 학습하고 사회화 요구에 순응하며, 다양한 사회적 지위에 따르는 역할을 수행하게 된다. 이와 같이 사람들은 사회와 상호작용하는 과정에서 사회의 영향을 받을 뿐 아니라, 자신을 둘러싼 사회환경에도 영향을 미치게 된다(최혜경, 2017: 80).

그러므로 현대사회에서 노인은 사회적으로 규정되는데, 이는 사회가 노화에 관한 인간의 행동과 가치관에 영향을 미치는 것을 일컫는다. 노화의 사회적 측면을 정확히 이해하기 위해서는 노년기로의 전환과 함께 이루어지는 개인수준에서의 사회적 상황 변화뿐만 아니라, 사회가 노화과정이나 노인에게 미치는 영향, 노인인구로 인하여 야기되는 사회적 변화라고 하는 세 가지 측면을 모두 고려해야 한다(권중돈, 2016: 64).

2) 사회학적 노화이론

(1) 활동이론

활동이론(activity theory)은 하비거스트 등(Havighurst et al., 1949; Havighurst & Albrecht, I953)에 의해서 처음으로 주장된 것으로, 레몬 등(Lemon et al., I972)에 의해서 상징적 상호작용주의 관점에 입각한 이론으로 공식화되었다.

활동이론은 기본적으로 사회적 활동의 참여 정도와 노인의 생활만족도는 상관관계가 있다는 것이다. 즉, 사회적 활동의 참여 정도가 높을수록 노인의 심리적 만족감과 생활만족도가 높다는 것이다(Havighurst et al., 1968).

활동이론에 의하면, 노인은 생물학적 측면과 건강상의 불가피한 변화를 제외하고는 장년기와 동일한 심리적 · 사회적 욕구를 가진 사람들이다(Havighuret et al., 1968). 따라서, 퇴직한 노인은 일에 대한 대체활동을 발견하고, 가까운 사람을 사별한 노인은 죽은 사람을 대체할 새로운 친구나 사랑하는 사람을 찾도록 기대된다.

활동이론은 지속적인 활동이 노인의 사기 유지에 중요하다고 가정한다(Havighurst et al., 1968). 성공적인 노년기를 위해서는 새로운 역할을 찾아 이를 활발히 수행해야 한다는 것이다. 사회적으로 인정받는 역할을 수행함으로써, 노인은 다른 사람으로부터 개인적 가치와 노년의 성실성을 확인받는다. 중년기에 수행하던 역할을 상실한 데서 비롯되는 노인의 정체감 위기는 보상적 활동으로 그 해결이 가능하다. 여기서 활동은 개인의 자아개념을 재확인하는 데 필요한 역할지지를 제공하는 것이다. 활동이 친밀하고 빈번할수록 역할지지는 더 구체적으로 확실해진다. 역할지지는 긍정적인 자아상을 유지하는 데 필요하고 긍정적인 자아상은 생활만족도를 높게 유지하는 것과 연관된다(Lemon et al., 1972). 즉, 활동참여가 역할지지를 제공하고, 역할지지는 긍정적 자아상을 유지하는 데 기여하며, 긍정적 자아상은 생활만족도를 높인다는 인과적인 심리 메커니즘이 도출된다.

활동이론은 노인 대상 프로그램과 노인의 사회참여에 대한 관심을 강조하는 연구에 적합한 이론으로 미국에서 시니어센터, 노인자원봉사 활성화가 붐을 이룬 시점에서 이론 적용이 활발하였다. 노인자원봉사활동에 관한 많은 연구들이 활동이론의 기본 전제를 확인하였는데, 자원봉사활동은 수혜자뿐 아니라, 자원봉사자 자신들에게 유익하다는 것이다. 자원봉사활동과 유급의 일을 병행한 노인은 더 좋은 정신건강상태로 나타났다(Hao, 2008).

현재까지 거의 대부분의 조사연구는 활동의 빈도와 시간이라는 양적인 면에만 치중한 것이었다. 그러나 활동의 질적인 면을 적절히 측정할 수 있는 척도가 개발되면 활동의 질과 생활만족도의 관계도 잘 규명될 수 있을 것이고 상징적 상호작용주의 관점에 의한 활동이론의 적용 가능성은 더욱 높아질 것으로 본다. 그리고 활동도 종류와 중요성을 측정할 수 있는 측정도구가 개발되면 활동과 생활만족도의 관계를 보다 더 정교하게 규명할 수 있을 것이다.

(2) 이탈(분리)이론

이탈이론(disengagement theory)은 커밍과 헨리(Cumming & Henry, 1961)에 의해서 미국의 캔자스 시(Kansas City, Missouri)에 살고 있는 50~90세 사이 노인으로서, 신체적·경제적 자립상태에 있는 279명을 선정하여 횡단적인 조사(cross-sectional study)를 실시한 자료의 결과에 의하여 이론화되었다.

이탈이론에 따르면, 노인은 젊은이에 비하여 건강이 약화되고 죽음을 맞게 될 확률이 높으므로 개인의 입장에서 최적의 만족과 사회체계 입장에서의 중단 없는 계속을 위하여 노인과 사회는 상호 간에 이탈되기를 원하며, 이러한 이탈은 정상적이고 피할 수 없는 것이다. 이러한 이탈의 결정은 개인이 먼저 취할 수도 있고, 사회에 의해서 먼저 시작될 수도 있다. 즉, 개인은 자기의 자아(ego)가 변하여 타인과의 관계를 유지할 수 있는 동기가 약화되는 것을 경험하고서 먼저 사회로부터의 이탈을 결정할 수 있다. 또한 사회는 개인이 가지고 있는 기술이 현대적인 조건에 적응하기에는 너무 뒤떨어져 전반적 훈련이 필요하다고 느낄 때, 먼저 사회가 노인으로부터의 이탈을 결정할 수도 있다(Cumming & Henry, 1961). 이와 같이 이탈이 사회의 차원에서 먼저 시작되는 경우를 '사회적 이탈(societal disengagement)'이라 부르고(Atchley, 1996), 개인적 차원에서 먼저 시작되는 경우를 '개인적 이탈(individual disengagement)'이라고 한다(Henry, 1964).

이탈이론의 기본 전제는 나이가 들면 물러남으로써 사회제도가 지속적으로 유지되고 노인의 개인적 만족도 보장된다는 것이다(Cumming & Hemy, 1961). 더 이상 사회적으로 유용하지도 않고 갑자기 사망할지도 모르는 노인을 중요한 위치에서 이동시킴으로써, 사회의 평형이 유지되고, 노인 개인은 능력이 저하되고 삶이 얼마 남지 않은 시점에서 사회적 책임에서 벗어나는 개인적 만족을 얻게 된다는 것이다.

이탈의 결정은 개인에 의해 먼저 취해질 수도 있고, 사회에 의해 먼저 시작될 수도 있다(Cumming & Henry, 1961). 개인적 이탈은 개인의 자아가 변하여 타인과의 관계를 유지하고자 하는 동기가 약화되어 먼저 사회로부터 이탈을 결정하는 것이다. 개인적 이탈은 건강이 약화되고 죽음이 가까워져 오면서 노인 스스로 자신의 에너지를 보존하고, 내적인 면에 주의를 기울이기 위해 사회로부터 이탈되기를 원할 때 일어난다(최성재 · 장인협, 2014: 124-125). 반면, 개인이 가지고 있는 기술이 현대적 여건에 적응하기에 뒤떨어지므로, 사회가 노인으로부터 이탈을 결정하는 것은 사회적 이탈이다. 일정 연령에 도달하면 사회로부터 이탈시키는 퇴직제도는 일종의 사회적 이탈이다. 따라서,

이탈이론적 관점에서는 개인이 노년기에 은퇴하는 것은 당연하며 기능적이다.

이탈이론은 노인이 사회적 활동으로부터 이탈되는 것은 사회에 의해 강요된 과정이라기보다 자연스러운 발달적 현상이라고 본다. 노화로 인해 발생하는 많은 질환들이 치료와 회복이 불가능하고 궁극적으로 죽음이 개인을 사회로부터 이탈시키게 되므로 개인과 사회는 모두 이에 대비해야 한다는 것이다.

이탈이론에서는 노년기에 심리적으로 만족을 느끼는 노인은 주위 사람들로부터 멀어진 심리적 거리, 변형된 유형의 관계, 감소된 사회적 상호작용이 특징인 새로운 균형에 도달한 사람으로 간주한다. 노년기의 발달상 특징인 환경에 대한 관심의 감소와 사회에서 요구하는 사회적 활동으로부터의 이탈이 균형을 이루는 것은 바람직한 상태이다. 따라서, 이탈이론은 개인적 · 사회적 이탈이 인간과 사회의 본성에 부합되며 불가피하고 보편적이다.

이 이론은 사회적 이탈에 대비하기 위해서 세 가지 특징을 고려해야 한다고 가정한다(Cumming & Henry, 1961).

첫째, 사람은 누구나 유한한 생명만을 허용받고 있으므로 사회적 분리는 불가피한 사실임을 인정해야 한다.

둘째, 사회적 이탈은 그 과정이 점진적으로 진행되어야 한다.

셋째, 사회적 이탈은 개인과 사회가 서로 만족하는 시기에 일어나야 한다.

이탈이론에서는 노인의 적응문제가 이탈에 대한 개인의 준비와 사회의 요청이 불일치하는 데서 기인한다.

이탈이론은 이론적 타당성과 경험적 증거가 부족하다는 비판을 받아 왔다(Hooyman, 2014). 특히, 활동이론에 근거한 비판과 반증이 많이 제시되었다(Lynott & Lynott, 1996). 이탈이론에 관한 가장 큰 논란은 이탈이 보편적이고, 불가피하며, 본질적이란 전제를 둘러싼 반론이다. 사회적 이탈이 반드시 노년기의 특징이라고 말할 수 없으며(Reichard et al., 1962), 활동수준이 높은 노인은 삶의 만족도가 높은 것으로 확인되었다(Maddox,

1965). 반론을 반영한 이탈이론에 대한 수정으로 스트라이브와 슈나이더(Streib & Schneider, 1971)는 차별적인 이탈이 전반적 이탈보다 더 가능하다고 주장하였다. 즉, 사람들은 어떤 활동으로부터는 철회하나 다른 활동에는 더 적극적으로 참여하거나 혹은 현상유지를 한다는 것이다.

이탈이론의 영향력은 정책영역에서는 여전히 남아 있다. 사회보장과 의료보장뿐 아니라, 은퇴정책도 이탈이론을 근거로 한 정책이다(최혜경, 2017: 95).

(3) 하위문화이론

하위문화이론(subculture theory)은 상징적 상호주의이론을 기반으로 개발되었으며(Rose, 1965), 사회규범에 대한 기능주의적 관점도 포함하고 있다. 하위문화란 사회 내의 특정한 구성원이나 연령에 속한 사람들이 외부인보다 자기들끼리의 상호작용이 많을 때 형성된다. 노년기에 속했다는 공통적인 특성, 사회에서의 소외, 노인에 대한 사회의 부정적 반응 등으로 노인들끼리 상호작용하기에 용이한 조건이 마련되면서 노인 특유의 하위문화를 발전시킨다는 것이다. 즉, 노인은 하위문화로서 그들만의 고유한 규범과 가치를 창조하여 집단정체감(group identity)을 가지게 된다(김수영 외, 2017: 59).

노인들이 하위문화를 형성하는 이유는 다음과 같다(최혜경, 2017: 98).

첫째, 다른 연령집단이 배제된 채 노인들끼리만 상호작용하는 기회가 많다. 건강하고 사교활동이 가능한 노인들, 은퇴한 노인들이 많이 거주하는 노인촌 노인들, 젊은 사람들의 이농으로 남게 된 농촌노인들이 그들 나름의 하위문화를 만들게 된다.

둘째, 연령차별적 정책으로 노인들만의 상호작용이 증가하게 된다. 노동시장에서 노인을 차별하는 퇴직정책과 노인들을 대상으로 하는 사회복지 서비스 등이 노인인구집단의 속성을 만드는 데 작용하게 된다.

셋째, 노인 공통의 신념과 관심이 있다. 노인은 노인집단에 맞는 규범과 가치관을 창출해 내고 있다.

노인 하위문화의 형성은 다음과 같은 두 가지 결과를 불러온다(Hooyman, 2014).

첫째, 자신을 노인으로 동일시함으로써 사회적·문화적으로 젊음을 지향하는 사회에서 멀어지게 된다. 이런 현상은 사회적 통합 측면에서는 부정적인 영향을 미치게 된다.

둘째, 노인 하위집단의 증가는 사회적 활동이 조직적으로 될 때, 정치적 힘으로 영향력을 행사할 수 있게 된다.

미국은퇴자협회(American Association of Retired Persons, AARP)나 노인권익옹호운동단체인 회색표범(Grey Panthers)과 같은 조직이 정치적 영향력을 행사하는 대표적인 사례이다.

하위문화이론에 대한 비판은 노인이 항상 같은 의견을 갖거나 집단적으로 행동하지는 않으며, 노인은 다른 세대와 다양하게 상호작용하며 부모, 조부모로서의 중요한 역할도 수행하고 있다는 점을 간과한다는 것이다(Hooyman, 2014).

이 이론은 노인복지시설 거주 노인의 생활이나 경로당이나 노인학교에 다니는 특정 집단에 대한 연구에서 유용하게 쓰일 수 있다.

(4) 현대화이론

현대화이론(modernization theory of aging)은 노인의 사회적 지위와 역할이 변화하는 것을 사회구조적으로 설명한다. 현대화이론에 따르면, 노인의 지위와 역할은 사회의 현대화에 반비례하는데, 사회가 현대화될수록 노인의 사회적 지위는 낮아지고 역할 상실과 모호성이 초래된다(최혜경, 2017: 95). 또한 전통적인 사회에서 노인은 희소자원의 통제와 전통적인 지식을 수단으로 높은 지위를 점하였으나, 산업화된 사회에서는 노인이 낮은 지위에 속하게 된다.

노인의 지위를 하락시키는 것은 현대화의 네 가지 요인인 보건의료기술의 발전, 생산기술의 발전, 교육의 대중화 그리고 도시화로 지목된다(Cowgill, 1974).

첫째, 보건의료기술의 발전은 사망률을 감소시키고, 이는 출생률의 감소와 더불어 노인인구를 상대적으로 증가시켰다. 이는 직업상의 경쟁에서 고령자가 젊은이에게

뒤지게 되고 결국은 퇴직을 감수하게 된다. 퇴직은 할 일을 없어지게 하여 역할 상실의 문제를 초래하게 된다. 또한 평균수명이 연장되어 노령기의 여가시간이 증가하였고, 이렇게 연장된 여가시간은 역할이 없거나 모호하게 되어 여가활동도 뚜렷하게 없는 노년기의 역할 상실과 여가시간의 문제를 발생시킨다.

둘째, 생산기술의 발전은 노동력의 수요를 감소시키고 고령자는 젊은이에 비하여 직업기술이 뒤처짐으로써 경쟁에서 불리해져 생산현장에서 밀려나는 퇴직을 감수하게 된다. 퇴직으로 수입이 감소하면 신체적 노화로 촉진되는 건강 약화와 질병을 의료 진료를 통하여 충분히 해결할 수 없게 된다. 또한 핵가족화와 가족원 수의 감소로 인하여, 노인이 가족으로부터 간호 및 보호를 받는 것도 어렵게 되는 건강보호의 문제가 발생한다.

셋째, 교육의 대중화이다. 대중교육의 확대로 인하여 자녀세대가 교육을 많이 받게 되어 노부모세대는 자녀세대보다 교육수준에서 뒤처지고, 노부모세대가 이미 습득한 지식은 상대적으로 무가치해진다. 이로 인하여, 세대 간에 가치관의 차이가 생기고 대화도 어려워져 결국 노인은 가족과 사회로부터 소외되고 고립되는 감정을 느끼게 되거나, 실제적으로 사회적 소외와 고립의 문제로 이어진다.

넷째, 도시화는 지역 간의 이동과 핵가족화를 촉진시켜 세대 간에 지리적으로 거리를 멀어지게 하는 한편, 계층 간의 이동도 촉진시켜 심리사회적으로 거리감이 생기게 하여 결국은 노인이 자녀세대로부터 소외되고 고립되는 문제를 초래하게 된다.

현대화이론을 토대로 이루어진 실증적 연구에 의하면, 노인이 힘을 상실하는 것은 정보조정의 상실, 생산수단과 일상생활에 필수적인 자원의 상실에서 비롯된다(Hendricks, 1992). 현대화이론의 타당성은 농경사회에서 산업사회로 이동하고 있는 사회의 노인의 지위와 역할을 설명하는 데 그 유용성이 증명되었다. 특히, 사회적 노화이론으로서 현대화이론의 공헌은 사회구조의 역할과 자원의 통제수단이 노인의 삶에 큰 영향을 미친다는 것을 간파한 점이다(최혜경, 2017: 96).

현대화이론이 갖는 비판적 관점으로는, 사회구조의 보편적 영향력을 지나치게 강조함으로써 문화, 인종, 계층, 성의 차이가 노화에 미치는 영향을 도외시하였고(Williamson, 1982), 가족제도의 유지, 경로의 가치관 유지, 사회복지제도의 발달과 같은 노인의 지위 하락을 막는 다른 요인들이 현대사회에 존재하는데, 이 요인들을 고려하지 않은 이론이라는 지적이 있다.

현대화이론은 현대사회에서 노인문제의 발생 원인을 사회 변화의 맥락으로 조망하였다는 점에서 노년학연구에 기여한 바가 적지 않지만, 이 이론은 전통사회에서 노인의 지위가 모두 높았다는 사실이 경험적으로 입증되지 않았다. 또한 산업화와 노인 지위의 단순한 관계 설정도 문제시되었다. 현대화이론은 현대화 이전에는 노인의 지위가 높았다는 가정에 근거하지만, 사회역사가들은 산업화 전 사회에서 노인들이 높은 대접을 받았다는 논의를 일축하고 과거에 노령기가 황금시대였다는 신화를 비판하고 있다(Laslett, 1985).

이와 같은 비판적 관점에 대해 현대화이론은, 산업화사회에서 노인의 지위는 낮아지다가 후기 산업사회로 전환되면서 노인인구의 증가, 노인의 정치적 영향력의 증대, 노인복지제도의 발전 등으로 노인의 지위는 오히려 향상될 것이라고 부분적으로 수정하였다(Cowgill, 1974). 그 내용은 [그림 3-2]와 같다.

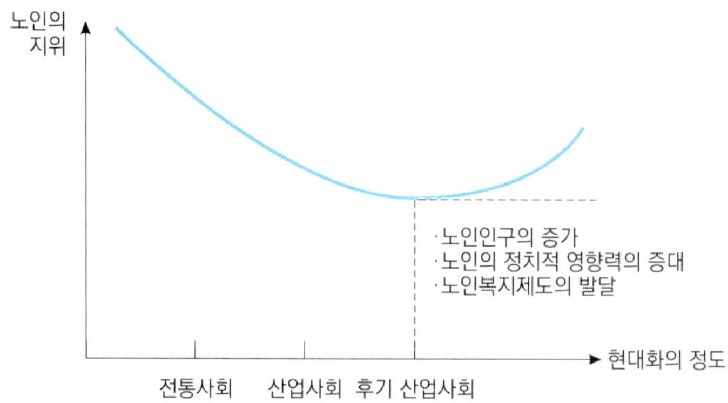

자료: 모선희 외(2018: 72).

[그림 3-2] 수정된 현대화이론(J-curve theory)

(5) 연령계층화이론

연령계층화이론(age stratification theory)은 연령계층(age strata)과 사회구조 간의 혹은 연령계층들 간의 관계 및 특성을 다루고 있다(Riely & Foner, 1972). 사회는 기본적으로 연령등급에 의하여 연령계층으로 구성되어 있으며 서열화되어 있다고 가정하면서, 계층화된 연령구조가 사회적 역할과 자원의 배분에 적용된다고 주장한다.

이것은 세대차이나 동년배집단 간의 차이를 설명해 주는 이론이다. 인생주기에 있어서 같은 단계에 있는 사람들은 공유성·공통성이 있으며, 더 나아가 역사적으로 같은 시기를 산 사람들은 같은 삶의 경험을 하기 때문에 연령층들 간의 혹은 세대 간의 차이를 가져온다고 본다. 이러한 특수성으로 현재의 노년층은 과거 혹은 미래의 노년층과 다르며, 노화과정도 서로 다르게 경험한다. 또한 노인은 다른 연령층과의 관계 속에서 지위와 역할을 찾아야 한다(김수영 외, 2017: 62). 따라서, 각 연령집단의 구성원들은 사회적 역할수행의 능력이나 의지도 다르고, 기대되는 사회적 역할도 다르다. 또한 사회에서 부여하는 권리와 권위도 다르기 때문에 노인층의 고유한 특성을 형성하게 된다.

산업화·도시화에 의한 사회구조의 변화는 권력, 수입, 지위, 교육 등에 있어서 세대 간의 차이를 확대시켰으며, 마침내 노인계층을 탄생시켰다. 연령계층이론은 종래의 고령화 자체를 본질적 발달과정으로 보는 견해에 대해서, 연령집단에 따라 지속적인 경험의 차이가 있다는 견해로 변화시켰다(모선희 외, 2018: 72).

연령계층화이론은 세대차이나 동년배집단의 차이를 설명하는 데 유용하나, 실제로 연령층, 역사적 사건, 생의 과정 등은 추상적 개념이기 때문에 조작적 정의를 내리기 어렵다는 약점이 있다. 또한 사회구조가 권력에 의해 통제될 수 있다는 점을 간과하고 있다(Bengtson et al., 1997). 그 외에도 개인의 행동을 설명하기에는 부족하고, 사회계층, 성별, 문화별, 인종별에 따른 자원 분배의 차이를 다루지 못한다(김수영 외, 2017: 63).

5. 성격유형이론

1) 레이차드의 5유형

노화에 따른 성격적응 유형은 성숙형, 은둔형, 무장형, 분노형, 자학형으로 분류할 수 있다(Reichard et al., 1962). 이 5가지 유형은 일생을 통해 형성된 성격의 결과로서 그 내용은 다음과 같다.

(1) 성숙형

성숙형(the matured)은 자신의 삶을 긍정적으로 평가하고 일상생활에 적극적으로 참여하며 현실에 충실한 노인을 일컫는다. 이 유형은 은퇴 후의 변화를 수용하고 과거에 집착하지 않으며, 여생이나 죽음에 대해 과도한 불안이 없다. 즉, 나이가 들어가는 자신을 있는 그대로 받아들임으로써 현실을 인정하고, 살아온 삶에 대해 실패 및 불운보다는 성공과 행운에 더 비중을 두고 감사하며 삶을 살아간다. 그렇기 때문에 자신이 살아온 삶에 대해 후회하거나 미래에 대한 두려움 없이 생활에 만족하며 활동적인 삶을 추구한다.

(2) 은둔형

은둔형(the rocking-chair man)은 힘든 일이나 복잡한 대인관계에서 벗어나 조용히 수동적으로 보내는 것에 만족한다. 이 유형은 여러 가지 책임, 복잡한 대인관계 및 사회활동에서 해방된 것을 다행으로 여기고, 조용한 생활에 만족하면서 수동적인 삶을 추구한다.

(3) 무장형

무장형(the armored)은 노화에 대한 불안을 방어하기 위해 사회활동을 계속하는 노인을 의미한다. 이 유형은 노화에 따른 불안을 막기 위해 사회적 활동과 기능을 계속 유지하고자 한다. 즉, 나이 듦에 대한 불안을 방어하기 위해 사회적 활동 및 기능을 지속적으로 유지함으로써 신체능력의 감퇴를 막아보려고 노력한다.

(4) 분노형

분노형(the angry man)은 노년의 비통함과 실패의 원인을 시대와 사회의 탓으로 돌리는 유형이다. 이 유형은 젊은 시절 인생목표를 달성하지 못한 것에 비통해하고 실패의 원인을 외부에 투사하여 남을 질책하고 자신의 늙음에 타협하지 않으려 한다. 즉, 자신이 세운 인생목표를 이루지 못하고 늙어버린 것에 대해 매우 비통해하며, 그 원인을 시대, 부모, 가족 등 외부 요인으로 돌려 남의 탓을 한다.

(5) 자학형

자학형(the self-haters)은 자기비난이 심하고, 심리적 박탈감을 자학적으로 표현하는 노인을 의미한다. 이 유형은 지난 인생에 대한 후회가 많고 불행이나 실패의 원인이 자신에게 있다고 여기며, 자신이 무가치하고 열등하다고 생각하여 의기소침해 하거나 우울 증세가 있다. 즉, 인생을 실패로 보고 애통해하지만 그 원인을 자신으로 돌려 자책 및 비관하여 심한 우울증에 빠지기도 하며, 심할 경우 자살을 기도하기도 한다.

5가지 성격적응 유형 중 성숙형 · 은둔형 · 무장형은 비교적 잘 적응하는 경우이지만, 분노형 · 자학형은 적응하기 어려운 부적응의 대표적인 예이다.

2) 뉴가튼의 8유형

다음은 네 가지 주요한 성격 유형인데, 노화의 여덟 가지 양식으로 다시 나눌 수 있다(Neugarten et al., 1968).

(1) 통합형

이들은 심리적 기능이 건강하고 복잡한 내면생활, 유능한 자아, 손상되지 않은 인지능력, 높은 수준의 생활만족도를 지니고 있었다. 이들은 세 가지 생활 유형으로 나뉜다.

① '재구성형'의 사람들은 매우 활동적이다. 그들은 낡은 관심사를 새로운 것으로 대체하면서 자신들의 생활을 재구성하였고, 매우 다양한 활동에 관계하였다.

② '집중형'의 사람들은 중간 수준의 활동을 보였다. 그들은 은퇴한 남성이 이제는 집안 관리자, 부모, 남편으로서의 역할에 몰두하는 것처럼, 한두 가지 역할에 선택적으로 몰두하며 거기서 만족을 얻는다.

③ '이탈형'의 사람들은 낮은 활동수준을 보였다. 개인 취향에 의해 자기 충족의 생활로 물러났으며 만족해한다.

(2) 방어형

이들은 성취 지향적이고 강한 노력과 엄격한 통제를 보인다.

① '유지형'의 사람들은 가능한 한 오랫동안 중년기의 생활양식을 유지한다. 높은 또는 중간 수준의 활동을 했으며, 생활 만족도는 높았다.

② '억제형'의 사람들은 에너지, 사회적 상호작용, 경험의 지출을 제한함으로써 노화로부터 자기 자신을 방어하려고 열심히 노력한다. 낮거나 중간 수준의 활동을 보여 주었으나 생활만족도는 높거나 중간 수준이었다.

(3) 수동적 의존형

이들은 두 가지 생활양식 - 원조요청형이나 냉담형 - 중 하나에 속한다.

① '원조요청형'의 사람들은 다른 사람에게 의존하는데, 한두 사람에게 의존할 수 있는 한 그들은 높거나 중간 정도의 생활만족도를 유지한다. 그들은 높거나 중

간 수준의 활동을 하였다.

② '냉담형'의 사람들은 일생 동안 수동적인 것으로 보인다. 그들은 거의 활동을 하지 않았으며, 중간 또는 낮은 생활 만족도를 지니고 있었다.

(4) 비통합형

이들은 조직화되지 않은 노화 유형을 보인다. 그들은 심리적 기능에 있어서 총체적인 결함이 있었고, 자신들의 감정을 잘 통제하지 못했으며, 사고과정에서 퇴보가 있었다. 그들은 지역사회에서 그럭저럭 견디었지만, 활동은 적었고 생활만족도도 낮았다.

이처럼 다양한 노화의 유형(대부분의 유형들은 적어도 그것을 실제 행하는 특정한 사람들에게는 성공적인 것이라고 말할 수 있는데)은 인생 후반을 살아가는 방법이 매우 다르다는 것을 보여 준다. 노인들은 젊은이들과 마찬가지로 건강, 직업 지위, 재정적 자원, 가족 지위 등과 같은 상황적 요인들의 영향을 받는다. 그들의 성격에 따라, 이러한 요인들에 대한 반응방식이 결정된다. 노인들은 스스로 마음에 드는 종류의 활동을 자신의 능력이나 가치관에 맞게 선택하며 생활에서의 스트레스를 극복할 수 있는 서로 다른 능력을 지니고 있다.

더구나 사람들은 여태껏 인생에 대해 반응해왔던 것과 매우 유사한 방식으로 반응하는 경향이 있다. 뉴가튼(Bernice Neugarten) 등은 그들이 행한 연구에서 인생 초기에 잘 대처한 사람들은 인생의 후반에서도 역시 잘 대처하며, 그리고 그 역시도 마찬가지라고 지적한다(Neugarten, 1968, 1973; Neugarten et al., 1968). 뉴가튼은 "노화는 아마도 인생의 막다른 국면을 제외하고는 개인차를 측정할 수 있는 것이 아니다. 생물학적 · 사회적 변화 모두에 적응하기 위해 노인들은 지금 상태뿐 아니라 그래왔던 것에 계속 의존하고 있다."(Neugarten, 1973)라고 주장한다.

노년기 특유의 8가지 성격적응 패턴을 성격 유형과 적응 유형 그리고 생활만족도의 세 차원으로 분류하면 〈표 3-2〉와 같다.

〈표 3-2〉 노년기의 8가지 성격적응패턴

성격유형	적응유형		생활 만족도
통합형	재구성형	은퇴 후에도 자신의 시간 및 생활양식 재구성 / 모든 분야에 적극적이며 일상생활에 적응 잘함	상
	집중형	활동적이고 적응을 잘하지만 한두 분야에만 집중	상
	이탈형	건강하고 적응수준도 높지만 스스로 자원하여 활동하지는 않음 / 조용히 지내는 사람	상
방어형	유지형	심리적 적응은 잘하지만 활동을 하는 이유가 노화방지에 있어 활동에 얽매임	상
	억제형	노화의 위협에 사로잡혀 타인과의 사회적 접촉 없이 폐쇄적으로 살아가는 사람	중
수동적 의존형	원조요청형	가족이나 친지에게 심리적 의존 / 보통 정도의 생활 만족도로 살아가는 사람	중
	냉담형	건강 유지를 위한 활동 외에는 활동 없음 / 무기력, 무감각, 수동적으로 행동하는 사람	하
비통합형	조직와해형	사고, 지능, 판단능력의 결핍 / 정서적 반응의 일관성 없음 / 생활 만족도 매우 낮음	하

자료: Neugarten et al.(1968) 재구성.

〈표 3-2〉와 같이, 젊은 시절의 성격은 노년기에도 지속되며, 노인은 은퇴 후에도 은둔생활을 하는 것이 아니라, 사회생활 및 대인관계를 지속한다. 그렇기에 개인의 성격에 맞는 적절한 활동을 통해 심리적 안정을 유지하며, 개인의 생활만족도와 연결된 노년 특유의 성격적응이 나타난다.

PART

02

노인문제

contents

Senior Services Welfare

CHAPTER

04

노인문제의 이론적 접근

학습목표

1. 각 이론에 대한 이해
2. 학자의 생애와 사상 숙지
3. 각 이론의 비교 분석

학습내용

1. 구조기능주의 이론
2. 갈등주의 이론
3. 상징적 상호작용 이론

개요

구조기능주의는 전체 사회의 안정적 유지와 존립을 위해 사회 부분들 간의 기능적인 분화와 통합이 어떻게 이루어지는지에 주목하면서 문화의 사회화 및 사회통합 기능을 강조한다. 갈등주의 이론은 서로 이해관계가 다른 집단들이 권력과 자원을 놓고 경합하는 것이 사회라고 간주한다. 상징적 상호작용이론은 '면대면 상호작용(face to face interaction)'의 상세한 내용에 주목하고, 그것이 타인의 말과 행동을 이해하는 데 어떻게 사용되는지에 관심을 갖는다. 여기서는 위 3가지 이론을 학습하고자 한다.

CHAPTER

04 노인문제의 이론적 접근

노인문제에 관한 이론적 접근방법으로는 구조기능주의, 갈등주의, 상호작용주의 등이 있다. 이에 대한 구체적 논의를 살펴보면 다음과 같다.

1. 구조기능주의이론

구조기능주의이론(structural-functional theory)은 사회학이론 중에서 거시적 이론으로 볼 수 있는데, 미국의 사회학자 파슨즈(T. Parsons, 1902~1979)로 대표되는 이론이다. 파슨즈의 이론은 유럽 사회학 또는 사회이론을 도입하여 만든 것이다(정태석 외, 2014: 93). 이 이론은 뒤르켐(E. Durkheim, 1858~1917), 베버(M. Weber, 1864~1920), 프로이트(S. Freud, 1856~1939) 등의 이론을 종합하면서, 개인행위들이 모여서 어떻게 균형 있는 사회질서를 형성하게 되는지를 해명하려고 하였다. 그에 따르면, 구조기능주의 또는 체계이론(system theory)이라 불리는 파슨즈의 이론은 전체 사회의 안정적 유지와 존립을 위해 사회 부분들 간의 기능적인 분화와 통합이 어떻게 이루어지는지에 주목하면서, 문화의 사회화 및 사회통합기능을 강조한다. 이 외에도 아도르노(T. W. Adorno, 1903~1969), 하버마스(J. Habermas, 1929~), 루만(N. Luhmann, 1927~1998) 등이 있다. 이 이론에 따르면, 사회는 외부 환경과의 적응과정에서 다양한 기능을 맡고 있는 하위구조들로 분화되어가고, 이러한 하위구조들은 상호 간에 기능적으로 균형을 유자하면서 점차 진화하게 된다. 이것은 체계이론과 서로 밀접히 결합되어 있다(한국산업사회학회, 2009: 23). 또한 구조기능주의에서는 사회가 다양한 기능을 맡은 구조들이 유기적으로 얽혀 이루어진 구성체라고 본다. 따라서, 사회가 제대로 돌아가기 위해서는 각 부분의 기능과 구조가 제 구실을 하면서 사회 전체의 유지와 발전을 위해 상호 공존해야 한다(김근홍 외, 2013: 255-256).

이러한 기능 중심의 이론에 따르면, 노인들의 역할이 어느 정도 유지되던 과거의 농경사회와는 다르게, 현대 산업화 사회, 더 나아가 정보화 사회에 있어서는 노인들의 기능이 사회구조에 있어 뚜렷하게 중요한 역할을 하지 못하기 때문에 노인문제가 초래된다.

이 이론은 두 가지 이론, 즉 분리이론과 근대화이론 및 사회적 교환이론으로 논의할 수 있다.

1) 분리이론

먼저 분리이론은 은퇴이론, 이탈이론, 유리이론 등으로도 불린다. 이 이론은 1960년대 노인문제를 설명하는 최초의 이론으로 나타났다. 노년기에는 다른 사람들과의 사회적 교류 및 활동의 범위가 축소되는 '분리'의 과정을 거친다(박철현, 2014: 350). 즉, 이 분리의 과정은 노인이나 사회를 위해서 바람직하고 불가피한 과정이며, 사회와 노인의 점진적인 상호분리과정은 양자 모두에게 기능적이다. 개인의 입장에서 볼 때, 노화에 따라 자신의 능력이 감퇴됨을 인식하고 조용히 죽음에 대비함으로써 사회로부터 분리는 궁극적으로 노인에게 심리적 안정감을 준다. 반면에, 사회의 입장에서 보면, 사람은 언젠가 죽음에 이르기 마련이므로 늙어감에 따라 활동범위를 축소시켜야만 노동력의 원활한 교체가 가능해질 수 있으며, 그 결과에 따라 사회체계는 부단한 세대교체 과정 속에서 유지될 수 있는 것이다. 그러므로 이 과정에서 노인문제는 발생한다. 즉, 노년기에 사회적 네트워크의 범위가 줄어드는 자연스러운 현상에 불만을 느끼거나, 줄어든 역할에 만족하지 않고 그 이전의 역할을 원할 때에는 어색한 교환이 일어나게 되기 때문에 노인문제가 발생한다. 또한 네트워크나 역할의 축소는 전체 사회의 생존을 위해 자연스럽고 서로에게 도움이 되는 기능적 과정임에도 불구하고, 기능적으로 적응하지 않을 때 노인문제는 나타난다.

그러나 이러한 이론은 다음과 같은 단점이 나타난다. 즉, 파슨즈의 이론이 너무 추상적이며 갈등을 낳는 요인들을 적절하게 다루지 못한다(정태석 외, 2014: 94). 구조기능주의이론에 대한 가장 큰 비판은 분리과정의 보편성과 불가피성에 대해 과대평가한 것이다(박철현, 2014: 351). 또한 구조기능주의이론은 사회에서 벗어나고 싶어 하는 경향이 노년기의 특성일 뿐만 아니라, 개인적인 차원이라는 점을 증명하지 못한다(윤경아 외, 2014: 65). 제도와 구조를 통해 노인들에게 사회적 통합과 상호의존성의 축을 맡을 수 있는 새로운 역할을 마련해 주어야 한다는 긍정적인 시각을 가지고 있으면서도 지극히 논리 중심적인 이런 결론이 현실에서 쉽게 받아들여지긴 쉽지 않다는 점이 이 이론의 장점이면서도 단점이다(김근홍 외, 2013: 254).

그러므로 분리이론은 노인이 사회로부터 분리되는 과정에 대해 이론적으로 설명을 충실히 하고 있는데도 불구하고, 노인들이 분리되지 않고 오히려 오랫동안 사회에 잔존하고 싶어 한다는 점을 강조함으로써 그 한계점을 노출시키고 있다.

2) 근대화이론

근대화이론(modernization theory)이란 사회발전과 노인의 지위문제에 관심을 기울인 이론을 말한다. 노인의 지위는 근대화의 정도와 반비례한다(박철현, 2014: 351). 즉, 전통사회에서 노인의 지위는 매우 높았으나, 특정 사회의 산업화가 진행될수록 노인의 지위는 낮아지게 되었다. 즉, 근대화에 따라 보건의료기술과 생산기술이 발전하고, 도시화가 진전되며, 교육의 대중화가 이루어짐으로써 노인의 중요성이 상대적으로 떨어짐에 따라 노인의 지위가 낮아지게 되었다(윤경아 외, 2014: 66). 즉, 전통사회에서 맡았던 자녀교육, 생활에 필요한 노하우와 생산에 필요한 다양한 기술의 전수, 외부 세계와의 통신, 가족의 대표 등의 역할은 산업화된 근대사회에서 다양한 전문기관들이 맡게 되었다. 예를 들어, 후손교육을 맡는 노인의 역할은 학교 등의 교육제도에서 맡게 되고, 더 이상 노인의 지식만으로는 산업사회에서 중요한 지식이 인정될 수 없었다. 또한 다양한 생산에 필요한 지식교육은 전문화된 교육기관에서 행해졌고, 더 필요할 경우에는 고용한 직장 내에서 이루어짐으로써 노인의 지식이 생산현장에서 더 이상 중요한 의미로 존재하지 않게 되었다. 그리고 가족의 형태가 핵가족으로 변하면서 가족의 대표가 노인이 아니라, 청장년층이 되었으며, 휴대폰, 이메일, SNS 등과 같은 통신기술의 발달은 외부로부터의 통신영역에서도 오히려 노인들이 그들의 후손들에게 의존해야만 하는 상황이 되었다.

이 이론에 대한 비판으로, 노인의 빈곤, 소외, 학대 등의 노인문제는 노인이 급격하게 변하는 사회에서 필요로 하는 지식과 기술에 발맞추어 나아가지 못하여 발생하는 것이라는 가정을 갖는다(박철현, 2014: 352).

그러므로 이 이론은 산업화를 경험하고 있는 대부분의 사회에서 노인들의 권위가 하락하고 있다는 점에서 노인문제의 해결을 위한 하나의 실마리를 제공해 준다. 그러나 근대화이론은 덜 산업화된 사회도 현재의 서구사회가 경험하는 노인문제를 경험하게 될 것이라는 수렴의 명제가 문제로 작용한다.

3) 사회적 교환이론

사회적 교환이론(social exchange theory)은 노인문제를 유용한 자원의 호혜적인 교환으로 설명하고 있다. 사회는 개인들 서로에게 이득이 되는 교환을 통해서 지탱되는데,

노인문제가 발생하는 것은 전통사회에서 노인들이 제공했던 자원의 가치가 산업사회에서 저하되어 호혜적인 교환이 되지 않기 때문이다(박철현, 2014: 352). 다시 말해서, 가치가 저하된 자원을 가지고 노인들이 기존의 교환관계를 유지하기 위해서는 상대방의 의도에 순응하는 비용을 감수할 수밖에 없고, 따라서 낮은 지위 또한 감수하게 된다. 그러나 근대화이론과는 달리 모든 노인이 동일한 정도의 문제를 겪지 않으며, 특히 사회경제적 지위가 높은 사람의 경우에는 상대적으로 동일한 많은 자원을 소유하고 있으므로 문제를 덜 겪는다.

이 이론은 노인문제를 개인의 적응과 그 결과로 나타난다고 주장한다. 이 이론은 근대화이론의 수렴의 명제에서 탈피하여 객인이 그들의 생애과정에서의 선택과 적응에 따라서 상이한 수준의 문제를 경험할 수 있다는 의미라고 볼 수 있다.

결론적으로 구조기능주의의 각 이론들을 종합해 볼 때, 사회구조와 기능의 변화는 좀처럼 쉽게 변할 수 있는 것은 아니며, 오히려 작은 변화들이 누적되어 발생하거나 생산조건의 변화가 가파르고 예측하기 어렵다는 이론인 구조기능주의 시각은 정보화 시대에 노인문제의 현실적 해결 실마리를 찾아내기는 그리 쉬워 보이지 않는다. 구조기능주의에 대한 비판은 다음의 갈등주의이론으로 이어진다.

파슨즈의 생애와 사상

파슨즈

파슨즈(Talcott Parsons, 1902~1979)는 미국 콜로라도 주 콜로라도스프링스(Colorado Springs)에서 목사의 아들로 태어났다. 앰허스트대학교(Amherst College)에서 생물학을 전공한 뒤 사회과학, 특히 제도파 경제학으로 전공을 바꾸었다. 1924~1925년까지는 런던 경제대학에서 홉하우스(L. T. Hobhouse, 1864~1929)와 긴스버그(M. Ginsberg)에게 사회학을 배웠으며, 인류학자 말리놉스키(B. Malinowski)로부터 기능주의의 영향을 받았다. 1925~1926년에는 독일에서 베버에 대한 연구에 몰두하여 학위를 취득하고, 1927년부터 하버드대학교에서 강의를 시작하였다. 1946년부터 10여년간 사회 관련 학과장을 지냈고, 1949년도 미국 사회학회(American Sociological Association, ASA) 회장을 역임하였다. 또한 그는 마셜(A. Marshall),

뒤르켐(E. Durkheim), 파레토(V. Pareto), 프로이트(S. Freud) 등을 연구하였다.

파슨즈는 미국의 이론사회학자로, 현학적이긴 하지만 사회행동의 일반이론을 전개했다. 그의 이론 중 퇴니스(F. Tönnies)의 게마인샤프트(Gemeinschaft)와 게젤샤프트(Gesellschaft)의 대립개념 분석에서 출발한 패턴변수(pattern variables) 중심의 사회체계론이 유명하다. 베버, 뒤르켐, 파레토 등의 학설을 섭취하여 사회학적 행위론으로부터 독자적인 체계이론을 세웠다. 그는 퍼스낼리티 체계, 사회체계, 문화체계라는 3개의 체계를 구별하여 사회체계를 복수의 행위자들의 상호 작용의 체계로서 파악, 이 체계의 질서 유지를 규범의 내면화로부터 설명한다. 즉, 문화체계의 형태를 지우는 규범이 개인의 퍼스낼리티 체계 속에 내면화하여 욕구와 규범이 통일됨으로써 사회체계의 질서가 보전된다고 보았다. 사회체계는 안정, 균형 유지의 경향을 갖는다고 가정하여 그것을 체계의 기능이라 보고, 기능주의의 입장에서 사회이론을 전개하였다. 그는 현대 미국 사회학의 지도적 이론가로서도 커다란 영향력을 가지고 있다. 그의 공적은 유럽의 사회과학을 광범위하게 흡수하여 미국에 도입시킨 데 있지만, 범위가 지나치게 넓고 사회 변동론이 결여되어 있는 것이 큰 약점이라 할 수 있다.

대표적 저서로는, ≪사회적 행위의 구조(*The Structure of Social Action*)≫(1937), ≪사회체계』(*The Social System*)≫(1951) 등이 있다.

2. 갈등주의이론

구조기능주의이론이 사회를 구성하는 각 부분들이 서로 조화를 이루고 있다고 본 반면에, 갈등주의이론(conflict theory)은 서로 이해관계가 다른 집단들이 권력과 자원을 놓고 경합하는 것이 사회라고 간주한다(Mooney et al., 2002: 11).

갈등주의이론은 두 가지 전통이 있는데, 마르크스주의의 갈등이론과 베버주의의 갈등이론이 그것이다.

먼저, 마르크스의 갈등주의이론은 미국에서 구조기능주의가 주도하던 시기에 유럽 사회학은 마르크스주의의 영향이 강화되어 급진적 사회이론이 다양하게 형성되었다. 영국 사회학은 스펜서의 뒤를 이어 자유주의적・진화론적・공리주의적 흐름이 강하게 남아 있었다(한국산업사회학회, 2009: 51). 하지만 노동운동이 활성화되면서 사회를 계급적 위계질서로 보며, 사회발전을 계급갈등 및 권력에 의해 규정되는 것으로 파악하는 급진적 사회이론이 확산되었고, 구조기능주의에 대비되는 마르크스주의적 전통의 갈등주의이론이 형성되었다. 마르크스(K. Marx, 1818~1883) 전통으로부터 록우드(Lockwood,

1929~2014), 골드소프(J. Goldthorpe, 1935~), 밀리반드(Miliband, 1924~1994) 등 마르크스주의 갈등이론가들은 자본주의 사회에서 자본의 소유 여부에 따른 계급불평등이 계급갈등을 낳으며, 이러한 갈등을 억누르기 위해 국가가 정치권력과 이데올로기를 통해 피지배계급을 통치한다고 보았다. 그리고 이들은 또한 어떻게 계급갈등이 노동자계급의 정치적 저항을 통해 사회개혁 또는 변혁으로 이어질 것인지에 대한 실천적 관심을 보여 주었다(정태석 외, 2014: 95).

갈등이론의 또 다른 흐름은 베버적 전통에서 나온다. 베버(M. Weber, 1864~1920)는 권력관계에 주목하면서 개인이나 집단 사이의 지배·종속관계에 대한 분석에 주목하고 있는데, 독일 사회학자 다렌도르프(R. G. Dahrendorf, 1929~)는 구조기능주의가 조화, 균형, 합의 등을 일면적으로 강조한다고 비판하면서 사회현상을 설명하는 데에 갈등과 분열이 더 중요하다고 보았다(정태석 외, 2014: 95). 그런데 그는 재산(자본)의 불평등한 분배로 인한 계급갈등을 강조한 마르크스주의와 달리, 개인이나 집단 간의 갈등은 권위나 권력의 불평등한 분배로 인해 발생한다고 보았다(한국산업사회학회, 2009: 49). 따라서, 모든 사회는 지배자와 피지배자, 권위를 가진 자와 배제된 자 사이의 분열이 존재하며, 이로 인해 갈등이 생겨날 수밖에 없다는 것이다.

일반적으로 갈등주의자들은 사회 내에서 분열의 중요성을 부각시킴으로써 권력 불평등 및 투쟁의 문제에 집중한다. 그들은 또한 사회가 각자의 이익을 추구하는 서로 다른 집단으로 구성되었다고 본다(Giddens, 2017: 45). 이 이론의 대표적인 학자들로는 코저(Coser, 1913~2003), 마르쿠제(H. Marcuse, 1898~1979) 등이 있다.

갈등주의 시각에서 사회문제의 발생원인은 '비합법적 사회통제와 착취', '희소자원의 불균등한 분배' 또는 '불균등한 분배를 가져오는 사회의 권위와 권력의 구조이다(표갑수, 2010: 130). 즉, 권력 및 자본에 독점적 지배권을 갖는 사회구조에서는 빈곤과 같은 사회문제를 피할 수 없다. 갈등이론에 대해서 이를 노인문제에 적용했을 때, 노인들이 희소권력 및 재화에 접근하거나 또는 소유할 기회를 상실할 때 문제가 발생한다. 재산을 통제하지 못하고 가족을 지배할 수 없게 되면서 통솔자로서의 지위를 상실하고 기존의 우월한 사회적 위상도 포기해야 하는 상황이다. 그런데 희소자원을 둘러싼 이런 세대 간의 갈등이 개인적 차원에서 비롯된 게 아니므로, 노인문제는 역시 개인의 결함 또는 무능력보다 사회구조와 제도에서 비롯한다(최일섭 외, 2000: 150). 문제라는 것 자체가 갈등을 내포하고 있다는 의미이기 때문에 갈등이론으로 문제를 설명할 수 있다는 것은 논리적 귀결로 보인다. 사회에는 항상 어떤 제한된 양의 권력 및 재화를 둘러싼 갈등이 존재되어 있다는 것이 갈등주의 또는 갈등이론의 시각이다. 이에 따르면, 사회 변동의 원인 역시 이와 같은 권위를 둘러싼 갈등 안에 있기 때문에 사회의 평화는 제도를 통하여 질서 유지가 강제되어야만 가능하다(김근홍 외, 2013: 254). 그런 점에서 갈등주의 사회문제는 개인 차원으로 해결할 수 없기 때문에 사회적 제도 차원으로 해결할 수밖에 없다. 갈등이론은 노인문제에 대해 구조기능주의와는 매우 상이한 시각을 갖는다.

둘째, 분리이론이 노인들이 그들의 일자리로부터 물러나는 것을 설명하는 것이라면, 갈등이론은 노인들이 그들의 일자리로부터 물러나는 것이 자발적으로 이루어지는 것이 아니라 강제적으로 이루어지며, 그것은 노인들이 사회의 지배적인 위치를 점유하는 중장년층의 희소자원을 차지하려는 경쟁에서 밀려났기 때문으로 파악한다(박철현, 2014: 353). 다시 말해서, 갈등이론에 따르면, 사회는 연령에 따라 지배적인 연령집단과 피지배적인 위치의 연령집단이 존재하고, 이 집단들이 갈등하며, 그 갈등의 결과 소수집단인 노인집단의 가치는 희생된다는 이론이다.

셋째, 구조기능주의이론은 노인문제를 개인이나 가족단위로 파악한다(박철현, 2014: 353). 다시 말해서, 문제를 겪는 노인이나 그의 가족은 빠르게 변화하는 산업사회에서 요구하는 다양한 역할 변화에 적응을 잘하지 못한 사람이나 가족들이다. 그러나 갈등이론에 따르면, 노인문제가 더 많은 희소자원을 차지하려는 세대 간 전쟁에서 소수집단인 노인들의 이익이 희생되었기 때문에 발생한다. 따라서, 갈등이론에서 노인문제는 가족이나 자녀에 의존해서 해결하거나 또는 국가가 시혜적 부조를 통해서 해결해야 하는 것이 아니라, 노인집단의 당연한 정치적 요구를 통해서 해결되어야 하는 문제이다. 표갑수(2010: 130)에 따르면, 산업사회가 될수록 노인들은 희소자원을 소유하거나 또는 희소자원에 접근할 가능성을 상실한다. 즉, 노인은 재산을 통제할 수도, 가족을 지배할 수도, 사회에서 주요 지위를 누릴 수도 없게 된다. 이리하여 희소자원을 소유할 수 없게 된 노인이 희소자원을 더 많이 소유한 집단에게 위협이나 괴롭힘을 당하는 문제가 발생할 때 노인문제가 사회문제가 된다는 것이다. 다시 말해서, 사회는 희소자원을 더 많이 가진 중년층을 중심으로 하여 조직화되는 데 반하여, 노년층이 기존의 희소자원의 분배방식에 불만을 품고 분배방식의 변경을 요구하게 되므로 중년층이 이를 문제화로 인식할 때 비로소 노인문제가 발생된다는 것이다.

갈등주의에 대한 비판을 보면, 노인들의 정치적 결집과 자신들이 문제를 해결하기 위하여 정부에 대해 더 많은 요구를 하게 되면, 노인과 관련된 예산이 증가한다(정태석 외, 2014: 98). 수가 많은 노인들이 수가 적은 젊은이들에게 감당하기 힘든 정도의 노인 예산을 통해서 쓰게 되면, 세대 간의 불협화음이 필연적으로 발생한다. 결론적으로 갈등이론에 따르면, 노인문제의 원인발생은 노인이 사회 및 가족생활에서 희소자원을 소유하지 못하거나 많이 소유하지 못하는 데 있다. 따라서, 노인문제는 자본주의 사회에서의 구조적 모순과 결함에 의하여 발생된다.

마르크스의 생애와 사상

마르크스

마르크스(Karl Heinrich Marx, 1818~1883)는 1818년 5월 5일에 독일 라인 주(州) 트리어(Trier) 시에서 유대인 기독교 가정의 7남매 중 셋째로 태어났다. 유태인에 대한 불이익을 피하고자 마르크스가 태어나기 직전에 개신교로 개종한 집안에서 마르크스는 6살이 되던 1824년에 개신교 세례를 받았다. 12세 되던 1830년에 마르크스는 트리어에 있는 프리드리히 빌헬름 김나지움(Gymnasium, 독일의 중등교육기관)에 들어갔다. 마르크스는 이 곳에서 라틴어, 그리스어, 역사, 철학 등을 배우며 말 그대로 교양 있는 젊은이로서 이후의 삶을 준비할 수 있었다.

1835년에 마르크스는 본대학교(University of Bonn)에 입학하여 그리스와 로마의 신화, 미술사 등 인문계 수업을 받았다. 본 대학에서 1년 공부한 후 마르크스는 곧바로 베를린대학교(Humboldt University of Berlin) 법학부로 전학하여 법학, 역사학, 철학을 공부하였다. 특히, 마르크스는 당시 독일의 철학계에서 강한 영향력을 가지고 있던 헤겔(G. W. F. Hegel, 1770~1831)의 철학에 관심을 쏟았다.

마르크스는 1842년에 <라인 신문(Rheinische Zeitung)>의 편집진에 들어갔다. 장차 수많은 우여곡절을 겪으며 폐간과 복간을 거듭하게 될 그 신문과의 질긴 인연을 맺게 된 것이다. 그러나 반정부적인 내용이 가득한 글로 인해, 1843년 3월 18일 마르크스는 편집장직에서 쫓겨나야 했으며, 그 신문도 곧이어 폐간되고 말았다.

1843년 6월 어린 시절의 벗 예니 폰 베스트팔렌(Jenny Ludwig von Westphalen, 1814~1881)과 결혼한 후 아내와 함께 그해 10월 파리로 이주했다. 이렇게 하여 1845년 2월까지 계속될 15개월가량의 파리시대가 펼쳐지게 된다. 여기서 마르크스는 시인 하이네(H. Heine, 1797~1856)와 알게 되었고, 1789년의 프랑스혁명(French Revolution) 연구에 몰두했으며, 영국 부르주아(bourgeoisie) 정치경제학자들의 저술도 읽을 수 있었다. 한편, 마르크스는 파리에서 프랑스인 노동자 조직 및 독일 망명자 노동자 조직과 직접 접촉하였다. 그리하여 그 조직의 지도자들과 알게 되었고, 노동자 모임에도 참석하였다. 이곳에서 마르크스는 당시 노동자계급에게 커다란 영향을 주고 있던 카베(E. Cabet, 1788~1856), 프루동(P. J. Proudhon, 1809~1865), 불랑(J. L. Blanc, 1811~1882) 등의 사상가들과 친분을 쌓았다. 그는 또한 반종교적 급진파가 되었고, 그 테제를 완성한 후에는 파리와 벨지움에서 저작가 및 선동가로서 활동하였다. 그간 그는 ≪공산당 선언(*Manifest der Kommunistischen Partei*)≫(1848)을 저술하고, 혁명정부의 프로그램과 사회구조 및 사회변혁의 이론을 주장하였다. 1848년의 혁명이 독일에서 발발하자, 그는 조국으로 돌아와 급진적 신문을 편집했지만 혁명의 좌절 후 다시 망명하고, 평생의 생활의 터전이었던 런던에 정착하였다. 런던에 망명 중 마르크스와 그의 가족은 아주 가난하였다. 사회주의자이고 직물업을 경영하는 친구 엥겔스(Friedrich Engels, 1820~1895)의 원조는 불가결한 것이었다. 그의 이론은, 특히 영국 밖에서 널리 알려지고 영향력을 가지게 되었다. 그는 자주 러시아와 독일의 급진파와 혁명가로부터 상의를 받게 되었고, 그의 사후 '공산당'은 전 세계로 확산되었다. 공산당의 교의는 마르크스와 최초의 '공산주의' 혁명을 지도한 레닌의 이론이다.반동의 시대였던 1850년대와 60년대에 마르크스는 정치경제학 연구에 몰두했다. 1867년 ≪자본론(*das Kapital*)≫ 제1권이 출판되고, 사후에 출판될 ≪자본론≫ 2권과 3권을 준비하기까지 수십 년 동안 정치경제학은 마르크스의 주요한 연구분야가 된다.

1881년 아내 예니를 잃었고, 2년 후에는 끔찍이도 사랑하던 딸마저 죽고 말았다. 그는 이 충격에서 헤어나지 못하고, 결국 1883년 3월 14일 망명지 런던에서 파란만장한 일생을 마쳤다.

베버의 생애와 사상

베버

베버(Maximilian Carl Emil Weber, 1864~1920)는 1864년 4월 21일 독일 중부의 튀링겐(Thüringen) 주의 주도인 에르푸르트(Erfurt)에서 아버지 막스 베버와 어머니 헬레네 사이에서 태어난 8남매 중 장남이었다. 아버지는 그가 태어나자 베버가(家)의 계승자가 될 이 장남에게 자신의 이름을 그대로 물려주었다. 아버지 막스 베버는 에르푸르트 시청의 공무원이었는데, 1869년 국회의원으로서의 경력을 시작하게 되었고, 이에 따라 베버 가족은 베를린으로 이주하게 된다. 종교적이고 인문학적 분위기의 아내와 달리, 그는 지극히 현실적이고 일상 정치를 중시하는 당시 독일의 전형적인 부르주아 정치가였다.

8세가 되어 막스 베버는 왕립 김나지움에 진학했다. 김나지움 시절 베버는 다독가로서 역사 서적들, 그리스 - 로마 고전들, 스피노자(B. de Spinoza, 1632~1677), 쇼펜하우어(A. Schopenhauer, 1778~1860), 칸트(I. Kant, 1724~1804) 등의 철학 작품들, 그리고 괴테의 문학작품을 즐겨 탐독한다. 즉, 그리스어나 라틴어는 물론이고 이미 이 시절에 구약성서를 원어로 읽을 수 있을 만큼 히브리어를 습득하였다. 1877년 초 만 14세가 채 되지 않았을 시기에, 그는 어울리지 않게도 두 편의 역사 논문을 썼다. 청소년기의 이러한 지적인 체험은 후에 관심영역의 다양함과 광범위함으로 발전하게 된다.

1882년 그는 베를린에서 김나지움을 졸업하고, 대학을 가기 위해 외조부가 살고 있는 하이델베르크로 갔다. 하이델베르크대학교(University of Heidelberg)에 입학하여 자신의 아버지가 그랬듯이 제1전공으로 법학을 선택하였지만, 그 또한 법학 외에 경제학, 역사, 철학, 신학 등에도 많은 관심을 기울였다. 1883년 병역 의무를 마치기 위하여 대학 재학 중 스트라스부르크(Strassburg)에서 일 년간의 군대생활을 체험했다. 스트라스부르크에 체류 중에 자신의 친척이기도 한 지질학자 베네케(E. W. Benecke, 1798~1854), 역사학자 바움가르텐(Hermann Baumgarten, 1825~1893)과 자주 접촉하였으며, 이들과의 접촉은 이후 그의 학문적 성장에 크게 도움이 된다. 이듬해 병역을 마치고 이번에는 베를린대학으로 옮겨 학업을 계속하였는데, 그의 학문적 관심은 법률, 경제, 철학, 역사 등 다방면에 걸쳤으나, 특히 역사문제에 더 집중되어 있었다.

1889년 베를린대학교에서 "중세 상업사회의 역사"라는 제목의 논문으로 박사학위를 받았고, 1891년에는 "국가 공법 및 사법(私法)의 의미에서 본 로마 농업사"라는 취직 논문을 발표하였다. 이 논문은 로마제국의 농업에 관한 중요한 연구로서 후세의 사사에게 많은 자극을 주었다고 평가되고 있다. 이 논문으로 그는 1892년 베를린대학에서 상법 및 로마법의 강사가 되었으며, 이후 그의 대학교수시절이 시작되게 되었다.

1893년 가을 그는 마리안네(Marianne Weber)와 결혼했다. 사촌 누나의 딸인 마리안네는 그녀 자신도 학자로서 이후 27년간 잠시도 베버의 곁을 떠나지 않은 평생의 동반자였다.

베를린대학에서 학위를 받은 후 베버의 관심은 점점 더 경제학 연구에 기울어졌으며, 이 시기에 쓴 논문들도 대체로 경제학에 관한 주제가 많았다. 1892년에 발표된 <동부 독일의 농업노동자의 상태>, <국민국가와 경제정책> 등은 이러한 그의 관심을 잘 나타내 준다. 이것이 인연이 되어 그는 1893년

프라이부르크대학의 경제학 교수로 추천을 받게 되고, 이듬해 5월에 동 대학 경제학 정교수로 취임하게 된다. 프라이부르크에서 리케르트(Heinrich Rickert)와 각별한 친교를 맺었는데, 리케르트는 베버의 학문에 많은 영향을 주었다. 이어 베버는 1896년 자신의 최초의 모교인 하이델베르크대학의 경제학 교수로 초빙되어 은사인 크니스(K. G. A. Knies, 1821~1898)의 후계자가 되었다. 하이델베르크대학에서는, 특히 공법학자인 옐리네크(G. Jellineck, 1851~1911), 신학자인 트뢸치(E. Tröltsch, 1865~1923) 등과 친교가 있었다.

1897년 하이델베르크에서 많은 연구가 본격화될 무렵 그에게 심각한 신경질환이 발병하였다. 이후로 한동안 이탈리아 등지에서 체류하여 요양하였으나 병이 호전되지 않았고, 1903년 하이델베르크로 귀환함과 동시에 교수직을 사임하게 되었다. 대학재임 기간은 형식상으로는 13년이지만, 나중의 4년은 전혀 강의를 할 수 없었다.

1914년 그의 나이 50에 제1차 세계대전이 일어나자 군무를 지원하여 하이델베르크의 야전병원에 근무하였으나, 곧 돌아와서 빌헬름 2세의 전쟁 방침에 반대하는 투쟁을 전개하기도 하였다. 베버는 제1차 세계대전에서의 독일의 비참한 패배와 굴욕적인 강화조약에 충격을 받고 1918년에는 다시 대학으로 돌아가게 되었다.

1918년 여름에는 빈대학의 초청을 받아 강의를 맡게 되었는데, 이는 그가 건강악화로 대학 교단을 떠난 지 15년만의 일이었다. 다음 해에는 뮌헨대학 류요 브렌타노(Lujo Brentano)의 후임자로 초빙되어 사회학 및 사회경제사 강의를 담당하였다. 그러나 다시 대학에 들어가 활동한 시기는 채 2년이 되지 못했다. 1920년 봄부터 건강이 다시 악화되었고, 그해 6월 14일에 56세를 일기로 그는 세상을 떠나고 말았다.

베버는 19세기 후반기부터 20세기 초에 걸치는 시대에 활동한 독일의 저명한 사회과학자이자 사상가이다. 그는 정치, 경제, 사회, 역사, 종교 등 학문과 문화 일반에 대해 박식하고도 깊이 있는 조예를 가진 학자였다. 그는 19세기 후반기의 서구 사회과학의 발전에 크게 공헌하였을 뿐만 아니라, 오늘날에도 철학이나 사회학 등에서 큰 영향을 미치고 있다.

그의 저서로는 주저인 ≪프로테스탄티즘의 윤리와 자본주의의 정신(*Die Protestantische Ethik und der Geist des Kapitalismus*≫(1904~5) 외에, 흔히 사회학적 개념구성의 '건축학'이라고 불리는 ≪경제와 사회(*Wirtschaft und Gesellschaft*≫(1922), 기독교, 유태교, 유교, 도교, 힌두교, 불교 등 세계 대종교들을 다루고 있는 ≪종교사회학 논문집≫(3권, 1920~21), 그의 방법론적 구상을 담고 있는 ≪과학론 논문집≫(1922) 등을 들 수 있다. 마리안네 베버는 베버 서거 후 베버의 동료 및 제자들과 함께 그의 유고 정리를 하고, 그의 저작집을 편찬했다. 또 한편으로는 방대한 전기인 ≪막스 베버의 생애(*Max Weber-ein Lrbensbild)*≫(1926)를 저술하였다.

3. 상징적 상호작용이론

상징적 상호작용이론은 '면대면 상호작용(face to face interaction)'의 상세한 내용에 주목하고, 그것이 타인의 말과 행동을 이해하는 데 어떻게 사용되는지에 관심을 갖는다(Giddens, 2017: 22). 상징적 상호작용이론에서 영향을 받은 사회학자들은 일상생활에서 겪는 다양한 맥락에서 '면대면 상호작용'에 초점을 둔다. 그들은 사회와 제도들을 창조하는 데 이러한 상호작용이 어떤 역할을 하는지 강조한다. 또한 미드(G. H. Mead, 1863~1931)는 '역할담당'을 강조하고 있는데, 그에 따르면 역할담당이란 타인들과의 상호작용 가운데 개인이 타인들을 의식하고 타인들과의 역할관계 속에서 타인들의 관점을 담당하게 된다는 것을 의미한다. 다시 말해서, 타인들과의 상호작용 가운데 다른 사회구성원들이 단순히 존재하기 때문에 개인행위가 사회적이 되는 것이 아니라, 역할담당의 과정이라는 내재적인 상호작용과정을 통하여 다른 성원들이 개인의식 속에 존재하며, 그렇기 때문에 사회 전체의 관점이 개인에게 반영된다는 것을 뜻한다고 주장한다. 따라서, 사회 전체가 개인에게 반영될 수 있는 것은 개인의 성찰적인 의식과정을 통해서이며 이는 개인의 내재적인 대화의 과정, 즉, 상징의 사용을 통해서 가능한 것이다(손장권 외, 1994: 3). 따라서, 이러한 점에서 미드의 이론을 상징적 상호작용이라고 부르는 것이다. 이 외에도 대표적인 학자로는 베버, 혹실드(Hochschild, 1940~) 등이 있다.

노인문제의 원인과 연관지어, 상호작용주의 시각에서 볼 때, 사회의 주요 집단이 노인을 늙고 병들고 가난하고 외롭고 의존적이며 쓸모없는 사람으로 볼 때 노인문제가 발생한다(표갑수, 2010: 130). 즉, 노인은 전통사회에서는 지혜롭고, 권력과 권위를 갖춘 존경의 대상이 되었지만, 현대 산업사회에서는 지혜로운 존재로부터 어리석은 존재로, 유용한 존재로부터 무용한 존재로, 주는 존재로부터 받는 존재로 부정적 의미로 변하고 있다. 노인을 이렇게 부정적으로 이해함으로써 노인 자신도 스스로를 가정과 사회로부터 고립되고 쓸모없는 존재로 낙인찍고, 이로써 노인을 더욱더 무능하고 수동적이며 소극적인 존재로 만든다는 것이다. 상징적 상호작용주의 시각에 의하면, 노인문제의 원인은 노인에게 부정적 의미를 부여하여 낙인찍는 것으로부터 발생한다고 할 수 있다. 따라서, 노인문제의 원인은 사회적 낙인에 의해 행동하는 노인 스스로에게도 있지만, 우선적으로는 노인을 낙인찍는 사회제도 및 사회의 일반적 인식이 잘못되어 있다는 데에 문제의 심각성이 있다. 이 이론에서 노인문제가 나타날 수 있는 것은 노인을 향한 사회적 상징이 부정적인 방향으로 바뀌면서이다(김근홍 외, 2013: 266-267). 다시 말해서, 사회적 주류에 속하던 사람들의 상징이 부정적으로 바뀌면서 문제가 발생한다. 따라서, 구조기능이론에서와 마찬가지로(일정 정도 갈등이론도 포함하여) 기존 전통사회에서는 노인문제 자체가 있을 수 없었던 것이다. 그 당시 노련하며, 현명하고, 권위가 있었던 노인에 대한 상징적 의미가 이제는 굼뜨며, 어리석고, 짐으로만 여기는 존재로 상징적 의미가 변화되면서 비로소 문제가 되었다. 그렇다면 그것이 바로 사회적 낙인이다. 그러므로 이러한 낙인이 결코 자연적으로 발생하는 것은 아니라 하더라도 노인 개인으로 본다면 억울함이 많은 것이다. 그러나 안타깝게도 개인적 차원에서는 그 억울함에 대하여 풀길이 없다. 즉, 상호작용과 상징적 의미가 변화되어야만 문제가 해결되기 때문이다.

이 이론에서 보는 사회는, 단어에서 보는 것처럼, 각 개인들 사이에 이루어지는 상호작용에서 출발하는데, 그 상호작용이 이루어지기 위한 전제는 서로 의미가 통하는 의미체계를 공유해야 한다(김근홍 외, 2013: 266-267). 언어가 가장 대표적인 의미체계의 예일 터인데, 그 밖에도 흔히 사회화라고 하는 교육과 관습 등도 그러한 의미체계 구축에 결정적인 역할을 하는 기제들이다. 따라서, 이러한 상호작용이 통하고 지속될 때에 사회가 유지되며, 상호작용이 통하지 않을 때에 사회문제가 생긴다. 그러나 상호작용이 통하지 않는 경우가 현실에서는 너무나 많다.

비판적인 시각에서는, 상호작용주의이론에 대해 이론에서는 현실에서 상호작용과 상징적 의미를 바꿀 가능성까지는 제대로 제시하지 못한다(김근홍 외, 2013: 267).

결론적으로 상호작용주의적 시각에서는 어떤 것이 사회문제로 고정된다고 보지 않는다. 사회문제는 특정한 집단이 어떤 사회적 현상에 대해 문제로 규정하고, 이를 인식하여 조치가 필요하다고 판단할 때 비로소 사회문제가 된다는 것이다.

노인문제의 대응방법은 〈표 4-1〉과 같다.

〈표 4-1〉 노인문제의 대응방법

이론	원인	대책
구조기능주의이론	• 급속한 사회 변화에 따른 역할 변화에 대한 노인의 부적응이나 적응 미숙 • 사회성원들에 대한 부단한 적응을 위한 동기 부여의 미흡	• 부적응 노인에 대한 재교육과 공적 부조 • 사회구성원들이 사회 변화에 부단히 적응하도록 성원들을 사회화 또는 통제
갈등주의 이론	• 지배집단의 이익실현을 위함 • 소수집단으로서 노인의 이해관계가 희생됨	• 노인을 정치세력화하여 더 많은 이익을 얻어내고 이것을 제도화
상호작용 이론	• 노인에 대한 부정적인 고정관념과 낙인으로 인한 부정적 자아개념의 인정	• 노인을 차별하고 분리하는 관행을 지양 • 노인에 대한 오명의 해소 • 적극적 활동을 통해 긍정적인 자아개념의 유지

자료: 박철현(2014: 352) 재구성.

CHAPTER

05

노인학대

학습목표

1. 노인학대의 발생원인 이해
2. 노인학대에 대한 사회문제적 측면 이해
3. 노인학대의 실제 파악
4. 노인학대의 대책 수립

학습내용

1. 노인학대의 개념
2. 노인학대의 유형
3. 학대노인 지원서비스

개요

노인학대 문제가 심각한 상황에 이르고 있음에도, 한국 사회에서 경로효친사상 등 효를 주요 내용으로 하는 전통윤리 사상과 관습윤리 사상 등 때문에 구조적으로 노인학대는 사회적으로 노출이 거의 되지 않아 그 실태에 비해서 노인학대에 대한 사회적 인지가 부족하고 사회적 대책이 미흡하다. 여기에서는 노인학대를 학습하고자 한다.

CHAPTER

05 노인학대

1. 노인학대의 개념

1) 노인학대에 대한 사회적 시각

급속한 고령화 추세와 전통적 노인부양의식의 약화 및 사회적 안전망의 부족 등으로 말미암아 노인학대가 사회문제로 등장하고 있다. 특히, 경제적 능력이 없는 여성 노인인구의 증가와 질병·장애노인의 증가는 자녀들의 부양부담을 가중시켜 노인학대를 유발할 가능성이 크다. 또한 노인학대의 경우, 반인륜적 행위이며 인권을 침해하는 것으로 심각한 사회문제임에도 불구하고, 그동안 한 가정 내의 사적인 문제로 취급되어 개입하지 않는 경향이 많았다(김남희, 2014: 139). 특히, 생애주기에서 노년기가 더욱 길어짐에 따라 건강 상실, 경제적 어려움, 역할 상실, 사회적 소외문제 등 어려움이 장기화되고 있으며, 가족가치관의 변화, 부양의식의 변화로 인해 가족 안에서조차 소외를 경험하는 등 학대에 노출되고 있다. 젊은 시절 자녀양육과 교육에만 초점을 맞추어 자신의 노후를 준비하지 못한 한국노인의 삶은, 이제 자녀들에게 부양부담으로 작용되고, 가족 간 새로운 갈등이 야기되어, 이는 노인학대로 발현되고 있다. 또 다른 상황으로는 스스로 헤쳐 나가지 못하는 자녀들이 부모에만 의존하면서 부모에게 무겁고 고통스러운 짐을 얹어주는 안타까운 상황에서, 현대 노인들은 효도를 바라기보다는 불효하지 않는 것도 감사하다는 생각으로 바뀌고 있다. 급속하게 고령화된 현 시점에서 노인학대는 이제 개인의 문제라기보다는 심각한 사회문제로 대두되어 대책 마련의 시급성이 논의되고 있으나, 그 대응책은 미비한 실정이다(심미영, 2014: 1).

노인학대문제가 심각한 상황에 이르고 있음에도, 한국사회에서 경로효친사상 등 효를 주요 내용으로 하는 전통윤리사상과 관습윤리사상 등 때문에 구조적으로 노인학대는 사회적으로 노출이 거의 되지 않아 그 실태에 비해서 노인학대에 대한 사회적 인지가 부족하고 사회적 대책이 미흡하다. 가정폭력 가운데 아동학대 및 배우자학대는 어느 정도 관심을 모으며 대책도 모색되고 있으나, 이에 비해 상대적으로 노인학대는 아직도 숨겨진 문제로 남아 있어 사회적으로 문제시하지 않고 있는 시각이 여전하다. 노인학대의 피해자는 피학대노인뿐 아니라, 가해자도 마찬가지고 노인학대의 피해자라 할 수 있다. 산업화, 핵가족화, 인구고령화, 가치관의 변화 등 여러 가지 외적 원인이 노인학대에 직간접적으로 영향을 미치고 있고, 더 이상 노인부양을 감당할 수 없는 가해자에게 노인부양을 전담시키고 있기 때문이다. 따라서, 노인학대에 대해 개인문제나 가정문제로만 방관하고 방치할 수는 없으며, 사회문제로 인식하고 이에 대한 사회적인 접근과 대책을 마련하여야 한다. 그러기 위해서는 노인학대에 대한 관심을 촉구하고, 그에 대한 인지를 높여서 노인학대를 하나의 사회문제로 보고 그 예방과 해결책을 모색하려는 시각이 필요하다(이은희 · 박양숙, 2018: 270).

2) 노인학대의 논의

노인학대는 1975년 영국에서 베이커(Baker)의 <매 맞는 할머니(granny battering)>라는 논문에서 최초로 소개되었다. 미국은 1978년 사회학자 스테인메츠(Steinmetz, 1978)의 <구타당하는 부모(battered parents)>라는 보고서가 출판되기 이전까지는 노인은 사회적 존경의 대상이 아니었으며, 1977년을 시작으로 전문적이면서도 법적인 관심이 등장하기 시작하였다(이기학, 2008: 1). 외국의 노인학대에 대한 연구나 대처방안을 보면, 노인학대에 대한 연구가 선행된 미국의 경우도 아동학대가 1960년대에, 아내학대가 1970년대에 사회문제로 크게 부각되고 연구되었지만, 노인학대가 알려진 것은 1970년대 후반으로 이에 대한 연구가 본격화된 것은 1980년대 들어와서라고 할 수 있다(이은희 · 박양숙, 2018: 264).

노인학대의 개념이 1975년 영국에서 '노인구타(granny battering)'라는 용어를 처음 사용하면서 시작된 이래 지속적으로 변화하고 다양한 형태의 학대를 포함하게 되었고 이에 중립적 개념인 학대(abuse)라는 용어로 대치되는 과정을 통하여 노인학대의 범위가 확대되었다. 이는 노인학대에 대하여 대중과 국가의 관심을 불러일으키는 데 도움이 되었으며, 결과적으로 관련 정책을 수립하는 데 도움을 주게 되었던 것이다(양옥남 외, 2016: 348). 한국에서 노인학대의 학문적 연구가 이루어진 것은 1990년대 중반 무렵부터이며, 사회문제로 인식하여 제도화로 들어선 것은 2004년 7월 이후부터이다.

노인구타에서 노인학대로 노인에 대한 부적절한 보호로 그 개념이 확장되면서 노인학대 발견율을 높이고 대중의 관심과 더불어 정책적 지원을 불러오는 데는 성공을 했으나, 표준화된 정의 규정이 어려워 학문적으로 문제가 있다는 비판도 나오고 있다. 이에 노인학대는 당사자라고 할 수 있는 노인에 의해서 규정되어야 할 필요성이 제기되고 있으며, 노인학대를 보는 이론적 관점에 의하여 규정되어야 할 것이라는 의견도 있다.

3) 노인학대의 개념적 정의

노인학대는 영어로 elder mistreatment, elder maltreatment, neglect 등의 용어로 사용되기도 하나, 대부분 일반적으로는 'elder abuse'를 많이 사용한다. 또한 국가, 지역, 학자에 따라 노인학대에 관한 연구결과는 매우 다양하게 정의되고 있다.

미국에서는 1980년대 초부터 많은 연구자가 노인학대문제의 수준과 그 원인에 대한 연구를 시작하였다. 처음에는 노인학대에 대해 아동학대와 아내학대, 가정폭력에 관련한 문헌을 연구하거나 그 개념 정립에 관심이 많았다.

1980년대 초 미국의 벡과 퍼거슨(Beck · Ferguson, 1983)은 학대를 권리의 침해, 신체적 학대, 물질적 학대, 심리적 학대의 네 가지 유형으로 나누었다. 또한 노인학대를 노화된 어버이가 더 이상 가족을 부양하지 못할 때 성인자녀나 배우자가 행하는 것이라고 설명하는 등 노인학대에 대한 정의가 그리 명확하게 내려져 있지 않았다. 그리고 노인학대는 매우 다양하게 분류되고 있는데, 노인이 처해 있는 상황이나 환경적 원인에 따라 우선 노인이 생활하고 있는 가정 내에서 가족구성원이 행하는 학대, 요양원 등의 노인시설에서 시설종사자가 노인에게 행하는 학대, 그리고 노인이 신체적 · 정신적 손상으로 자신을 제대로 돌보지 못하는 자기방임이나 자기학대의 세 가지 범주로 구분하기로 하였다(이은희, 2014: 260). 1990년대 이후에는 노인학대란 요양소 강제입소를 포함해 물리적 학대, 심리적 학대, 재정적 학대, 그리고 방임 및 권리를 침해하는 것이라고 주장하는 연구가 나오기 시작하였다.

학대에 대한 개념적 정의는 일반적으로 협의의 개념과 광의의 개념으로 나눌 수 있다. 협의의 개념으로는 외형적으로 드러나는 신체적 학대만을 의미한다(박영수 · 조용섭, 2014: 112-113). 또한 광의의 개념은 신체적 · 심리적 · 정서적 · 언어적 · 의료적 · 성적 학대를 말하며, 방임이나 부적절한 처우도 넓은 의미에서 포함될 수 있다.

세계보건기구(WHO)에서는 노인학대를 노인과 신뢰관계(가정이나 시설) 있는 사람이 노인에게 위해나 스트레스를 발생시키는 일회성 또는 반복적 행위, 적절한 행위의 결핍으로 정의하고 있다. 그 개념에 대해서는 어떤 행위를 가하거나 당연히 행해야 할 행위를 하지 않는 것, 또는 의도된 행위이거나 의도하지 않는 행위이거나, 그 형태가 학대 방임 착취로 노인에게 불필요한 고통과 상처, 인간 존엄의 박탈감을 가져오는 부분까지도 나타내고 있다(2015 World Health Organization, 2016).

한국 학자들의 노인학대에 대한 정의를 정리해보면, 일반적으로 노인학대가 주로 가정 안의 노인의 배우자, 성인 자녀, 친척 등에 의해 노인에게 일어난다고 보고 있으며, 이에 기본적으로 신체적 학대, 정서적 학대, 재정적 학대, 방임의 학대유형 등은 동의하나, 언어적 학대, 성적 학대, 자기방임, 유기 등에 대해서는 의견이 상이하다. 또한 학대의 용어조차도 통일되지 못한 것이 있다. 즉, 심리적 학대와 정서적 학대, 정신적 학대를 혼용 또는 나열하여 사용하거나, 언어적 학대를 따로 구별하기도 하지만, 정서적 학대 또는 심리적 학대와 같이 하나의 유형으로 보기도 하고, 재정적 학대는 물질적 학대, 경제적 착취, 재정적 · 물질적 학대 등 여러 용어들로 설명하고 있어 매우 혼란스럽다(권금주, 2007: 12).

양옥남 외(2016: 330)는 "노인학대의 정의에서 한 가지 주목해야 할 것은 노인학대에 대한 정의와 개념이 불명확하다."고 주장한다. 그에 따르면, 노인학대는 학대행위의 결과 피해자인 노인 및 가해자가 모두 피해를 입게 되는 인간 기본권과 생존에 관련되는 문제로, 이러한 현상에 대한 직접적이고 구체적 예방과 대응방법에 관한 정책과 제도의 수립은 필수적인 대책이다. 현실적으로 노인학대의 개념 정의가 불명확함에 따라 어떠한 정의를 사용하는가에 따라, 노인학대의 발생률을 측정하는 데 있어서 상당한 편차가 나타나게 되며, 이에 따라 개입방법, 정책을 수립하는 데 일관성을 갖기가 어렵다. 그러나 이런 제도나 정책을 수립하기 위해 먼저 그 현상에 대한 분명한 정의에 대한 합의가 있어야 함에도, 노인학대는 일관되고 통일된 개념 정의를 가지고 있지 못하다.

이연호(2005: 28)에 따르면, 보편적으로 현 시점에서의 노인학대의 개념은 노인학대를 의도적으로 노인에게 어떤 해를 가하는 개념의 소극적 전제에서 탈피하여, 노인의 인권 및 보장을 전제로 하는 적극적 넓은 범주로 규정하고 있다. 노인학대로 합의되는 구체적 유형으로는 신체적 학대, 정서적 학대, 재정적 학대, 방임, 유기, 자기방임, 기본적 인권침해 등이다.

결론적으로 노인학대는 그 내용에 따라서 신체적 학대, 정서적 학대, 경제적 학대, 방임 등을 포함하는 것으로 개념화를 시도할 수 있다. 여기서 신체적 학대는 폭력 혹은 육체적 해를 가하는 행위이고, 정서적 학대는 정신적 고통, 공포 또는 불안을 야기하는 모욕, 위협, 폭언 등을 말하며, 방임은 노인부양의무의 불이행, 무관심, 권리, 침해를 말한다. 경제적 학대는 노인의 재산을 횡령하는 것을 말하는데, 때로는 협박, 폭력, 거짓말 등이 포함된다.

4) 노인학대의 법적 정의

노인학대는 「헌법」에서 보장하고 있는 인권과 행복추구권(「헌법」 제10조)을 침해하는 범죄행위이다. 「형법」에서는 이러한 침해행위에 대하여 학대죄(「형법」 제273조)가 적용되고, 특별법인 「노인복지법」에서는 노인학대범죄의 범위를 확대(「노인복지법」 제1조의2 제4호)하여 규정하고 있다. 이러한 노인의 인권과 행복추구권을 침해하는 노인학대범죄에 대해서는 특별법인 「노인복지법」이 우선 적용된다.

노인학대에 대한 학문적 연구는 1990년대 초반부터 이루어졌으며, 이를 제재할 수 있는 법률이 1995년 「형법」을 개정하여 노부모를 고의적 또는 부당하게 신체적으로 폭행 및 상해를 가하는 경우, 이외에 '존속학대' 조항을 마련하게 하였다.

반윤리적이라는 입장에서 패륜적 행위는 그 책임을 가중하고 있으며, 1997년 12월 31일 제정된 「가정폭력범죄의 처벌 등에 관한 특례법」과 「가정폭력방지 및 피해자보호 등에 관한 법률」로 가족 내 구성원의 학대와 폭력을 처벌 · 예방하도록 했음에도, 아동과 여성 위주로 법이 운용됨으로써 노인은 정책 대상에서 소외되었다. 그러나 그

후 2004년 1월 29일 「노인복지법」의 개정이 이루어졌으며, 학대에 대한 정의와 노인학대의 제반 업무를 수행할 수 있는 노인보호전문기관 및 긴급전화와 관련한 법적 근거가 마련되었다(오승주, 2017: 10).

「노인복지법」 제1조의2 제5호에서 노인학대는 신체적 · 정신적 · 정서적 · 성적 · 폭력 및 경제적 착취 또는 가혹행위를 하거나 유기 또는 방임하는 것으로 규정하고 있고, 같은 법 제39조의9에서 노인학대 행위에 대한 금지조항을 두고 있다. 또한 「형법」 및 「가정폭력방지 및 피해자보호 등에 관한 법률」에서 학대 가해자의 방임에 해당하는 행위는 규율할 수 없으나, 그 방임에 해당하는 행위 및 '보살핌 제공자'(부양의무자 등)에 대한 처벌을 직접 할 수 있도록 규정하고 있다.

「노인복지법」의 노인학대

제39조의9(금지행위) 누구든지 65세 이상의 사람(이하 이 조에서 "노인"이라 한다)에 대하여 다음 각 호의 어느 하나에 해당하는 행위를 하여서는 아니 된다.

1. 노인의 신체에 폭행을 가하거나 상해를 입히는 행위
2. 노인에게 성적 수치심을 주는 성폭행·성희롱 등의 행위
3. 자신의 보호·감독을 받는 노인을 유기하거나 의식주를 포함한 기본적 보호 및 치료를 소홀히 하는 방임행위
4. 노인에게 구걸을 하게 하거나 노인을 이용하여 구걸하는 행위
5. 노인을 위하여 증여 또는 급여된 금품을 그 목적 외의 용도에 사용하는 행위
6. 폭언, 협박, 위협 등으로 노인의 정신건강에 해를 끼치는 정서적 학대행위

2. 노인학대의 유형

「노인복지법」 제1조 제2항 제4호에 의하면, '노인학대'라 함은 노인에 대하여 신체적 · 정신적 · 정서적 · 성적 폭력 및 경제적 착취 또는 가혹행위를 하거나 유기 또는 방임을 하는 것을 말한다.

노인학대 유형은 기본적으로 신체적 학대를 비롯하여 정서적 학대, 재정적 학대와

방임은 동일하나, 언어적 학대, 유기, 성적 학대, 자기방임 등의 항목에서는 의견이 상이하다. 또한 학대의 용어조차도 하나로 통일되지 못한 것이 있다. 즉, 정서적 학대와 심리적 학대, 정신적 학대의 영어를 혼용 또는 나열하여 사용하거나 혹은 언어적 학대를 별도로 구별하기도 한다. 그러나 정서적 학대 혹은 심리적 학대 등과 같이 하나의 유형으로 보기도 하며, 재정적 학대는 물질적 학대(또는 착취), 경제적 착취, 물질적·재정적 학대(또는 착취) 등 다양한 용어들로 이를 설명하고 있는 상황이어서 매우 혼란스럽다고 할 수 있다.

보건복지부(2014: 115)에서는 노인학대의 유형에 대해 경제적 학대(착취), 신체적 학대, 성적 학대, 정서적 학대, 방임, 자기방임, 유기 등 일곱 가지로 분류한다. 이러한 분류기준에 따라 노인학대의 유형은 다음과 같다.

1) 신체적 학대

보건복지부(2014: 115)에 따르면, 신체적 학대(physical abuse)는 물리적인 힘 또는 도구를 이용하여 노인에게 신체적 혹은 정신적 손상, 고통, 장애 등을 유발시키는 행위이다.

김치영 등(2014: 274)에 따르면, 가해자가 자신의 신체나 물건을 이용하여 신체의 상해 및 손상, 그리고 고통 및 장애(결손)를 일으키는 모든 형태의 폭력적 행위이다.

서혜경·나영희(2012: 195)에 따르면, 신체적 학대란 노인의 안전 및 소속과 애정, 자존의 욕구 실현을 저해하는 행위 또는 물리적 힘 또는 도구를 이용하여 노인에게 신체적 혹은 정신적 손상, 고통, 장애 등을 유발시키는 행위를 말한다.

정혜란(2013: 10)에 따르면, 신체적 학대는 폭력 등에 의해 신체적 고통, 상해, 상처 또는 질병을 초래할 수 있는 행위로 간주하고 있으며, 타인에 의해 의도적으로 신체적 손상 또는 질병이나 정신적 고통의 결과를 가져오는 폭력을 의미하며 가해자가 자신의 신체나 물건을 이용하여 노인의 신체에 고통과 부상을 입히는 것을 의미한다.

양옥남 등(2010: 335)에 따르면, 신체적 학대는 폭력 등에 의하여 신체적 손상 또는 정신적 타격을 일으키는 것을 말하며, 피해자에게 공포심을 일으키게 하는 위협행위도 신체적 학대에 포함된다.

이은희(2007: 31)에 따르면, 신체적 학대는 노인의 신체에 직접적으로 가해를 가하거나 자유스런 신체이동을 제한하고 가해를 가하겠다고 협박하는 등의 행위를 말한다. 예를 들어, 물건 투기, 신체적 구금, 구타, 가해협박, 그리고 신체에 필요한 장비를 구비해 주지 않는 행위, 생존을 위해 필요한 음식조차 주지 않는 행위 등을 말한다.

이기학(2008: 9)에 따르면, 신체적 학대는 폭력 등에 의해 신체적 고통, 상해, 상처 또는 질병으로 가져올 수 있는 행위로 가해자가 자신의 신체나 물건을 이용하여 노인의 신체에 고통과 부상을 입히는 것을 의미한다. 구체적인 행위를 보면, 묶어두거나, 감금, 구타 및 약물을 강제로 복용시키는 행위, 신체적인 구속, 부적절한 약물 사용, 살인, 타박상에서부터 폭행, 타성적 폭행, 행동의 자유에 대한 통제, 인의 권리에 대한 불법적인 부정 등이 포함된다.

결론적으로 신체적 학대는 노인에게 신체적 장애, 손상, 고통 등을 유발하는 힘에 의한 학대라고 할 수 있다.

2) 정서적 학대

보건복지부(2014: 115)에 따르면, 정서적 학대(emotional abuse)는 비난, 모욕, 위협 등의 언어 및 비언어적 행위를 통하여 노인에게 정서적으로 고통을 유발시키는 행위라고 규정한다.

김치영 등(2014: 274)에 따르면, 노인학대 유형 중 언어적 학대와 함께 가장 많이 나타나는 형태의 학대로 가해자가 정신적 고통과 불안감을 조성하는 행위라고 규정한다. 특히, 정서적 학대는 노인을 부양하는 부양자는 학대행위로 인정하지 않지만, 노인은 학대로 느낄 수 있으므로 알게 모르게 학대가 지속적으로 계속될 가능성이 많다. 정서적 학대로 우울증을 겪거나 심지어 정신병으로 병원에 입원할 수도 있기 때문에 결코 정서적 학대를 가볍게 여겨서는 안 된다.

정혜란(2013: 11)에 따르면, 정서적 학대는 노인에게 정신적 고통을 야기하게 하는 행동으로 심리적 학대, 언어적 학대와 상호 교환적으로 사용되는 개념이다. 보통 심리적 고통 혹은 상처를 유발시키는 의도, 행동으로 정의되는 정서적 학대는 일반적으로 신체적 학대를 수반하는 것이라고 보고되고 있다.

양옥남 등(2010: 335)에 따르면, 정서적 학대는 정신적 또는 정서적으로 고통을 주는 것으로, 말로 인한 모욕, 계획적으로 피해자의 인간성을 부정하고 스트레스를 주어 노인 스스로가 자살하고 싶은 충동을 일으키게 하거나, 우울증 등의 정신적 질병을 가지게 만드는 것을 말한다. 통상적으로 정서적 학대에는 폭력과 협박도 함께 수반된다.

이은희(2007: 31)에 따르면, 정서적 학대는 비언어적 행동으로 직・간접으로 심리적 고통을 주는 행위와 비난과 분노, 불쾌한 음조가 포함된 의사소통, 그리고 치매노인의 자극에 정서적으로 반응하지 않는 무시행위 등이 포함된다. 정서적 학대는 언어적 학대와 부분적으로 중복된다.

이연호(2005: 29)에 따르면, 정서적 학대는 "비난, 욕, 위협, 협박 등의 언어적 혹은 비언어적 행위를 통하여 노인에게 심리적 고통을 주는 것을 의미한다.

결론적으로 정서적 학대란 노인에게 가해지는 정서적인 침해행위를 말하는데, 구체적으로 노인의 소속과 애정, 자존욕구 실현 등을 저해하는 행위라고 할 수 있다.

3) 성적 학대

보건복지부(2014: 115)에 따르면, 성적 학대(sexual abuse)는 성적 수치심 유발행위 및 성폭력(성희롱, 성추행, 강간) 등의 노인의 의사에 반하여 강제적으로 행하는 모든 성적 행위라고 규정한다.

김치영 외(2014: 275)에 따르면, 노인과의 합의가 없는 모든 형태의 성적 접촉 또는 강제적 성행위를 하는 것으로 노인에게 성적인 수치심을 유발하는 형태이다.

서혜경 · 나영희(2012: 198)에 따르면, 성적 학대란 노인이 성적으로 강제적 폭력 또는 행위를 겪는 것과 노인에게 직접적인 성관계를 강요하는 것은 아니지만 학대행위자의 행위로 말미암아 노인으로 하여금 성적 수치심을 갖게 하거나 느끼게 하는 행위이다.

결론적으로 성적 학대란 성적인 면에서 본인의 합의가 없는 상태에서 노인에게 성적으로 강요하는 행위라고 말할 수 있다.

4) 경제적 학대

보건복지부(2014: 115)에 따르면, 경제적 학대(착취, economic abuse)는 노인의 의사에 반하여 노인으로부터 재산 또는 권리를 빼앗는 행위로서 경제적 착취, 노인 재산에 관한 법률권리 위반, 경제적 권리와 관련된 의사결정에서의 통제 등을 하는 행위라고 규정한다.

김치영 외(2014: 275)에 따르면, 노인을 경제적으로 어려움에 겪게 하거나 노인의 재산을 마음대로 사용하는 행위 등 금전적인 부분에 있어 학대를 의미한다. 즉, 오용 및 필요한 생활비 미지급, 자금, 재산, 자원의 위법 혹은 부당한 착취 등 재정적 · 물질적 학대는 방임으로 이어질 수 있다.

정혜란(2013: 12)에 따르면, 경제적 학대는 노인의 소득 또는 자원을 부양자의 재정적 또는 개인적 이득을 위해 오용하는 것으로, 노인의 허락 없이 노인의 금전이나 재산 등을 이전하거나 훔치는 것 등을 포함하며, 폭력, 사기행위, 허위의 대행권 행사 등의 수단으로 사용하는 것을 의미한다. 따라서, 노인의 뜻과 상관없이 주거를 옮기거나 유효적절한 생활환경을 박탈하는, 생활을 유지하도록 용돈 혹은 생활비를 주지 않는 것 등을 포함한다.

양옥남 등(2010: 336)에 따르면, 경제적 학대는 노인의 자금, 재산 등을 친척 또는 부양을 제공하는 자 등이 노인의 뜻에 관계없이 이전하거나 또는 훔치는 것을 말한다. 여기에는 노인의 의사와 관계없이 주거가 옮겨지거나 혹은 적절한 생활환경을 박탈당하는 등의 부당 착취를 하는 것과 생활을 유지하는 데 필요한 용돈 혹은 생활비 등을 주지 않는 것에 포함된다.

결론적으로 경제적 학대란 노인의 의사에 반해서 노인으로부터 재산 또는 권리를 빼앗아가는 행위로 경제적 착취, 경제적 권리와 관련된 의사결정의 통제, 노인 재산에 관한 법률상 권리 위반 등을 하는 행위이다.

5) 방임

보건복지부(2014: 115)에 따르면, 방임(neglect abuse)은 부양의무자로서의 책임 또는 의무를 거부하고 불이행이나 포기하여 노인의 의식주와 의료를 유효적절하게 제공하지 않는 행위(의식주를 제공하지 않는 행위, 필요한 생활비, 병원비 및 치료)를 말한다.

김치영 등(2014: 275)에 따르면, 부양자에 의한 방임은 무의식적으로나 강제적으로 노인에게 해를 입히는 행위로, 적극적 방임과 소극적 방임으로 분류한다. 적극적 방임이란 의도적으로 서비스 혹은 수발을 제공하지 않는 것, 혹은 보호의무를 거부, 불이행하는 것이다. 소극적 방임이란 비의도적으로 서비스 혹은 수발을 제공하지 않는 것, 혹은 보호의무의 거부, 불이행하는 것이다.

정혜란(2013: 12)에 따르면, 방임은 한국에서 정서적 학대에 이어서 출현 빈도가 높은 유형이라고 할 수 있다. 부양자가 노인의 신체적 손상 또는 정신적 고통을 회피하는 것으로 필요한 서비스나 물품을 제공하는 일 등의 보살핌을 불이행하는 것을 말하는 데, 그 행위가 의도적인지 혹은 비의도적인지의 여부에 따라 수동적 방임 및 능동적 방임으로 나누어진다.

양옥남 등(2010: 336-337)에 따르면, 방임은 수동적 방임 및 능동적 방임으로 분류할 수 있는데, 수동적 방임은 의존적 노인이 무시되거나 혹은 홀로 내버려지게 되어서

먹고 입고 약물을 복용하는 것이 부양자의 무능력 혹은 부적절함 때문에 공급되지 않는 상태를 말한다. 능동적 방임이란 의존하는 노인으로부터 사회적 접촉, 혹은 필요한 재화 및 용역을 의도적으로 박탈하는 것이다.

이은희(2007: 31)에 따르면, 치매노인이 생존에 필요한 음식을 주지 않는 행위, 의약적 처치를 하지 않는 행위, 감금 이후에 장시간 외출하는 행위 등이 포함된다.

이연호(2005: 29)에 따르면, 방임은 노인의 의식주문제해결과 같은 부양자의 책임 혹은 의무를 의도적이나 비의도적으로 박탈하는 것을 말한다.

결론적으로 방임이란 노인의 의식주 문제를 비롯하여 기본적 생존과 관련하는 부양자로서 책임이나 의무에 대해 의도적 또는 비의도적으로 이를 거부하는 행위라고 할 수 있다.

6) 자기방임

보건복지부(2014: 115)에 따르면, 자기방임(self-neglect abuse)은 노인 스스로가 의식주 제공 및 의료 처치 등의 최소한의 자기보호 관련 행위를 의도적으로 포기 또는 비의도적으로 관리하지 않아 심신이 위험한 상황이나 사망에 이르게 하는 행위라고 규정한다.

김치영 외(2014: 275)에 따르면, 자기방임은 적극적 자기방임과, 소극적 자기방임으로 나누어진다. 즉, 적극적 자기방임은 본래 자기가 해야 할 신변의 청결・건강관리・가사 등을 본인이 할 수 있는 능력이 있어도 스스로 포기하여 하지 않은 결과 심신의 건강상의 문제가 생기는 것이다. 또한 소극적 자기방임은 기본적인 일상생활을 본인의 체력・지식・기능의 부족으로 또는 어떤 사정으로 인해 본인도 모르는 사이에 못하게 된 결과 심신의 건강상의 문제가 일어나는 것이라고 말한다.

양옥남 등(2010: 337)에 따르면, 자기방임은 자기가 해야 할 신변의 청결, 건강관리, 가사 등을 본인이 할 수 있는 능력이 있어도 스스로 포기한 결과 심신의 건강상에 문제가 생기는 것과 능력이 없어 자신을 돌보지 못하는 것을 말한다.

결론적으로 자기방임이란 노인이 스스로 자신의 건강 또는 안전을 유지하기 위한 조치를 취하지 않거나 위협하는 행위라고 할 수 있다.

7) 유기

보건복지부(2014: 115)에 따르면, 유기(abandonment)는 보호자 또는 부양의부자가 노인을 버리는 행위이다.

김치영 등(2014: 275)에 따르면, 유기는 수발 제공자나 신체적 보호자로부터 유기되는 것을 말한다.

이연호(2005: 29)에 따르면, 유기란 비독립적인 노인을 격리하거나 방치하는 행위를 말하며 기본적 인권의 침해는 노인의 자유, 의료, 개인자산 활용, 종교, 투표, 존엄한 인격체로 대우받을 권리 등에 대한 침해를 말한다.

결론적으로 유기란 노인이 격리되거나 방치되도록 허용하는 행위라고 할 수 있다.

3. 학대노인 지원 서비스

1) 학대피해노인 전용쉼터

(1) 정의

학대피해노인의 일시보호를 수행하고 있는 시・도 지정의 양로・요양시설은 전문적인 상담・심리치료 프로그램 제공에 한계가 있고, 가족기능 회복 및 학대재발 방지를 위해 학대행위자 및 그 가족에 대한 전문상담 서비스 제공의 필요성으로 인하여 학대피해노인 전용쉼터가 설치되었다. 학대피해노인 전용쉼터는 학대피해노인에 대한 일정기간 보호조치 및 심신 치유 프로그램 제공을 통해 학대피해노인의 보호를 강화한다. 또한 학대행위자 및 그 가족들에 대해 전문상담 서비스를 제공함으로써 재학대 발생 예방 및 원가정 회복을 지원한다(보건복지부, 2019a: 231).

학대피해노인 전용쉼터는 「노인복지법」 제39조의19(학대피해노인 전용쉼터의 설치)에 따라 학대피해노인을 일시 보호하고 심신 치유 프로그램을 제공하기 위하여 설치·운영되고 있다.

(2) 서비스 대상

학대로 인해 정상적인 생활을 할 수 없어 보호가 필요한 노인을 대상으로 한다.

(3) 서비스 내용

① 숙식 및 쉼터 생활 지원

생활 지원은 쉼터생활을 위한 기본적인 서비스 지원이며, 퇴소자에 대한 생활 지원은 복지 서비스를 연계하거나 기관 후원금 등으로 지원

② 심신 치유 및 학대상황 개선을 위한 지원

- 낮은 자존감, 우울증 등 불안한 심리상태 개선을 위한 상담 및 심리치유 서비스 제공
- 학대로 인한 심신치료 및 건강관리를 위한 의료비 지원
- 법률 서비스 등 복지 서비스 연계 및 지원
- 사회적응을 위한 문화여가활동 지원

③ 학대 재발 방지를 위한 지원

- 부양자 교육 및 가족상담 프로그램 제공
- 퇴소 후 사후 모니터링
- 쉼터 퇴소 후 안전한 생활을 영위할 수 있도록 원가족 복귀 또는 타 자녀와의 동거, 시설 입소 등을 지원

④ 쉼터에 입소하지 않은 학대피해노인 및 학대행위자를 위한 프로그램 지원

- 노인보호전문기관에서 프로그램 신청서를 쉼터에 제출
- 프로그램 진행 후 쉼터에 결과보고 제출

구체적인 서비스 내용은 〈표 5-1〉과 같다.

〈표 5-1〉 학대피해노인 전용쉼터의 활동 및 성과

목표	서비스 요소	활동내용	산출	성과
학대피해노인을 학대로부터 안전하게 보호	보호	• 의식주 • 의료 지원 • 법적 지원 • 생활지도	• 의식주 제공 • 의료적 서비스 제공	• 신체상처치료 • 안전 확보
학대피해노인 및 학대행위자의 심리 정서적 안정	심리적 안정	• 심리상담 및 치유 프로그램 제공 • 여가 및 문화활동	• 심리검사 및 상담 • 심리 치유 및 안정을 위한 프로그램 제공 • 여가 서비스 제공	• 우울증 감소 • 정서적 안정 회복 • 감정조절
학대피해노인 및 행위자의 가족기능 강화	가족 관계 회복	• 가족 지원 • 가족 및 학대행위자상담	• 가정방문 • 가족상담 • 학대행위자상담	• 가족관계 개선 • 학대재발 방지
학대피해노인의 사회화	사회성 향상	• 사회적응을 위한 교육 및 생활 지원	• 사회적응 프로그램 • 평생교육 지원 • 복지정보 제공	• 대인관계 개선 • 본인의 욕구 및 의견 표출 • 사회활동에 대한 자신감
학대피해노인의 안정적인 생활보장	생활 지원	• 귀가 지원 • 시설입소 지원 • 재학대 방지 모니터링	• 귀가조치(원가정 복귀) • 사후관리 • 생활시설 입소	• 안정되고 정상적인 생활영위 • 사회구성원으로서 자신감 회복

자료: 보건복지부(2019a: 241).

2) 노인학대 예방교육 및 인권교육

(1) 노인학대 예방교육

① 법적 근거: 「노인복지법」 제39조의6 제5항

② 교육의무기관: 노인복지시설, 요양병원, 종합병원, 장기요양기관

③ 교육대상: 교육의무기관에 소속된 '노인학대 신고의무자'

④ 교육내용: 노인학대 예방 및 신고의무

(2) 인권교육

① **교육목표**

- 노인인권에 대한 올바른 이해와 관심 제고
- 노인복지시설 및 재가장기요양기관 설치 · 운영자 및 종사자의 인권 감수성 향상
- 노인복지시설 및 재가장기요양기관 이용자의 노인인권 보호와 개선

② **법적 근거**

- 노인복지시설: 「노인복지법」 제6조의3, 「노인복지법 시행령」 제11조의2, 「노인복지법 시행규칙」 제1조의3, 인권교육 운영 및 교육기관 지정 등에 관한 고시
- 재가장기요양기관: 「노인장기요양보험법」 제35조의3, 「노인장기요양보험법 시행령」 제14조의2, 「노인장기요양보험법 시행규칙」 제27조의2, 재가장기요양기관 대상 인권교육 운영 및 교육기관 지정 등에 관한 고시(제정 중)

③ **교육 대상**

- 노인복지시설(경로당 · 노인교실 제외) 및 재가장기요양기관 설치 · 운영자 및 종사자

④ **교육내용**

- 노인의 인권과 관련된 법령 · 제도 및 국내외 동향
- 노인복지시설 또는 장기요양기관에서 발생하는 인권침해 사례
- 노인복지시설 또는 장기요양기관에서 인권침해가 발생했을 경우의 신고요령 및 절차 등

⑤ **인권교육기관의 역할**

인권교육기관의 역할은 〈표 5-2〉와 같다.

〈표 5-2〉 인권교육기관의 역할

기관명		역할
노인보호 전문기관	중앙	• 교육 커리큘럼 공동개발 • 인권강사양성 및 보수교육과정 운영 • 당해연도 인권교육 실적 취합 및 보고
	지역	• 시 · 군 · 구 집합교육 운영 • 인권교육기관에서 양성된 인권강사 운영(방문교육)
국가인권위원회		• 교육 커리큘럼 공동개발 • 인권강사양성 및 보수교육과정 운영 • 인권교육기관에서 양성된 인권강사 운영(방문교육) • 사이버 교육센터(인터넷 교육) 운영
한국보건복지인력개발원		• 교육 커리큘럼 공동개발 • 인권강사양성 및 보수교육과정 운영 • 인권교육기관에서 양성된 인권강사 운영(방문교육) • 사이버 교육센터(인터넷 교육) 운영

자료: 보건복지부(2019a: 252).

(3) 노인학대 예방교육과 인권교육 비교

노인학대 예방교육과 인권교육의 비교는 〈표 5-3〉과 같다.

〈표 5-3〉 노인학대 예방교육 및 인권교육 비교

구분	노인학대 예방교육	인권교육
법적 근거	「노인복지법」 제39조의6제5항 (노인학대 신고의무와 절차 등)	1. 「노인복지법」 제6조의3(인권교육) 2. 「노인장기요양보험법」 제35조의3(인권교육)
교육대상자	1. 노인복지시설 2. 요양병원 3. 종합병원 4. 장기요양기관에 소속된 노인학대 신고의무자	노인복지시설 · 재가장기요양기관 설치 · 운영자 및 종사자(경로당 및 노인교실은 제외)
교육시간	연 1시간 이상	연 4시간 이상
교육내용	「노인복지법 시행규칙」 제29조의16 1. 노인학대 예방 및 신고의무에 관한 법령 2. 노인학대 발견 시 신고요령 3. 피해노인 보호 절차	「노인복지법 시행규칙」 제1조의 3 1. 노인의 인권과 관련된 법령 · 제도 및 국내외 동향 2. 노인복지시설 · 장기요양기관에서 발생하는 인권침해 사례 3. 노인복지시설 · 장기요양기관에서 인권침해가 발생했을 경우의 신고요령 및 절차 4. 그 밖에 보건복지부장관이 인정하는 사항
교육기관	지정된 교육기관 별도 없음	보건복지부장관이 지정한 인권교육기관(국가인권위원회, 노인보호전문기관, 한국보건복지인력개발원)
교육방법	기관 직장교육 또는 사이버교육 등 기관 여건에 맞게 교육 실시	인권교육기관에서 실시하는 집합교육, 방문교육 또는 인터넷 교육 이수

자료: 보건복지부(2019a: 262) 재구성.

CHAPTER

06 사회적 배제

학습목표

1. 노인의 사회적 배제에 대한 개념 이해
2. 사회적 배제의 분류에 따른 이해
3. 사회적 배제의 실제 파악

학습내용

1. 사회적 배제의 개념
2. 노인과 사회적 배제의 관계
3. 노인의 사회적 배제 내용

개요

노인에 대한 사회적 배제는 어느 한 분야에서만 경험한다고 볼 수 없고, 복합적인 영역에서 사회적 배제에 노출될 수 있다. 그리고 각 영역들은 상호간에 독립된 영역이라기보다는 상호유기적인 관련성을 가진다고 볼 때, 다양한 차원에서 사회적 배제에 대한 연구가 필요하다. 여기에서는 노인의 사회적 배제를 학습하고자 한다.

CHAPTER

06 사회적 배제

1. 사회적 배제의 개념

최근 들어 노인문제가 사회문제로 이슈화됨에 따라 문제의 심각성과 문제해결에 대한 여러 가지 논의가 이루어지고 있다. 21세기 초고령화시대 노년기에는 전 세대의 노인들에 비해 경제적으로 어려워졌다고만 볼 수 없다. 오히려 어느 정도 나아진 면도 있는데, 이러한 도식적 비교가 노년기에 있는 이들에게는 아무런 위안도 되지 못한다. 이에 따른 심리사회적 부적응은 소외감, 고독감, 우울 등과 같은 정신건강문제를 발생시킨다(김수진, 2019: 30). 그 이유는 살아온 시대적・환경적 배경과 상황이 다르기 때문에 사회문제로 인식하는 상황의 시각 자체도 다르기 때문이다. 아울러 현 세대의 노인들이 전 세대 노인들보다는 상대적으로 경제적 어려움이 덜하다 하더라도, 경제문제가 해결되었다는 의미는 아니다. 노년기에 어려움을 겪고 있는 경우가 많다

(조진영, 2019: 25). 현재 장년층만 해도 자체적인 노후의 필요성을 자각하여 대비하는 것이 일상화되고 있지만, 노인들까지는 그런 대비가 현실적으로 어려웠던 것이 사실이다.

과거 전통사회에서 노인들은 별도로 자신의 노후생활을 보낼 수 있었던 것이다. 또한 경제적으로 어려움이 있다 하더라도, 가족과 함께 겪는 것이기에 소외와 같은 극단적인 소모성 감정은 격지 않을 수 있었다. 그러나 산업화와 핵가족화, 그리고 노인부양의식 약화 등은 노후준비를 하지 못한 많은 노인들에게 빈곤, 질병, 역할 상실 그리고 소외라는 고통을 안겨주고 있다(김근홍, 2013: 291). 그러므로 사회적 배제는 사회 각 부문에서 일어난다고 볼 수 있다.

사회적 배제(social exclusion)는 일반적으로 시기와 국가 및 학문적 성향에 따라 달리 정의하고 있으므로 단일하게 명확한 개념을 정의하는 것은 어렵다고 볼 수 있다. 사회적 배제라는 개념은 정치인들이 자신들의 사회복지정책을 구상하기 위해 다양한 방식으로 사용해 왔는데, 이 때문에 이 개념이 갖는 의미가 최근 들어 상당히 모호해져버렸다. 즉, 사회적 배제에 대해 시기와 국가에 따라, 그리고 학문적 성향에 따라 다르게 정의하고 있으므로 한마디로 명확한 개념정의를 하는 것은 어렵다(정이윤, 2003: 3). 현재 사회적 배제는 담론이 활발하게 진행되고는 있지만 개념 정립에 이르지는 못하고 있는 실정이다. 그러나 일반적으로 사회적 배제의 개념은 '어떤 것으로부터의 배제'를 의미한다. 대개의 '통상적'이거나 바람직하다'고 간주되는 활동에 참여하는 것으로부터 배제되는 것을 의미한다(노병일, 2006: 101).

사회적 배제는 사회문제의 하나로서 나타난 개념이라고 할 수 있다. 사회적 배제를 처음 학문적으로 연구한 학자는 베버(Max Weber, 1864~1920)라고 할 수 있는데, 그는 사회적 배제를 사회적 폐쇄(social closure)의 한 형태로 파악하여, 한 집단이 자신의 우월한 지위와 특권을 유지할 목적으로 다른 집단을 희생시키려는 시도로 이해하였다(Burchardt et. al., 2002: 1-2). 이러한 사회적 배제현상에 관한 연구는 분석적 차원으로 발전하지 못하다가, 1960년대에 들어서면서, 프랑스 드골(Charles De Gaulle, 1890~1970) 대통령(1959~1969) 당시 경제기획성의 책임자였던 마세(Masse)에 의해서 최초로 공식적인 사용이 시작하였다. 그는 사회적 배제를 사회보험제도의 사각지대에 머무르고 있는 사람, 즉 국가의 행정 대상에서 제외되어 있는 사람들을 지칭하기 위한 개념으로 '사회적 배제'라는 용어를 사용하였다(문진영, 2004: 257).

이후 르느와르(René Lenoir, 1974)가 사회적 배제에 관한 인식의 지평확장을 한 이후 현실 세계에서 사회적 배제를 극복하기 위한 정책을 모색하기 시작하였다(심창학, 2001: 189-191). 르느와르가 사회적 배제의 핵심에 사회적 부적응(social misfit)이 있다고 정리한 이후에, 유럽에서는 '빈곤을 넘어서서 사회적으로 배제되는 현상'에 대한 학문적 연구뿐만 아니라, 정책적 대안을 적극적으로 모색하기 시작하였다(Sen, 2000: 1). 즉, 르느와르는 '사회적으로 배제된 자(les esxlus)'라고 범주화하면서 빈곤에 대한 새로운 접근을 시도하였고, 사회적 배제는 1990년에 이르러 기존의 빈곤과 불평등을 대체하며 사회정책의 대표용어로 자리 잡게 되었다(강현정, 2009: 6). 따라서, 이 개념 자체는 처음에 사회학자들이 불평등(inequality)을 초래하는 새로운 원인을 지적하기 위하여 사용한 것이며, 현재도 불평등에 관한 여러 가지 사회조사에 활용되고 있다. 오늘날 사회적 배제 담론은 빈곤과 불평등을 동일선상에서 이해하고 있는 등 다양한 논의가 이루어지면서 사회적 배제의 개념이 점차 넓은 범위에서 해석이 이루어지기 시작하여 현재의 개념에 이르렀다.

사회적 배제의 개념을 정리하면 다음과 같다.

기든스(Giddens, 2017: 543)에 따르면, '사회적 배제(social exclusion)'란 개인들이 사회에 포괄적으로 참여하는 길(full involvement)이 막혀 있는 상황을 의미한다. 그에 따르면, 교육시설이 낙후되었고, 고용 기회가 거의 없는 빈민 주거지역에 사는 사람들은 결과적으로 대부분의 사람들에게는 보다 더 윤택하게 삶을 영위할 수 있는 기회조차도 얻지 못할 것이다. 또한 사회적 배제라는 개념은 사회적 포섭(social inclusion)이라고 하는 정반대의 의미도 함축하는 것으로서, '주변화된 집단(marginalized groups)'을 사회적으로 포섭하려는 노력은 현대 정치 어젠다의 주요 부분을 차지하고 있다. 하지만 이것이 시도

되는 방식은 사회마다 다양한 모습을 보여 주고 있다.

베르그만(Berghman, 1995: 21)에 따르면, 사회적 배제와 빈곤개념의 차이는 정태적인 결과에 있어서 박탈과 빈곤으로 보고 있으며, 역동적 과정에서는 사회적 배제를 소득의 궁핍화로 보는 빈곤과 개념을 달리하고 있다.

강현정(2009: 7)에 따르면, 사회적 배제의 개념을 사회의 질을 구성하는 하나의 층으로 간주하면서 사회적 불안(social insecurity)과 아노미(anomie)의 중간층을 사회적 배제로 분리하여 설명하고 있다. 즉, 사회적 불안은 생존을 보장해주는 제도로부터 어느 개인이 보호받을 수 있는지의 여부를 말한다면 사회적 배제란 평등을 가능하게 하는 구조적 요인들로부터 제외된 상황을 뜻한다고 하였다. 따라서, 사회적 불안보다 높은 수준의 사회통합과 관련시켜서 사회적 배제를 설명하고 있다. 또한 아노미란 사회적 네트워크의 형성 및 유지를 저해하는 것으로 구분하여 논의를 전개하고 있다.

사회적 배제와 빈곤개념의 차이는 〈표 6-1〉과 같다.

〈표 6-1〉 사회적 배제와 빈곤 개념의 차이

구분	정태적 결과(Static outcome)	역동적 과정(Dynamic process)
소득(Income)	빈곤(Poverty)	궁핍화(Impoverishment)
다차원적(Multidimensional)	박탈(Deprivation)	사회적 배제(Social exclusion)

자료: Berghman(1995).

이렇듯 사회적 배제의 개념이란 다양한 의미를 함축하고 있다. 사회적 배제의 개념을 감안할 때, 기든스(2017: 543)가 "사회적 배제라는 개념에 대해 개인의 책임성에 의문을 제기한다고 볼 수 있다."고 주장하는 것은 유의미하다고 할 수 있다. 다시 말해서, 무엇보다도 배제라는 용어는 누군가가 또는 무엇인가가 누군가에 의해 철저히 외면되었다는 의미를 지니고 있다. 개인들이 스스로가 통제할 수 없는 결정에 의하여 배제당하는 사례는 분명히 존재한다. 예를 들어, 은행은 특정 지역에 거주하는 사람들에게 당좌계정을 신규로 하거나 신용카드의 발부를 거부하기도 한다. 일시적으로 해고당한 사람들은 나이 때문에 더 이상 직업을 구할 수 없을지도 모른다고 볼 수 있다(김보기 외, 2016: 141).

결론적으로 노인에 대한 사회적 배제란 노인이 기본적으로 가지고 있는 여러 단점에 대하여 이를 해결하기보다는, 고착화되어 노인이 사회 각 부문에서 배제되는 형태를 말한다.

2. 노인과 사회적 배제의 관계

사회적 배제에 관한 담론은 빈곤에 대한 논의에 비해서 다양한 부문에서 사회적 박탈과 이에 동태적인 이해를 제공하고 있다는 점에서 전통적 복지 논의를 확장시키고 있다. 사회적 배제의 논의에 대해 유럽 국가들도 상호 간에 크게 다르지 않다. 예를 들어, 영국 블레어(Anthony Charles Lynton Blair, 1953~)에 따르면, 사회적 배제는 개인이나 지역에서 저숙련, 실업, 불량 주택, 가족 붕괴, 높은 범죄환경, 나쁜 건강상태 등과 같이 상호 간에 연관된 문제들의 조합으로 고통받을 때 발생되는 것을 지칭한다(신광영, 2010: 18 재인용). 즉, 다양한 사회문제로 인하여 고통받을 때 사회적 배제가 나타난다고 판단하기 때문에, 사회적 배제는 사회문제의 해결을 통하여 해결될 수 있을 것이다. 이러한 견해는 이미 널리 알려진 사회문제에 대하여 새로운 용어로 사용된 것이라고 볼 수 있다.

그럼에도 불구하고, 사회적 배제가 전후 유럽 복지정책의 전환이라는 의미로서 새로운 키워드(key words)라고 인식되는 이유는, 복지에 대해 물질적 차원을 초월하여 다양한 차원의 복지 논의를 가능하게 하기 때문이다. 드한(De Haan)은 이에 대해 사회적 배제라는 개념이 분석과 정책을 위하여 구체적인 맥락의 틀을 제공할 수 있다(신광영, 2010: 18 재인용)고 주장한다. 즉, 저소득 또는 빈곤과 같은 사회현상에 대해 사회적 배제의 결과라는 점에서 공적 부조를 통하여 저소득을 적정 소득으로 증대시키거나 또는 빈곤을 제거하는 것이 아니라, 사회적 배제를 제거하거나 약화시키는 것이 중요하다. 복지정책을 통하여 재화의 부족을 충당해 주는 것은 소극적 복지로 정의할 수 있다. 사회적 배제로 인한 최종의 결과에 대해 국가가 개입하는 것은 국가 개입의 효과에 있어서 가시적 효과로 나타나지만, 사회적 배제로 인해 고통받는 사람들에 대하여 이들을 사회적으로 통합시키지는 못한다. 그 예로, 제2차 세계대전 이후에 영국과 미국에서 등장한 복지정책이 대체로 이러한 소극적 복지정책의 전형이었다고 할 수 있다. 이에 반해, 적극적 복지는 사회적 배제 자체를 약화시키거나 또는 제거하는 복지정책이다. 흔히 이는 부정적 결과를 예방하기 위한 사회정책의 성격이기 때문에 복지정책으로 불리지 않았던 국가정책이다. 교육정책, 조세정책, 노동시장정책 등은 일반적으로 국가개입의 복지정책으로 인식되지 못했다. 빈곤 및 박탈의 발생을 막기 위해서는 국가정책을 통해서 제도적으로 개입하는 것은 사후적으로 이루어지는 치유를 목적으로 하는 소극적 복지정책보다 더 적극적인 예방적이고 성장 가능한 복지정책이라는 점에서 적극적 복지정책으로 정의할 수 있다.

우리 사회의 노인문제에 관한 현상에 대해 사회적 배제의 관점으로 이해해야 할 이유는 다음과 같다(배지연 외, 2006: 10-11).

첫째, 사회적 배제는 노인문제의 해결을 위한 다양한 시각의 한 가지로 논의할 가치가 있다고 여겨진다. 현재 노인인구는 인류 역사상 가장 큰 규모의 성장을 하고 있으며, 21세기 노인문제 전망은 예측이 어려울 정도다. 이러한 즈음에, 다양한 노인문제 해결책에 대한 다양한 접근방법이 필요한 데도 불구하고, 우리나라에서는 노인의 사회적 배제에 대한 이론 및 현상연구가 미흡한 실정이기 때문에 새로운 시각이 요청된다.

둘째, 사회적 배제 측면에서 노인문제는 배제의 결과로 인한 현상이라고 정의할 수 있기 때문에 이에 대해 연구할 가치가 있다. 다시 말해서, 사회적 배제란 빈민층이나 하층계급, 장애나 고령 등과 같이 사회적으로 위험에 처해 있는 다양한 집단들이 지배적 사회관계(social relations)로부터 일탈되고 있거나 이미 일탈된 상태를 말하는데, 이것은 부분적으로 배제의 측면을 가리킨다.

인구의 고령화 현상과 더불어 급격하게 변화하는 현대사회에서 살아가고 있는 노인의 문제에 대해, 개별노인 차원과 사회적인 차원으로 본다(강현정, 2009: 9). 노인문제를 개별노인 차원에서 살펴보면, 소득감소로 인한 경제적 문제와 노인 건강문제, 가족의 보호기능 약화 및 역할 상실과 사회적 고립문제로 나눌 수 있다. 퇴직으로 인한 소득감소는 노인 가계의 경제적 위협뿐만 아니라, 경제적 · 심리적 변화로 인해 노인 우울상태를 증대시키고 있고, 인구 평균수명이 증가함에 따라 건강한 많은 노인들이 일자리를 찾으려 하고, 낮아진 소득으로 인하여 자녀에게서 의존하는 노인들이 증가하게 된다. 또한 노화에 따른 건강의 약화는 노인 자신에게는 심리적 불안감과 우울감을 나타내게 하고, 자녀에게는 노인 부양부담을 가중시키는 문제를 일으키게 한다.

현대화된 가족구조의 특징을 핵가족화와 맞벌이 가족화라고 한다면, 노인의 부양은 이러한 가족의 구조 아래에서는 매우 어려운 문제이므로 부양기능이 약화되며, 건강이 좋지 않은 노인의 보호문제가 야기되고 있다. 그 예로, 경희대병원이 70～84세 노인 1,539명을 대상으로 시행한 연구결과에서, 난청과 사회적인 고립 사이에 큰 연관성이 있는 것으로 나타났다. 청력장애는 사회적인 취약성 중에서도, 특히 이웃과 만나는 횟수를 줄이고, 다른 사람들의 관심이나 애정을 받을 가능성을 떨어뜨렸다(연합뉴스, 2019년 5월 18일자). 그리고 퇴직으로 인한 노인의 역할 상실은 가족 안에서 생계부양자로서의 지위가 동시에 상실되며, 자녀들과의 비동거 비율 증가는 사회관계에 있어서의 고립문제를 야기시킬 수 있다. 또한 사회적 차원에서는 노인부양비 및 의료비 증가, 노인여가문제를 들 수 있는데, 고령인구의 급격한 증가와 더불어 가족구조의 핵가족화는 노인부양의식의 약화, 구조조정, 조기 퇴직 등에 의한 강제적 퇴직, 각종 사고 및 재해 등과 사회적 위험 증대와 노인인구 증가에 따른 의료비의 증가는 노인의 부양비용과 의료비 증가의 요인이 되고 있다.

복합적인 노인문제를 사회적 배제의 특성 측면에서 포괄적인 접근을 할 수 있다(강현정, 2009: 9).

첫째, 다차원성(multi-dimension)으로 노인의 사회적 배제는 단순히 노년기 역할 상실이나 은퇴, 빈곤이라는 사회적 상태만을 의미하지 않고, 이들을 포함한 사회적 상호작용의 과정, 다시 말해서 은퇴로 인하여 발생한 소득 감소 및 빈곤에 따라 다른 문제들의 발생 등의 파생적 상호작용에서 나타난다. 또한 개인적 및 사회적 차원에서 발생하므로 다차원적인 면에서 접근해야 할 것이다.

둘째, 상대성(relativity)으로 노인의 주위에 있는 타인들의 행위로 인해 노인에게 영향을 미쳐 노인집단 내 혹은 다른 계층 사이에서 배제 또는 비배제가 되기 때문에, 이를 이유로 사회적 배제가 상대적이다.

셋째, 작인(agency)으로 노인이 사회적 배제를 경험하는 힘이 있다는 것으로 말하는데, 노인 개인의 문제라기보다는 사회적 힘, 다시 말해서 연령 차별 또는 고용 차별이나 노인에 대한 편견의 작용으로 인하여 혹은 사회문화적인 현상에 따라, 본인의 의지와는 상관없는 사회적 배제로부터의 극복이 차츰 어려워질 수 있고, 또 다른 배제까지 연계되며, 노년기에 겪는 다양한 노인문제가 지속적인 노인인구의 증가로 인하여 다 심각해질 수 있다.

결론적으로 노인에 대한 사회적 배제는 어느 한 분야에서만 경험한다고 볼 수 없고, 정치・경제・사회・교육・문화・주거 등 복합적인 영역에서 사회적 배제에 노출될 수 있다. 그리고 각 영역들은 상호 간에 독립된 영역이라기보다는 상호유기적인 관련성을 가진다고 볼 때, 다양한 차원에서 사회적 배제에 대한 연구가 필요하다.

3. 노인의 사회적 배제내용

여기에서는 위에서 주장한 여러 형태의 사회적 배제에 대한 분류 가운데, 노인의 사회적 배제와 관련하여 세 가지 형태, 즉 정치적 배제, 경제적 배제, 사회적 관계에서의 배제를 선정하여 다음과 같이 논하고자 한다.

1) 노인의 정치적 배제

노인에 대한 정치적 배제(political exclusion)는 노인들의 정치활동에 어떠한 제약이 실제적으로 진행되고 있는가에 대해 살펴볼 필요가 있다. 노인들의 정당, 교회 및 종교, 여가, 자원봉사, 각종 선거 등의 활동에 있어서 참여도는 정치적 배제의 측정도구가 될 수 있다.

배지연 외(2006: 19)에 따르면, 정치활동에 대한 노인의 참여도 지방선거가 전체의 88.2%로 가장 높았으며, 종교 및 교회단체 등에 참여한다는 노인이 51.9%로 나타났다. 그러나 정당활동(13.9%), 자원봉사활동(15.2%), 반상회와 주민활동(17.2%) 등은 낮게 나타났다. 특히, 정당활동의 참여율은 낮은데 반하여 투표율은 노인의 참여가 어느 분야보다도 높게 나타나고 있으며, 다른 세대와의 비교에 있어서도 높은 투표율을 보이고 있다. 따라서, 정당활동에 대한 낮은 참여도는 정치적 배제의 요인이 될 수 있으며, 노인문제를 해결하는 데 걸림돌로 작용할 가능성이 높다.

통계청(2018b: 57)의 선거투표율 조사에 따르면, 연령대별 투표자 수 비율은 대통령선거에서 70대 81.8%, 60대 84.1%, 지방선거에서 70대 74.5%, 60대 72.5%로 나타나 노인들의 투표율이 다른 연령대에 비해 현저히 높은 것으로 나타나고 있다. 그러나 이러한 투표율에 비례하여 노인들에게 정치적 지분을 할애하고 있는지는 의심스러우며, 대부분의 노인들이 정치적으로 소외되고 있는 현상은 노인의 정치적 배제를 유의미하게 나타내는 것으로 볼 수 있다.

2017년 대통령선거, 2018년 지방선거 투표율은 〈표 6-2〉와 같다.

〈표 6-2〉 선거 투표율

(단위: %)

구분	대통령				지방선거			
	2007	2012	2017	증감	2010	2014	2018	증감
전체	63.0	75.8	77.2	1.4	54.5	56.8	60.2	3.4
남자	63.3	74.8	76.2	1.4	55.1	57.2	59.9	2.7
여자	63.1	76.4	77.3	0.9	54.7	57.2	61.2	4.0
19세	54.2	74.0	77.7	3.7	47.4	52.2	54.1	1.9
20대 전반	51.1	71.1	77.1	6.0	45.8	51.4	52.9	1.5
20대 후반	42.9	65.7	74.9	9.2	37.1	45.1	51.0	5.9
30대 전반	51.3	67.7	74.3	6.6	41.9	45.1	53.0	7.9
30대 후반	58.5	72.3	74.1	1.8	50.0	49.9	55.4	5.5
40대	66.3	75.6	74.9	-0.7	55.0	53.3	58.6	5.3
50대	76.6	82.0	78.6	-3.4	64.1	63.2	63.3	0.1
60대	76.3	80.9	84.1	3.2	69.3	74.4	72.5	-1.9
70대	-	-	81.8	-	-	67.3	74.5	7.2

자료: 통계청(2019b: 57).

통계청(2018a: 58)의 유형별 정치참여도(지난 1년 동안)의 조사에 따르면, 8개 조사항목에서 '주변인과 대화하기' 1개 항목만 60~69세가 앞섰을 뿐 나머지 항목은 가장 낮은 정치참여도를 보이고 있다.

유형별 정치참여도는 〈표 6-3〉과 같다.

〈표 6-3〉 유형별 정치참여도

구분		주변인과 대화하기	온라인상 의견 피력하기	정부나 언론에 의견 제시	서명운동 참여하기	탄원서·진정서·청원서 제출하기	시위·집회 참여하기	공무원·정치인에 민원전달	불매운동 참여하기
2015		58.8	14.7	8.8	17.5	7.9	7.6	9.1	9.2
2016		69.3	13.3	6.7	14.9	5.6	6.9	6.1	10.3
2017		74.1	12.2	6.4	14.5	5.8	14.4	5.6	8.5
2018		72.0	9.5	4.8	11.2	3.8	4.9	4.7	5.9
	남자	73.4	9.5	5.2	10.9	4.1	5.3	5.0	6.0
	여자	70.5	9.5	4.3	11.5	3.4	4.4	4.4	5.8
	19~29세	67.7	13.8	4.0	13.7	3.4	5.4	4.0	6.8
	30~39세	74.3	12.0	5.8	13.6	4.1	5.2	5.3	8.2
	40~49세	71.1	9.6	6.1	13.6	4.2	5.1	5.3	5.3
	50~59세	73.1	7.2	4.4	8.5	3.7	4.8	5.0	5.1
	60~69세	74.0	4.0	3.2	5.4	3.2	3.5	3.5	3.7

자료: 통계청(2018b: 58)

2) 노인의 경제적 배제

경제적 배제는 노인복지 측면에서 경제적 안정이 성공적 노화의 가장 중요한 요소로서 조사된바 매우 중요한 영역으로 판단된다. 특히, 세속적 의미의 출세라고 표현되는 경제적 성공은 우리나라에서 매우 중요하게 여겨져 왔으며, 이러한 의미에서 노인에 대한 차별적 문화와 정서는 강화된다. 이를 내면화한 노인세대에게 자식 및 사회에 짐이 되지 않는 것은 매우 중요하며, 재정적인 안정에서 배제되어 경제적 짐이 되었을 때 소외나 우울증과 같은 심리에 빠질 수 있다고 주장한 학자도 있다(김수진, 2019: 19).

노년기에 있어서 경제적 배제에 거론될 수 있는 담론으로는 빈곤과 부양비 문제를 들 수 있다.

(1) 빈곤

빈곤(poverty)은 다양한 층위를 가지고 있으며, 그 의미가 항상 변하기 때문에 '빈곤층(a profile of the poor)'을 분석하기는 쉽지 않다. 대체로 특정 집단, 즉 아동, 고령자, 여성, 소수민족이 다른 집단에 비해 빈곤층이 될 가능성이 높다(Giddens, 2017: 496). 경제적 배제(economic exclusion)는 주로 빈곤 및 하층계급, 적절한 고용을 통하여 일상적으로 얻어지는 경제적 자원의 보존과 관련되며, 이것은 또한 빈곤과 경제활동 참여(노동시장 참여)와 연관이 된다. 현대에 들어서는 노인빈곤에 대해 낙관적으로 보는 견해도 있다. 하지만 노인은 빈곤상태에서 사는 경우가 많다. 일반적으로 선진국에서 노인의 빈곤율은 낮아지고 있지만, 아직도 노인의 빈곤율은 일반 인구층의 빈곤율보다 높은 편이다(노병일: 2018 107-108).

경제적 배제(economic exclusion)는 주로 빈곤 및 하층계급, 적절한 고용을 통하여 일상적으로 얻어지는 경제적 자원의 보존과 관련되며, 이것은 또한 빈곤과 경제활동 참여(노동시장 참여)와 연관이 된다.

기든스(2009: 499)는 "사회적 배제에 대해 빈곤(poverty)이라는 개념을 포함하는 더욱 포괄적인 개념(broader concept)이다."라고 말한다. 따라서, 빈곤은 사회적 배제를 파악할 수 있는 중요한 지표가 된다고 할 수 있다.

권육상(2009: 89)은 "노인의 빈곤문제를 해결하기 위해서는 노인들에게 일정한 소득을 보장해주어 그들이 인간다운 삶을 누릴 수 있도록 도와주는 것이 가장 중요한 일이다."라고 주장한다.

김안나 등(2008: 180)은 "조사대상자 2,355명의 노인 가운데 59.4%인 1,399명이 소득영역에서 배제를 경험하고 있다."고 주장한다.

이러한 연구들에서 나타난 경제적 배제는 소득, 구체적 상황에서 노인의 경제적 배제가 확실한 것으로 분석되고 있다. 노인빈곤은 필연적으로 노인부양에 대한 관심을 불러온다. 따라서, 사회적 배제의 형태에 있어서 경제적 배제에 대한 논의는 노인부양비용을 부담해야 한다는 문제 인식으로부터 출발해야 한다.

노인빈곤을 퇴치하고자 할 경우에 노병일(2018: 114)은 가장 중요한 방안으로 노년기에 더 많이 보장해 주는 방식을 제시하고 있다. 그에 따르면, 공적 소득을 보장하는 것은 사회보장제도를 통해서 노인에게 공적 급여를 제공하는 것과 관련된다. 따라서, 노인이 경제적으로 취약한 상태에서 벗어나게 하기 위해서는, 노인에게 적절한 최저수준의 사회보장급여를 제공할 필요가 있다. 이 경우에 가장 중요한 제도는 공적 연금이다. 왜냐하면 공적 연금은 노년기에 소득을 보장해주는 중요한 제도이기 때문이다. 그러므로 노인빈곤을 퇴치하기 위해서는, 노년기에 노인에게 적절한 공적 연금을 제공할 필요가 있다.

통계청(2018a: 24)에 따르면, 2018년 노년부양비는 19.6명으로 65세 이상 고령자 1명에 대해 생산가능인구 5.1명이 부양하고 있는 것으로 나타났다. 따라서, 저출산・고령화의 영향으로 65세 이상 고령자가 많아지면서 노년부양비 증가 속도가 빨라져 2060년에는 82.6명으로 전망되고 있다.

또한 노령화지수는 0~14세 인구 100명당 65세 이상 인구로 2016년 100.1명으로 0~14세 인구를 초과하는 결과를 보였으며, 2018년 110.5명으로 나타나 갈수록 증가하는 현상을 보이고 있다. 따라서, 노령화지수는 지속적으로 증가하여 2060년에는 현재의 4배 수준인 434.6명으로 증가할 전망이다.

연도별 노년부양비 및 노령화지수는 〈표 6-4〉, [그림 6-1]과 같다.

〈표 6-4〉 노년부양비 및 노령화지수

(단위: 연도, %)

연도	노년부양비[1]	노령화지수[2]	고령자 1명당 생산가능인구[3]
2000	10.2	35.0	9.8
2005	12.9	48.6	7.8
2010	15.4	69.6	6.5
2016	18.1	100.1	5.5
2017	19.1	107.3	5.2
2018[4]	19.6	110.5	5.1
2020	21.8	123.7	4.6
2030	38.2	212.1	2.6
2040	58.2	303.2	1.7
2050	72.6	399.0	1.4
2060	82.6	434.6	1.2

자료: 통계청(2018a: 24) 재구성.

주 : 1) 노년부양비 = (65세 이상 인구 / 15~64세 인구) × 100

2) 노령화지수 = (65세 이상 인구 / 0~14세 인구) × 100

3) 고령자 1명당 생산가능인구 = 15~64세 인구 / 65세 이상 인구

4) 2017년 이전은 인구주택총조사자료, 2018년 이후는 장래인구추계자료

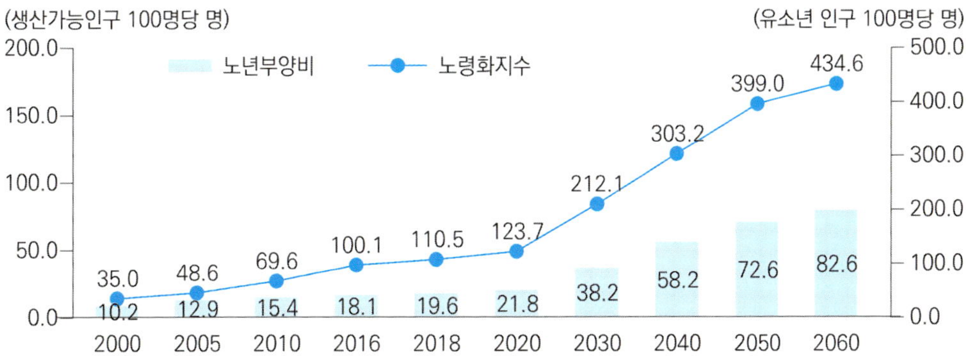

자료: 통계청(2018a: 24) 재구성.

[그림 6-1] 노년부양비 및 노령화지수의 추이

결론적으로 고령화의 빠른 진전에 따른 노인인구 증가로 사회의 구조적 시스템의 변화는 여러 가지 문제점으로 많은 노인들이 경제적으로 지지받지 못하고 있으며, 낮은 경제수준으로 인해 삶의 질이 위험한 상황에 놓여 있다. 따라서, 경제적 배제가 노인 삶의 질에 영향을 미치는 것으로 볼 수 있다.

3) 노인의 사회적 관계 배제

사회적 관계에서의 배제(exclusion from social relations)되는 방식은 다음과 같다(Giddens, 2009: 499-500).

첫째, 친구나 가족을 방문하거나 생일 등을 축하하거나 취미생활을 하거나, 친구들과 식사를 같이 하고 휴일을 같이 보내는 등의 통상적인 사회활동에 참여하지 못하는 노인들이 존재한다.

둘째, 친구와 가족으로부터 버림받아 사회적 관계로부터 배제되는 사람들이 존재한다.

셋째, 실질적이고 정서적으로 도움을 받지 못하는 경우가 존재한다. 그 예로, 도움이 필요할 때, 집이나 정원을 손질할 때, 의기소침해 있을 때, 인생의 중요한 전환기에 충고를 필요로 할 때 등이 있다.

넷째, 시민적 활동에 참여하지 못하는 경우가 있다. 그 예로, 투표를 하거나 지방 정치나 전국 정치에 참여하거나 신문에 기고를 하거나 캠페인을 벌이는 등의 활동이 있다.

다섯째, 신체적인 이유나 누구를 돌봐야 하기 때문에 또는 집 밖이 위험하다고 생각해서 집안에만 틀어박히는 경우가 존재한다.

노인의 사회적 관계 배제는 다음과 같다.

정경희 등(2012: 125)은 "노인의 사회적 관계는 노인의 삶에 있어 중요한 역할을 한다."고 주장한다. 그 이유는, 다양한 정보의 교환, 정서적 지지 및 도구적 도움의 교환

등을 통해서 사회적 자원으로 작동하기 때문에, 노인이 사회적으로 통합될 수 있는 구심점으로 작용한다는 것이다.

김안나 등(2008: 40)은 관계의 배제에 있어서 타인과의 관계는 공적 및 사적 영역의 두 가지 축을 중심으로 형성되는 것으로 보고 있다. 그들에 따르면, 현대 산업사회에서 공적 영역의 관계는 개인과 사회를 연결해 주는 매개체라고 볼 수 있는 노동시장을 중심으로 하여 형성된다. 따라서, 은퇴 후 노동시장으로부터 단절경험이 있는 노인은 기본적으로 공적 영역에서의 관계 형성이 미약해질 가능성이 높다. 또한 사적 영역을 중심으로 하여 형성되는 관계는 노인생활에서 상대적으로 중요한 위치를 차지하게 된다.

배지연 등(2006: 13)은 "노인이 맺고 있는 사회적 관계는 노인에게 중요한 자원으로 기능한다."고 주장한다. 그들에 따르면, 가족, 이웃, 여가 및 사회활동 등을 같이 하는 동료들과의 연계작용을 통하여 노인에 대한 다양한 물질적 및 비물질적 지원이 가능하며, 사회적 지지를 통하여 심리적 · 신체적 안정을 취할 수 있다. 실제로 이웃, 친인척, 친구, 동료 등과의 친밀한 사회적 관계형성은 경제적 위기상황하에서, 정서적 및 물질적으로 든든한 버팀목으로 작용할 수 있다.

김안나 등(2008: 210)은 "사회적 관계영역에서 배제를 결정하는 요인으로 가족관계에서 분석할 때, 연령, 교육수준, 경제활동 참여 여부가 통계적으로 유의미한 변수로 분석되고 있다."고 주장한다. 따라서, 연령이 높으면 높을수록, 교육수준이 낮으면 낮을수록, 경제활동에 참여하지 않으면 않을수록 가족관계의 배제에 대해 경험할 확률이 높다고 볼 수 있다.

이혜경(2009: 322)은 "연령이 높아질수록 관계망에서 소외되는 경향이 있으며, 소득의 부족은 다양한 선택과 기회의 부족으로 이어지기 때문에 중요한 영향력을 가지고 있음을 간과할 수 없다."고 주장한다. 다시 말해서, 사회적 관계망은 단기간 형성이 어려운 단점이 있다. 그러나 쉽게 해체되지 않는 속성 또한 지니고 있으며, 물질적 자원의 보유 유무와 관계없이 동원할 수 있는 사회적 자원이다. 따라서, 노인에게는 심리적·문화적·경제적 빈곤과 같은 문제에 대해 상대적으로 절망감이 높으며, 자아존중감이 낮고, 스스로 빈곤상태를 해결할 동기의 결핍도 두드러진다고 볼 수 있다.

한국사회에 있어서 노인의 관계망은 시간의 경과에도 불구하고 개선될 기미가 전혀 없다. 그 주장을 살펴보면, 정경희 등(2011: 131-151)은 "노인의 왕래빈도는 노인과 가장 가까운 사이라고 할 수 있는 자녀, 손자녀, 배우자 부모 등과의 2008년과 2011년 왕래빈도를 비교해볼 때 변함이 없다."고 주장한다. 이러한 주장은 사회적 관계망에 따른 노인의 사회적 배제는 전혀 개선되지 않음을 반영한다고 볼 수 있다.

노인의 사회적 관계망 형성의 지표인 '왕래빈도'는 〈표 6-5〉와 같다.

〈표 6-5〉 노인(65세 이상)의 왕래빈도 (단위: %, 명)

구분		거의 매일	주 2~3회	주 1회	한 달 1회	분기 1~2회	연 1~2회	왕래 없음	계
비동거 자녀	2011	23.9	34.1	25.6	12.4	2.5	0.9	0.7	100.0(10,153)
	2008	22.6	28.0	26.7	17.6	3.0	1.6	0.6	100.0(10,344)
비동거 손자녀	2011	4.0	3.5	7.2	18.6	32.5	31.4	2.7	100.0 (9,876)
	2008	3.5	3.2	7.6	18.3	22.9	38.2	6.3	100.0(10,206)
부모	2011	5.0	4.0	5.3	27.0	16.4	34.4	7.9	100.0(378)
	2008	4.7	4.6	8.4	20.3	20.3	34.8	7.0	100.0(304)
배우자부모	2011	1.8	2.2	5.5	17.1	21.5	43.2	8.8	100.0(456)
	2008	3.1	3.7	6.9	18.5	16.1	44.1	7.6	100.0(393)

자료: 정경희 외(2012: 132-151) 재구성.

결론적으로 정보화의 변화 속도는 비자발적으로 사회적 역할을 박탈당하고 난 노인들의 역할 상실에 의한 노인의 사회적 관계망 역시, 노인의 사회적 관계에서의 배제 정도를 결정하는 주요 변수로 등장하고 있다. 따라서, 노인의 사회적 관계에서의 배제는, 먼저 연령, 교육수준, 소득수준 등 노인의 인구사회학적 특성이 중요하다.

4. 노인의 사회적 배제 사례연구

사회적 배제의 특성을 노인의 연령, 성별, 교육수준 등의 세 가지 공통 독립변인을 중심으로 규명하면 다음과 같다(김안나 외, 2008).

1) 노인의 소득영역 배제

먼저 최저생계비를 기준으로 하였을 때, 소득영역에서 배제된 노인의 연령집단을 기준으로 제시하고 있다. 75세 미만 노인 1,622명 중 51.2%에 해당되는 830명이 최저생계비 기준의 소득영역에서 배제를 경험하고 있으며, 48.8%에 해당되는 792명이 비배제의 경험을 하고 있다. 반면, 75세 이상 인구 733명 중 77.6%인 569명이 최저생계비 기준과 소득영역에서의 배제를 경험하고 있다. 22.4%인 164명이 비배제의 경험이 있는 것으로 조사되어, 75세 이상 고령층에서 최저생계비 이하로 소득배제를 보다 높게 경험하고 있는 것으로 나타났다.

성별을 기준으로 살펴본 결과, 남성 1,415명 중 56.3%가 비배제를, 43.7%가 소득영역에서의 배제를 경험하고 있다. 반면에, 여성 노인 940명 중 83.1%인 781명이 배제를, 16.9%인 159명이 비배제의 경험을 하고 있는 것으로 나타났다. 또한 교차분석의 결과, 남성 노인보다 여성 노인이 최저생계비를 기준으로 한 소득영역에서의 배제를 경험하는 비율이 높다는 것을 시사해준다.

교육수준 변수를 기준으로 분석한 결과, 초졸 이하의 학력집단 가운데 71.5%, 중졸 이하의 학력집단 가운데 41.6%, 고졸 이상 인구 가운데 5.6%가 배제의 경험이 있는 것으로 조사되어 노인 소득 배제에 있어서, 특히 초등학교 이하의 학력이 낮은 노인에게 집중되고 있는 것으로 나타난다.

소득영역의 배제(최저생계비 기준)는 〈표 6-6〉과 같다.

〈표 6-6〉 소득영역의 배제(최저생계비 기준) (단위: %, 명)

	분류		배제	비배제	계
소득영역	연령집단	75세 미만	51.2/ 830	48.8/792	100.0/1,622
		75세 이상	77.6/ 569	22.4/164	100.0/ 733
	성별집단	남	43.7/ 618	56.3/797	100.0/1,415
		여	83.1/ 781	16.9/159	100.0/ 940
	교육집단	초졸 이하	71.5/1,148	28.5/458	100.0/1,606
		중졸 이하	41.6/ 119	58.4/167	100.0/ 286
		고졸 이상	28.5/ 132	71.5/331	100.0/ 463
	계		59.4/1,399	40.6/956	100.0/2,355

자료: 김안나 외(2008: 180-182) 재구성.

이 연구에서는, 소득영역의 배제 결정요인을 분석하기 위해 독립변수에는 교차분석을 통해 연령, 성별, 교육수준 등 모든 변수에 있어서 통계적으로 유의미한 결과로 나타났다. 연령이 높을수록, 여성 노인일수록, 교육수준이 낮을수록 배제를 경험할 확률이 높게 나타난다.

2) 노인의 노동시장 배제

연령집단을 기준으로 할 때, 75세 미만 노인 중 88.4%가 배제되고 있으며, 11.6%가 비배제인 것으로 나타난다. 75세 이상 노인 가운데 837%가 배제를, 16.35가 비배제를 경험한 것으로 나타나, 전체적으로 볼 때, 노인 가운데 연령을 초월하여 노동시장에서의 배제를 경험하는 것으로 볼 수 있다. 성별에 따른 분석을 해보면, 남성 중 83.7%가, 여성 중 88.0%가 노동시장에서의 배제를 경험하는 것으로 분석된다. 교육수준에서는, 초졸 이하 학력집단 중 89.2%, 중졸 이하 학력집단 가운데 81.6%, 고졸 이상 학력집단 중 76.9%가 노동시장에서 배제를 경험하고 있는 것으로 분석된다.

노동시장의 배제는 〈표 6-7〉과 같다.

〈표 6-7〉 노동시장의 배제 (단위: %/명)

	분류		배제	비배제	계
노동 시장 영역	연령집단	75세 미만	88.4/1,065	11.6/140	100.0/1,205
		75세 이상	83.7/ 613	16.3/119	100.0/ 732
	성별집단	남	83.7/ 525	16.3/102	100.0/ 627
		여	88.0/1,153	12.0/157	100.0/1,310
	교육집단	초졸 이하	89.2/1,309	28.5/458	100.0/1,468
		중졸 이하	81.6/ 156	18.4/ 33	100.0/ 179
		고졸 이상	76.9/ 223	23.1/ 67	100.0/ 290
	계		86.6/1,678	13.4/259	100.0/1,937

자료: 김안나 외(2008: 187-189) 재구성.

그러므로 노인은 학력수준에 관계없이 노동시장에서 배제를 경험하는 비율이 높은 것으로 나타나고 있으며, 특히 초졸 이하의 저학력집단에서 그 분포가 높게 나타나고 있다.

3) 노인의 주거 배제

연령별 주거 배제의 경우를 살펴보면, 75세 미만 노인 중 72.6%가 비배제를 경험하고 있으며, 19.25%가 주거 배제를 경험하고 있는 것으로 나타난다. 반면, 75세 이상 노인 중 32.7%가 주거 배제를, 67.3%가 비배제를 경험하는 것으로 보인다. 전체적으로 보면, 주거 배제를 경험하는 노인보다는 주거영역으로부터 배제되지 않은 노인의 분포가 높지만, 주거 배제를 경험하는 노인 가운데 75세 미만 인구가 좀 더 높은 비율을 차지했다. 그러나 이는 표본에 있어서 75세 미만인 노인의 분포가 높기 때문인 것으로 추측된다.

성별에 따른 주거 배제의 경우, 남성 노인 가운데 18.6%가 주거 배제를 경험하고 있는 반면, 81.4%가 주거영역에서 배제되지 않은 것으로 나타난다. 여성 노인 중 69.3%가 비배제를, 30.7%가 배제를 경험하고 있는 것으로 조사되어 주거영역에서의 배제는 남성의 경우보다 여성 노인에게서 더욱 높은 분포라는 것을 알 수 있다.

교육수준에 따른 분포를 보면, 초졸 이하 학력집단 중 70.3%가 비배제를, 29.7%가 배제를 경험하고 있다. 중졸 이하 학력집단 중 85.7%가 비배제를, 14.3%가 배제를 경험하고 있으며, 고졸 이상 학력집단 가운데 92.7%가 비배제를, 7.3%가 배제를 경험하고 있어, 주거영역에서 배제를 경험하고 있는 사람 중 초졸 이하의 학력집단이 절대적인 비율을 점유하고 있다는 것을 알 수 있다.

주거영역에서 배제를 결정짓는 요인을 보면, 연령, 성별, 교육수준 등의 모든 변수가 통계적으로 볼 때 유의미한 것으로 분석되고 있다. 연령이 높을수록, 교육수준이 낮을수록, 여성일수록 주거영역에서의 배제를 경험할 확률이 높게 분석되고 있다.

노인의 주거 배제는 〈표 6-8〉과 같다.

〈표 6-8〉 노인의 주거 배제 (단위: %/명)

	분류		배제	비배제	계
주거영역	연령집단	75세 미만	19.2/ 311	72.6/1,306	100.0/1,617
		75세 이상	32.7/ 239	67.3/ 493	100.0/ 732
	성별집단	남	18.6/ 262	63.9/1,149	100.0/1,411
		여	30.7/ 288	69.3/ 650	100.0/ 938
	교육집단	초졸 이하	29.7/ 475	70.3/1,125	100.0/1,600
		중졸 이하	14.3/ 41	85.7/ 245	100.0/ 286
		고졸 이상	7.3/ 34	92.7/ 429	100.0/ 463
	계		23.3/ 550	76.6/1,799	100.0/2,349

자료: 김안나 외 (2008: 191-192) 재구성.

결론적으로 본 연구에서 위 사례연구에서 살펴본 바, 사회적 관계영역에서 배제를 결정하는 요인으로 가족관계에서 분석할 때, 연령이 높으면 높을수록, 교육수준이 낮으면 낮을수록, 경제활동에 참여하지 않으면 않을수록 가족관계에서의 배제를 경험할 확률이 높은 것을 알 수 있다.

CHAPTER

07

노인의 성

학습목표

1. 성 개념 이해
2. 남녀 성 개념의 비교 분석
3. 개입전략 수립
4. 성 문제 극복방안 토의

학습내용

1. 노인의 성 개념
2. 성기능의 노화
3. 노인의 성생활 영향 요인
4. 노인 성생활의 개입전략
5. 성 문제 극복방안

개요

노인에게 성이란 단순히 육체적인 성관계를 의미하는 것은 아니며, 노년기에 상실되었던 직업 활동 중심의 사회적 관계를 대신하여 소외감과 고독감을 해결해 주는 삶의 중요한 부분이다. 여기에서는 노인의 성에 관한 문제를 학습하고자 한다.

CHAPTER

07
노인의 성

1. 노인의 성개념

노인인구의 증가로 인한 노인문제는 점점 다양하게 나타나고 그 해결방안도 복잡해지고 있다. 노인문제에 대한 다각적인 해결을 위하여 제반 사회적 대책이 요구된다. 이에 따라 노인의 생활보장과 복지향상을 위하여 소득, 의료, 주택, 사회적 서비스 등에 관한 연구와 조사들이 활발히 전개되고 있다. 그 가운데서도 인간으로서 기본적 욕구인 성(性)은 최고 노년의 삶의 질과 관련하여 새롭게 부각되는 주제이다(박미자, 2007: 8).

일반적으로 성(性, sexuality)이란 해부학적 · 생리적 · 유전적 측면에서의 신체 및 생식기적 성(sex)과 성교, 성관계 등의 구체적 성행동을 포함한다. 그리고 사회적인 성적 관습까지를 포함하는 성성(sexuality)과 출생 이후 사회적 · 문화적 · 심리적 환경에 의해 학습된 후천적 성(gender)까지 모두 포함한다. 따라서, 성은 성교와 같은 성행위에만 국한된 것이 아니라, 사상, 접촉, 공유, 정서적 즐거움, 흥분 등을 포함하는 성적인 모든 관계를 포괄하는 개념이다. 하지만 노년기의 성에 대한 관심, 성적 기능, 성행위 등을 논의할 때, 성성(sexuality)이 가장 적합한 개념이다(권중돈, 2016: 301).

성적인 존재인 인간의 성을 표현하기 위한 대표적인 개념이 'sexuality'이다. sexuality는 흔히 '성(性)'이라고 번역하는 sex와는 구분되는 개념이다. 일반적으로 sex는 다음과 같은 세 가지 경우, 즉 '그녀는 여성이다'라고 이야기할 때 쓰는 유전학적인 성(genetic sex), '그녀의 성역할은 여성으로서의 역할이다'와 같이 한 사회의 여성과 남성에게 부과된 권리와 의무를 가리키는 것으로서의 성별(gender), 그리고 '그녀는 그와 성관계를 가졌다'라는 표현에서와 같이 성적 활동(sexual activity, 성교 등) 등 세 가지 경우를 다 포함하고 있다. 성교에서의 성(sex)은 갈증(thirst), 배고픔(hunger), 그리고 고통의 회피(avoidance of pain)와 함께 네 가지 본능적 욕망(desire) 중의 한 가지로 구분되기도 한다(김한식 외, 2019: 243).

본래 1950년대에 처음 여성문제가 제기될 때에는 'gender'의 관점에서 논의되었다. 그러나 오늘날 문제가 되고 있는 노인의 '성(性)문제'는 'sexuality'의 문제가 중심이 된다. 다만, sexuality의 문제가 야기되는 근원, 예컨대 노인의 이혼과 재혼 등의 문제에는 gender의 문제가 개입되어 있는 경우가 많다. 그러므로 노인의 성문제를 다루기 위해서는 sexuality와 gender의 문제를 다 함께 고려해야 한다(박석돈 외, 2016: 324).

sexuality는 이러한 성교라는 의미의 sex뿐만 아니라 외음기 및 성감대와 관련된 다양한 성행위들을 포함하고, 더불어 감정, 태도, 그리고 관계(relationship)와 같은 심리적인 측면들까지 포함하는 것으로 볼 수 있다. 이러한 차이에도 불구하고 우리 사회에서는 sexuality와 sex를 구분하지 않고 통상적으로 '성'으로 사용하고 있기도 하다.

노인에게 성이란 단순히 육체적인 성관계를 의미하는 것은 아니며, 노년기에 상실되었던 직업활동 중심의 사회적 관계를 대신하여 소외감과 고독감을 해결해 주는 삶의 중요한 부분이다. 노년기 부부의 사랑은 오랫동안 평생을 걸쳐 함께 해온 배우자에게 따뜻함을 느끼고, 연결된 느낌을 갖는 친밀감으로 설명하고 있다(박인아, 2011: 8 재인용).

전체성을 지닌 하나의 인간으로서 노년기를 연구할 때, 인간의 기본적 욕구의 하나인 성 영역을 배제하고서는 노인생활의 질적 향상을 도모할 수 없을 것이다. 성 자체는 사회적으로 금기시되는 주제(taboo subject)의 경향이 있었고, 노인의 성을 공개적으로 거론하는 것은 사회적 통념상 받아들이기가 어려웠다. 따라서, 노인과 성에 관한 학문적 연구 풍토는 척박할 수밖에 없었다. 20세기 중반부터 노년기의 성에 대한 과학적 인식의 필요를 절감하면서 유명한 '킨제이 보고서(Kinsey Reports)'를 비롯하여 그간 금기시되었던 성 영역에 관한 연구가 점차 빛을 보고 있지만, 노인의 성에 관한 연구는 아직 미흡한 상태다(최성재 · 장인협, 2014: 629).

현재까지의 연구에 의하면, 규칙적인 성생활은 노인에게 있어서 위험이 되기보다는 오히려 정신적으로나 심리적으로 좋은 영향을 미칠 수 있으며, 또한 성교불능이 반드시 노년의 불가피한 현상이 아님을 노인 스스로도 확실히 인식할 필요가 있는 것이다.

2. 성기능의 노화

노화에 대한 개인적 반응은 아주 다양하다. 개인은 일정한 패턴에 따라 노화되지는 않는다. 시간이 지남에 따라 더욱 다양하고 개별화된다. 성기능에 있어서도 많은 노인들은 점진적인 쇠퇴를 경험한다(박석돈 외, 2016: 324).

남성은 여성과 마찬가지로 일정한 시기에 정자(생식 세포, sperm) 생산이 중단되는 현상인 '남자 폐경(hypoandrogenism)'이 나타나고, 이러한 남성의 폐경현상은 남성의 심리적 · 사회적 · 영적 측면에 영향을 미친다는 증거가 많이 나오고 있다. 남성 폐경은 여성과는 달리 연령으로 8~10년 정도 늦은 60세 전후에 시작되어 점진적으로 진행된다. 이 같은 남성 폐경은 개인에 따라 차이는 있지만 고환에서 분비되는 남성호르몬인 테스토스테론(testosterone)이 조금씩 줄어들면서 나타나는 현상이다(Hooyman & Kiyak, 2008).

여성의 경우 난소에서 분비되는 난포 호르몬인 에스트로겐(estrogen)이 갑자기 중단되는 것과는 대조적이다. 고환의 남성호르몬이 줄어들면 대체로 다음과 같은 영향이 나타나지만, 이런 변화가 반드시 성행위나 성적 행위로부터 오는 즐거움이나 의욕을 감소시키는 것은 아니다(최성재 · 장인협, 2014: 633 재인용).

① 성 관계에서의 반응이 약해진다.

② 성에 대한 관심이 줄어들고, 성적 변화에 불안해하고 두려워한다.

③ 피로, 자극에 대한 민감성, 우유부단, 우울, 자신감 상실, 식욕 감퇴, 집중력 둔화가 난다.

④ 대인관계에서 문제가 발생하고, 배우자와 성관계, 사랑, 친밀감 등에 대해 다툰다.

⑤ 성관계 중 성기의 발기가 잘 안 된다.

⑥ 목소리가 높게 변하고, 근육이 늘어지는 등의 제2차 성증에 변화가 나타난다.

여성의 경우는 출산능력의 상실이 폐경 전기(premenopause), 폐경기(menopause), 폐경 후기(postmenopause)의 3단계로 진행된다. 폐경 전기는 빠른 경우에 35세부터 시작되나 대체로 폐경기 10년 전부터 시작된다. 나이는 40대 초반부터이다. 폐경 전기에는 난소의 기능이 약해지고 매월 생성되는 에스트로겐이 크게 줄어들며 월경 주기가 일정하지 않게 된다. 그리고 머리와 몸의 상체 부분이 갑자기 더워지고, 집중력과 기억력이 약해지며, 기분이 빠르게 변하고, 수면장애, 자극에 대한 예민성, 편두통 등이 나타난다. 폐경기는 대체로 52세경에 오지만 빠른 경우는 40세에서 늦은 경우는 58세까지 나타나기도 한다. 이때는 난소 기능의 상실로 월경의 주기가 불규칙적이 되다가 월경이 중단된다. 월경이 없이 12개월이 지나면 폐경이 된 것으로 판단된다. 폐경이 된 12개월 후는 폐경 후기가 된다.

에스트로겐(estrogen)

스테로이드(steroid) 호르몬 중의 하나로, 여성의 2차 성징에 매우 중요한 역할을 하는 여성 성호르몬 중에서 가장 중요한 역할을 하는 호르몬을 말한다.

에스트로겐은 남성과 여성 모두에서 생성되지만 여성이 훨씬 높은 농도의 에스트로겐을 가지고 있다. 특히, 여성의 경우 생식이 가능한 나이가 되었을 때, 에스트로겐은 매우 높은 농도로 존재한다. 에스트로겐은 여성의 가슴발달과 같은 2차 성징과 자궁내막의 발달을 촉진하고 월경주기를 조절하기도 한다. 이외에도 근육량의 감소, 지방 축적의 증가, 자궁내막의 발달, 자궁의 발달 등 많은 세포반응에 관여한다. 남성에서 합성되는 에스트로겐의 경우 정자의 성숙과 같이 생식계에 있어서 매우 중요한 역할을 하기도 한다.

남성과 여성의 성기능의 노화는 다음과 같다(Hooyman, 2014).

1) 남성의 경우

① 남성은 연령이 증가함에 따라 성기가 완전히 발기되기까지 시간이 더 소요된다. 18세의 경우, 자극에 의한 발기에는 평균 3초 정도 걸리지만 45세에는 평균 18~20초, 75세의 경우는 평균 5분 이상 걸린다.

② 성기의 발기를 위해 더 직접적인 자극이 필요하고 충분히 발기하지 않고 오르가슴에 도달한 후 짧은 시간 내에 발기상태가 사라진다.

③ 연령의 증가에 따라 국부의 혈관 울적(쌓임)과정의 지속기간이 짧아진다.

④ 남성의 성 반응은 연령의 증가와 함께 감퇴되지만, 노년기에도 성행위를 지속하게 하는 중요한 요인은 활발한 성적 표현을 지속하기 때문이다. 즉, 성적 활동을 지속하는 것이 성기능의 쇠퇴를 막는 한 요인이 된다.

⑤ 정자의 수가 감소하며, 젊은 시절과 비교할 때 오르가슴은 짧고, 재차 사정할 수 있기까지 무감각의 시간이 길어진다.

⑥ 오르가슴이 빨리 오고 강도는 낮아진다. 발기불능이나 발기부진은 남성 노인이 성관계를 피하는 주요 원인이 되기도 한다.

⑦ 오르가슴 후 다음 발기까지 사이 시간이 길어진다. 사정의 양이나 강도도 약해진다. 성교 중에 때때로 오르가슴에 도달하지 못하는 경우도 생긴다.

2) 여성의 경우

① 난소의 형태는 나이와 더불어 현저하게 변화한다. 특히, 난소의 중량이 10세 3.2g, 25세 10.2g에서 그 후 점차 감소하여 50세 5.8g, 75세 3.3g으로 최상기의 1/3이 된다.

② 갱년기에 접어들면 난소로부터 에스트로겐 분비는 유지되지만 배란은 중지된다.

③ 노년기에 들어가면 질(vagina)의 점막이 얇아지며, 길이가 짧아지고 폭이 좁아지는 경향을 띤다. 노화에 따라 질의 탄력성도 감퇴한다.

④ 성활동에서 불쾌감을 전혀 체험하지 않았던 여성도 고령기에 접어들면 질부의 열감(hot flash), 골반부 요통이나 불쾌감을 체험하게 되며, 배뇨 시에 통증이나 열감을 느낄 수도 있다.

⑤ 여성의 성활동은 결코 갱년기 이전에만 국한되는 것이 아니라, 남성의 경우와 마찬가지로 성능력을 유지하기 위하여 규칙적인 성표현이 필요하다.

⑥ 폐경과 관련해서 질의 수축력이 약해지고 윤활기능도 약해진다. 그리고 질의 벽이 얇아지고 성적 자극에 대한 반응도 늦어진다.

⑦ 오르가슴에 도달기간이 길어지고 오르가슴에서 질의 수축력이 약해지며 횟수도 줄어든다. 그리고 오르가슴에 도달한 후 빨리 이전 상태로 돌아간다.

3. 노인의 성생활 영향요인

과거에는 성이 생식적 기능으로 작용했지만, 오늘날은 쾌락을 추구하는 오락적 기능의 수단으로 변했고, 종족보존의 수단이기보다는 어떤 친밀감이나 또 자기위안 혹은 자기정체성을 확인하는 기능으로 바뀌고 있다.

노인들의 성행위에 영향을 미치는 주요 요인들은 복합적이며, 성별과 노인들 자신에 따라 정도의 차이는 있으나, 일반적으로 다음과 같이 설명할 수 있다(김한식 외, 2019: 249-251; 권중돈, 2016: 301; 박석돈 외, 2016: 324; 최성재 · 장인협, 2014: 641).

1) 생리적 · 신체적 요인

(1) 여성

나이가 들면서 여성의 경우 질의 모양과 신축성이 변하게 된다. 이런 변화는 성행위를 어렵게 하는 요인 중 하나가 된다. 결국 모든 여성들은 성적 쾌감에 영향을 주는 질 윤활유 역할을 하는 분비물이 점점 부족하게 된다. 폐경을 거치며 겪는 신체 변화는 비뇨생식기계도 예외가 아니어서 질 벽이 얇고 좁아지면서 짧아지고, 질염이 잘 생기며, 질 내 윤활액의 분비가 감소한다. 이런 변화는 성교통을 유발한다. 요도점막이 위축되고 방광의 적응력이 감소하며, 골반 근육이 약화되므로 요도염이나 방광염이 잦아지고 결국 요실금이 생기기도 하는 것이다.

배뇨장애와 성교통이 있으면 성관계를 할 때 불안한 마음을 갖게 된다. 여성 호르몬은 물론이고 남성 호르몬도 감소해 성욕 자체가 줄기도 한다. 더구나 폐경이 되면 우울증을 동반하는 경우가 많아 성생활에 큰 장애가 된다.

(2) 남성

남성은 더 분명한 변화가 오는 경우가 많다. 즉, 발기하는 데 시간이 점점 더 걸리며, 딱딱하게 발기가 되지 않는 경우가 많고 이전보다 그 크기도 작아지는 변화가 찾아올 수 있다. 그리고 사정시간은 더 짧아질 수 있고, 오르가슴 후 음경의 축소는 더 빨라지고 다시 발기될 때까지의 시간이 매우 길어진다. 또 어떤 경우는 발기를 위해 더 많은 자극이 필요하기도 하다. 또한 남성은 노인이 되면서 발기부전이 증가한다. 이 변화는, 특히 심장병이나 고혈압, 혹은 당뇨병이 있는 사람에게서 더 분명히 나타나는 경우가 많다.

나이가 들면 다른 신체기능과 마찬가지로 성적으로도 퇴화하기 마련이지만, 성 능력의 완전한 상실을 의미하진 않는다. 노인성 발기부전도 나이가 들면 눈이 어두워지거나 청력이 떨어지는 것처럼 생각하면 될 것이다. 그러나 신체의 다른 부위와는 달리 남성들에게 발기부전이란 독특한 정신적 의미를 갖는다. 남성다움을 상실한다는 불안함으로 자신감을 잃고 우울증으로까지 연결되어 사뭇 심각해지기도 하는 것이다.

2) 사회심리적 요인

한국사회는 노년기 성에 대한 욕구를 이해하지 않은 채 노인의 성을 금지시하는 부정적 시각이 지배적이다. 이는 노인들의 성생활을 떳떳하지 못한 것으로 인식하게 함으로써 욕구의 억제를 강요하는 기제로 작용하는 것이다. 또한 노인의 재혼을 곱지 않은 시선으로 바라보는 현실은 음성적인 이성교제 등의 사회문제를 야기하고 있다.

노년기의 사회적 노화와 성기능과의 관계를 살펴보면, 성적 파트너인 배우자와의 사별, 자녀의 재혼 반대 등으로 인하여 성적 관심을 표현할 수 있는 통로가 제약되며, 노년기의 성생활에 대한 사회 편견과 문화적 또는 종교적인 이유로 인하여 성적 표현 기회를 상실하거나, 성적 표현이 억제된다. 이러한 사회적 편견으로 인하여 어떤 노인은 노년기에 성적 충동을 느끼는 것 자체에 대해서 죄의식과 수치심을 느끼기도 한다.

노인의 심리와 성행동 간에는 밀접한 상관관계가 있다. 즉, 성행동의 이면에는 심리적인 요소가 강하게 작용하고 있는 것이다. 성기능이 20세를 전후로 절정에 달했다가 서서히 저하되는 과정에서 심리적인 영향을 받을 수 있다. 노화의 이미지에 의한 심리적인 반응으로 이제 성과는 거리가 멀어졌다고 생각하거나, 자신의 나이가 있으니 불가능하다고 생각함으로써, 성적 욕망이나 표현을 포기할 수도 있는 것이다. 때로는 과도한 불안 때문에 만성적인 우울상태나 신경증 상태에 이르기도 하며, 심한 경우는 자살에 이르기도 한다.

노인의 심리상태는 성기능에 많은 영향을 미치게 되는데, 불안, 우울, 긴장감 등과 성행위 자체에 대한 불안과 실패 공포 등이 성기능을 저하하는 주된 요인이다. 그 외에 스트레스, 죄의식, 우울, 만성적 무료함, 분노, 지나친 음주 등은 노년기의 성적 관심과 활동에 부정적 영향을 미치게 된다. 실제로 성기능장애의 대부분이 심리적 원인이 있는 것으로 보고되고 있을 정도로, 노년기의 성기능은 심리적 요인에 의해 좌우된다고 할 수 있다.

3) 의학적(병리적) 원인

노인질환의 특징에는 질병 다발성(multiple pathology)과 약물 다복용이 포함된다.

① 심근경색증 : 심근경색증은 성기능에 거의 영향을 미치지 않는다.

② 뇌졸중 : 자율신경계는 뇌졸중에 의해 거의 손상을 안 받으므로 성적 반응은 보존된다.

③ 암 : 비록 성생활이 불가능할지라도 환자와 향후의 성기능에 대한 논의조차 안 하는 것은 환사로 하여금 치료 이후 불량의 한 징조로 느끼게 한다.

④ 당뇨병 : 60세 이상 노인 중 당뇨병으로부터 오는 발기부전이 60%이다. 당뇨병 환자 발기부전의 80%는 기질적 원인, 10%는 정신적 원인, 나머지 10%는 두 가지 원인의 복합이다.

⑤ 술과 담배 : 행위 불안의 흔한 일이다.

⑥ 심한 만성 폐색성 호흡기 질환

⑦ 성병

⑧ 약물 : 남용, 오용, 항히스타민제(histamine, 위산의 분비를 억제하고 그 자극을 완화하는 약제), 제산제(위산의 분비를 억제하고 그 자극을 완화하는 약제)의 일부 등이 있다.

4. 노인 성생활의 개입전략

노후의 삶을 건강하고 행복하게 보내고자 하는 욕구와 관심이 확대되면서 노인 대부분이 성적 활동에 많은 관심을 보이고 있다. 그러나 전통적인 가치관과 사회적 편견 속에서 노인의 성과 관련된 문제는 개인이 해결하도록 묵인하거나 사회적 지원이 소홀한 실정이다. 이에 노인의 건전한 성문화 정착을 위한 개입전략을 살펴보면 다음과 같다(오봉옥 외, 2019: 184-186; 박석돈 외, 2016: 330-333; 강성자, 2014: 149-151).

1) 노년기 성에 대한 인식 전환

노인의 성에 대한 잘못된 사회적 통념과 노인들 스스로 그들의 성에 대한 그릇된 성개념을 바로 잡아서 성에 대한 긍정적이고 적극적인 자세가 필요하다. 즉, 노인의 성에 대한 부정적 편견에서 탈피하여 노인의 성을 이해하려는 새로운 관점의 전환이 병행되어야 할 것이다. 예를 들어, 노인들이 자연스럽게 이성을 만날 수 있는 건전한 여가활동을 활성화하고 성에 대한 지식과 정보제공을 통해 노인의 성 자체를 자연스럽게 이해하려는 인식의 변화가 요구된다. 따라서, 노인의 성에 대해 부정적 오해와 편견에서 벗어나 인간의 권리로서 인식하여야 하며, 사회는 그와 같은 노인의 건전한 성문화 정착을 위해 올바른 성인식에 대한 노력이 필요하다.

노인들 스스로가 먼저 그들의 성활동에 대해서 긍정적이고 개방적인 자세로의 전환이 우선적인 관건이다. 노인 자신이 이미 나이가 들었고 성적인 욕구가 있어도 이러한 욕구를 해소하기가 쉽지 않은 상황에 놓여 있는 경우가 많지만 이를 애써 회피하거나 참고, 음성적인 방법으로 해소하기보다는 성 욕구에 대한 적당한 표현과 적절한 해소가 노년기의 신체적·정신적 건강에 도움이 된다는 사실을 알아야 한다. 또한 노년기의 성활동에 대한 노인 스스로의 긍정적인 자세와 건전한 수용이 필요하므로 노인대학이나 각종 노인교실에서 개최되는 노년기 건강교육에 적극적으로 참여하여 음성적인 해소방법으로 인한 피해를 입지 않도록 노력해야 한다. 자신의 신체 변화와 질병 등에 관해서도 의료기관이나 가족들과 의논하여 상담하는 분위기가 조성되어야 한다.

노부모를 부양하고 있는 가족들은 노인에 대한 이해와 열린 시각으로 이들이 느끼는 인생의 무료함과 고독감을 감소시키고자 하는 다각적인 노력을 기울여야 한다. 노인의 대부분이 자신의 성 욕구를 표현하는 데 있어 자녀들의 입장을 많이 고려하여 동의를 구하려고 하기 때문에, 실제로 그러한 욕구를 실행하는 데 많은 제약이 따르게 될 것이다. 자신들의 성 욕구 해소방법에 자녀들의 간섭을 원하지 않을 것이다. 실제로 이들은 이성교제를 통하여 성 욕구를 해소하는 데 많은 관심을 가지고 있다. 그러나 성 욕구 해소를 위해 노력하고 싶어도, 그러한 행위가 자녀들의 체면을 깎게 하거나 부모로서의 위신이 떨어질까를 우려해서, 자녀들 몰래 음성적인 방법으로 교제를 하거나 이성교제 사실도 숨기게 될 것이므로, 이에 대한 충분한 이해와 협조가 필요하다.

2) 노년기에 적합한 성윤리 확립

인간은 사회적 존재로서 그 사회의 문화적 영향을 받고 있으며, 사회의 가치규범에 따라 행동하게 된다. 따라서, 노인의 성행동 역시 노인의 성을 바라보고 규정짓는 사회의 가치관에 따라 영향을 받게 된다. 우리나라의 경우 전통적으로 유교사상의 영향을 많이 받았기 때문에, 성에 대해서는 폐쇄적인 형편이다. 더욱이 노인은 효의 대상으로 인식되어 왔으므로 노인의 성에 대한 시각이 부정적이다. 이러한 편견과 왜곡된 가치규범은 노인의 성적 관심 및 성행동을 억제시키는 등 많은 영향을 미치게 되므로 노년기에 적합한 성윤리 확립이 필요하다.

3) 올바른 성 지식과 정보 제공

노인들의 성에 대한 올바른 지식과 정보를 제공하기 위해서는 TV나 영화, 다양한 동영상을 통한 시청각교육이 유용할 것이다. 이를 위해 언론과 대중매체를 이용한 바람직한 성문화 확립을 위한 협력이 이루어져야 한다. 노인의 성을 잘 묘사한 영화로, 미국 영화 <사랑할 때 버려야 할 아까운 것들>과 독일 영화 <우리도 사랑한다>가 있다.

[그림 7-1] 영화 포스터

청소년들을 위한 <아우성>이라는 프로그램이 청소년들의 성문화에 새바람을 불러일으킨 것과 같이 노인들의 성문화에 있어서도 사고의 대전환을 위한 프로그램을 개발하여 성에 대한 긍정적인 인식의 제고를 꾀하여야 할 것이다. 이와 더불어 노인의 성에 대한 문제점을 자연스럽게 해결할 수 있는 건전한 성문화가 우리 사회 속에서 자리매김할 수 있도록 '노인의 성 바로알기 캠페인'을 벌이는 것도 하나의 좋은 방안이 된다.

4) 노인의 성교육 프로그램의 개발

노인의 경우 성교육을 받지 못하는 데서 오는 다양한 문제들이 고령화의 진행과 더불어 늘어가고 있다. 이는 더 나아가 성인식 및 정보 부족으로 부부간의 갈등, 노인 성범죄자의 증가 및 노인 불법 성매매 등과 같은 노인 성문제를 유발하여 사회문제로 크게 대두되고 있다. 현재 노인들이 가지고 있는 성개념은 대부분 가부장적인 문화 및 전통적인 유교의식에서 학습된 것이므로, 건전하고 바람직한 교육을 통해 성인식 및 성개념을 재정립할 수 있는 교육 기회가 제공되어야 할 것이다. 따라서, 노인들의 성 태도나 성 가치관이 포함된 문제들에 대한 교육이 적절히 이루어질 때, 노인들은 건강하고 의미 있는 성활동을 할 수 있다.

노인을 대상으로 하는 '성공적인 성생활'을 위한 교육이 필요하다. 노인을 대상으로 하는 성교육은 노인 스스로가 '성은 자연스러운 것'이라는 인식을 갖도록 하는 것이 우선적으로 필요하다(강성자, 2014: 152). 노년기의 신체적 변화와 성기능의 변화, 성활동에 대한 올바른 인식제고와 성교육을 위해 각 지역의 종합사회복지관이나 노인대학 등에서 많은 노인들에게 교육받을 기회를 확대시켜, 노인 스스로가 성에 대한 긍정적이고 적극적인 자세를 가지도록 하여 음성적인 성활동에 따른 경제적・정신적 피해를 입지 않도록 하여야 한다.

노인 성교육 프로그램의 운영은 원칙적으로 사회구성원 모두를 대상으로 하고, 특히 노년기로 들어서기 바로 전인 오십대에 노인복지관에서 성교육 전문강사가 남녀 노인 통합강의식으로 하는 것이 좋다.

노인의 건전한 성생활을 장려하고 성인식 개선을 도모하기 위해 노인 성교육 프로그램의 개발 및 서비스 형태의 다양화가 필요하다. 이를 위해 노년기 성에 대한 올바른 이해가 전제된 차별화된 매뉴얼 개발 및 노인 성상담 프로그램이 함께 지원되어야 할 것이다. 예를 들면, 노인 전용 성교육 매뉴얼 및 노인들을 위한 건전한 성 욕구 표현 프로그램, 성인식 개선 프로그램 등과 다양한 접근이 필요하다. 특히, 노년기 부부관계의 어려움은 노인의 외로움과 우울증을 유발함으로써, 노후 삶의 질을 저하시키는 중요한 요인이다. 따라서, 부부관계 향상 프로그램 및 노인부부 의사소통 프로그램 등을 활성화시켜야 한다.

5) 전문상담기관 설치 및 전문인력 양성

노인의 성은 절대 간과되어서는 안 되는 노인복지의 중요한 이슈이며, 성과 관련된 노인문제를 전문적으로 다룰 수 있는 전문상담기관 및 전문인력의 양성, 보건의료적 개입 등과 같은 전문가들의 통합적 접근이 필요하다. 예를 들어, 노인 전용 성교육이나 성문화체험을 위한 노인들만의 전용공간 마련 및 문제해결을 위한 전문 성상담기관의 운영이 필요하다. 또한 노년기 적응 및 성 관련 서비스 전문인력들이 복지기관이나 시설을 이용하지 않는 노인들을 위한 가정방문, 이동상담 등 생활 속에서 자연스럽게 성문제와 관련한 상담을 받을 수 있도록 찾아가는 서비스를 제공해야 한다.

먼저 노인의 성에 대한 올바른 인식의 전환을 통해 노인들의 성에 대해 포괄적이고 수용적인 태도로 바라보는 시각의 변화를 가져야 한다. 또한 이러한 환경을 만들기 위한 지원 프로그램과 대책 마련이 필요하며, 심리사회적・제도적・교육적・복지적 차원에서 통합적으로 접근하여 노인들의 성문제에 능동적으로 대처할 수 있도록 구체적인 방안과 전략을 모색하며 실천해 나가야 할 것이다.

5. 성문제 극복방안

노화에 따라 성기능이 감퇴하는 것은 자연적 현상이지만, 자신과 성행위 상대방의 노력으로 성행위를 즐길 수 있다는 것이 전문가들의 견해다. 전문가들이 권하는 성기능 감퇴 대처방법은 다음과 같다(최성재 · 장인협, 2014: 636-637).

1) 남성의 경우

(1) 자신의 노력

① 개별적 증상에 따라 구체적인 대처방법을 취하며, 필요한 경우 전문가의 상담을 받는다.

② 노화에 따른 성기능 감퇴를 자연스럽게 받아들이고, 적극적으로 대처한다.

③ 꾸준한 운동으로 체력을 강화한다.

④ 음주나 흡연을 삼가고, 과로나 피로를 피한다.

⑤ 부부간에 대화의 기회를 많이 가지고, 사랑의 감정을 유지하며, 스킨십을 많이 한다.

⑥ 전문의사와 상담하며, 발기부전치료제를 처방받는다.

⑦ 전문 의사와상담하여 호르몬요법, 주사요법 등의 치료를 받는다.

(2) 여성 파트너의 노력

① 다양한 전화방법을 사용한다.

② 체위의 변화 등 성적 기술을 다양하게 동원한다.

③ 말로 하는 섹스를 함께 즐긴다. 반드시 성교행위 자체에서만 성적 즐거움을 맛보는 것은 아니다.

④ 환경을 바꿔보거나 여행을 하는 방법을 시도해 본다.

⑤ 자위행위도 도움이 될 수 있다.

2) 여성 노인의 성기능 감퇴 극복방법

(1) 자신의 노력

① 개별 증상에 따라 구체적인 대처방법을 찾고, 전문가와 상담을 할 수도 있다.

② 노화에 따른 성기능 감퇴를 자연스럽게 받아들이고, 적극적으로 대처한다.

③ 꾸준히 운동하여 체력을 강화한다.

④ 음주와 흡연을 삼가고, 피로와 과로를 피한다.

⑤ 부부간 대화의 기회를 많이 가지고 사랑의 감정을 유지하며, 스킨십을 사용한다.

⑥ 폐경기 증상은 신체적인 원인보다는 심리적 스트레스로 유발되는 경우가 있으므로, 폐경에 대해 민감한 반응으로 스트레스를 받을 필요는 없다.

⑦ 폐경기를 인생의 전환점으로 삼고, 여생의 새로운 계획을 수립하고 준비한다.

⑧ 필요하면 최소한의 호르몬요법, 성형수술 등도 받도록 한다.

(2) 남성 파트너의 노력

① 다양한 전희방법을 사용하고 강한 지극을 주도록 한다.

② 체위 변화 등 다양한 성적 기술을 사용한다.

③ 말로 하는 섹스를 함께 즐긴다.

④ 환경을 바꿔보거나 여행을 한다.

⑤ 자위행위도 도움이 된다.

⑥ 사랑의 젤리를 사용한다.

⑦ 상대방을 사랑하는 마음으로 노년기 성생활을 즐길 수 있도록 한다.

⑧ 상대방에게 적극적인 삶의 태도와 정신력을 갖도록 격려한다.

PART

03

노인복지정책

contents

Senior Services Welfare

CHAPTER

08

노인소득보장정책

학습목표

1. 노인의 경제적 자립에 관심
2. 노인소득보장의 필요성 공감
3. 구체적 정책 수립
4. 타 정책과의 연계성 검토

학습내용

1. 노인소득보장의 개념
2. 국민연금
3. 기초연금
4. 퇴직금 및 퇴직연금, 개인연금
5. 노인일자리사업

개요

소득보장의 최저선은 무기여의 공공부조제도로 이루어지며, 보장은 국가책임이다. 소득보장의 적정선은 사회보험형태, 무기여로 귀속적 욕구에 따른 수당형태, 법적 규제형태로 이루어지며, 보장수준은 사회경제 조건과 국가와 가족의 역할에 따른 사회적 합의에 의해 결정되고, 책임은 사회공동책임이다. 여기에서는 노인소득보장정책을 학습하고자 한다.

CHAPTER

08

노인소득보장정책

1. 노인소득보장의 개념

1) 노인소득보장의 개요

현대사회에서 인간다운 최소한의 생활을 영위하기 위해서는 의식주의 욕구, 건강보호의 욕구 및 문화적 욕구를 기본적으로 충족시킬 수 있는 경제적 수입이 필요하다. 노년기의 적절한 경제적 수입은 최소한의 계속적 생존을 가능하게 할 뿐만 아니라, 여가의 문제, 사회적 · 심리적 고립과 소외의 문제 등에도 크게 기여할 수 있으며, 나아가 노인의 자존심을 유지시켜 줌으로써, 성공적 노화의 삶을 가능하게 한다. 노년기에는 생물학적 노화와 사회적 제약 등으로 수입이 절감되거나 단절되어 최소한의 경제적 수입을 확보하지 못하는 사람들이 많다. 이러한 노인에 대해 현대국가는 사회의 연대책임정신을 발휘하여 최저한의 수입을 보장해 주는 소득보장제도를 마련하고 있다(고재욱 외, 2018: 188).

노년기의 경제적 문제는 누구에게나 오는 노화과정 속에서 노동력의 상실, 노동기회의 부족, 강제적인 퇴직제도 등으로 인한 소득상실로 발생하게 된다. 따라서, 각 국가는 노년기의 빈곤을 사회적 위험으로 보고 사회적으로 노후소득보장에 대한 대책을 마련하고 있다. 노후소득보장이란 노년기에 갖게 되는 노령, 퇴직 등으로 인한 소득 상실의 위험에 대비한 사회적 차원의 대책으로써, 노인이 빈곤에서 벗어나 인간다운 삶을 유지할 수 있도록 최소한의 소득을 확보해 주는 활동이다(이해영, 2019: 127).

일반적으로 소득보장정책이란 일정 생활수준을 유지할 수 있도록 소득을 보장하는 정책을 말한다. 실업 · 질병 · 재해에 의해 수입이 중단될 때, 또는 노령에 의한 퇴직이나 부양자의 사망 등에 의해 수입이 상실될 때, 출생 · 사망 등에 수반하는 지출이 발생할 때, 일정 생활수준을 유지할 수 있도록 소득을 보장해주는 정책이다. 그 실행방안으로,

첫째, 저소득자에 대하여 보충성의 원리에 입각하여 최저생활수준을 보장하는 공적부조가 있다. 즉, 공적부조는 자산조사에 기준하여 보호 · 적용하는 선별주의를 취하는데 대하여, 사회보험의 수급에는 자산조사가 아닌 보편주의 원칙에 입각하고 있다.

둘째, 정형적 급부를 행하는 사회수당(사회부조)이 있다. 사회부조인 아동수당과 자산조사가 없는 무갹출제도가 도입되어 보험의 부조화라고 하는 새로운 움직임이 나타나고 있다.

셋째, 갹출원칙을 기초로 생활안정을 위해 보험사고 발생 시 일정한 급부를 행하는 사회보험이 있다. 사회보험의 급부수준을 둘러싸고 최저보장의 생활 유지가 논의되고 있다.

소득보장의 최저선은 무기여의 공공부조제도로 이루어지며, 보장수준은 최저생활비에 입각한 법적 규제형태로 이루어지는데, 이는 국가책임이다. 소득보장의 적정선

은 사회보험형태, 무기여로 귀속적 욕구에 따른 수당형태, 법적 규제형태로 이루어지며, 보장수준은 사회경제 조건과 국가와 가족의 역할에 따른 사회적 합의에 의해 결정되고, 책임은 사회공동책임이다. 최저 소득보장수준의 설정은 「생활보호법」에 따라 산정된 최저생활비로 책정되며, 적정 소득보장수준의 설정은 각 대상자 소득수준에 따라 상대적으로 허용한다.

최근 정부는 노인과 근로능력이 떨어지는 취약계층에 대해서, 중증장애인에 대한 부양의무자 기준 적용 제외, 수급자・부양의무자 재산기준 완화 등 소득지원대책을 확대하고 있다(머니투데이, 2019년 5월 16일자).

노후소득보장제도는 현금급여의 지급방식인가 아닌가에 따라서 직접적 소득보장제도와 간접적 소득보장제도로 구분할 수 있다. 우리나라에서 실시되고 있는 직접적인 소득보장제도로는 공적 연금제도, 기초연금제도 등이 있으며, 공적 연금제도는 전 국민을 대상으로 실시된 '국민연금'이 그 대표적인 제도라고 할 수 있다. 이 외에 특수직연금으로 공무원연금, 군인연금, 사립학교교직원연금 등이 일찍부터 시행되고 있다. 간접적인 소득보장제도로는 경로우대, 고용증진, 생업 지원, 세제감면제도 등이 있다.

노인소득보장을 위한 프로그램은 〈표 8-1〉과 같다.

〈표 8-1〉 소득보장 프로그램

직접급여	사회보험	국민연금, 공무원연금, 사립학교교직원연금, 군인연금
	공공부조	국민기초생활보장, 기초노령연금, 긴급복지지원
	사적연금/퇴직금	퇴직연금제도
간접급여	세제감면	상속세・소득세 공제, 양도소득세 면제
	할인	경로우대제도
	고용증진	노인일자리사업, 지역사회 시니어클럽, 대한노인회 취업지원센터, 공동작업장, 고령자인재은행, 고령자고용정보센터, 중견 전문인력 고용지원센터, 고령자고용장려금, 고령자 적합직종 우선고용 등

자료: 최성재・장인협(2014: 365) 재구성.

2) 노인빈곤의 원인

우리나라 노인빈곤문제는 OECD 국가 중 1위로 심각한 문제이다. 이는 노후보장에 대한 사회적 지원체계가 불충분하고, 우리나라 대부분의 노인이 그동안 자녀양육과 결혼비용으로 본인의 노후준비를 충분히 하지 못하였으며, 자녀들의 부양의식의 급격한 변화에 그 원인을 돌릴 수 있다(이해영, 2019: 123).

노인에 대한 소득보장은 노인빈곤에 대한 사회적 차원의 대책으로서 국가사회가 노인이 빈곤상태를 벗어날 수 있도록 최소한의 소득을 확보해 주는 활동이다. 오늘날 노인들은 자신들의 실수, 나태, 도덕적 해이, 성격적 결함 등 개인적 책임요인이 없이도 누구에게나 보편적인 피할 수 없는 생물학적인 노화와 사회의 구조적 · 제도적 제약으로 빈곤에 처하는 경우가 많기 때문에 사회적 차원의 대책이 필요한 것이다. 노인빈곤의 원인은 다양하며, 그 내용은 다음과 같다(최성재 · 장인협, 2014: 350-351).

(1) 생물학적 노화

생물학적 노화는 누구나 피할 수 없는 현상이지만, 농경사회에서는 노인은 노화에 따라 능력이 있는 한 일을 계속하여 자기의 생존을 위한 경제적 자원을 얻을 수 있었다. 그러나 생물학적 노화로 인한 신체적인 약화로 많은 직업활동이 제한됨이 따라 수입이 중단되게 된다. 생물학적 노화에 따른 노동능력의 상실은 개인적인 책임이 아니라, 인간의 공통적인 현상이고 이로 인한 수입의 상실도 공통적인 현상이다.

(2) 노동시장에서의 경쟁력 상실

급속히 발전하는 현대사회는 근로자들로 하여금 새로운 지식과 기술뿐만 아니라, 강인한 체력과 고도의 기민성을 갖추도록 요구하고 있다. 노인은 중년기를 통한 교육기회의 부족과 학습능력의 저하 등으로 청년에 비하여 노동능력이 떨어지므로, 노동시장에서 경쟁력이 떨어지게 되며, 특히 노인의 재취업 기회는 제한되고 재취업을 하더라도 임금이 줄어들게 된다. 따라서, 재취업 기회의 결여·제한, 저임금 등으로 노인의 빈곤 위험성은 더욱 커진다.

(3) 정년퇴직제도

농경사회나 가내수공업사회에서는 노인의 경험과 지식이 중시되었고, 이에 따라 신체적 능력이 있는 한 일을 계속했고 퇴직제도는 없었다. 현대사회에서는 능력의 개인차나 노화의 개인차를 무시하고 일정한 나이가 되면, 본인의 의사와 관계없이 강제적으로 직업활동을 그만두게 하는 정년퇴직이 제도화되어 수입이 줄어들거나 단절된다. 이리하여 노인은 본인의 개인적 책임요인과 큰 관계없이 사회의 제도적 요인에 의해 빈곤상태에 처하는 경우가 많아진다.

(4) 소득 불충분으로 인한 노년기 경제생활에 대한 준비 부족

대부분의 경우, 임금은 근로자의 노동능력을 현상 유지하는 데 필요한 수준을 크게 능가하지 못했고, 특히, 육체노동이나 단순기술노동의 경우는 최저생활급 또는 그 이하의 저임금이 많기 때문에, 노후생활을 대비한 저축이나 사적(민간 또는 상업적) 보험에 가입할 만큼 소득의 여유가 없는 경우가 대부분이다. 강제적인 성격을 띠고 있는 공적노령연금이나 퇴직연금에 가입하여 연금을 받는다고 해도, 그러한 연금에 의한 수입은 퇴직 전 수입에 크게 못 미치는 경우가 대부분이므로, 연금만으로 최저생활을 유지하기 어려운 경우가 선진산업사회에서도 상당히 많다. 미국의 경우, 공적노령연금을 받고 있는 사람들 가운데 공공부조를 받는 노인들이 상당히 많은 것은 노령연금에 의한 최저생활 유지가 불가능한 경우가 많음을 입증하는 것이다.

결론적으로 노인빈곤의 원인은 개인의 성격적 결함이나 도덕적 결함에 의한 것이라기보다는, 생물학적·사회적인 요인에 의한 면이 더 크기 때문에, 사회적 차원에서 노인에 대한 소득보장대책을 마련하는 것이 필요하다.

3) 노후소득에 대한 관심도

통계청(2018a: 39)에 따르면, 65세 이상 고령자는 노후를 위한 사회적 관심사로 '노후소득 지원'이 40.6%로 가장 많고, 다음은 '의료 및 요양보호 서비스(38.6%)', '노후취업 지원(13.2%)'순으로 나타났다. 2년 전보다 '노후소득 지원' 0.8%, '의료 및 요양보호 서비스' 4.4%가 증가한 반면, '노후취업 지원' 2.3%, '문화 · 여가 복지 서비스' 1.3%가 감소하였다. 남녀 모두 '노후소득 지원', '의료 및 요양보호 서비스'순으로 나타났으며, 고령일수록 '노후취업 지원'이나 '문화 · 여가 복지 서비스'는 감소하는 반면, '의료 및 요양보호 서비스'는 증가하는 경향을 보였다.

이 조사를 분석해보면, 노인소득보장을 위한 관심도는 53.8%로 나타나 노년기 소득보장정책이 절실함을 보여 주고 있다.

〈표 8-2〉 노후를 위한 사회적 관심사(65세 이상) (단위: %)

구분	계	노후소득 지원	의료 및 요양보호 서비스	노후취업 지원	문화 · 여가 복지 서비스	세대 간 이해증진을 위한 교육 및 홍보	교통 및 주거 환경조성	기타
2015	100.0	39.8	34.2	15.5	6.6	2.0	1.7	0.2
2017	100.0	40.6	38.6	13.2	5.3	1.1	1.1	0.1
남자	100.0	39.1	35.0	17.3	6.0	1.4	1.1	0.1
여자	100.0	41.7	41.3	10.2	4.8	0.9	1.0	0.0
65~69세	100.0	37.9	33.1	19.1	7.6	1.0	1.2	0.1
70~79세	100.0	42.5	38.8	11.9	4.4	1.3	1.1	0.0
80세 이상	100.0	40.8	48.2	5.8	3.4	0.9	0.7	0.2

자료: 통계청(2018a: 39).

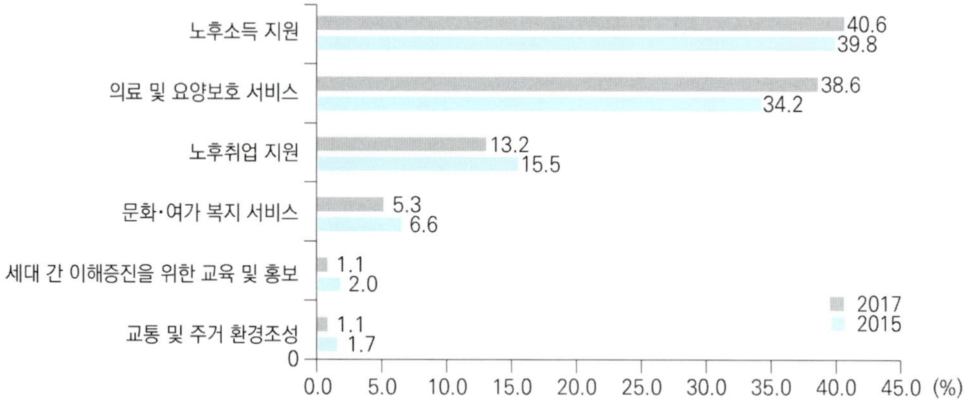

자료: 통계청(2018a: 39).

〈그림 8-1〉 노후를 위한 사회적 관심사

2. 국민연금

1) 국민연금의 개념

산업화 이전의 사회에서도 인간은 질병 · 노령 · 장애 · 빈곤 등과 같은 문제를 겪어왔다. 그러나 이 시기의 위험은 사회구조적인 차원의 문제라기보다는 개인적인 문제로 여겨졌다. 이에 따라 문제의 해결 역시 사회구조적인 대안보다는 개인이나 가족의 책임 아래에서 이루어졌다.

그러나 산업사회로 넘어오면서 환경오염, 산업재해, 실직 등과 같이 개인의 힘만으로는 해결하기 어려운 각종 사회적 위험이 부각되었다. 부양 공동체 역할을 수행해오던 대가족제도가 해체됨에 따라, 개인 차원에서 다루어지던 다양한 문제들이 국가 개입 필요성이 요구되는 사회적 문제로 대두되기 시작했다.

이러한 다양한 사회적 위험으로부터 모든 국민을 보호하여 빈곤을 해소하고 국민생활의 질을 향상시키기 위해 국가는 제도적 장치를 마련하였는데, 이것이 바로 사회보장제도이다. 우리나라에서 시행되고 있는 대표적인 사회보장제도는 국민연금, 건강보험, 산재보험, 고용보험, 노인장기요양보험 등과 같은 사회보험제도, 기초생활보장과 의료보장을 주목적으로 하는 공공부조제도인 국민기초생활보장제도, 그리고 노인·부녀자·아동·장애인 등을 대상으로 제공되는 다양한 사회복지 서비스 등이 있다. 우리나라의 사회보장제도는 1970년대까지만 해도 구호사업과 구빈정책 위주였으나, 1970년대 후반에 도입된 의료보험과 1988년 실시된 국민연금제도를 통해 그 외현을 확장할 수 있었다.

그 후 적용대상을 단계적으로 확대한 결과, 전 국민을 대상으로 하는 제도로 정착되었다. 그러나 보험원칙을 중시하는 제도에 내재된 특성 때문에 발생하는 넓은 사각지대, 낮은 소득대체율 및 장기 재정 불안정은 국민연금제도의 문제점으로 지적되고 있다. 2014년 도입된 기초연금제도에도 불구하고, 현 노인계층의 높은 빈곤율, 2015년 하반기에 실시된 공무원연금 개혁과정에서의 논란 및 국민연금 소득대체율의 적정성에 대한 관심이 크게 증가함에 따라, 노후소득보장을 위한 공·사적 연금제도를 종합적으로 진단하고 보완할 필요성이 증가하였다(김상호 외, 2015: 발간사).

다양한 사회보장제도 중에서 국민연금은 보험원리에 따라 운영되는 대표적인 사회보험제도라고 할 수 있다. 즉, 가입자, 사용자로부터 정률의 보험료를 받고, 이를 재원으로 사회적 위험에 노출되어 소득이 중단되거나, 상실될 가능성이 있는 사람들에게 다양한 급여를 제공하는 제도이다. 국민연금제도를 통해 제공되는 급여에는 노령으로 인한 근로소득 상실을 보전하기 위한 노령연금, 주소득자의 사망에 따른 소득상실을 보전하기 위한 유족연금, 질병 또는 사고로 인한 장기근로능력 상실에 따른 소득상실을 보전하기 위한 장애연금 등이 있으며, 이러한 급여를 지급함으로써 국민의 생활안정과 복지증진을 도모하고 있다.

2) 국민연금의 역사

1960년대 추진된 경제개발계획으로 산업화, 도시화, 핵가족화, 노령화가 빠른 속도로 진행되고, 이로 인해 발생된 사회문제의 해결방안으로 1973년 국민복지연금법이 제정・공포되었다. 그러나 1973년 발생한 석유파동의 영향에 의한 경제 불황으로 1974년 1월부터 시행 예정이었던 국민연금제도가 무기한 연기되었다. 이후 제6차 경제사회발전 5개년 계획이 실행되고 이 기간 동안 경제가 다시 발전하여 국민부담능력이 크게 향상됨으로써, 국민연금제도 실시를 위한 제반 여건이 성숙되기에 이렀다.

노동시장 확대와 계속적인 출생률 저하 등으로 국민연금제도에 대한 필요성이 증가되면서, 1986년부터 종전의 국민복지연금제도를 수정・보완하여 1988년 1월부터 국민연금제도를 시행하였다. 이러한 국민연금제도는 기금운용 등 효율적 관리운영을 위해 1987년 9월에 독립기관으로 국민연금공단을 설립하였으며, 우선적으로 10인 이상 사업장에 근무하는 18세 이상 60세 미만의 근로자 및 사업주를 대상으로 실시하였다.

국민연금제도는 1988년 1월부터 상대적으로 관리가 용이한 10인 이상 사업장의 '18세 이상~60세 미만' 근로자 및 사업주를 우선 대상으로 시행하였다. 이후 적용대상 확대라는 일관된 정책목표하에 포괄되는 가입자 수를 늘려 왔다. 1992년 1월 1일 상시근로자 5~9명 사업장의 근로자와 사용자를 가입 대상으로 포괄한 것을 기점으로, 1995년 7월 1일 농어촌지역(군지역)으로 제도가 확대되었다. 1995년 8월 4일부터는 상시근로자 5명 이상 사업장의 외국인 근로자 및 사용자에게도 제도를 확대 적용하였다. 이후 1999년 4월 1일부터 도시지역으로 확대 적용됨으로써 비로소 '전 국민 연금시대'가 열리게 되었다. 또한 2003년 7월 1일부터는 5인 미만의 영세사업장, 근로자 1인 이상 법인, 전문직종 사업장을 포괄함은 물론, 임시・일용직과 시간제 근로자의 가입자격을 보다 완화함으로써 명실상부한 보편적 노후소득보장제도로 거듭나게 되었다.

이후 2006년 1월 1일 사업장 적용범위 확대를 완료하고 근로자 1인 이상 사업장 전체에서 실시하였다. 2015년 12월 23일에는 전 국민을 대상으로 하는 노후준비 서비스를 시행하였다.

3) 국민연금의 특징

국민연금의 특징은 다음과 같다.

첫째, 모든 국민이 가입 대상으로 강제성이 있다.

국민연금은 '나' 혼자서 대비하기 어려운 생활의 위험을 모든 국민이 연대하여 공동으로 대처하는 '우리'를 위한 제도로 모든 국민이 가입 대상이다. 국민연금뿐만 아니라, 건강보험 등 대부분의 사회보험제도는 강제가입을 채택하고 있다. 강제적용을 하지 않는다면, 국민연금에 가입하지 않거나 보험료를 납부하지 않을 수 있다. 즉, 가난한 사람은 '당장의 생활이 어려워 노후준비를 할 수 없다', 부유한 사람 또한 '별도의 노후준비가 필요없다'고 가입을 기피하고, 젊은 층의 경우는 '먼 훗날의 노후를 굳이 지금부터 준비할 필요가 있느냐' 등의 여러 가지 이유로 가입하지 않을 수 있다. 이처럼 가입을 기피하는 사람이 많을수록 노후빈곤층이 확대되고, 이것이 사회문제화될 경우 결국 국가는 빈곤해소의 문제를 조세 등을 통해 해결해야 한다. 이렇게 되면 성실하게 본인의 노후를 준비한 사람은, 노후를 준비하지 못한 사람의 노후의 일정부분을 책임지게 되는 이중부담이 발생하기 때문에, 소득활동을 하는 사람은 누구나 의무적으로 가입하도록 하는 것이다.

둘째, 소득재분배로 사회통합에 기여한다.

국민연금은 동일한 세대 내의 고소득계층에서 저소득계층으로 소득이 재분배되는 '세대 내 소득재분배'의 기능과 미래세대가 현재의 노인세대를 지원하는 '세대 간 소득재분배'의 기능을 동시에 포함하고 있다. 먼저 세대 내 소득재분배의 기능은 '고소득층'으로부터 '저소득층'으로 소득이 이전되는 것으로 국민연금의 급여산식에서 가입자 전체의 평균소득을 포함시켜 실현되고 있다. 즉, '저소득 계층'의 경우, 전체 가입자의 평균소득이 자신의 소득보다 높기 때문에 고소득계층과 비교하였을 때, 자신이 낸 보험료에 비해 상대적으로 더 많은 연금을 받는 반면, '고소득 계층'은 전체 가입자의 평균소득이 자신의 소득보다 낮기 때문에 저소득층에 비해 상대적으로 이러한 연금혜택이 적다. 이처럼 국민연금은 납입한 보험료 대비 수급하는 연금급여액(수익비)이 고소득층에 비해 저소득층의 경우가 상대적으로 높기 때문에, 이러한 세대 내 소득재분배기능을 통해 소득계층 간의 소득격차를 줄임으로써 사회통합에 기여한다. 다음으로 세대 간 소득재분배의 기능은 '미래세대'가 현재의 '노인세대'를 지원하는 것으로 국민연금제도 도입 초기에 가입자의 제도순응성을 높이기 위해 도입하였다. 미래세대는 자신의 노후만을 준비하면 되지만 국민연금 초기 가입자의 경우에는 자신의 노후는 물론, 부모 부양이라는 이중부담을 지고 있어 이들의 부담을 완화하기 위해 낮은 보험료에서 출발, 단계적으로 보험료를 높여가도록 한 것이다. 따라서, 국민연금제도는 현재의 가입세대가 미래세대로부터 일정한 소득 지원을 받는 세대 간 소득재분배의 순기능을 가지고 있다.

셋째, 국가가 망하지 않는 한 연금은 반드시 수령한다.

국민연금은 국가가 최종적으로 지급을 보장하기 때문에 국가가 존속하는 한 반드시 지급된다. 설령 적립된 기금이 모두 소진된다 하더라도 그해 연금지급에 필요한 재원을 그 해에 걷어 지급하는 이른바 부과방식으로 전환해서라도 연금을 지급한다. 우리나라보다 먼저 국민연금과 같은 공적 연금제도를 시행한 선진복지국가들도 초기에는 기금을 적립하여 운영하다가 연금제도가 성숙되면서 부과방식으로 변경했다. 현재 전 세계적으로 공적 연금제도를 실시하고 있는 나라는 170여 개국에 달하지만, 연금지급을 중단한 예는 한 곳도 없다. 심지어 최악의 경제상황에 직면했던 1980년대 남미국가들과 1990년대의 옛 공산주의 국가에서도 연금지급을 중단한 사례는 없다.

넷째, 노령연금 이외에도 장애, 유족연금 등 다양한 혜택이 포함되어 있다.

국민연금에는 노령연금뿐만 아니라, 장애연금, 유족연금이 포함된다. 장애연금은 가입 중에 발생한 질병이나 부상으로 완치 후에도 장애가 남았을 경우, 장애 정도에 따라 자신과 가족의 생활을 보장하기 위해 장애가 존속하는 한 지급한다. 장애등급이 1~3급일 경우, 연금으로 지급되며 4급은 일시금으로 지급된다. 유족연금은 국민연금에 가입하고 있거나 노령연금 및 장애연금을 받고 있던 사람이 사망하면, 그 사람에 의해 생계를 유지하던 유족에게 가입기간에 따라 기본 연금액의 일정률을 지급하여 유족들의 생활을 돕기 위한 연금제도이다.

다섯째, 물가 연동으로 그만큼 연금액에도 차이가 발생한다.

국민연금은 물가가 오르더라도 실질가치가 항상 보장된다. 처음 연금을 지급할 때는 과거 보험료 납부소득에 연도별 재평가율을 적용하여 현재가치로 재평가하여 계산한다. 예를 들어, 1988년도에 100만 원의 소득으로 국민연금에 가입되었다면 이를 2018년 현재가치로 재평가하면 약 606만 원의 소득액으로 인정하여 국민연금을 지급한다. 또 국민연금은 연금을 받기 시작한 이후 매년 4월부터 전년도의 전국소비자물가변동률에 따라 연금액을 조정하여 지급한다.

4) 국민연금 급여의 종류

국민연금은 나이가 들거나 장애 또는 사망으로 인해 소득이 감소할 경우 일정한 급여를 지급하여 소득을 보장하는 사회보험으로서 지급받게 되는데, 급여의 종류는 노령연금(분할연금), 장애연금, 유족연금, 반환일시금(이상 「국민연금법」 제49조), 사망일시금이 있다.

국민연금 급여의 종류는 〈표 8-3〉과 같다.

〈표 8-3〉 국민연금 급여의 종류

연금 급여(매월 지급) 일시금 급여		노령연금 노후 소득보장을 위한 급여	
노령연금	노후 소득보장을 위한 급여 국민연금의 기초가 되는 급여	반환일시금	연금을 받지 못하거나 더 이상 가입할 수 없는 경우, 청산적 성격으로 지급하는 급여
장애연금	장애로 인한 소득감소에 대비한 급여	사망일시금	유족연금 또는 반환일시금을 받지 못할 경우 장제부조적·보상적 성격으로 지급하는 급여
유족연금	가입자(였던 자) 또는 수급권자의 사망으로 인한 유족의 생계 보호를 위한 급여		

자료: 국민연금관리공단 홈페이지(2019) 재구성.

국민연금 급여의 종류에 따른 급여지급액은 다음과 같다.

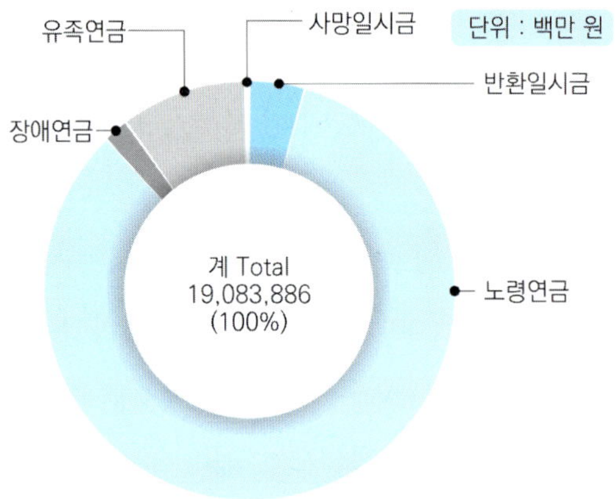

자료: 국민연금관리공단(2018: 2).

[그림 8-2] 국민연금 급여지급액 현황(2017)

급여의 종류에 따른 급여지급액을 살펴보면(국민연금관리공단, 2018: 8), 노령연금이 83.4%로 가장 높은 점유율을 보이고 있으며, 유족연금 9.82%, 반환일시금 4.41%, 장애연금 2.05%, 사망일시금은 0.23%의 순으로 점유율의 차이를 보이고 있다.

5) 국민연금 가입 유형

기본적으로 국내에 거주하는 18세 이상 60세 미만의 국민으로서 「공무원연금법」·「군인연금법」·「사립학교교직원연금법」의 적용을 받지 않는 자를 가입 대상으로 한다.

국민연금의 가입 유형과 대상은 〈표 8-4〉와 같다.

〈표 8-4〉 국민연금의 가입 유형과 대상

가입 유형	가입 대상
사업장가입자 (법 제8조)	• 국민연금에 가입된 사업장의 18세 이상 60세 미만의 사용자 및 근로자로서 국민연금에 가입된 자 • 1인 이상의 근로자를 사용하는 사업장 또는 주한외국기관으로서 1인 이상의 대한민국 국민인 근로자를 사용하는 사업장에서 근무하는 18세 이상 60세 미만의 사용자와 근로자는 당연히 사업장가입자가 됨
지역가입자 (법 제9조)	국내에 거주하는 18세 이상 60세 미만의 국민으로서 사업장가입자가 아닌 사람은 당연히 지역가입자가 됨. 다만, 다른 공적 연금에서 퇴직연금(일시금), 장애연금을 받는 퇴직연금 등 수급권자, 「국민기초생활보장법」에 의한 수급자 중 생계급여 또는 의료급여 또는 보장시설 수급자, 소득활동에 종사하지 않는 사업장가입자 등의 배우자 및 보험료를 납부한 사실이 없고 소득활동에 종사하지 않는 27세 미만인 자는 지역가입자가 될 수 없음
임의가입자 (법 제10조)	사업장가입자와 지역가입자가 될 수 없는 사람도 60세 이전에 본인의 희망에 의해 가입신청을 하면 임의가입자가 될 수 있음. 즉, 다른 공적 연금에서 퇴직연금(일시금), 장애연금을 받는 퇴직연금 등 수급권자, 「국민기초생활보장법」에 의한 수급자 중 생계급여 또는 의료급여 또는 보장시설 수급자, 소득활동에 종사하지 않는 사업장가입자 등의 배우자 및 보험료를 납부한 사실이 없고 소득활동에 종사하지 않는 27세 미만인 자는 가입을 희망하는 경우 임의가입자가 될 수 있음
임의계속가입자 (법 제13조)	납부한 국민연금보험료가 있는 가입자 또는 가입자였던 자로서 60세에 달한 자가 가입기간이 부족하여 연금을 받지 못하거나 가입기간을 연장하여 더 많은 연금을 받기를 원할 경우는 65세에 달할 때까지 신청에 의하여 임의계속 가입자가 될 수 있음

국민연금 가입 유형을 살펴보면(국민연금관리공단, 2018: 2), 사업장가입자가 전체의 61.6%로 가장 높은 점유율을 보이고 있다. 지역가입자 35.24%, 임의계속가입자 1.58%, 임의가입자 1.50%로 나타나고 있는데, 특히 사회적 약자가 많은 임의가입자의 낮은 점유율은 개선해야 할 필요가 있다.

국민연금 가입 대상자를 살펴보면, [그림 8-3]과 같다.

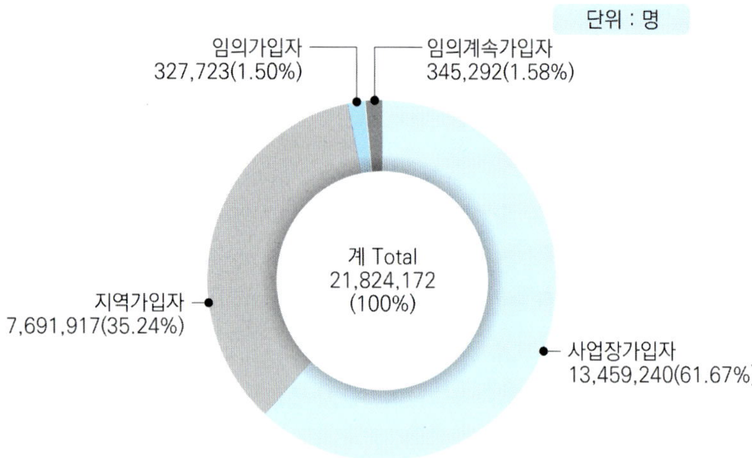

자료: 국민연금관리공단(2018: 8).

[그림 8-3] **국민연금 급여지급액 현황**(2017)

국민연금 가입자를 살펴보면(국민연금관리공단, 2018: 6), 남녀 공히 50세 이상에 도달하게 되면 국민연금 가입자가 정체현상을 빚는 것으로 나타났다. 이는 노후에 대한 두려움을 느끼게 하며 이에 대한 대책이 필요할 것으로 보인다.

국민연금 가입자의 연령별, 성별 현황을 살펴보면 [그림 8-4]와 같다.

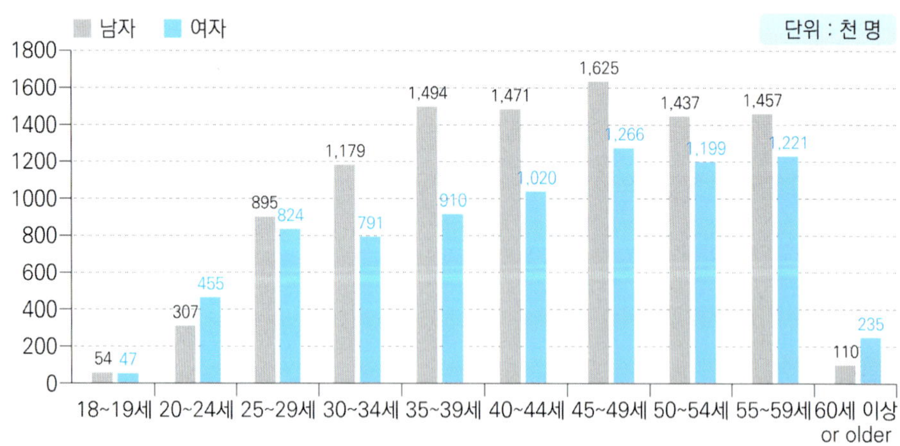

자료: 국민연금관리공단(2018: 6).

[그림 8-4] **국민연금 연령별, 성별 가입자 현황**(2017)

국민연금 가입자의 연령별, 성별 수급자를 살펴보면(국민연금관리공단, 2018: 9), 60~69세 구간에서 대부분 급여가 이루어지고 있음을 볼 수 있다. 특히, 80세 이상의 경우, 남녀비율이 여성 우위로 역전되고 있는 것으로 나타났다. 이는 여성이 남성보다 평균수명에서 앞서고 있기 때문이다.

국민연금 가입자의 연령별, 성별 현황은 [그림 8-5]와 같다.

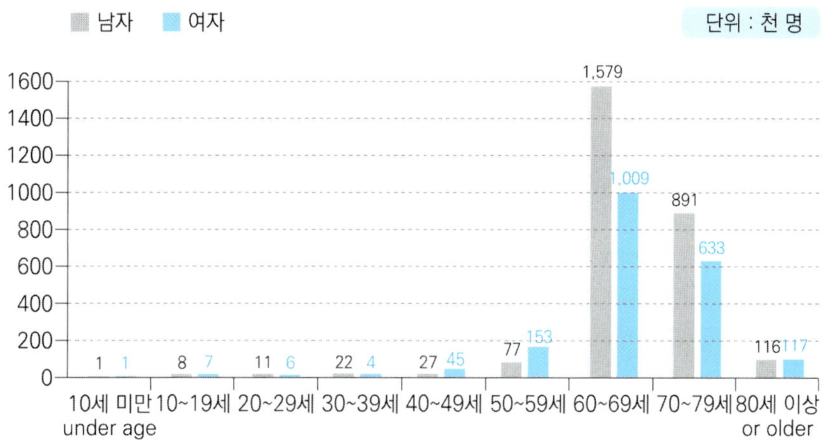

자료: 국민연금관리공단(2018: 9).

[그림 8-5] 국민연금 연령별, 성별 수급자 현황(2017)

3. 기초연금

1) 기초연금의 개요

국민연금의 최대 개선과제는 재정안정화와 사각지대 해소이다. 전 국민의 국민연금시대라고 하지만 2006년 기준 납부 예외자가 42%에 이르고, 미래의 전체 노인인구 57%가 잠재적 사각지대에 속할 것으로 예상된다. 이러한 사각지대 해소를 위하여 경로연금, 효도연금 등을 지급해 오고 공공부조 확대를 기해왔으나, 그 실효성은 극히 미미하였다. 이런 국민연금 사각지대에 대한 본격적인 해소방안으로 등장한 것이 기초연금이다.

기초연금제도는 65세 이상의 전체 노인 중 가구의 소득인정액이 선정기준액 이하인 노인에게 매달 일정액의 연금을 지급하는 제도를 말한다. 평생 국가의 발전과 자녀들 양육에 헌신하느라 자신의 노후를 대비할 겨를이 없었던 노인들의 생활안정에 도움을 주도록 마련된 제도이다.

기초연금제도는 2007년 4월 제정 공포된 「기초노령연금법」을 제정하고, 2008년 1월부터 시행해왔다. 기초연금은 도입과정에서 대상, 급여액, 국민연금과의 형평성 등의 문제로 많은 이해 갈등을 겪었으나, 최종적으로 연금안이 조정되어 2014년 5월 국회를 통과하였으며, 7월 1일부터 시행되었다. 이 제도는 노후소득을 보장하고 생활안정을 지원하기 위해 도입된 제도로, 기존의 기초노령연금을 확대 개편해 나온 정책이다.

2) 급여 대상

기초연금은 조세를 기반으로 정부재정지출에 의해 지급되고 국민연금 가입 여부와 상관없이 모든 65세 이상 노인이 대상이다. 따라서, 조세를 기반으로 하는 기초연금은 사회보험방식의 기존 국민연금과 함께 노인소득보장의 양대축이라고 할 수 있다. 2008년부터 시행된 기초연금은 궁극적으로 '1인 1연금' 형태로 미래의 가족구조 변화에 대응하여 대한민국 국민이면 누구나 노후에 필요한 최소한의 소득을 보장받도록 하는 것이다.

다만, 공무원연금, 사립학교교직원연금, 군인연금, 별정우체국연금 수급권자 및 그 배우자는 원칙적으로 기초연금 수급 대상에서 제외된다.

3) 급여체계

2019년 4월부터 기초연금 수급자 가운데 65세 이상 소득 하위 20%의 기초연금이 월 최대 30만 원으로 인상된다. 다만, 최대 30만 원의 기초연금액은 국민연금 수령액과 배우자 기초연금 수급 여부, 소득인정액 수준 등에 따라 일부 줄어들 수 있다. 우리 정부는 기초연금 지급액을 '2020년 하위 40% 30만 원 → 2021년 하위 70% 30만 원'으로 확대할 계획이다. 한편, 2019년 1월 1일부터 기초연금 지급대상자 선정기준 금액이 단독가구 기준 2018년 131만 원에서 2019년 137만 원으로, 부부가구도 2018년 209만 6,000원에서 2019년 219만 2,000원으로 상향 조정되었다.

월소득인정액은 월 소득평가액과 재산의 월 소득환산액을 합산한 금액을 말한다. 재산은 일반 재산과 금융재산, 자동차로 구분되며, 가게 보증금은 재산으로 산정하고, 재산의 소득환산율(4%)을 적용하여 소득인정액에 포함된다.

기초연금액이 기준연금액으로 산정될 경우

2019. 4~2020. 3: 일반수급자 월 최대 25만 3,750원, 저소득수급자 월 최대 30만 원

- 일반수급자 : 소득하위 70%이며, 저소득수급자가 아닌 자
- 저소득수급자 : 소득하위 20%에 해당하는 기초연금수급자

4. 퇴직금 및 퇴직연금, 개인연금

1) 퇴직금

퇴직금이란 근로자가 일정 기간 근로를 제공하고 퇴직하는 경우 지급되는 금전을 말한다. 퇴직금은 근로자가 상당기간을 근속하고 퇴직하는 경우에 근로관계의 종료를 사유로 하여 사용자가 지급하는 일시 지급금을 이르는 말이다. 「근로기준법」(1953년 5월 10일 공포)은 사용자가 근로자의 계속 근로연수 1년에 대해 30일분 이상의 평균임금을 퇴직금으로 지급하도록 그 최저기준을 정하고 있다.

퇴직금은 퇴직 직전 3개월 평균임금을 기준으로 계산하며, 근로자의 동의가 없는 한 퇴사일로부터 14일 이내에 지급하도록 규정되어 있다. 또한 2013년부터 5인 이하

사업장도 퇴직금이 100% 적용되므로 사업주는 이를 정확하게 지키는 것이 중요하다.

퇴직금의 지급 및 금액 산정은 기업의 퇴직금 규정에 따르며, 별도의 퇴직금 지급 규정이 없는 경우 「근로기준법」에 따르도록 한다. 퇴직금의 지급과 관련하여 퇴직금 계산서, 퇴직금 산정서, 퇴직금 수령증, 퇴직금 내역서 등의 양식이 사용된다.

퇴직금의 성격에 관해서는 공로보상설·생활보장설 및 임금후불설의 세 가지 학설이 있다. 우리나라의 통설과 판례는 임금후불설의 입장을 취한다. 이는 퇴직금을 근로조건의 일환으로 파악하려는 것으로서, 근로관계 존속기간 중에 적립해 두었던 임금을 퇴직할 때, 사후적으로 지급하는 것(후불임금)으로 보는 견해이다. 퇴직금을 청구할 수 있는 자는 「근로기준법」상의 근로자(제14조)이기 때문에 근로자와 사용자 사이에는 근로관계(종속노동성)가 존재해야 한다. 일용직 또는 임시직이라 하더라도 사실상 1년 이상 근속한 경우에는 고용형식에 관계없이 퇴직금을 지급해야 한다. 퇴직금 지급에서 평균임금 산정의 기초가 되는 임금의 총액에는 상여금이 포함되어야 한다. 퇴직금은 후불임금이기 때문에 임의퇴직이나 해고 등의 퇴직 원인에 관계없이 지급되어야 한다.

그러므로 퇴직금제도는 다른 제도에 앞서 노후소득보장을 위해 필수적인 제도로 정착하고 있다.

2) 퇴직연금

우리 정부는 기존 퇴직금제도가 직장이동성 증가, 중간정산제 확산 등으로 노후소득보장 기능이 크게 약화되자, 1999년부터 근로자의 노후보장과 자본시장 활성화의 일환으로 퇴직연금제도를 확충하는 방안을 검토해 왔다. 이에 따라, 2004년 말 국회에서 「근로자퇴직급여 보장법」 안이 통과되었으며, 5인 이상 사업장 근로자의 경우 2005년 12월부터 노사합의를 통해 퇴직연금제를 도입할 수 있게 되었다. 5인 미만 사업장 근로자의 경우도 2010년 12월부터 퇴직연금제가 적용되었다. 근로자에게 퇴직연금이 도입된 이유는, 기존의 퇴직금제도의 경우, 기업 도산에 따른 지급불능 사태에 빠질 수 있고, 퇴직금과 달리 일정 조건이 갖추어진 경우 연금형식으로 받아 자산관리에 도움을 줄 수 있기 때문이다.

퇴직연금제도는 근로자의 노후생활을 보장하기 위하여 회사가 근로자에게 지급해야 할 퇴직급여(퇴직금)를 회사가 아닌 금융회사(퇴직연금사업자)에 맡기고 기업 또는 근로자의 지시에 따라 운용하여 근로자 퇴직 시 일시금 또는 연금으로 지급하는 제도이다. 따라서, 회사가 도산하는 등의 문제가 생겨도 근로자는 금융회사로부터 퇴직급여를 안정적으로 받을 수 있다.

퇴직연금제도의 주요 내용은 다음과 같다.

첫째, 퇴직연금제도에서는 노사가 일시금, 확정기여형, 확정급여형 연금제도를 합의하여 선택할 수 있도록 하였다.

둘째, 확정급여형의 연금급여는 일시금 수령기준으로 현행 퇴직금과 같도록 하고, 확정기여형의 경우 사용자부담이 현행 퇴직금과 같이 연간 임금총액의 1/12 이상이 되도록 하였다.

셋째, 직장 이동의 경우 개인퇴직계좌를 이용하여 퇴직연금을 누적 및 통산할 수 있도록 하였다.

넷째, 근로자를 사용하는 모든 사업 또는 사업장을 적용 대상으로 하여 퇴직금제도보다 적용범위를 확대하였다.

퇴직연금의 유형에는 확정급여형(Defined Benefit, DB), 확정기여형(Defined Contribution, DC), 개인형 퇴직연금(Individual Retirement Pension, IRP)이 있다. 확정급여형은 향후 근로자가 받을 연금액이 사전에 확정되며, 사용자의 적립부담은 적립금 운용결과에 따라 변동되는 퇴직연금제다. 이에 따라, 임금인상률과 기금운용 수익률 등 연금액 산정요인이 급변할 경우 이 위험을 사업주가 전부 부담해야 한다. 반면, 확정기여형은 근로자가 자신의 계좌를 가지고 스스로 적립금을 운용하는 것으로 사용자의 부담금이 사전에 확정되고 근로자의 연금급여는 적립금 운용수익에 따라 변동된다. 따라서, 운용결과에 따라 연금액이 달라질 수 있다. 개인형 퇴직연금은 퇴직하지 않아도 누구나 개설할 수 있고, 연간 1,200만 원까지 추가 납입이 가능하다. 기타 개인 연금과 합산해 연간 최대 700만 원까지 세액공제를 받을 수 있다. 또 개인연금저축이 10년 이상 유지해야 소득공제 혜택을 받을 수 있는 반면, 개인형 퇴직연금은 의무적으로 유지해야 하는 저축기간 요건이 없어 유리하다. 근로자가 재직 중 자신에게 알맞은 유형의 퇴직연금을 선택할 수 있고, 퇴직 후에는 연금과 일시금 형태 중 선택하여 수령할 수 있다. 2015년부터는 연금으로 수령하는 경우 일시금으로 받을 때에 비해, 세금부담을 30% 경감받을 수 있다. 다만, 금융회사에 따라 연금지급기간 및 방법, 수수료 등에 차이가 있으므로 신중하게 비교한 후 선택하는 것이 필요하다.

퇴직연금제도는 선진국형 복지제도 중 하나로, 사회보장제도가 실시되기 이전에 미국과 유럽 등지에서 나타났으며, 오늘날에도 중요한 사회보장정책의 하나로 존속되고 있다. 근로자의 명의로 가입하기 때문에 기업이 도산해도 퇴직금은 안전하고 직장을 옮겨도 계속 연금을 부을 수 있는 게 이 제도의 장점이다. 특히, 이들 돈이 자본시장에 유입되므로 주식 및 채권시장의 활성화에도 기여한다. 기업으로서는 일시에 목돈이 드는 부담을 덜 수 있는 이점이 있으나, 자금운용에 따른 손실 등 투자위험이 크다는 문제점도 있다. 정부는 보통 이 제도를 도입한 기업에 대해선 세제상의 혜택을 주고 있다.

결론적으로 퇴직연금제도는 근로자 스스로가 자신에게 알맞은 유형의 연금을 능동적이고 적극적으로 선택할 수 있기 때문에, 많은 근로자들이 노후소득보장을 할 수 있는 제도로 정착하고 있다.

3) 개인연금

개인연금이란 노후소득보장제도의 하나로 마련한 연금제도이다. 국민연금 등 공적

연금이나 기업의 퇴직금제도 등 미비점을 보완하기 위한 개인적 대비책의 필요에 따라 실질적인 노후생활을 보장할 수 있도록 정부가 1993년 12월 25일 발표한 노후생활보장책으로서의 장기저축제도를 말한다. 은행에서 취급하는 개인연금신탁과 보험회사에서 취급하는 개인연금보험 두 가지가 1994년 6월 20일부터 시행되었다.

개인연금은 개인이 스스로 가입 여부를 결정하는 금융상품으로 신탁형, 펀드형, 보험형으로 구분할 수 있다. 신탁형은 은행에서 판매하며 확정기간형으로 원금보장형이다. 펀드형은 은행 및 증권회사 등에서 판매하는 상품으로 실적배당형이며, 보험형은 보험회사와 공제 등에서 판매되며 5,000만 원까지 예금자 보호가 가능하다. 연금신탁과 연금보험은 원금 보장 성격이 강한 대신 수익률이 다소 낮으며, 연금 펀드는 원금 손실의 위험성이 있지만 높은 수익률을 기대할 수 있다.

연금은 받는 방식에 따라 종신형, 확정형, 상속형으로 나눌 수 있다. 그 특징을 살펴보면 다음과 같다.

① 종신형

평생 지급받을 수 있기 때문에 예상보다 오래 살게 되더라도 경제적으로 도움을 받을 수 있다. 반면, 일찍 사망하면 지급받는 연금액이 충분치 못한 단점이 있다.

② 확정형

일정 기간 동안만 연금이 지급되는 방식으로 사망 시기를 정확하게 예측할 수 있다면 수령액이 가장 많다.

③ 상속형

자신의 은퇴설계와 재산 이전을 결합한 형태다. 일정부분은 자신이 연금으로 지급받되 사망 시 유가족들에게 일부분을 상속자금으로 물려줄 수 있다. 단, 자신이 받는 연금액은 상대적으로 적다.

개인연금은 내가 내고 싶은 만큼 내고, 낸 만큼 노후를 보장받는다는 데 의미가 있다. 즉, 내가 준비한 만큼 노후에 결실을 얻을 수 있다는 면에서 노후설계에서 차지하는 비중이 크다. 따라서, 노인소득보장을 위한 노후자금설계의 꽃이라고 불리기도 한다.

5. 노인일자리사업

1) 노인일자리사업의 개념

노인들은 자신의 노후생활안정, 예를 들어 의료 지원 및 건강, 의식주 등 기초생활, 취미활동, 손자 용돈, 친교활동 등과 건전한 사회활동 등을 위해 소요되는 경제적으로 이에 필요한 금전적 자원이 필요하다. 건강한 노년기의 경제활동이 갖는 일의 의미와 노인들이 가지고 있는 경제활동 참여욕구에 내재된 요소들을 파악하고 정리하는 것은 그 의의가 크다고 할 수 있다.

일에 대한 정의는 학자에 따라 다양한데, 넓은 의미의 '일(work)'은 모든 종류의 생산적인 활동(productive activity)과 동일한 의미로 사용되는 반면, 좁은 의미의 일은 육체적인 유급의 산업노동인 '노동(labour)'으로 국한하기도 한다. 일반적으로 일은 자신과 사회에 필요한 재화와 서비스를 만들어 내는 생산적 활동을 의미한다. 즉, 경제활동 참여란 취업 또는 이윤을 창출하는 생산적 활동을 통해 사회생활을 유지하는 것이다. 또한 일은 정신적이고 육체적인 경제적인 활동뿐만 아니라, 비공식적인 도움이나 무급의 자원봉사 형태로 사회에 생산적 기여를 하는 생산적 활동까지를 모두 포함하는 넓은 의미의 개념이다(정상수 외, 2018: 81).

노인일자리사업의 목적은 노인이 활기차고 건강한 노후생활을 영위할 수 있도록 다양한 일자리 · 사회활동을 지원하여 적극적 사회참여 및 건강증진 등으로 노인문제 예방 및 사회적 비용을 절감하며, 노인인력활용에 대한 사회적 인식개선 및 민간참여

도모를 통한 은퇴 전후 준비 및 노인생애교육 등 노인인력 교육연계를 통한 노인복지 향상에 기여하는 것이다(고재욱 외, 2018: 126).

인간이 노동을 하는 이유는 경제적인 목적뿐만 아니라, 사회심리적 측면에서도 중요하다. 일은 인간에게 자아실현을 부여해 주며, 은퇴한 노인들의 경제활동은 노후생활에 필요한 소득원을 확보해 주고, 나아가 신체적·정신적 건강을 유지시키며, 노인의 역할 수행에 대한 자부심과 유용감 및 자아정체감 등을 갖게 해 준다(김한식 외, 2018: 273).

노인일자리사업의 법적 근거는 다음과 같다.

(1) 노인복지법

제23조(노인사회참여 지원) 국가 또는 지방자치단체는 노인의 사회참여 확대를 위하여 노인의 지역봉사 활동기회를 넓히고 노인에게 적합한 직종의 개발과 그 보급을 위한 시책을 강구하며 근로능력 있는 노인에게 일할 기회를 우선적으로 제공하도록 노력하여야 한다.

제23조의2(노인일자리 전담기관의 설치·운영 등) 국가 또는 지방자치단체는 노인일자리전담기관을 설치·운영하거나 그 운영의 전부 또는 일부를 법인·단체 등에 위탁할 수 있다.

제24조(지역봉사지도원 위촉 및 업무) 국가 또는 지방자치단체는 사회적 신망과 경험이 있는 노인으로서 지역봉사를 희망하는 경우에는 이를 지역봉사지도원으로 위촉할 수 있다.

(2) 저출산고령사회기본법

제11조(고용과 소득보장) 국가 및 지방자치단체는 일할 의욕과 근로능력이 있는 고령자가 최대한 일할 수 있는 환경을 조성하여야 한다.

제14조(여가·문화 및 사회활동의 장려) ① 국가 및 지방자치단체는 노후의 여가와 문화활동을 장려하고 이를 위한 기반을 조성하여야 한다.

② 국가 및 지방자치단체는 자원봉사 등 노인의 사회활동 참여를 촉진하는 사회적 기반을 조성하여야 한다.

2) 노인일자리사업의 내용

노인일자리사업의 유형별 사업내용은 〈표 8-5〉와 같다.

〈표 8-5〉 노인일자리사업 내용

유형		주요 사업내용	예산 지원
사회 서비스형		취약계층 지원시설 및 돌봄시설 등 사회적 도움이 필요한 영역에 노인인력을 활용하여 필요한 서비스를 제공하는 일자리	자치단체 경상보조
시장형 (취창업)	시장형 사업단	참여자 인건비 일부를 보충 지원하고 추가 사업수익으로 연중 운영하는 노인일자리	자치단체 경상보조
	인력파견형 사업단	수요처의 요구에 의해서 일정 교육을 수료하거나 관련된 업무능력이 있는 자를 해당 수요처로 연계하여 근무기간에 대한 일정 임금을 지급받을 수 있는 일자리	자치단체 경상보조
	시니어인턴십	만 60세 이상의 노인에게 일할 기회를 제공함으로써 노인의 직업능력 강화 및 재취업 기회를 촉진	민간 경상보조
	고령자 친화기업	고령자가 경쟁력을 가질 수 있는 적합한 직종에서 다수의 고령자를 고용하는 기업 설립 지원	민간 경상보조
	기업연계형	기업이 적합한 노인일자리를 창출하고 유지하는 데 필요한 직무모델 개발, 설비 구입 및 설치, 4대 보험료 등 간접비용을 지원	민간 경상보조

자료: 보건복지부(2019a: 4) 재구성.

(1) 사회 서비스형

사회 서비스형은 취약계층 지원시설 및 돌봄시설 등 사회적 도움이 필요한 영역에 노인인력을 활용하여 필요한 서비스를 제공하는 일자리를 말한다.

사회 서비스형의 사업내용은 〈표 8-6〉과 같다.

〈표 8-6〉 사회 서비스형의 사업내용

<table>
<tr><th rowspan="2">유형</th><th colspan="2">사업내용</th></tr>
<tr><th>프로그램</th><th>프로그램 내용</th></tr>
<tr><td rowspan="3">아동시설 지원</td><td>지역아동센터 지원</td><td>환경정비, 귀가 및 급식 지원 등</td></tr>
<tr><td>다함께돌봄센터 지원</td><td>돌봄 서비스 이용 아동 등하교 및 급식 지원 등</td></tr>
<tr><td>보육시설 지원</td><td>보육교사 보조, 생활지도 및 급식 지원 등</td></tr>
<tr><td rowspan="2">청소년시설 지원</td><td>청소년 수련관시설 지원</td><td>관련 시설 환경정비 및 급식 지원 등</td></tr>
<tr><td>청소년 상담복지센터 등 지원</td><td>관련 시설 환경정비 및 급식 지원 등</td></tr>
<tr><td rowspan="2">장애인시설 지원</td><td>장애인 관련 시설 지원</td><td>장애인 보호시설 등 대상자 보조 및 지원 등</td></tr>
<tr><td>장애인특수학교 등 지원</td><td>이용대상자 보조 및 급식 지원 등</td></tr>
<tr><td rowspan="3">취약가정시설 지원</td><td>한부모복지시설 지원</td><td>한부모가족의 아동보호 및 교육 지원 등</td></tr>
<tr><td>다문화가족시설 지원</td><td>새터민 등 정서 지원을 통한 정착 지원 등</td></tr>
<tr><td>건강가정지원센터 등 지원</td><td>관련 시설 환경정비 및 급식 지원 등</td></tr>
<tr><td rowspan="2">노인시설 지원</td><td>재가노인복지시설 지원</td><td>시설이용 노인 서비스 지원 및 환경정비 지원 등 (경로당 제외)</td></tr>
<tr><td>노인보호전문기관 지원</td><td>학대 예방 지원, 캠페인 및 각종 서비스 지원 등</td></tr>
<tr><td colspan="2">기타 시설 지원</td><td>기타 지역 내 취약시설 또는 사회적 공헌 유형 지원 등</td></tr>
</table>

자료: 보건복지부(2019a: 43) 재구성.

(2) 시장형 사업단

시장형 사업단은 노인에게 적합한 업종 중 소규모 매장 및 전문 직종 사업단 등을 공동으로 운영하여 일자리를 창출하는 사업으로, 일정기간 사업비 또는 참여자 인건비 일부를 보충지원하고 추가 사업수익으로 연중 운영하는 노인일자리를 말한다.

시장형 사업단의 유형별 사업내용은 다음과 같다.

〈표 8-7〉 시장형 사업단의 사업내용

유형	세부사업 내용	
	프로그램	프로그램 내용
공동작업형	공동작업장 운영사업	기업과 연계하여 제품 혹은 반제품을 생산·조달하는 사업 예) 쇼핑백 제작, 제품 포장 등
제조판매형	식품제조 및 판매사업	식재료를 활용하여 식품 등을 제조하여 판매하는 사업 예) 참기름, 장류, 스낵류 등 제조 및 판매
	공산품 제작 및 판매사업	일정한 시설을 갖추고 규격에 맞춘 공산품을 제작하여 판매하는 사업 예) 천연비누, 양초 등 제작 및 판매, 짚풀공예, 수공예품 등 공동제작
	매장운영사업	소규모 매장 및 점포를 운영하는 사업 예) 카페, 음식점, 매점(마트) 등 운영
	지역영농사업	유·휴경지를 활용하여 농산물 등을 공동으로 경작하고 판매하는 사업 예) 콩, 고사리 등 재배
	기타 제조 및 판매사업	기타 제조판매사업
서비스제공형	영유아 및 청소년 교육 지원	어린이집, 유치원, 학교 등 영유아 및 청소년을 대상으로 시설관리, 급식지도, 안전지도, 인성교육 등 교육 지원 관련 통합 서비스 제공
	아파트 택배사업	아파트단지 내 택배물품을 배송·집하하는 사업
	지하철 택배사업	지하철을 이용하여 각종 수하물 및 서류 등을 배달하는 사업
	세차 및 세탁사업	일정 정도의 시설 또는 장비를 갖추고 세차 혹은 세탁 등의 서비스를 제공하는 사업
	소상공인 협력사업	지역 내 소상공인 업무 지원
	기타 서비스 제공형	사업 수익을 통해 향후 발전 가능성이 있는 기타 서비스 제공 사업 예) 환경정화, 이미용, 수선, 공원관리, 재활용, 청소사업 등

자료: 보건복지부(2019a: 50-51).

(3) 인력파견형 사업단

인력파견형 사업단은 수요처의 요구에 의해서 일정 교육을 수료하거나 관련된 업무능력이 있는 자를 해당 수요처로 연계하여 근무기간에 대한 일정 임금을 지급받을 수 있는 일자리를 말한다. 인력파견형 사업단의 사업내용은 다음과 같다.

〈표 8-8〉 인력파견형 사업단의 사업내용

중분류	소분류	사업내용
관리사무 종사자	경영, 영업, 판매 및 운송 관련 관리자	행정 및 경영, 회계, 영업 및 판매 관련 관리자, 운송, 기타 고객 서비스 관리자
	기타 사무직	상담, 여행·안내, 통계 관련 사무원, 고객상담 및 기타 사무원
공공/ 전문직종사자	교육 관련 종사자	교육강사, 보조교사, 보육교사
	기타 전문직	시험감독관, 리서치, 설문, 번역, 문화방송, 출판 관련 종사원
서비스 종사자	예식 및 보건·의료 서비스	예식, 혼례 및 장례종사
	운송 및 여가 서비스	택시, 버스, 기타 자동차운전원, 운송서비스 종사자
	조리 및 음식 서비스	패스트푸드원, 주방·식당보조원, 음식배달원 등 서비스 종사자
	배달원	택배원, 우편물집배원, 기타 배달원
판매 종사자	계산원 및 매표원	매장계산원 및 요금정산원, 매표원, 복권판매원
	판매원 및 판매 단순종사자	주유원, 상점판매원, 상품대여원, 기타 판매 관련 단순 종사원
농림어업 숙련종사자	농림·어업·작물재배 종사자	곡식, 채소 및 특용작물, 과수, 원예작물 재배업, 조경원 조림 및 벌목원, 임산물 채취, 양식원 및 기타 관련 종사원
기능원 및 관련 기능종사자	식품가공 관련 종사자	정육원, 김치 및 밑반찬 제조 종사원, 기타 식품가공 종사원
	기타 기능 관련직	섬유·의복, 가죽 관련 기능직, 목재·기구·악기, 금속성형, 전기·전자 관련 기능직, 공예 및 귀금속 세공원, 배관공 등
생산·제조 단순노무직	생산/제조	식료품 제조, 곡물가공품 제조, 떡, 빵 및 과자류 제조, 도시락 및 식사용 조리식품 제조, 탁주 및 발효주 제조업 등
	단순노무직	청소원 및 환경미화원, 경비원, 가사 및 육아도우미, 주차관리원 및 안내원, 재활용품수거원, 세차, 세탁, 검침, 골프장도우미, 학교 병원급식 도우미, 농어촌일손도우미, 기타 단순종사원
	기타	육류, 수산물 가공 및 저장, 과실 및 채소가공·소분

자료: 보건복지부(2019a: 64-65).

3) 노인일자리 진행단계 및 역할주체

(1) 1단계: 기본계획수립

① 보건복지부

- 노인일자리 및 사회활동 지원사업 기본계획 수립 및 시·도별 예산 배분

② 광역 시·도

- 보건복지부의 노인 일자리 및 사회활동 지원사업 기본방향 및 국고 내시 기준 근거하여 시·도별 기본계획 수립
- 시·군·구별 사업량, 전담인력 및 예산 배분계획 수립 후 통보

③ 기초자치단체

- 광역 시·도 기본계획에 근거하여 시·군·구별 자체계획 수립 및 노인일자리 업무시스템 등록
- 노인일자리 및 사회활동 지원사업위원회 구성 및 수행기관 선정(심사 및 지정)
- 선정된 수행기관별 사업량, 예산 및 전담인력 등 배분
- 수행기관 위탁계약 체결

(2) 2단계: 사업운영계획 수립

① 사업계획 등록 및 심사

- 업무시스템에 단위사업계획서 등록 및 심사 신청
- 지방자치단체 및 보건복지부(개발원) 심사·승인

(3) 3단계: 사업추진준비

① 참여자 모집 및 선발

- 공개모집이 원칙, 유형별 선발기준에 의해 선발

- 공익활동은 시 · 군 · 구를 통해 통합모집 및 선발 진행
- 사회 서비스형은 지방자치단체 주도하에 수행기관 통합모집, 수행기관별 선발
- 시장형 사업단 및 인력파견형 사업단은 수행기관별 참여자 공개모집 실시
- 행복e음 및 복지로, 국민연금 일자리추천시스템 신청자 선발 진행

② 수요처 등 개발 및 선정

- 참여노인이 활동할 수 있는 활동지역(수요처) 협의 · 개발 및 선정
- 수혜자(서비스 대상자) 발굴 및 선정
- 참여자와 수요처(수혜자) 간 협약서 작성 지원
- 업무시스템 내 수요처 및 서비스 대상자 현황 등록

(4) 4단계: 참여자교육

① 소양 및 활동(직무)교육 실시

- 공익활동은 활동에 필요한 활동교육 실시(12시간 이상, 안전교육 3시간 이상 포함)
- 시장형 사업단은 소양교육 3시간 이상, 직무교육 5시간 이상 실시(사고발생 예방을 위한 안전교육 2시간 이상 포함)
- 사회 서비스형은 소양교육 12시간 이상, 직무교육 6시간 이상 실시(사고발생 예방을 위한 안전교육 2시간 이상 포함)

(5) 5단계: 사업관리

① 활동관리 및 활동비 지급(공익활동)

- 현장 수시방문 등을 통해 활동 진행사항 확인
- 수요처(수혜자)와 참여자 매칭, 참여자로부터 활동일지(수요처 확인) 수령 후 활동비 지급

② **근무관리 및 임금 지급**(사회 서비스형, 시장형 사업단)

- 근무현장을 정기 방문하여 참여자 출근부에 자필 서명
- 근무일수(근무시간) 확인 후 개인별 임금 지급

(6) 6단계: 사업평가

① **만족도 조사**

- 참여자, 수요처 및 수혜자(서비스대상자) 등 만족도 조사 실시

② **사업평가**

- 추진사업에 대한 종합분석 및 점검
- 차기년도 사업계획 수립 시 반영하여 발전방안 모색

4) 노인일자리 지원체계

(1) 유형별 예산 지원기준

인력파견형 사업단의 예산 지원기준은 〈표 8-9〉와 같다.

〈표 8-9〉 예산 지원기준

<table>
<tr><th colspan="2" rowspan="2">구분</th><th colspan="4">참여자 1인 예산기준</th><th rowspan="2">국고보조</th></tr>
<tr><th>활동비(월)</th><th>참여기간</th><th>부대경비(연)</th><th>계</th></tr>
<tr><td colspan="2">사회 서비스형</td><td>54만 원(권장)
~59.4만 원</td><td>11개월(권장)
~10개월</td><td>48.9만 원</td><td>788.7만 원</td><td rowspan="6">50%
(서울 30%)</td></tr>
<tr><td rowspan="3">시장형
사업단</td><td>공동작업형</td><td rowspan="3">-</td><td rowspan="3">연중</td><td rowspan="3">230만 원</td><td rowspan="3">230만 원</td></tr>
<tr><td>제조판매형</td></tr>
<tr><td>서비스 제공형</td></tr>
<tr><td colspan="2">인력파견형 사업단</td><td>-</td><td>연중</td><td>15만 원</td><td>15만 원</td></tr>
<tr><td colspan="2">수행기관 전담인력</td><td>1,746천 원</td><td>12개월</td><td>-</td><td>2,269.8만 원</td></tr>
</table>

자료: 보건복지부(2019a: 6).

(2) 고령친화기업 선정

노인의 경륜과 능력을 활용하여 민간영역에서 경쟁력을 갖추고 지속적으로 일자리를 창출할 수 있는 기업의 설립 및 운영을 지원하는데, 고령자친화기업은 고령자가 근무하기 적합한 부문에서 다수 노인을 근로자로 직접 고용하는 기업이다. 선정기업은 만 60세 이상을 5년간 의무적으로 고용해야 하며, 지정 유형에 따라 1~3억 원의 사업비와 전문경영상담(컨설팅)을 지원받게 된다.

지원 대상 및 규모는 〈표 8-10〉과 같다.

〈표 8-10〉 사업 유형별 지원 대상 및 규모

구분		지원 대상	지원규모
방법	사업 유형		
지정	기업 인증형	다수의 고령자(만 60세 이상)를 고용하고 있고, 추가 고용계획이 있는 기업	개소당 최대 2억 원
신규설립	모기업 연계형	모기업의 자원을 연계하여 설립된 기업	개소당 최대 3억 원
	시장형 사업단 발전형	우수 시장형 사업단이 자립을 목적으로 설립하는 기업	개소당 2억 원
	브릿지형	지역 특성을 반영한 소규모사업을 기업 형태로 운영	개소당 1억 원

자료: 보건복지부(2019e: 3).

(3) 노인일자리 상담창구

① 추진배경

노인일자리 참여희망자 및 노인 고용을 희망하는 구인기업 대상으로, 정보접근성 제고를 위한 상담창구 운영이 필요함에 따라 추진하게 되었다.

② 상담창구 운영

• 운영기간: 2019년 4월 22일부터

• 연락처: 대표전화 1544-3388

• 운영주체: 한국노인인력개발원 지역본부 내 설치・운영(전국 7개소, 30명). 구체적으로, 서울・강원(4명), 부산・울산・경남(4명), 대구・경북(10명), 경기・인천(2명), 호남(6명), 중부(2명), 제주(2명)

• 상담내용: 노인일자리 사업 설명, 참여방법 안내, 취업 알선

6. 노후소득보장체계의 확충

보건복지부(2019d, 26-28)의 '제2차 사회보장기본계획'(2019~2023)에 따른 노인의 노후소득보장체계의 확충은 다음과 같다.

1) 저소득노인 소득보장을 위한 기초연금 단계적 인상

기초연금은 월 최대 30만 원을 지원하는데, 2019년에는 소득하위 20%에 해당하는 노인을 지원했으나, 2020년에는 소득하위 40%, 2021년에는 소득하위 70%의 노인에게 지원하도록 그 대상을 확대한다.

2) 국민연금의 소득보장기능 강화

① 저소득 지역 가입자(납부예외자) 등 보험료 지원 신설 등을 통한 실질적인 소득보장기능 강화

② 유족연금 중복지급 개선(현재 30% → 40%)

③ 분할연금 분할방식 변경(노령연금 수급시점에 급여분할 → 이혼시점에 소득이력 분할)

④ 최저혼인기간 단축 등(현 5년 → 1년)

3) 다층노후소득보장체계 구축

① 국민·기초연금, 퇴직연금, 주택·농지연금 등 다층노후소득보장체계 발전을 위한 범정부 협의체 구성

② 퇴직연금제도 도입 의무화 및 적용 대상 확대, 중소기업 퇴직연금기금제도 도입 등 퇴직연금의 연금기능 강화

③ 주택연금 대상 확대, 수급의 실거주요건 완화 등 주택연금 활성화

④ 농어업인에 대한 국민연금 및 농지연금 보험료 지원 강화 추진

4) 노인일자리 확대

① 노인별 특성에 맞는 일자리 상담·연계, 중고령층 시장형 일자리 참여 확대, 일자리 제공 기업에 대한 인센티브 강화로 민간 일자리 확대

② 시장형 일자리의 참여요건을 완화하여 저소득 중고령층(60~64세)의 일자리 확대

③ 노인일자리 2018년 51만 개 → 2020년 80만 개로 확대

CHAPTER

09

노인의료보장정책

학습목표

1. 노인의 신체적 발달특성 숙지
2. 의료체계에 대한 이해
3. 건강보험제도 등에 대한 토의

학습내용

1. 노인의료보장의 개념
2. 국민건강보험
3. 노인장기요양보험
4. 노인치매보장정책

개요

노인이 되면 신체적·정신적 기능이 쇠퇴하기 때문이 질병발생률이 높을 뿐 아니라, 이로 인하여 의료비도 증가하고 있으며, 고령화 속도 또한 빠르게 진행하고 있으므로 노인의 의료보장이 매우 중요하다. 여기에서는 노인의료보정정책을 학습하고자 한다.

CHAPTER

09

노인의료보장정책

1. 노인의료보장의 개념

65세 이상 고령자는 노후를 위한 사회적 관심사로 '의료 및 요양보호 서비스' 38.6%를 보이고 있는데, 이는 '노후소득 지원' 40.6% 다음으로 나타났다. 또한 고령일수록 '노후취업 지원'이나 '문화 · 여가 복지 서비스'는 감소하는 반면, '의료 및 요양보호 서비스'는 증가하는 경향을 보였다(통계청, 2018a: 39). 즉, 향후 의료보장정책에 대한 중요성을 더욱 강조해야 할 것으로 보인다.

노인들에게 건강은 삶의 질과 밀접하게 연결된 중요한 자원이다. 노화와 관련된 신체적 · 인지적 기능 저하와 만성질환으로 인해 노인들은 다른 연령집단에 비해 더 많은 의료비를 지출하게 된다. 뿐만 아니라, 건강상의 문제로 독립적인 생활이 어려운 노인이 증가하는 것은 이들에 대한 가족의 부양부담을 증가시키게 된다. 노령기의 질병이나 장애로 인한 기능 제한은 노인뿐만 아니라, 가족 전체의 삶의 질에 변화를 초래하고 많은 영향을 미치게 된다. 특히, 노인성 질환인 치매나 뇌졸중 같은 질환을 겪고 있는 노인과 그 가족들은 대부분 장기간에 걸친 간병과 수발, 환자의 인지기능 손상으로 인한 가족관계의 어려움, 비용과 재정적 문제 등으로 인해 노인과 가족 전체에 여러 가지 복합적인 가족문제를 겪기 때문이다(김한식 외, 2019: 94). 따라서, 노인의 의료 서비스 이용에 대한 정책적 보장은 소득보장과 함께 고령사회의 중요한 정책 영역이다(모선희 외, 2018: 145).

노인이 되면 신체적·정신적 기능이 쇠퇴하기 때문에 질병발생률이 높을 뿐 아니라, 이로 인하여 의료비도 증가하고 있으며 고령화 속도 또한 빠르게 진행하고 있으므로, 노인의 의료보장이 매우 중요하다(김한식 외, 2019: 94). 사회계층 간 의료수혜의 불평등이 심화되고, 의료이용도의 소득계층별, 지역별, 성별, 직업별, 연령별 차이가 사회적 불만의 한 원인으로 대두되며, 보건의료 서비스가 의·식·주 다음 제4의 기본적 수요로 인식됨에 따라, 의료보장제도의 필요성이 나날이 높아지고 있다.

의료보장은 국민 개개인이 신체적·정신적으로 건강한 생활을 유지할 수 있도록 국가가 개입하여 보장해 주는 제도로서 사회적 권리로 인정된다. 의료보장은 국가사회의 경제적 발전 정도에 따라 보장 대상과 수준에 차이가 있지만, 대부분의 국가는 핵심적 사회보장의 프로그램으로 제도화되어 있다. 의료보장 프로그램은 임금노동자의 건강보호를 위하여 시작되었으나, 20세기 중반부터 노인인구의 증가와 퇴직 후의 건강관리문제가 노인문제의 일환으로 대두됨에 따라 선진산업사회에서부터 노인을 위한 의료보장 프로그램들이 제도화되었다(최성재·장인협, 2014: 401).

결론적으로 의료보장제도는 국민의 건강권을 보호하기 위하여 요구되는 필요한 보건의료 서비스를 국가나 사회가 제도적으로 제공하는 것을 말하며, 건강보험, 의료급여, 산재보험을 포괄하고 있다. 따라서, 이 제도는 상대적으로 과다한 재정의 부담을 경감시킬 수 있으며, 국민의 주인의식과 참여의식을 조장할 수 있다(건강보험심사평가원 홈페이지, 2019).

의료보장의 정의는 다음과 같다(고재욱 외, 2018: 203).

첫째, 국민의 질병, 부상, 분만 또는 사망 등에 대하여 보험급여를 실시함으로써, 국민보건을 향상시키고 사회보장의 증진을 도모하려는 의료보험이다.

둘째, 생활유지능력이 없거나 생활이 어려운 자에게 공공부조의 하나인 의료급여를 실시하여 국민의 보건향상과 사회복지증진을 도모하려는 의료급여제도이다.

셋째, 국가가 국민보건의 향상과 질병 예방을 위하여 각종 의료 서비스를 제공하는 국민보건 서비스이다.

그러므로 노인의료보장은 노화에 따른 신체적 기능쇠퇴와 질병으로 인한 건강상의 문제를 해결하기 위해 국가 차원에서 건강보호에 필요한 의료 서비스를 제공함으로써 노인의 삶의 질을 향상시키고자 하는 사회적 노력을 의미한다.

노인의료보장의 필요성은 다음과 같다(최성재 · 장인협, 2014: 402-403).

첫째, 건강보호를 위한 의료 서비스는 노인의 삶의 질과 수명에 가장 직접적으로 영향을 미치기 때문에 의료보장을 통한 건강보호가 필요하다. 건강은 삶의 질을 좌우하는 주요 요소이며, 가장 소중한 개인의 자원이다. 건강은 개인의 사생활에서는 자신을 유지하고 사회적 생활에는 기대되는 역할을 수행하도록 할 뿐 아니라, 사회심리적인 면에서 자기 자신에 대한 평가를 긍정적으로 향상시킨다. 이러한 의미에서 한 국가가 국민의 건강을 유지하기 위해 국민의 건강보호를 책임지는 것은 국민의 생존권 보장과 직결되는 가장 중요한 국가의 의무이며, 의료보장은 노인을 포함한 국민의 권리로 인정되어야 한다.

둘째, 노인의 예측 불가능한 장래의 건강 위험에 대비하기 위해 의료보장이 필요하다. 노인은 다른 연령집단에 비하여 유병률이 2~3배나 높고, 질병 자체가 만성적이고 합병적인 경우가 많아 장기적인 치료와 요양을 요하기 때문에, 다른 연령집단에 비하여 2~3배나 많은 의료비가 드는 것이 일반적이다. 이처럼 노인의 경우 의료 서비스를 받아야 할 필요성이 크게 증가하고, 고액의 진료비가 요구되는 경우가 많다.

수입이 격감되었거나 전무한 상태에서 의료비를 개인적으로 해결하기란 대단히 어렵기 때문에 의료비와 서비스의 편의성 증진을 위한 의료보장은 반드시 필요하다.

셋째, 예측할 수 없는 건강 위험에 개인적으로 대비하기란 어렵기 때문에 의료보장이 필요하다. 예측이 불가능할 뿐만 아니라, 의료비가 고액인 경우가 많아서 의료비 부담을 사적·상업적 보험으로 해결하는 것은 경제적 능력이 있는 일부 노인만 가능할 뿐이다. 의료 서비스의 필요성이 다른 연령집단에 비해 절실하지만 사적 의료(건강) 보험에만 의존하게 하면 일부 노인만 가입하게 되고, 의료비부담의 위험도 가입한 사람에게만 분산되므로 가입자의 보험료 부담이 더욱 커질 가능성이 높다. 이러한 문제점을 개선하기 위해 국가는 전체 인구를 대상으로 하거나, 적어도 노인인구 전체를 대상으로 하는 비용부담체계를 공적인 차원에서 개발할 필요가 있고, 노인의 건강 특성을 고려하여 의료 서비스를 제공하는 체계를 마련하는 것이 필요하다.

넷째, 노인의 건강 유지를 통해 노인의 사회통합을 증진시키기 위해서 의료보장이 필요하다. 건강 유지는 노인 개개인의 생활만족감을 향상시키고 자기가 속해 있는 사회적 조직망(social network)으로의 통합, 즉 가족집단과 친족, 이웃, 지역사회, 나아가서는 국가사회 전체의 통합을 촉진시킨다. 즉, 건강을 유지하고 향상시키기 위한 의료보장은 노인을 가족과 사회에 사회심리적으로 통합시키는 주요 요인이 된다. 따라서, 사회통합적 의미에서 의료보장의 필요성은 충분히 강조될 수 있다.

2. 국민건강보험

1) 국민건강보험의 개념

(1) 국민건강보험의 정의

질병이나 부상으로 인해 발생한 고액의 진료비로 가계에 과도한 부담이 되는 것을 방지하기 위하여, 국민들이 평소에 보험료를 내고 보험자인 국민건강보험공단이 이를 관리·운영하다가 필요시 보험급여를 제공함으로써, 국민 상호 간 위험을 분담하고 필요한 의료 서비스를 받을 수 있도록 하는 사회보장제도이다.

국민건강보험의 특성은 다음과 같다.

첫째, 보험가입 및 보험료 납부의 의무가 있다. 보험가입을 기피할 수 있도록 제도화될 경우 질병위험이 큰 사람만 보험에 가입하여 국민 상호 간 위험분담 및 의료비 공동해결이라는 건강보험제도의 목적을 실현할 수 없기 때문에, 일정한 법적 요건이 충족되면 본인의 의사와 관계없이 건강보험 가입이 강제되며, 보험료 납부의무가 부여된다.

둘째, 부담능력에 따른 보험료를 부과한다. 민간보험은 보장의 범위, 질병위험의 정도, 계약의 내용 등에 따라 보험료를 부담하는 데 비해서, 사회보험방식으로 운영되는 국민건강보험은 사회적 연대를 기초로 의료비문제를 해결하는 것을 목적으로 하므로, 소득수준 등 보험료부담능력에 따라서 보험료를 부과한다.

셋째, 균등한 보장을 한다. 민간보험은 보험료수준과 계약내용에 따라 개인별로 다르게 보장되지만, 사회보험인 국민건강보험은 보험료 부담수준과 관계없이 관계법령에 의하여 균등하게 보험급여가 이루어진다.

(2) 국민건강보험의 연혁

우리나라 의료보험제도는 1963년 「의료보험법」의 제정으로 처음 시작되었으나, 1976년까지는 몇 군데에서 시범사업으로 시행한 정도에 그쳤다. 1970년대 중반 사회·경제적 상황이 의료보험을 전면적으로 확대 실시할 필요성을 강화시킴으로써, 1976년 기존의 「의료보험법」을 전면 개정하여 실시하기에 이르렀다. 1990년대 중반부터 의료보험제도 통합에 대한 논의가 시작되면서, 조합주의 중심의 의료보험체계를 전국 단일체계로 통합하는 것이 조합 간의 재정 불평등과 의료보험료 재분배 효과를 증진할 수 있고 운영의 효율성을 기할 수 있다는 취지 아래, 1998년에 「국민의료보험법」을 제정하여 1차적으로 공무원 및 사립학교교직원 의료보험과 「의료보험법」 체계 내에 있던 지역의료보험을 통합하고 기존 「의료보험법」 체계하에 있던 직장의료보험은 그대로 남아 있게 되었다. 이후 1999년 다시 「국민건강보험법」을 제정하여 2000년 7월부터 시행함으로써 국민의료보험관리공단과 직장의료보험조합(139개)이 통합되어 국민건강보험공단으로 출범(의료보험 완전통합)하였다. 2001년 7월 5인 미만 사업장 근로자의 직장가입자 편입이 가능해졌다. 2003년 7월 직장재정과 지역재정의 통합으로 실질적인 건강보험의 통합이 이루어졌다. 2011년 1월 4대 사회보험(건강보험, 국민연금, 고용보험, 산재보험)의 징수 통합이 실시되었다. 2013년 8월 중증질환의 재난적 의료비 지원사업이 실시되었으며, 2015년 1월 간호・간병 통합 서비스에 대해 보험급여가 적용되었다(최성재・장인협, 2014: 418 재구성).

(3) 국민건강보험의 유형

의료보장제도는 각국의 고유한 문화와 전통을 배경으로 하는 역사적 산물로서 단순 분류에는 어려움이 있으나, 일반적으로 사회보험(Social Health Insurance, SHI)과 국민보건 서비스(National Health Service, NHS)가 있다. 우리나라 의료보장제도의 유형은 사회보험을 취하면서 전 국민을 대상으로 단일한 보험자가 운영하는 국민건강보험(National Health Insurance, NHI)이 있다.

국민건강보험의 유형은 다음과 같다.

첫째, 사회보험(SHI)은 국가가 기본적으로 의료보장에 대한 책임을 지지만, 의료비에 대한 국민의 자기 책임을 일정부분 인정하는 체계이다. 정부기관이 아닌 보험자가 보험료를 통해 재원을 마련하여 의료를 보장하는 방식으로, 정부에 대해 상대적으로 자율성을 지닌 기구를 통한 자치적 운영을 근간으로 하며 의료공급자가 국민과 보험자 간에서 보험급여를 대행하는 방식이다. 독일, 프랑스 등이 사회보험방식으로 의료보장을 제공하는 대표적인 국가이다.

둘째, 국민건강보험(NHI)은 사회보험과 마찬가지로 사회연대성을 기반으로 보험의 원리를 도입한 의료보장체계이지만, 다수 보험자를 통해 운영되는 전통적인 사회보험방식과 달리, 단일한 보험자가 국가 전체의 건강보험을 관리・운영한다. 이러한

NHI방식 의료보장체계를 채택한 대표적인 국가는 한국과 대만을 들 수 있다.

셋째, 국민보건서비스(NHS)는 국민의 의료문제는 국가가 모두 책임져야 한다는 관점에서, 정부가 일반 조세로 재원을 마련하고, 모든 국민에게 무상으로 의료를 제공하여 국가가 직접적으로 의료를 관장하는 방식이다. 이 경우, 의료기관의 상당부분이 사회화 또는 국유화되어 있으며, 영국의 비버리지(William Henry Beveridge, 1879~1963)가 제안한 이래 영국, 스웨덴, 이탈리아 등의 유럽에 확산되었다.

비버리지

영국의 경제학자이며, 특히 고용문제에 관한 전문가이다. 대표작으로는 1909년 ≪실업론(*Unemployment*)≫과 1944년 ≪자유사회에 있어서의 완전고용(*Full Employment in a Free Society*)≫이 있다. 그런데 이들 두 저작 사이에는 그의 사상에 기본적인 변화가 있다. 즉, 전자에서 실업은 고임금에서 기인한다는 고전적인 입장에 서서 임금 인하와 마찰적 실업의 제거를 강조했었다. 그러나 후자에서는 케인즈(J. M. Keynes, 1883~1946)적인 사고에 입각하여 실업의 발생을 유효수요의 부족, 즉 시장의 협소성에 귀착시켰다.

1942년 <비버리지보고서Beveridge Report>라고 통칭되는 일련의 보고서 <사회보험 및 관련 서비스>를 발표하여 사회보장제도의 확립을 주장했으며, 6원칙을 제시했다.

① 최저생활급의 일률정액, ② 보험료의 일률정액, ③ 사회보장제도운영기관 책임의 통일화, ④ 보험급부의 적정화, ⑤ 보험적용범위의 확대, ⑥ 피보험자의 연령 · 성 및 종업상의 지위에 따른 분류 등이다.

이들 6원칙은 역대정부 및 국민의 지지를 받아 1945년 이래 각종 법률로서 구체화되어 오늘날과 같은 모든 국민의 최저생활을 국가적으로 보장하는 사회보험제도를 낳게 하였다.

(4) 국민건강보험의 법적 근거

① 헌법

대한민국 「헌법」은 제34조 제1항 및 제2항에서 국민의 인간다운 생활을 할 권리와 이를 실현하기 위한 국가의 사회복지증진의무를 규정함으로써 사회보장제도의 법적 근간이 된다.

② 사회보장기본법

사회보장에 관한 기본법인 「사회보장기본법」 제3조는 "'사회보장'이란 출산, 양육,

실업, 노령, 장애, 질병, 빈곤 및 사망 등의 사회적 위험으로부터 모든 국민을 보호하고 국민 삶의 질을 향상시키는 데 필요한 소득·서비스를 보장하는 사회보험, 공공부조, 사회 서비스를 말한다."고 규정하여 사회보장의 법적 범위를 규정하고 있다.

③ **국민건강보험법**

국민의 질병·부상에 대한 예방·진단·치료·재활과 출산·사망 및 건강증진에 대하여 보험급여를 실시함으로써 국민건강을 향상시키고 사회보장을 증진함을 목적으로 하는 「국민건강보험법」이 국민건강보험제도를 구체화하고 있다. 이 법은 의료보험제도의 통합운영에 따라 종전의 「의료보험법」과 「국민의료보험법」을 대체하여 제정되었다.

(5) 국민건강보험의 기능

① **의료보장기능**

건강보험은 피보험 대상자 모두에게 필요한 기본적 의료를 적정한 수준까지 보장함으로써, 그들의 의료문제를 해결하고 누구에게나 균등하게 적정수준의 급여를 제공한다.

② **사회연대기능**

국민건강보험은 사회보험으로서 건강에 대한 사회공동의 책임을 강조하여 비용(보험료)부담은 소득과 능력에 따라 부담하고, 가입자 모두에게 균등한 급여를 제공함으로써, 사회적 연대를 강화하고 사회통합을 이루는기능을 가지고 있다.

③ **소득재분배기능**

질병은 개인의 경제생활에 지장을 주어 소득을 떨어뜨리고 다시 건강을 악화시키는 악순환을 초래하기 때문에, 각 개인의 경제적 능력에 따른 일정한 부담으로 재원을 조성하고 개별부담과 관계없이 필요에 따라, 균등한 급여를 제공하여 질병의 치료부담을 경감시키는 국민건강보험은 소득재분배 기능을 수행한다.

2) 국민건강보험의 적용 대상

국민건강보험의 적용 대상은 지역 및 직장 가입으로 분류할 수 있다.

(1) 지역가입자

- 신생아 출생 시
- 직장가입자의 자격을 상실 시
- 국가유공자·독립유공자가 지역가입자 적용 신청 시
- 외국인 등록자 및 재외국민의 경우
- 임의계속가입자
- 국적취득자
- 수급권자에서 제외되었을 때
- 국외 이주자가 영주 귀국 시

(2) 직장가입자

- 상시 1인 이상의 근로자를 사용하는 사업장에 고용된 근로자와 그 사용자
- 근로자 없는 사업장은 적용 대상이 아님
- 적용 제외 사업장 - 소재지가 일정하지 않은 사업장
  - 근로자가 없이 대표자만 있는 개인사업장
  - 법인 대표자 1인만 있는 사업장

3) 건강보험료의 부과

(1) 지역가입자

건강보험료는 지역가입자의 보험료 가입자의 소득, 재산(자동차 포함)을 참작하여 정

한 부과요소별 점수를 합산한 보험료부과점수에 점수당 금액을 곱하여 보험료 산정 후 경감률 등을 적용하여 세대단위로 부과한다.

부과요소로는 소득(사업 · 이자 · 배당 · 연금 · 근로소득 등), 재산(토지, 주택, 건축물, 선박, 항공기, 전세/전월세 등), 자동차(사용연수 9년 미만의 승용차 중 4,000만 원 이상이거나 배기량 1,600CC 초과 승용차와 그 밖의 승용자동차만 해당) 등이 있다.

(2) 직장가입자

건강보험료는 직장가입자의 소득능력에 따라 부과하는 것이며, 전년도 신고한 보수월액으로 보험료를 부과한 후, 당해연도 보수총액을 신고받아 정산하는 방식을 채택하고 있다. 단, 보수월액에 포함된 보수를 제외한 소득(보수외소득)이 연간 3,400만 원을 초과하는 직장가입자에게 보수 외 소득을 기준으로 소득월액보험료를 부과한다(2018년 7월 1일 시행).

4) 급여체계

(1) 보험급여

「국민건강보험법」 제41조에 의해, 가입자 및 피부양자의 질병 · 부상 · 출산 등에 대하여 법령이 정하는 바에 의하여 공단이 각종 형태로 실시하는 의료 서비스를 말한다. 법령에서 정한 보험급여의 종류에는 진찰 · 검사, 약제 · 치료재료의 지급, 처치 · 수술 기타의 치료, 예방 · 재활, 입원, 간호, 이송 등이 있다.

건강보험심사평가원(2018: 7)에 따르면, 2017년 건강보험상 전체 진료비는 약 69조 원이며, 이 중 65세 이상 고령자의 진료비는 전체의 39.0%인 약 27조 원으로 전년보다 10.5% 증가를 보이고 있다.

65세 이상의 경우, 입원 진료비는 2016년 약 11조 원에서 2017년 약 12조 원으로 9.8% 증가, 외래 진료비는 2016년 7조 원에서 2017년 약 8조 원으로 12.2% 증가, 약국 비용은 2016년 약 5조 원에서 2017년 5조 원으로 9.3% 증가를 나타냈다.

연도별 노인진료비는 〈표 9-1〉과 같다.

〈표 9-1〉 노인진료비 (단위: 천일, 억 원, %)

구 분		2013	2014	2015	2016	2017	증감률
계	내원일수	391,255	413,424	426,777	446,372	462,934	3.7
	총진료비	175,283	193,551	213,615	245,643	271,357	10.5
	(구성비)	(34.5)	(35.5)	(36.8)	(38.0)	(39.0)	-
입원	내원일수	60,919	66,796	71,687	77,778	81,510	4.8
	총진료비	78,801	86,656	96,500	112,616	123,609	9.8
외래	내원일수	217,701	228,877	233,820	243,341	252,038	3.6
	총진료비	54,658	61,620	68,241	79,154	88,845	12.2
약국	내원일수	112,635	117,751	121,270	125,253	129,386	3.3
	총진료비	41,825	45,275	48,874	53,873	58,903	9.3
노인인구(천명)		5,740	6,005	6,223	6,445	6,806	5.6
(구성비)		(11.5)	(11.9)	(12.3)	(12.7)	(13.4)	-

자료: 건강보험심사평가원(2018: 7).

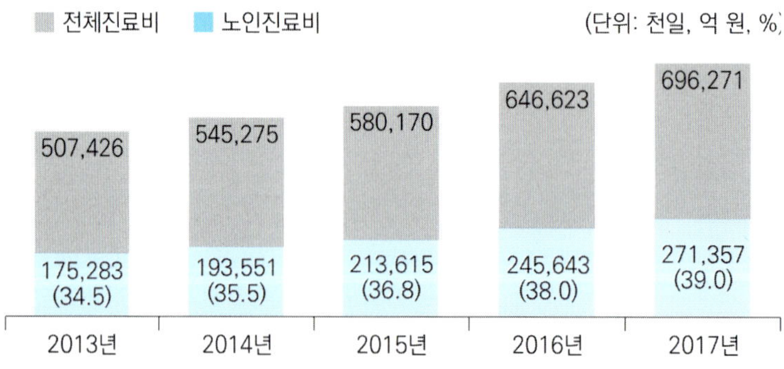

자료: 건강보험심사평가원(2018: 7).

[그림 9-1] 연도별 노인진료비 및 구성비 현황

65세 이상 1인당 진료비는 약 398만 원으로 전년 약 381만 원보다 4.6% 증가하였으며, 매년 증가 추세를 보이고 있다.

건강보험상 진료비 및 증감률은 다음과 같다.

〈표 9-2〉 건강보험상 진료비 및 증감률 (단위: 억 원, 천 원, %)

연도	전체	증감률	1인당 진료비	증감률	65세 이상	증감률	구성비	1인당 진료비	증감률
2007	322,590	13.0	675	12.0	90,813	22.8	28.2	2,070	14.0
2008	350,366	8.6	728	7.8	104,904	15.5	29.9	2,281	10.2
2009	394,296	12.5	811	11.5	120,391	14.8	30.5	2,494	9.4
2010	436,570	10.7	893	10.1	137,847	14.5	31.6	2,769	11.0
2011	460,760	5.5	935	4.7	148,384	7.6	32.2	2,862	3.4
2012	482,349	4.7	971	3.9	160,382	8.1	33.3	2,933	2.5
2013	507,426	5.2	1,015	4.5	175,283	9.3	34.5	3,054	4.1
2014	545,275	7.5	1,084	6.8	193,551	10.4	35.5	3,223	5.5
2015	580,170	6.4	1,149	6.0	213,615	10.4	36.8	3,433	6.5
2016	646,623	11.5	1,274	10.9	245,643	15.0	38.0	3,811	11.0
2017	696,271	7.7	1,367	7.3	271,357	10.5	39.0	3,987	4.6

자료: 통계청(2018a: 31).

(2) 의료급여

국민건강보험공단에서는 「의료급여법」 제33조 및 동법 시행령 제20조에 의거하여 의료급여사업 중 일부 업무를 위탁받아 수행하고 있으며, 위탁업무는 심사평가원의 심사・조정결과에 따른 급여비용의 지급, 전산기기에 의한 수급권자의 자격, 개인별 진료받은 내용의 관리, 의료급여의 제한에 필요한 실태조사 및 자료수집 등이다.

5) 국민건강보험과 민간보험

민간보험(실손의료보험)이란 사람의 질병 또는 상해로 인한 손해(의료비에 한함)를 보험회사가 보상하는 보험상품을 말한다. 실제 손실을 보장한다고 해서 실손의료보험이라고 하는데, 민영의료보험, 의료실비보험 등으로도 불린다.

실손의료보험은 일부 비갱신보험과 달리 질병에 걸릴 위험률과 보험금 지급 실적 등을 반영해 보험료가 3~5년마다 바뀐다. 나이가 들면 들수록 보험료가 오르며, 보험사에 따라 만 60세 또는 65세까지 가입이 가능하다. 그러나 장기간 납입해야 하기 때문에 빨리 가입할수록 유리하다. 과거에는 의료비를 전액 보장하는 상품이 많았지만, 2009년 10월 이후엔 표준화 작업을 통해 의료비의 90%만 보장하는 상품이 출시되고 있다.

국민건강보험과 민간보험의 비교는 〈표 9-3〉과 같다.

〈표 9-3〉 국민건강보험과 민간보험(실손의료보험)의 비교

구분	국민건강보험	민간보험(실손의료보험)
보장범위	국민의 질병·부상에 대한 예방·진단·치료·재활과 출산·사망 및 건강증진에 대하여 보험급여 실시(「국민건강보험법」 제1조)	보험회사가 피보험자의 질병 또는 상해로 인한 손해(의료비에 한정)를 보상하는 상품
가입 대상	국내에 거주하는 국민(「국민건강보험법」 제5조) • 제외: 의료급여 수급권자 등	임의가입
보장사항	가입자와 피부양자의 질병, 부상, 출산 등에 대하여 요양급여를 실시(「국민건강보험법」 제41조) 1. 진찰·검사 2. 약제(藥劑)·치료재료의 지급 3. 처치·수술 및 그 밖의 치료 4. 예방·재활 5. 입원 6. 간호 7. 이송	•「국민건강보험법」에서 정한 요양급여 또는 「의료급여법」에서 정한 의료급여 중 본인부담금과 비급여(상급병실료 차액 제외)를 합한 금액의 80~90%에 해당하는 금액(표준약관) •「국민건강보험법」 또는 「의료급여법」에 따라 보건복지부장관이 정한 비급여대상
보장일수	제한 없음 • 질병 완치 시까지 보장	• 입원 : 발병일로부터 365일 • 통원 : 연간 180회 • 처방조제비 : 연간 180건

구분	국민건강보험	민간보험(실손의료보험)
보장금액	제한 없음 법정본인부담금 및 비급여 제외 본인부담상한제(2019년도) • 당해연도 총 의료비 본인부담금 총액 81만 원~580만 원 이상인 경우, 환급(소득수준에 따라 7단계 차등적용)	국민건강보험급여를 제외한 본인부담금 중 일부와 비급여 보상(2019년 3월 기준) • 본인부담금+비급여금액합계액의 80~90% 보상 • 입원 : 5천만 원 한도 • 통원(외래+처방조제비): 회당 합산하여 30만 원 이내 • 2011년 7월 4일부터 기본형과 특약(도수치료 등)을 별도 구매하는 상품으로 개편됨
계약갱신	평생 의무가입	1년 단위

자료: 국민건강보험공단 홈페이지(www.longtermcare.or.kr, 2019).

3. 노인장기요양보험

1) 노인장기요양보험의 개념

고령이나 노인성질병 등으로 인하여 6개월 이상 동안 혼자서 일상생활을 수행하기 어려운 노인 등에게 신체활동 또는 가사 지원 등의 장기요양급여를 사회적 연대원리에 의해 제공하는 사회보험제도를 말한다.

현대국가는 그 내용이나 정도에 차이가 있으나 모두 복지국가를 표방하고 있다. 대부분의 국가에서는 경제발전과 보건의료의 발달로 인한 평균 수명의 연장, 자녀에 대한 가치관의 변화, 보육 및 교육문제 등으로 출산율이 급격히 저하되어 인구구조의 급속한 고령화문제에 직면하고 있다. 이러한 사회 변화에 따른 새로운 복지수요를 충족하기 위한 것이 장기요양보장제도이다. 즉, 노화 등에 따라 거동이 불편한 사람에 대하여 신체활동이나 일상가사활동을 지속적으로 지원해주는 문제가 사회적 이슈로 부각되었기 때문이다. 특히, 고령화의 진전과 함께 핵가족화, 여성의 경제활동참여가 증가하면서 종래 가족의 부담으로 인식되던 장기요양문제가 이제 더 이상 개인이나 가계의 부담으로 머물지 않고, 이에 대한 사회적·국가적 책무가 강조되고 있다. 이와 같은 사회환경의 변화와 이에 대처하기 위하여 이미 선진각국에서는 사회보험방식 및 조세

방식으로 그 재원을 마련하여 장기요양보장제도를 도입하여 운영하고 있다.

노인장기요양보험제도의 목적은 고령이나 노인성 질병 등의 사유로 일상생활을 혼자서 수행하기 어려운 노인 등에게 신체활동 또는 가사활동 지원 등의 장기요양급여를 제공하여, 노후의 건강증진 및 생활안정을 도모하고, 그 가족의 부담을 덜어줌으로써 국민의 삶의 질을 향상하도록 함을 목적으로 시행하는 사회보험제도이다.

우리나라 노인장기요양보험제도는 건강보험제도와는 별개의 제도로 도입·운영되고 있는 한편, 제도운영의 효율성을 도모하기 위하여 보험자 및 관리운영기관을 국민건강보험공단으로 일원화하고 있다. 또한 국고 지원이 가미된 사회보험방식을 채택하고 있고, 수급 대상자에는 65세 미만의 장애인이 제외되어 노인을 중심으로 운영되고 있다.

노인장기요양보험제도의 주요 특징은 다음과 같다.

첫째, 건강보험제도와 별도 운영한다.

장기요양보험제도를 건강보험제도와 분리운영하는 경우, 노인 등에 대한 요양 필요성의 부각이 비교적 용이하여 새로운 제도도입에 용이하며, 건강보험재정에 구속되지 않아 장기요양급여 운영, 장기요양제도의 특성을 살릴 수 있도록 「국민건강보험법」과는 별도로 「노인장기요양보험법」을 제정하였다.

둘째, 사회보험방식을 기본으로 한 국고 지원 부가방식을 채택하고 있다.

우리나라 장기요양보장제도는 사회보험방식을 근간으로 일부는 공적부조방식을 가미한 형태로 설계·운영되고 있다.

셋째, 보험자 및 관리운영기관의 일원화를 이루고 있다.

우리나라 장기요양보험제도는 이를 관리·운영할 기관을 별도로 설치하지 않고 「국민건강보험법」에 의하여 설립된 기존의 국민건강보험공단을 관리운영기관으로 하고 있다. 이는 도입과 정착을 원활하게 하기 위하여 건강보험과 독립적인 형태로 설계하되, 그 운영에 있어서는 효율성 제고를 위하여 별도로 관리운영기관을 설치하지 않고 국민건강보험공단이 이를 함께 수행하도록 한 것이다.

넷째, 노인 중심의 급여체계이다.

우리나라 장기요양보험제도는 65세 이상의 노인 또는 65세 미만의 자로서 치매·뇌혈관성 질환 등 노인성질병을 가진 자 중 6개월 이상 혼자서 일상생활을 수행하기 어렵다고 인정되는 자를 그 수급 대상자로 하고 있다. 여기에는 65세 미만자의 노인성질병이 없는 일반적인 장애인은 제외되고 있다.

2) 노인장기요양보험의 적용

(1) 적용 대상

건강보험 가입자는 장기요양보험 가입자가 된다(법 제7조 제3항). 이는 건강보험의 적용에서와 같이 법률상 가입이 강제되어 있다. 또한 공공부조의 영역에 속하는 의료급여 수급권자의 경우 건강보험과 장기요양보험의 가입자에서는 제외되지만, 국가 및 지방자치단체의 부담으로 장기요양보험의 적용 대상으로 하고 있다(법 제12조).

(2) 장기요양 인정

장기요양보험 가입자 및 그 피부양자나 의료급여수급권자 누구나 장기요양급여를 받을 수 있는 것은 아니다. 일정한 절차에 따라 장기요양급여를 받을 수 있는 권리(수급권)가 부여되는데, 이를 '장기요양 인정'이라고 한다.

장기요양 인정절차는 먼저 공단에 장기요양 인정신청으로부터 출발하여 공단직원의 방문에 의한 인정조사와 등급판정위원회의 등급판정, 그리고 장기요양 인정서와 표준장기요양이용계획서의 작성 및 송부로 이루어진다.

장기요양 인정의 신청자격은 장기요양보험 가입자 및 그 피부양자 또는 의료급여수급권자 중 65세 이상의 노인 또는 65세 미만인 자로서 노인성질병인 치매, 뇌혈관성 질환, 파킨슨병 등 대통령령으로 정하는 질병을 가진 자에게 있다.

장기요양 인정 및 이용절차는 [그림 9-2]와 같다.

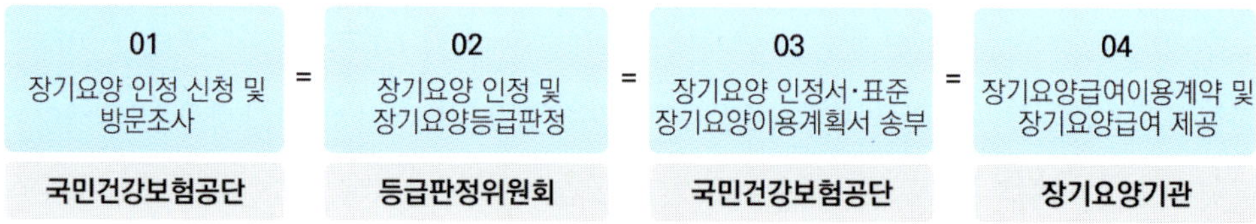

자료: 국민건강보험공단 홈페이지(www.longtermcare.or.kr, 2019) 재구성.

[그림 9-2] 장기요양 인정 및 이용절차

장기요양 인정의 신청은 노인장기요양보험운영센터(전국 공단지사)에서 본인 또는 대리인이 할 수 있으며, 신청방법은 공단 방문, 우편, 팩스, 인터넷 등을 이용한다.

장기요양 인정신청의 종류는 〈표 9-4〉와 같다.

〈표 9-4〉 장기요양 인정신청의 종류

종류	신청 사유	신청 시기	제출 서류
인정신청	처음으로 장기요양 인정신청을 하는 경우	신청자격을 가진 자가 장기요양 급여를 받고자 하는 경우	• 장기요양 인정신청서 • 의사소견서
갱신신청	장기요양 인정 유효기간 종료가 예정된 경우	유효기간 종료 90일 전부터 30일 전	• 장기요양 인정 갱신신청서 • 의사소견서
등급변경 신청	장기요양급여를 받고 있는 동안 신체적·정신적 상태의 변화가 있는 경우	변경사유 발생 시	• 장기요양등급변경신청서 • 의사소견서
급여종류·내용변경 신청	급여종류·내용변경을 희망하는 경우	급여종류·내용변경 사유 발생 시	• 장기요양 급여종류·내용 변경신청서 • 사실확인서(제출 필요시)
이의신청	통보받은 장기요양 인정등급에 이의가 있을 경우	처분이 있은 날로부터 90일 이내	• 이의신청서 • 사실 입증서류

자료: 국민건강보험공단 홈페이지(www.longtermcare.or.kr, 2019).

(3) 장기요양급여 이용절차

수급자는 장기요양 인정서에 적힌 '장기요양 등급', '장기요양 인정 유효기간'과 '급여종류 및 내용'에 따라 적절한 장기요양기관을 선택하여 급여계약 체결 후 장기요양 급여를 이용할 수 있다.

장기요양급여 이용 절차는 **[그림 9-3]**과 같다.

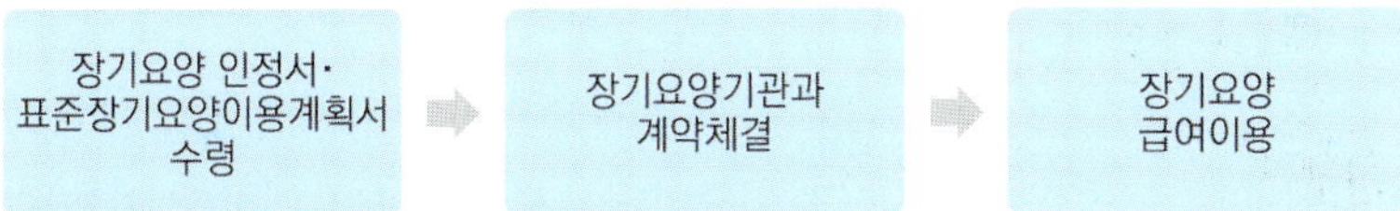

자료: 국민건강보험공단 홈페이지(www.longtermcare.or.kr, 2019).

[그림 9-3] 장기요양급여 이용절차

3) 노인장기요양기관

(1) 장기요양기관의 지정(「노인장기요양보험법」 제31조)

① 장기요양기관을 설치·운영하고자 하는 자는 소재지를 관할 구역으로 하는 특별자치시장·특별자치도지사·시장·군수·구청장으로부터 지정을 받아야 한다.

② 제1항에 따라 장기요양기관으로 지정받고자 하는 자는 보건복지부령으로 정하는 장기요양에 필요한 시설 및 인력을 갖추어야 한다.

③ 특별자치시장·특별자치도지사·시장·군수·구청장은 제1항에 따라 장기요양기관을 지정한 때 지체 없이 지정 명세를 공단에 통보하여야 한다.

④ 장기요양기관의 지정절차와 그 밖에 필요한 사항은 보건복지부령으로 정한다.

(2) 재가요양기관의 설치(「노인장기요양보험법」 제32조)

① 제23조 제1항 제1호의 재가급여 중 어느 하나 이상에 해당하는 장기요양급여를 제공하고자 하는 자는 시설 및 인력을 갖추어 재가장기요양기관을 설치하고 특별자치시장·특별자치도지사·시장·군수·구청장에게 이를 신고하여야 한다. 신고를 받은 특별자치

시장・특별자치도지사・시장・군수・구청장은 신고 명세를 공단에 통보하여야 한다.

② 제1항 전단에 따라 설치의 신고를 한 재가장기요양기관은 장기요양기관으로 본다.

③ 의료기관이 아닌 자가 설치・운영하는 재가장기요양기관은 방문간호를 제공하는 경우 방문간호의 관리책임자로서 간호사를 둔다.

④ 제1항에 따른 시설 및 인력기준, 그 밖에 필요한 사항은 보건복지부령으로 정한다.

(3) 노인의료복지시설

노인복지시설의 종류로 노인의료복지시설을 규정하고 있으며(「노인복지법」 제31조), 노인의료복지시설로는 노인요양시설과 노인요양공동생활가정이 있다(「노인복지법」 제34).

① 노인요양시설

치매・중풍 등 노인성질환 등으로 심신에 상당한 장애가 발생하여 도움을 필요로 하는 노인을 입소시켜 급식・요양과 그 밖에 일상생활에 필요한 편의를 제공함을 목적으로 하는 시설을 말한다.

② 노인요양공동생활가정

치매・중풍 등 노인성질환 등으로 심신에 상당한 장애가 발생하여 도움을 필요로 하는 노인에게 가정과 같은 주거여건과 급식・요양, 그 밖에 일상생활에 필요한 편의를 제공함을 목적으로 하는 시설을 말한다.

4) 노인장기요양보험의 재원

노인장기요양보험 운영에 소요되는 재원은 가입자가 납부하는 장기요양보험료 및 국가 및 지방자치단체 부담금, 장기요양급여 이용자가 부담하는 본인일부부담금으로 조달된다.

(1) 장기요양보험료 징수 및 산정(「노인장기요양보호법」 제8조, 제9조)

장기요양보험 가입자는 건강보험 가입자와 동일하며, 장기요양보험료는 건강보험료액에 장기요양보험료율(2018년 현재 7.38%)을 곱하여 산정한다. 장기요양보험료율은 매년 재정상황 등을 고려하여 보건복지부장관 소속 장기요양위원회의 심의를 거쳐 대통령령으로 정하고 있다.

(2) 국가의 부담(「노인장기요양보호법」 제58조)

① 국고 지원금

국가는 매년 예산의 범위 안에서 당해연도 장기요양보험료 예상 수입액의 100분의 20에 상당하는 금액을 공단에 지원한다.

② 국가 및 지방자치단체 부담

국가와 지방자치단체는 의료급여수급권자에 대한 장기요양급여비용, 의사소견서 발급비용, 방문간호지시서 발급비용 중 공단이 부담해야 할 비용 및 관리운영비의 전액을 부담한다.

③ 본인 일부 부담금(「노인장기요양보호법」 제40조)

재가 및 시설 급여비용 중 수급자의 본인 일부 부담금(장기요양기관에 직접 납부)은 다음과 같다.

- 재가급여: 당해 장기요양급여비용의 100분의 15
- 시설급여: 당해 장기요양급여비용의 100분의 20
- 「국민기초생활보장법」에 따른 의료급여 수급자는 본인일부부담금 전액 면제
- 본인일부부담금의 60%를 감경하는 자
  - ⓐ 「의료급여법」 제3조 제1항 제2~제9호까지의 규정에 따른 수급권자
  - ⓑ 「국민건강보험법 시행규칙」 제15조에 따라 국민건강보험공단(이하 "공단"이라

함)으로부터 건강보험 본인 부담액 경감 인정을 받은 자

ⓒ 천재지변 등 보건복지부령으로 정하는 사유로 인하여 생계가 곤란한 자

ⓓ 「국민건강보험법」 제69조 제4항 및 제5항의 월별 보험료액(이하 "보험료액"이라 한다)이 국민건강보험 가입자 종류별 및 가입자 수별(직장가입자의 경우 당해 피부양자 포함) 보험료 순위가 0~25% 이하에 해당되며, 직장가입자는 재산이 일정기준 이하인 자

• 본인일부부담금의 40%를 감경하는 자: 보험료액이 국민건강보험 가입자 종류별 및 가입자 수별(직장가입자의 경우 당해 피부양자를 포함한다) 보험료 순위 25% 초과~50% 이하에 해당되며, 직장가입자는 재산이 일정기준 이하인 자를 말한다.

5) 기존 건강보험제도 및 노인복지 서비스 체계와의 차이점

(1) 국민건강보험제도와의 차이

국민건강보험은 질환의 진단, 입원 및 외래치료, 재활 등을 목적으로 주로 병・의원 및 약국에서 제공하는 서비스를 급여 대상으로 하는 반면, 노인장기요양보험은 고령이나 노인성질병 등으로 인하여 혼자의 힘으로 일상생활을 영위하기 어려운 대상자에게 요양시설이나 재가기관을 통해 신체활동 또는 가사 지원 등의 서비스를 제공하는 제도이다.

(2) 기존 노인복지 서비스 체계와의 차이

기존 「노인복지법」상의 노인요양은 주로 국민기초생활보장수급자 등 특정 저소득층을 대상으로 국가나 지방자치단체가 공적부조방식으로 제공하는 서비스 위주로 운영되어 왔으나, 「노인장기요양보험법」상 서비스는 소득에 관계없이 심신기능상태를 고려한 요양필요도에 따라 장기요양 인정을 받은 자에게 서비스가 제공되는 보다 보편적인 체계로 운영되고 있다.

노인장기요양보험제도와 기존 노인복지 서비스 체계를 비교하면 〈표 9-5〉와 같다.

〈표 9-5〉 노인장기요양보험제도와 기존 노인복지 서비스 체계 비교

구분	노인장기요양보험	기존 노인복지 서비스 체계
관련 법	「노인장기요양보험법」	「노인복지법」
서비스 대상	• 보편적 제도 • 장기요양이 필요한 65세 이상 노인 및 치매 등 노인성질병을 가진 65세 미만자	• 특정 대상 한정(선택적) • 국민기초생활보장 수급자를 포함한 저소득층 위주
서비스 선택	• 수급자 및 부양가족의 선택에 의한 서비스 제공	• 지방자치단체장의 판단(공급자 위주)
재원	• 장기요양보험료+국가 및 지방자치단체 부담+이용자 본인 부담	• 정부 및 지방자치단체의 부담

자료: 국민건강보험공단 홈페이지(www.longtermcare.or.kr, 2019).

4. 노인치매보장정책

1) 노인치매의 개념

노년기에는 건강문제가 가장 심각하게 다가오는 시기이다. 인간발달단계에 있어서 마지막 단계에 속하므로 가장 많은 문제점을 보유할 수밖에 없으며, 여기서는 노인치매에 대해 서술하고자 한다.

치매(dementia)의 어원은 라틴어 *dementatus*에서 유래하였다. *dementatus*라는 말은 '정신이상', '정상적인 마음에서 이탈된 것', '정신이 없어진 것'이라는 의미를 가지고 있다(이은희·박양숙, 2018: 237). 18세기 말까지는 넓은 의미의 정신 이상을 표시하는 말로 사용되었으나, 19세기에 와서 치매가 사고과정의 장애라는 것이 파악되었다. 치매란, 인간이 가진 여러 가지 인지기능인 기억력, 주의력, 언어기능, 시·공간능력과 판단력을 포함하여 사고과정의 어려움을 초래하는 상태를 말한다. 즉, 기억력을 포함하여 다른 인지기능 중 한 가지 이상의 장애가 있는 경우를 치매라고 하며, 단순히 기억력

만 저하된 경우를 치매라고 말하지는 않는다. 치매는 단일 원인 또는 단일 병리과정에 의해 발생되는 특정 질병이 아니고, 70~90가지의 다양한 병리적 원인에 의해 발생되는 증후군이다(강용규 외, 2013: 323).

치매란, 뇌의 만성적 진행성 변성 질환으로 기억력, 사고력, 지남력, 이해력, 계산능력, 학습능력을 포함하는 여러 고위피질 기능의 장애가 일어나는 임상적 증후군을 말한다. 보건복지부(홈페이지, 2019)에 따르면, 치매는 정상적으로 생활해오던 사람이 다양한 원인의 뇌손상으로 인해 후천적으로 기억력, 언어력, 판단력 등 여러 영역의 인지기능이 떨어져서 일상생활에 상당한 지장이 나타나는 상태를 말한다. 대표적인 초기증상은 기억력 장애이며, 치매노인의 기억력 장애는 경험한 것의 전체를 잊어버리고, 점차 심해지며 판단력도 저하된다는 점에서 나이가 들면서 생기는 기억력 저하와 차이가 있다.

미국정신의학 정신장애의 진단 및 통계편람 제4판(DSM-IV) 분류에 의하면, 치매는 직업적 일이나 통상의 사회활동 또는 대인관계에서 유의한 장애가 있을 정도의 인지기능 및 지적 능력의 감소를 뜻한다. 인지기능장애는 기억력 장애와 언어, 판단, 추상능력, 공간시간능력 및 기타 새로운 기술습득의 장애를 포함하며 성격 변화도 흔히 나타난다.

의학적으로 치매를 기억력과 여러 가지 지적 기능을 상실하는 만성 진행성-퇴행성의 뇌질환에 의한 임상증후군으로 정의하는데, 이는 하나의 특정한 질환이나 진단에 대한 명칭이 아니라, 여러 가지 원인 질환에 의해 발생되는 뇌기능의 전체적인 저하 상태를 뜻한다. 흔히 노망이라 부르기도 하는데, 기억력이 감퇴되어 같은 말을 반복하거나 방금 한 일을 잊어버리거나 사람을 알아보지 못하며, 판단력이나 자제력을 상실하여 평소에 하지 않던 이상한 행동을 하는 상태를 말한다.

치매는 크게 가역성 치매와 비가역성 치매로 나눌 수 있다. 가역성 치매란, 원인 질환을 치유하면 다시 정상으로 되돌아올 수 있는 치매를 말하며, 우울증을 비롯하여 약물, 알코올 및 화학물질 중독에 의한 정신과적 질환 등이 원인이 된다. 또 전해질 이상, 갑상선 질환, 비타민 결핍증, 일시적인 뇌기능 장애를 초래하는 감염성 뇌질환, 두부 외상 등과 이외에도 정상 압력 뇌수종과 다발성 경색증 등도 가역성 치매를 유발할 수 있다. 그러나 치매의 대부분은 비가역성 치매로 알츠하이머병 등 퇴행성 뇌질환이 대표적 원인이다(박석돈 외, 2016: 360).

2) 노인치매의 실태 분석

건강보험심사평가원(2016년 11월 1일자)은 '자신에게 발생할까 봐 걱정하는 질환(국민 걱정 질환)'에 대해 암이 13.6%로 가장 높았고, 관절염(10.2%)과 고혈압(10.0%), 치매(9.9%) 순으로 나타났다고 밝혔다. 통계청(2017b: 25)에 따르면, 치매에 의한 사망자 수는 총 9,164명으로 10년 전 대비 114.1% 증가한 것으로 나타났다. 치매 사망률(인구 10만 명당 명)은 17.9명으로 10년 전 대비 9.2명 증가하였으며, 치매 사망률 성비는 0.5배로 남자(11.2명)가 여자(24.7명)의 절반 수준이었으며, 남자의 사망률은 10년 전 대비 122.4%, 여자는 97.3% 증가한 것으로 나타났다.

〈표 9-6〉 치매질환의 성별 사망률 추이(2006~2016) (단위: 인구 10만 명당 명, %)

구분			사망자 수	사망률			
				전체	알츠하이머병	혈관성 치매	상세불명의 치매
남녀 전체	2006년		4,280	8.8	2.5	0.3	6.0
	2015년		9,460	18.6	9.9	1.7	7.0
	2016년		9,164	17.9	9.4	1.4	7.1
	2015년 대비	증감	-296	-0.6	-0.4	-0.3	0.1
		증감률	-3.1	-3.4	-4.5	-16.6	1.3
남	2006년		1,230	5.0	1.6	0.2	3.3
	2015년		2,823	11.1	5.4	1.4	4.3
	2016년		2,850	11.2	5.5	1.1	4.5

구분			사망자 수	사망률			
				전체	알츠하이머병	혈관성 치매	상세불명의 치매
	2015년 대비	증감	27	0.1	0.1	-0.2	0.2
		증감률	1.0	0.7	1.5	-16.8	5.3
여	2006년		3,050	12.5	3.4	0.4	8.7
	2015년		6,637	26.0	14.3	2.0	9.7
	2016년		6,314	24.7	13.4	1.7	9.6
	2015년 대비	증감	-323	-1.4	-1.0	-0.3	-0.1
		증감률	-4.9	-5.2	-6.8	-16.5	-0.5
사망률 성비 (남/여)	2006년		0.4	0.4	0.5	0.4	0.4
	2015년		0.4	0.4	0.4	0.7	0.4
	2016년		0.5	0.5	0.4	0.7	0.5

자료: 통계청(2017: 25).

〈표 9-7〉 연령별 치매 사망률 추이(2015-2016) (단위: 인구 10만 명당 명)

연령 (세)	2015년	2016년	치매 관련 질환		
			알츠하이머병	혈관성 치매	상세불명의 치매
전체	18.6	17.9	9.4	1.4	7.1
50세 미만	0.0	0.0	0.0	0.0	0.0
50~59	0.6	0.5	0.2	0.1	0.2
60~69	4.7	4.6	2.1	0.8	1.6
70~79	49.6	44.1	20.9	5.5	17.7
80~89	410.4	370.7	197.1	28.9	144.6
90세 이상	1876.8	1723.3	949.3	82.1	691.9

자료: 통계청(2017: 25).

3) 노인치매의 종류 및 증상

노인치매의 종류 및 증상은 다음과 같다.

(1) 퇴행성 치매

퇴행성 치매에는 대표적으로 알츠하이머병, 루이체 치매, 전두측두엽 치매 등이 있다. 이들 질환은 모두 특정 단백질의 비정상적인 응집과 관련이 있으며, 뇌 내에 비정상적으로 특정 단백질이 축적되어 있는 것으로 알려지고 있다.

① 알츠하이머병

알츠하이머병(Alzheimer's Disease, AD)은 노년기에 발생하는 연령 관련 질환 가운데 가장 흔하게 치매를 유발하는 질병이다. 알츠하이머병은 치매를 일으키는 가장 흔한 퇴행성 뇌질환으로, 서서히 발병하여 기억력을 포함한 인지기능의 악화가 점진적으로 진행되는 병을 말한다. 알츠하이머병은 1907년 독일의 정신과 의사인 알츠하이머(Alois Alzheimer) 박사에 의해 최초로 보고되었다. 알츠하이머병은 매우 서서히 발병하여 점진적으로 진행되는 경과가 특징적이다. 초기에는 주로 최근 일에 대한 기억력에서 문제를 보이다가 진행하면서 언어기능이나 판단력 등 다른 여러 인지기능의 이상을 동반하게 되다가 결국에는 모든 일상생활기능을 상실하게 된다(김인혁 외, 2015: 264).

알츠하이머병은 그 진행과정에서 인지기능 저하뿐만 아니라, 성격 변화, 초조행동, 우울증, 망상, 환각, 공격성 증가, 수면장애 등의 정신행동 증상이 흔히 동반되며, 말기에 이르면 경직, 보행 이상 등의 신경학적 장애 또는 대소변 실금, 감염, 욕창 등 신체적인 합병증까지 나타나게 된다.

현미경으로 알츠하이머병 환자의 뇌 조직을 검사하였을 때, 특징적인 병변인 신경반(neuritic plaque)과 신경섬유다발(neurofibrillary tangle) 등이 관찰되고, 육안 관찰 시에는 신경세포 소실로 인해 전반적 뇌 위축 소견이 보인다. 이러한 뇌 병리 소견은 질병 초기에는 주로 기억력을 담당하는 주요 뇌 부위인 해마와 내후각뇌피질 부위에 국한되어 나타나지만, 점차 두정엽(parietal lobe), 전두엽(frontal lobe) 등을 거쳐 뇌 전체로 퍼져나간다. 이러한 뇌 병리 침범 부위의 진행에 따라, 초기에는 기억력 저하가 주로 나타나다가, 진행됨에 따라 점진적인 경과를 보이면서, 임상 증상이 다양해지고 점점 더 심해지게 되는 것이다.

알츠하이머병의 호발 연령은 65세 이후이나, 드물지만 40, 50대에서도 발생한다. 발병 연령에 따라 65세 미만에서 발병한 경우를 조발성(초로기) 알츠하이머병, 65세 이상에서 발병한 경우 만발성(노년기) 알츠하이머병으로 구분할 수 있다. 조발성 알츠하이머병은 비교적 진행속도가 빠르고 언어기능의 저하가 비교적 초기에 나타나는 등의 특징을 보이는 반면, 만발성 알츠하이머병의 경우 상대적으로 진행이 느리고 다른 인지기능 저하에 비해 기억력의 손상이 두드러진다는 보고도 있으나, 근본적으로 두 연령 구분에 따른 병리 소견의 차이는 없으므로 동일 질병으로 간주된다.

알츠하이머병에 걸릴 경우 모든 인지기능이 손상되어 간다. 가장 두드러진 증상은 기억력 장애를 꼽을 수 있다. 지갑이나 열쇠 같은 중요한 소지품을 잘 잃어버리거나, 전화번호나 사람이름을 잘 잊어버리는 증상이 있을 경우, 알츠하이머병이라고 의심할 수 있다. 또한 가스 불에 음식을 올려놓은 것을 잃어버리고 음식을 태우거나, 방금 한 말을 반복하거나 같은 질문을 계속하는 등의 증상도 보일 수 있으며, 환자 자신은 있었던 일 자체도 기억하지 못할 수 있다.

이처럼 알츠하이머병은 잊어버리는 것으로 시작하여 심해지면, 환각을 보고 간질과 비슷한 발작을 일으키게 된다. 알츠하이머병의 정확한 원인은 아직까지 밝혀지지 않고 있지만, 유전자적 인지인자를 보유하고 있는 이들에게서 더욱 높게 나타나는 것으로 알려지고 있다(서울대학교병원 의학정보, http://www. snuh.org).

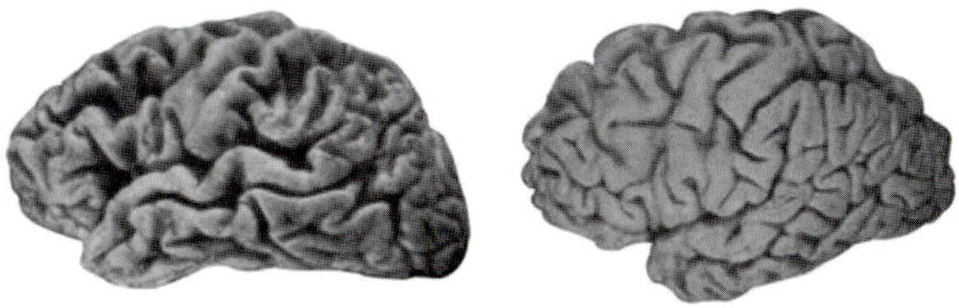

자료: 서울대학교병원 의학정보(http://www.snuh.org).

[그림 9-4] 알츠하이머병 노인과 정상 노인의 뇌 모습

② 루이체 치매

루이체 치매(Dementia with Lewy bodies)는 1900년대 초에 비정상적인 단백질 침전물인 Lewy body inclusions을 처음 발견하였다. 루이체 치매는 치매 환자의 대뇌피질에서 알파-시누클레인 염색이 발견된 후 1990년대 중반부터 진단되어 왔다. 기억상실이 주증상인 알츠하이머와는 달리, 주의력, 실행기능 및 시각공간기능에 문제가 먼저 생겼다. 예를 들어, 집 근처에서 길을 잃거나, 거리의 위치를 잘못 판단하는 시각공간 기능의 문제와 업무수행능력 저하, 운전능력 저하가 그 예이다. 또한 낙상, 실신, 일시적인 의식 상실을 포함하여 기립성 저혈압에 관한 증상이 있다. 치매의 증상이 보행장애, 근육이 뻣뻣해지는 파킨슨 증상을 앞서거나 파킨슨 증상 후 1년 이내에 치매증상을 보이거나 생생한 환시가 있고, 인지력의 등락을 보이는 주기가 확연하게 보일 때 루이체 치매라는 질환을 의심해야 한다. 특히, 꿈 수면 시에 잠꼬대를 하거나, 꿈을 실제 행동으로 옮기는 수면이상행동은, 추후에 파킨슨병이나 루이체 치매로의 진행 가능성을 높여 준다(박석돈 외, 2016: 362).

③ 전두측두엽 치매

전두측두엽 치매(Frontotemporal dementia)는 두뇌의 전두엽 및 측두엽의 위축으로 인해 발생하는 전형적인 행동장애이다. 환자군은 나이에 따라 다르다. 10만 명당 3~15명

의 유병률을 보인다. 임상적으로 전두측두엽 치매라 하면, 유사한 병인, 신경조직학적 소견, 그리고 생화학적 소견을 보이는 일련의 산발적인 또는 가족성의 신경퇴행성 질환을 묶어서 지칭한다. 치매의 이상행동은 알츠하이머 치매에서는 중기 이후에 발생하나 드물게 초기에 발생하기도 한다. 치매 초기에 기억력보다는 우울증 비슷하게 성격 변화, 반복적 행동, 조급증, 돌발행동 등 이상행동 증상을 보이면 전두측두엽 치매를 의심해 보아야 한다. 전두측두엽 치매에서는 기억장애보다는 인격의 변화나 이상행동이 초기단계에서부터 눈에 띄게 나타나는 것이 특징이다. 전에는 옷도 잘 입고 다니고 세련된 사람이 갑자기 옷에 신경도 쓰지 않고 몸가짐도 엉망이 되면서 폭언을 일삼거나, 감정 조절이 되지 않아 자신의 욕망이 그대로 드러나는 행동을 보일 때, 머리에 떠오른 것을 아무 생각 없이 말하거나, 한 가지 일에 과도한 집착을 보일 때 등 증상이 나타나기 전이라면 도저히 하지 않을 말과 행동을 보이게 된다.

(2) 혈관성 치매(vascular dementia)

혈관성 치매는 뇌혈관 질환에 의해 뇌 조직이 손상을 입어 치매가 발생하는 경우이다. 1672년 영국의 신경해부학자인 토마스 윌리스(Thomas Willis, 1621~1675)에 의해 뇌졸중 후 치매 증례가 처음 보고된 후, 17세기 말경부터 혈관성 치매의 용어가 사용되기 시작하였다. 1970~1980년경에는 반복적인 뇌경색에 의해 발생하는 다발성 경색치매(multi-infarct dementia)라는 용어가 혈관성 치매와 동일하게 사용되기도 했다(김인혁 외, 2015: 265). 최근에는 치매뿐만 아니라, 치매보다 경미한 인지기능장애까지 포함하는 개념으로 혈관성 인지장애(vascular cognitive impairment)라는 용어가 사용되기도 한다.

혈관성 치매는 갑자기 발생하거나 급격히 상태가 악화되는 경우가 흔하며, '중풍을 앓고 난 후 갑자기 인지기능이 떨어졌다'고 하는 경우 혈관성 치매의 가능성이 높다. 그러나 모든 혈관성 치매가 이러한 경과를 보이는 것은 아니다. 뇌의 실핏줄이라고 할 수 있는 소혈관들이 점진적으로 좁아지거나 막히는 원인에 의한 경우, 점진적인 경과를 보이기도 한다.

혈관성 치매는 알츠하이머병에 의한 치매와는 달리, 초기부터 한쪽 마비, 구음장애, 안면마비, 연하곤란, 한쪽 시력 상실, 시야장애, 보행장애, 소변 실금 등 신경학적 증상을 동반하는 경우가 많다. 그러나 뇌혈관질환 또는 뇌졸중이 있다고 해서 반드시 혈관성 치매가 나타나는 것은 아니며, 손상받는 뇌의 부위, 크기, 손상 횟수에 따라 혈관성 치매 발병 여부와 심각도가 결정이 된다.

혈관성 치매에서는 기억력 감퇴, 언어능력 저하, 시공간 파악능력 저하, 판단력 및 일상생활 수행능력의 저하 등의 인지기능 저하, 무감동, 우울, 불안, 망상, 환각, 배회, 공격성, 자극 과민성, 이상 행동, 식이 변화, 수면장애 등의 정신행동 이상 외에, 비교적 초기 단계부터 편측 운동마비, 편측 감각저하 또는 소실, 시야장애, 안면 마비, 발음 이상, 삼키기 곤란, 보행장애, 사지 경직 등 다양한 신경학적 이상 증상이 자주 동반되며, 심한 경우 대소변 실금, 낙상, 욕창, 폐렴, 요도감염 등의 신체적 합병증이 나타나기도 한다(서울대학교병원 의학정보, http://www.snuh.org).

(3) 혼합형 치매

알츠하이머병과 인지기능에 영향을 줄 만한 뇌혈관 질환이 동시에 나타나는 것을 혼합형 치매(mixed dementia)라고 한다. 이는 크게 두 가지 형태로 나뉘는데, 첫째는 알츠하이머병의 환자에서 신경영상검사상 뇌혈관 병변이 발견되는 경우이고, 둘째는 알츠하이머병과 혈관성 치매가 혼합된 임상양상을 보이는 경우이다.

혼합형 치매의 발생기전에 관해서는 아직까지 정확하게 밝혀진 바는 없다. 뇌혈관 및 심혈관 질환이 알츠하이머병의 변화를 촉진한다거나 반대로 알츠하이머병이 뇌혈관 질환의 발생을 유발한다는 주장들이 있다. 또한 뇌혈관 질환과 알츠하이머병이 뇌허혈이라는 기전을 공유함으로써 양 질환이 한 환자에서 동시에 발생한다고 하는 주장도 있다. 따라서, 알츠하이머병과 혈관성 치매 사이에 연관성이 있을 것으로 예상되기도 하지만 정확한 기전은 아직 모르는 상태이다. 그러나 알츠하이머병 진단과정에서 치료 가능한 심혈관계 질환과 뇌졸중 및 혈관성 치매요소를 찾아내어 각각의 요소들을 적절히 치료하는 것은 매우 중요하다(강용규 외, 2013: 15).

4) 치매증상의 단계별 치료전략

(1) 초기단계

가족이나 동료들이 치매노인의 문제를 알아차리기 시작하나, 아직은 혼자서 지낼 수 있는 수준이다. 경미한 치매 노인일 경우는 효율적으로 생활에 적응하기 위해서는 어떠한 능력에, 특히 장애가 있고 어떤 능력이 아직 잘 유지되고 있는지 파악하는 것이 중요하다.

구체적 증상으로는,

- 초기 치매의 특징은 '최근 기억의 감퇴'가 시작되는 것이다.
- 예전 기억은 유지되나 최근에 있었던 일을 잊어버린다.
- 음식을 조리하다가 불 끄는 것을 잊어버리는 경우가 빈번해진다.
- 미리 적어 두지 않으면 중요한 약속을 잊어버린다.
- 조금 전에 했던 말을 반복하거나 질문을 되풀이한다.
- 대화 중 정확한 단어가 떠오르지 않아 '그것', '저것' 등으로 표현하거나 머뭇거린다.
- 관심과 의욕이 없고 매사에 귀찮아한다.

(2) 중간단계

치매임을 쉽게 알 수 있는 단계로 어느 정도의 도움 없이는 혼자 지낼 수 없는 수준이다. 중간단계에 있는 치매노인들에게는 우선 안전과 사고의 가능성을 염두에 두어야 한다. 이 시기에 가족도 신체적・심리적 부담이 증가하므로 주위의 도움을 적절히 활용하도록 하고, 요양시설에 입소하는 문제를 고려해야 한다. 망상과 환각 등의 정신병 증상이 잘 나타나므로, 이에 대한 적절한 진단과 치료가 요구되며, 우울증 또한 나타날 수 있으므로 주의해야 한다.

구체적 증상으로는,

- 돈 계산이 서툴러진다.
- 전화, TV 등 가전제품을 조작하지 못한다.
- 오늘이 며칠인지, 지금이 몇 시인지, 어느 계절인지, 자신이 어디에 있는지 등을 파악하지 못한다.
- 평소 잘 알고 지내던 사람을 혼동하기 시작하지만 대부분 가족은 알아본다.
- 대답을 못하고 머뭇거리거나 화를 내기도 한다.
- 다른 사람들이 말하는 것을 이해하지 못하여 엉뚱한 대답을 하거나 그저 "예"라고 대답한다.
- 익숙한 장소임에도 불구하고 길을 잃어버리는 경우가 많다.
- 옷을 입거나 외모 치장에 실수가 잦아져 도움이 필요하며 외출 시에도 다른 사람의 도움이 필요하다.
- 집안을 계속 배회하거나 반복적인 행동을 거듭한다.

(3) 말기단계

인지기능이 현저히 저하되고 정신행동 증상과 아울러 신경학적 증상 및 기타 신체적 합병증 등이 동반되어 독립적인 생활이 거의 불가능한 수준이다. 말기단계의 치매노인은 다른 사람에게 전적으로 의존하게 되어 기본적인 생활, 즉 식사, 목욕, 옷 입기 등에서도 도움이 필요하며 이 시기에는 심한 심리적 부담과 상실감을 겪게 되며, 원망하는 마음이나 죄책감 등을 솔직하게 털어놓을 수 있도록 하는 것이 중요하다(김인혁 외, 2015: 276-277).

구체적인 증상은 다음과 같다.

- 식사, 옷 입기, 세수하기, 대소변 가리기 등에 대해 완전히 다른 사람의 도움을 필요로 한다.

• 대부분의 기억이 상실된다.
• 배우자나 자식을 알아보지 못한다.
• 혼자 웅얼거리거나 전혀 말을 하지 못한다.
• 의미 있는 판단을 내릴 수 없고, 간단한 지시도 따르지 못한다.
• 근육이 굳어지고 보행장애가 나타나 거동이 힘들어진다.
• 대소변 실금, 욕창, 폐렴, 요도감염, 낙상 등으로 모든 기능을 잃고 누워 지낸다.

5. 노인치매보장제도

1) 장기요양 서비스

혼자 생활이 어려운 노인에 대한 따뜻한 안전망이다. 고령이나 노인성질병(치매, 뇌혈관성질환, 파킨슨병 등)으로 6개월 이상 다른 사람의 도움 없이는 일상생활이 어려운 노인에게 신체활동 및 가사활동, 인지활동 지원 등의 서비스를 제공한다.

(1) 시설급여(본인부담금 20%)

① 노인요양시설

장기요양기관이 운영하는 노인요양시설에 입소하여 신체활동 지원 및 심신기능의 유지 · 향상을 위한 교육 · 훈련을 제공한다(요양시설 내 치매전담실 포함).

② 노인요양공동생활가정

가정과 같은 주거여건에서 신체활동 지원 및 심신기능의 유지 · 향상을 위한 교육 · 훈련을 제공한다(치매전담형 노인요양공동생활가정 포함).

(2) 재가급여(본인부담금 15%)

① 주 · 야간보호

하루 중 일정한 시간 동안 주 · 야간보호센터에 보호하여 신체활동 · 인지활동 지원 및 심신기능의 유지 · 향상을 위한 교육 · 훈련 등을 제공한다(치매전담형 주 · 야간보호 포함).

② 방문요양

노인 가정에 요양보호사가 방문하여 신체활동 및 가사활동 등을 지원한다.

③ 24시간 방문요양

가정에서 중증 치매어르신(장기요양 1~2등급)을 돌보는 가족을 지원하기 위한 제도로, 24시간 동안 치매어르신의 가정에서 요양보호사가 보호자를 대신하여 일상적인 돌봄 서비스를 제공한다. 서비스 기간 중 간호(조무)사가 1회 이상 방문하여 치매노인 상태 확인 및 응급상황에 대비할 수 있다. 24시간 방문요양 서비스는 연간 6일 이내에 이용할 수 있다.

④ 인지활동형 방문요양

신체 · 인지기능의 유지 · 향상을 위한 인지자극활동과 일상생활 함께하기 훈련을 제공한다. 기존의 방문요양 가사 지원 서비스와는 달리 남아 있는 기능의 유지 · 향상을 위해 수급자와 함께 옷 개기, 요리하기, 빨래, 식사준비, 개인위생활동 등 일상생활을 함께 수행한다.

⑤ 방문간호

장기요양요원인 간호(조무)사 또는 치위생사가 의사, 한의사, 치과의사의 방문간호 지시서에 따라 치매어르신 가정에 방문하여 간호, 진료의 보조, 요양에 관한 상담 또는 교육, 구강위생 등을 제공한다.

⑥ 방문목욕

장기요양요원이 목욕설비를 갖춘 장비를 이용하여 치매노인 가정에 방문하여 목욕을 제공한다.

⑦ 단기보호

일정 기간 동안 장기요양기관에 보호하여 신체활동 지원 및 심신기능의 유지·향상을 위한 교육·훈련을 제공한다.

⑧ 복지용구

대여품목 8개(수동휠체어, 전동침대, 수동침대, 욕창 예방 매트리스, 이동욕조 등)와 구입품목 9개(이동변기, 성인용 보행기, 목욕의자, 안전손잡이, 간이변기, 지팡이, 욕창 예방 방석, 자세변환용구, 미끄럼방지용품 등)

(3) 가족요양비(매월 15만 원 지급)

가족요양비는 도서나 벽지에 거주하거나, 천재지변 또는 그 밖의 사유로 장기요양기관이 제공하는 장기요양급여를 이용하기 어려울 경우, 가족요양비를 지급하여 가족으로부터 장기요양급여를 받을 수 있는 특별현금급여를 말한다.

2) 치매치료관리비 지원사업

치매를 조기에 지속적으로 치료·관리하여 치매증상을 호전시키거나 악화를 지연시키도록 치매치료비를 지원하는 제도를 말한다. 꾸준한 약물치료로 증상 악화가 더 지연될 수 있도록 치매어르신의 치매치료비(약제비 및 진료비)를 월 최대 3만 원(연 36만

원)까지 실비로 지원한다. 대상자는 만 60세 이상 치매치료제를 복용 중인 치매노인에 한하며, 기준 중위소득 120% 이하(2017년 4인기준 536만 1,000원)인 경우이다.

3) 노인돌봄 종합 서비스

장기요양 서비스를 받지 못하는 일상생활이 어려운 치매노인의 가사 및 활동 등을 지원하여 안정된 노후생활을 보장하는 제도이다.

구체적인 서비스 방법으로, 방문 서비스는 식사·세면 도움, 외출동행, 생필품 구매, 청소, 세탁 등을 제공하며, 주간보호 서비스는 주·야간 보호시설에서 급식 및 목욕 서비스, 심신기능 회복 서비스 등을 제공한다. 또한 단기가사 서비스는 식사 도움, 옷 갈아입히기, 외출동행, 취사, 생필품 구매, 청소, 세탁 등을 제공한다.

이용자격으로, 방문·주간보호 서비스는 만 65세 이상의 장기요양등급 외 A, B 판정자 중 기준 중위소득 160% 이하(2017년 4인 기준 714만 8,000원)인 경우이다. 단기가사 서비스는 만 65세 이상의 독거노인 또는 고령의 부부 노인가구(부부 모두 만 75세 이상) 중에서 최근 2개월 이내 골절진단 또는 중증질환 수술자로서, 기준 중위소득 160% 이하(2017년 4인 기준 714만 8,000원)인 경우이다. 이 제도는 소득수준에 따라 본인부담금 차이가 있다.

4) 치매가족휴가제

장기간의 간병으로 지친 치매가족에게 재충전의 시간을 가지도록 하는 제도이다. 치매노인을 돌보는 가족들에게 휴식을 주는 서비스로 연간 6일까지 이용할 수 있다. 치매노인이 연간 6일까지 단기보호시설 또는 24시간 방문요양을 이용하도록 지원하여 간병으로 지친 가족들에게 휴식을 주는 서비스제도이다.

이용자격으로, 단기보호시설 입소는 장기요양 서비스 재가급여 수급자 중 치매노인일 경우, 연간 6일 이내 단기보호 서비스 추가 이용할 수 있다. 노인돌봄 종합 서비스 이용자(방문 서비스, 주간보호 서비스) 중 치매노인인 경우, 연간 6일 이내 단기보호 서비스 추가 이용이 가능하다. 24시간 방문요양 장기요양 서비스 재가급여 1~2등급(중증) 수급자 중 치매노인인 경우, 연간 6일 이내 24시간 방문요양 서비스를 이용할 수 있다. 단기보호시설 입소를 원할 경우, 선택 가능하다.

5) 실종노인의 발생 예방 및 찾기 사업

실종 위험이 있는 치매노인의 실종을 예방하고 실종되더라고 최대한 신속하고 무사하게 가정으로 복귀할 수 있도록 지원하는 제도이다.

구체적인 서비스방법으로,

첫째, 배회 가능 치매노인에게 인식표를 보급한다. 실종 위험이 있는 어르신의 옷에 신원을 확인할 수 있는 인식표를 부착하며, 인식표에는 치매노인별로 고유번호를 부여한다.

둘째, 배회감지기(GPS형)를 이용한다. 배회감지기를 통해 어르신의 위치를 가족들에게 전송함으로써, 현재 위치 및 이동경로를 수시로 확인할 수 있는 시스템이 있다. 노인장기요양보험 등급을 받은 수급자 중 길을 잃어버리거나 배회증상이 있는 치매노인에게 사용한다. 단, 장기요양시설에 입소하지 않은 치매노인을 대상으로 한다.

셋째, 지문 등 사전등록제를 실시하고 있다. 실종에 대비하여 경찰청에 치매어르신의 지문과 사진, 기타 정보를 미리 등록해 두었다가 실종되었을 때, 등록된 자료를 활용해 신속하게 발견하는 제도이다. 실종 위험이 있는 치매노인을 대상으로 누구나 가능하다.

6) 성년후견제도

성년후견제도란 치매노인이 일상생활과 요양·의료 서비스의 권리주체로서 스스로 권리행사를 하도록, 판단능력이 쇠퇴할 때를 대비하여 미래의 법적 설계 준비를 도와주는 제도이다. 즉, 치매노인과 같이 정신적 어려움(인지기능 저하, 판단력 장애) 등으로 본인 스스로 의사결정을 할 수 없는 경우 가정법원이 후견인을 선정하거나 추후에 판단력 저하(인지기능 저하)에 대비하여 신뢰할 수 있는 사람과 치매노인이 스스로 후견계약를 맺는 제도를 말한다. 이 제도는 후견인을 통해 법률행위(부동산 계약), 재산관리(통장관리), 의료 및 사회복지 서비스 이용, 신상보호(병원 입원 또는 시설 입소) 및 사회생활에서 필요한 사무 처리를 제공받게 된다.

이용자격으로는 치매, 지적 장애, 자폐증, 뇌병변장애 등 정신적 어려움이 있는 경우를 말한다.

7) 치매가족교실 '헤아림'

치매노인을 섬기기 위해 애쓰는 모든 가족들에게 치매노인과 함께 잘 지내기 위한 올바른 지식과 돌보는 지혜를 제공하는 제도이다.

구체적인 서비스방법으로, '헤아림' 가족교실은 치매노인의 가족들이 꼭 알아야 할 치매 관련 최신 정보와 돌보는 지혜를 제공하여 가족들의 돌봄 역량을 향상시켜준다. '헤아림' 자조모임은 치매노인을 돌보는 가족들이 서로 지혜를 나누고 격려하는 모임이다. 치매상담콜센터 전담 상담사를 통해 24시간, 365일 맞춤형 상담을 받을 수 있다.

이 서비스는 치매어르신 가족이라면 누구나 이용 가능하다.

8) 노인치매관리제도

(1) 치매상담콜센터(1899 - 9988)

① 정보상담

치매에 관한 정보, 즉 치매 의심증상, 원인, 치료, 치매 예방법, 치매 진단 시 지원 서비스, 정부 치매 관련 제도 및 서비스 등을 알려준다.

② 돌봄상담

치매어르신 돌봄에 관한 상담, 즉 치매노인 케어기술, 문제상황 대처방법, 간병으로 인한 부담과 스트레스 상담, 정서적 지지 등을 말한다.

(2) 치매체크(치매종합 포털 앱)

치매 위험도 검사 앱 '치매체크', 돌봄 서비스 앱 '동행', 실종노인지원 앱 '집으로'가 통합되어 '치매체크' 하나로 돌봄과 배회감지까지 가능해졌다. 구체적인 서비스방법으로는 다음과 같다.

① 치매위험체크

스스로 간단한 검사를 통해 치매위험 여부를 알 수 있으며, 스마트폰이 없거나 사용이 어려운 경우에는 보호자가 검사할 수 있다.

② 뇌건강트레이너

사용자 스스로 자신의 뇌건강 수준을 확인하고, 생활습관 속 치매위험요인을 꾸준히 점검・관리하여, 스마트한 생활을 유지하도록 도와준다.

③ 돌봄 서비스

치매환자를 돌보는 가족 및 전문인력의 부담을 덜어 주는 스마트한 환자관리, 상담 서비스를 받을 수 있으며, 돌봄정보를 제공해준다.

④ 서비스박스

맞춤형 치매 서비스 검색, 치매가족자조모임 정보 및 치매시설 정보 등 다양한 치매 정보를 제공해준다.

⑤ 실종대응가이드

치매환자의 실종을 예방하기 위해 실시간으로 위치정보를 파악한 배회감지 서비스를 이용하여 실종자 찾기 지원 서비스를 제공한다.

⑥ 치매극복 함께하기

치매파트너가 되어 다양한 치매인식개선 캠페인에 참가하고, 치매환자와 가족들을 위한 희망메시지도 보내 주는 제도이다.

CHAPTER

10

노인주거보장정책

학습목표

1. 노인주거보장의 개념 이해
2. 노인주거보장제도에 대한 토의
3. 구체적 복지정책 수립

학습내용

1. 노인주거보장의 개념
2. 노인주거 현황
3. 노인주거의 유형
4. 노인주거복지시설

개요

노인주거보장이란 개인 자신의 독립성을 유지하면서 안전하고 안락한 일상생활을 유지할 수 있는 공간을 확보하고 유지할 수 있도록 주거의 건설과 공급, 그리고 이에 관련된 서비스를 통하여 지원하여 주는 모든 사회적 노력을 의미한다. 여기에서는 노인주거보장정책을 학습하고자 한다.

CHAPTER

10
노인주거보장정책

1. 노인주거보장의 개념

1) 노인주거보장의 정의

인간의 삶에서 주거는 어떠한 의미를 가지는가? 사람이 살아가기 위해서 예로부터 의식주의 해결을 최우선에 두었듯이, 주거(housing)는 인간다운 문화적 생활 이전에 최소한의 생계를 유지하기 위해 반드시 필요한 인간의 가장 기본적 필요이자 욕구의 하나이다. 주거는 인간에게 가장 필수적인 생활환경이며, 삶의 질을 결정하는 중요한 요인으로 작용한다(한형수, 2011: 211). 노년기는 사회활동이 줄어들고 일상생활에 있어 대부분의 시간을 주택과 주거지역 내에서 보내기 때문에, 주거의 형태와 질의 위치는 노인의 독립성, 안정성, 프라이버시, 사회적 관계 및 활동에의 참여, 노인복지 서비스의 접근 등에 영향을 미치며, 나아가서는 노인생활의 전반적 만족도를 향상시킬 수 있는 중요한 요인으로 작용하고 있다. 노인은 나이가 들어감에 따라 신체적 기능 저하와 질환의 관리 및 일상생활을 보조할 수 있는 주거환경의 조성이 필요하다. 즉, 적절한 주거환경은 심리적 만족감과 건강을 유지해 주는 사회복지 측면에서도 매우 중요하다(고명석 외, 2018: 91).

일반적으로 인간이 살고 있는 장소의 것을 '주거'라 하고 주거를 다시 '주택'과 '주택 이외'로 분류하고 있다. 여기서 주택이란 한 채의 건물에서도 집합주택으로서도 상관없지만, 한 개의 세대가 독립하여 생활을 영위할 수 있는 건물을 말한다. '주택 이외'의 주거는 기숙사, 병원, 학교, 공장, 여관 등에서 '산다'는 것을 목적으로 만들어지는 것이 아니라, 건물에 인간이 살고 있는 경우를 말한다. 이렇게 정의할 경우, 결국 '주거'는 '주택'의 상위개념이라고 할 수 있다. 따라서, 주거와 주택은 인간의 생활을 영위하는 공간이다(김운수, 2014: 14).

주거생활이라면 거주할 주택의 크기와 구조, 설비시설의 편의성은 물론, 주변환경의 쾌적성, 교통의 편리성도 살펴야 한다. 또한 가족과 친구, 이웃 또는 사회적 서비스체계가 잘 갖추어져 있는가 등을 함께 고려해야 한다. 사회적으로 평균수명의 증가, 저출산으로 인한 인구고령화, 노인단독가구의 증가는 노인주거시설의 확충이라는 시급한 과제를 안겨준다(박석돈 외, 2016: 182).

고령화시대의 노인을 위한 주거정책은 노인이 적절한 주거공간에 거주하며 필요한 생활 관련 서비스를 제공받을 수 있도록 하는 것에 초점이 맞추어져야 한다. 따라서, 노인이 보다 독립적이고 자율적이며 심리적으로 안정된 주거생활을 영위할 수 있도록 경제적 특성에서 큰 편차를 보이는 노인층의 주거수요에 부응할 수 있는 소득에 따른 노인주거공급 프로그램 개발과 정부 지원체계를 재정비해야 한다(임정문 외, 2017: 113). 우리나라에서 노인을 위한 주거보장정책은 노인 부양을 장려하기 위해 부모를 모시는 자녀에 대해 소득세 공제, 양도소득세 면제, 주택자금 할증 지원, 무주택 노부모 부양자에 대한 주택우선권 부여 등을 지원하고 있으며, 국민기초생활 수급권자를 대상으로 주거급여를 지급하고 있다. 그리고 국민기초생활 수급권자 위주의 양로원, 노인공동생활가정과 중산층을 위한 노인복지주택의 노인주거복지시설이 있다(정상수 외, 2018: 256).

결론적으로 주거보장이란 개인 자신의 독립성을 유지하면서 안전하고 안락한 일상생활을 유지할 수 있는 공간을 확보하고 유지할 수 있도록 주거의 건설과 공급, 그리고 이에 관련된 서비스를 통하여 지원하여 주는 모든 사회적 노력을 의미한다(고명석 외, 2018: 91).

노인주거보장에 관한 필요성은 다음과 같다(임재옥 외, 2017: 124-125).

첫째, 노인의 주거환경은 노화가 진행됨에 따르는 신체적 기능의 변화에 따르도록 변화해야 한다. 노화가 진행될수록 기능상의 장애를 보완할 수 있는 주거환경의 구조 및 환경적 조건을 제공하여 삶의 질이 향상되도록 하여야 한다.

둘째, 노인의 주거환경은 소득보장과 연계되어 변화되어야 한다. 노인의 은퇴와 직업기회의 제한으로 나타나는 경제적 빈곤은, 적절한 주택을 확보할 수 없어 주거환경의 악순환과 연결된다. 이에 노인의 주거환경에 사회적인 개입이 필요하며 낮은 비용과 적절한 노인복지 서비스를 제공받을 수 있도록 도와주어야 한다.

셋째, 노인의 주거환경은 사회적 네트워크를 제공해 주어야 한다. 노인의 삶은 이웃과 지역사회 내에서 단절된 사회적 관계로 나타난다. 따라서, 지역사회에서 존경받는 사회적 지위를 유지할 수 있는 주거환경을 제공받을 수 있도록 주거 서비스를 제공해 주어야 한다.

2) 주거권의 법적 보장

주거권이란 모든 사람이 적절한 주거를 향유할 권리 혹은 간단하게 살만한 집에 살 권리로 이해할 수 있다. 일차적으로 주거권은 주거를 공급받고 현재의 주거를 안정적으로 유지하고 향유함으로써 주거의 안정성을 확보할 수 있는 권리이다. 그리고 나아가 주거권의 의미내용은 '적절한'이라는 단어에 의해 강화되는데, 이것은 단순히 거주할 수 있는 권리만을 의미하는 것이 아니라, 더 나아가 주거에 관한 일정 기준과 주변 요소들에 접근할 수 있는 권리에 가깝다(이득진, 2008: 21).

주거권이라는 용어는 명시적으로 우리 「헌법」상에 규정하고 있지는 않다. 그러나 우리 「헌법」은 곳곳에 주거와 관련하여 여러 규정을 두고 있다. 즉, 「헌법」 제14조 거주 · 이전의 자유, 「헌법」 제16조 주거의 자유 보장, 제34조 제1항 인간다운 생활을 할 권리, 제35조 제3항 쾌적한 주거생활의 권리, 제37조 제1항 「헌법」에 열거되지 아니한 이유로 경시되지 않는 등 주거와 관련된 규정을 「헌법」의 여러 곳에서 찾아볼 수 있다.

「헌법」 제35조 제3항은 국가에 쾌적한 주거생활의 보장을 위한 여러 가지 의무를 지우고 있으며, 이는 기본적 주거의 보장을 전제로 하여 더 나아가 쾌적한 수준의 주거보장을 의미함으로써 주거권의 논거에 상당한 정도로 근접하고 있다. 그리고 주거권의 환경적 측면을 보장함으로써, 간접적으로 주거권의 존재를 긍정하고 있는 것으로 풀이할 수 있으며, 권리로서 명확하게 적시하고 있지는 않지만 열거되지 않은 권리로서 주거권이 필요하다는 점을 강하게 제기하고 있다는 의의를 지닌다. 이를 구체적으로 살펴보면 다음과 같다(이득진, 2008: 24-28 ; 허영, 2006: 445).

첫째, 「헌법」 제35조 제3항은 단순히 주택개발정책 등의 한정적인 분야에 그치지 않고 주거와 관련된 '쾌적한 주거생활의 보장'이라는 국가의 포괄적인 목표를 설정하고 있다. 제35조 제3항의 '주택개발정책'은 쾌적한 주거생활의 보장을 위하여 예시적으로 적시된 방법이라 할 수 있다.

둘째, 「헌법」 제35조 제3항의 규정은 주거권과 관련하여 전향적이고 주거권의 존재를 간접적으로 확인할 수 있는 기반을 제공하는 것으로 이해할 수 있다.

셋째, 제35조 제3항의 규정은 쾌적한 주거생활의 보장을 위하여 국가가 주택개발정책 이외에도 다양한 행정과 입법, 사법상의 의무를 부과하고 있다.

넷째, 제35조 제3항의 주거와 관련하여 구체화된 의미내용은 주거권에 근접하는 「헌법」상의 기반을 마련해준다. "모든 국민이 쾌적한 주거에서 생활할 수 있도록"의 의미는 주거가 인간생활의 필수요소로서 인간의 존엄과 가치의 실현에 있어서 불가결함을 인정하고 있다.

주거권의 「헌법」상 근거

제35조 ① 모든 국민은 건강하고 쾌적한 환경에서 생활할 권리를 가지며, 국가와 국민은 환경보전을 위하여 노력하여야 한다.
② 환경권의 내용과 행사에 관하여는 법률로 정한다.
③ 국가는 주택개발정책 등을 통하여 모든 국민이 쾌적한 주거생활을 할 수 있도록 노력하여야 한다.

한편, 주거권의 개념을 환경권으로 해석하는 경우도 있다. 환경권의 개념이 국내에 처음 도입된 것은 1960년대 이후이다. 환경보전에 대한 필요성이 강조됨에 따라 환경권론이 전개되었다(김철수, 2009: 198).

3) 노인주거보장의 원칙과 중요성

주거의 수준을 측정하는 데에 있어서 중요한 원칙은 다음과 같다(임정문 외, 2017: 114-115).

첫째, 주거의 연속성을 보장하여야 한다.

주거의 구조가 사용하기 불편하여 혹은 적절한 의료복지 서비스를 제공받을 수 없기 때문에, 태어나고 성장하며 오랫동안 생활하여 왔던 지역과 주거를 벗어나 노후에 전혀 다른 주거환경으로 옮겨가게 되는 것은 노인들에게 심리적・육체적 영향을 크게 줄 수 있다. 따라서, 가능한 한 생활해 왔던 지역사회와 주거에서 노후를 보낼 수 있도록 '주거의 연속성'을 보장해 주는 것이 필요하다. 특히, 주거의 연속성은 복지정책 수립 시 강조되고 있는 '정상화(normalization)' 이념과도 일맥상통한다. 정상화란 노인이나 장애자가 지금까지 살아 왔던 환경에서 지금까지와 비슷한 리듬으로 살아갈 수 있게 해야 한다는 의미이다.

둘째, 주거의 안정성을 갖추어야 한다.

아무리 자신의 주거에서 생활하고 싶어도 주거의 구조가 생활하기 어렵고, 안전사고의 위험이 높다면 오히려 입소시설에서의 생활보다 나을 것이 없을 것이다. 따라서, 안전하고 편리한 주거를 보장하기 위한 주거의 공급이 필요하다.

셋째, 주거의 건강성이 필요하다.

고령자 주거실태를 보면, 낡고 협소한 주거에서 생활하는 경우가 많고, 게다가 주거 내부에 채광이나 통풍, 방음 등에 있어 열악한 환경에 있는 주거가 많으며, 이로 인하여 적절한 휴양이나 휴식을 취할 수 없어 오히려 고령자의 건강을 악화시키는 경우도 적지 않다. 따라서, 건강하게 거주할 수 있는 고령자용 주거공간의 건설이 필요하다.

넷째, 주거의 요양 및 재활용성이 있어야 한다.

지역사회와 주거에서의 생활 지원을 전제로 한 복지이념의 변화에 따라 주거에서 생활하는 고령자가 증가하게 되고, 주거 내에서 요양이나 재활을 하게 되는 경우가 늘어나게 될 것이다. 따라서, 주거 내에서 요양이나 재활을 가능하게 하는 구조와 공간이 제공되어야 한다는 것이다.

우리나라는 기본적으로 주택을 거주가 아닌 재산으로 간주하는 경향이 깊이 인식되어 있다. 즉, 노인의 안락한 삶을 위한 주거보장보다 주택보장에 치중하고 있으므로 고령자들을 위한 주택의 공급이 이루어지지 못하고 있다. 또한 무주택노인을 위한 주거 지원정책이 거의 없다는 문제점이 있다.

노인주거보장의 중요성은 다음과 같다(고명석 외, 2018: 92).

첫째, 노년기에는 주된 생활영역이 가정환경으로 축소되는 경향이 있기 때문에 노년기 주택은 노후생활안정의 가장 중요한 요소가 된다.

둘째, 주택가격이 계속적으로 오르는 상황에서 주택의 소유는 중요한 노후소득보장의 도구가 될 수 있으며, 자가를 소유한 노인은 추가적 주거비용을 지불할 필요가 없으므로 경제적 안정이 가능하다.

셋째, 동일 주택에서 오래 사는 경우 친구나 이웃 등 사회적 관계망을 유지할 수 있고, 지역사회 내에서 사회적 지위의 유지가 가능해 자존감과 보람을 느끼기 좋다.

넷째, 인간으로서의 존엄성을 누릴 수 있는 사생활의 자유를 공간적으로 확보할 수 있어서 여유로움을 즐길 수 있다.

다섯째, 이전부터 살아 온 주택에서 계속 사는 경우 일생에 걸친 추억과 경험의 연속성을 유지할 수 있다.

2. 노인주거 현황

노인의 주거현황을 정리하면 다음과 같다.

1) 자녀와 동거 여부

통계청(2018a: 26)에 따르면, 2017년 65세 이상 고령자 중 72.4%는 현재 자녀와 따로 살고 있으며, 그 비율은 지속적으로 증가 추세이다. 즉, 65세 이상 고령자의 자녀와 비동거 비율은 2011년 68.6%, 2013년 71.6%, 2015년 71.8%, 2017년 72.4%로 나타나 매년 증가하고 있음을 보여 준다. 비동거 이유로는, 자녀와 따로 사는 고령자는 '따로 사는 것이 편해서'가 30.8%로 가장 높지만, 2017년은 30.8%로 2015년 34.5%에 비해 3.7% 감소하고 있다. '독립생활이 가능'은 2017년 28.2%로 2015년 22.9%에 비해 5.3% 증가하였다. 65세 이상 고령자의 27.6%(2017년)가 자녀와 같이 살고 있으며, 주된 이유는 '본인의 독립생활 불가능'이 2017년 37.5%로 2015년 40.5%에 비해 3.0% 감소하였다. 반면, '같이 살고 싶어서'는 2017년 23.3%로 2015년 17.6%에 비해 5.7%p 증가한 것으로 나타났다.

노인의 자녀 동거 여부는 〈표 10-1〉과 같다.

〈표 10-1〉 노인의 자녀 동거 여부 (단위: %)

구분	같이 살고 있음							같이 살고 있지 않음						
		소계	본인의 독립 생활 불가능	자녀의 독립 생활 불가능	손자·손녀 양육 및 가사 도움	같이 살고 싶어서	기타		소계	독립 생활 가능	자녀에게 부담 될까봐	따로 사는 것이 편해서	자녀의 직장, 학업 때문에	기타
2011	31.4	100.0	44.3	22.7	12.7	15.2	5.2	68.6	100.0	18.8	24.0	34.7	18.3	4.2
2013	28.4	100.0	46.9	25.0	10.7	14.0	3.3	71.6	100.0	25.5	22.6	32.5	15.5	3.8
2015	28.2	100.0	40.5	27.9	12.9	17.6	1.2	71.8	100.0	22.9	22.0	34.5	15.4	5.2
2017	27.6	100.0	37.5	25.0	11.9	23.3	2.2	72.4	100.0	28.2	21.0	30.8	17.3	2.7
남자	24.3	100.0	20.1	33.2	9.8	32.8	4.0	75.7	100.0	34.8	17.8	28.6	16.4	2.4
여자	30.1	100.0	47.9	20.2	13.1	17.6	1.2	69.9	100.0	23.0	23.5	32.6	18.0	3.0

자료: 통계청(2018a: 26).

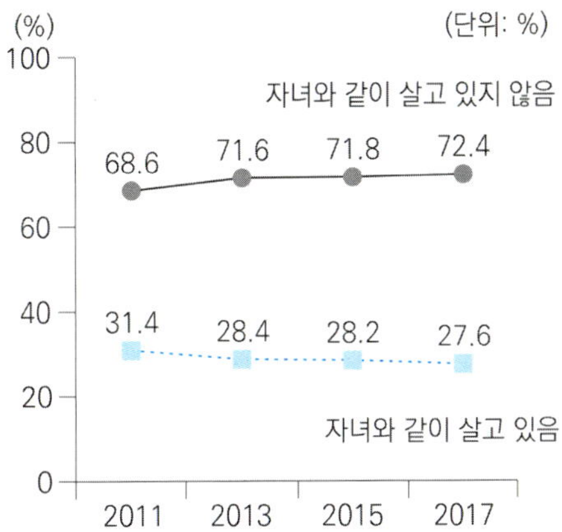

자료: 통계청(2018a: 26).

[그림 10-1] 노인의 자녀 동거 여부 추이

2) 노인주거 유형별

통계청(2018a: 27)에 따르면, 2017년 주택에 거주하는 고령자(65세 이상) 가구는 49.6%가 단독주택에 거주하며, 그 다음으로 아파트(38.2%), 연립·다세대(10.5%) 순으로 나타났는데, 고령자 가구주의 구성비는 2000년 73.9%, 2010년 60.6% 순으로 나타났다. 즉, 단독주택에 거주하는 구성비는 감소 추세이며, 아파트 및 연립·다세대에 거주하는 구성비는 증가 추세이다. 2017년 전체 가구는 아파트(51.4%), 단독주택(34.8%) 순으로 많이 거주하여 고령자 가구 아파트(38.2%), 단독주택(49.6%)과 차이를 보고 있다.

고령자 가구의 주거 유형은 〈표 10-2〉, [그림 10-2]와 같다.

〈표 10-2〉 고령자 가구의 주거 유형 (단위: 천 가구, %)

구분		일반 가구	주택						주택 이외의 거처
				소계	단독 주택	아파트	연립 다세대	비거주용	
전체 가구(2017)		19,674	18,816	100.0	34.8	51.4	12.1	1.7	858
고령자 가구	2000	1,734	1,726	100.0	73.9	17.5	5.5	3.2	8
	2005	2,448	2,436	100.0	67.4	23.5	7.6	1.5	13
	2010	3,111	3,089	100.0	60.6	29.8	8.3	1.2	22
	2015	3,720	3,644	100.0	52.6	35.7	9.9	1.7	76
	2016	3,867	3,786	100.0	51.2	36.8	10.3	1.7	82
	2017	4,065	3,976	100.0	49.6	38.2	10.5	1.7	89

자료: 통계청(2018a: 27).

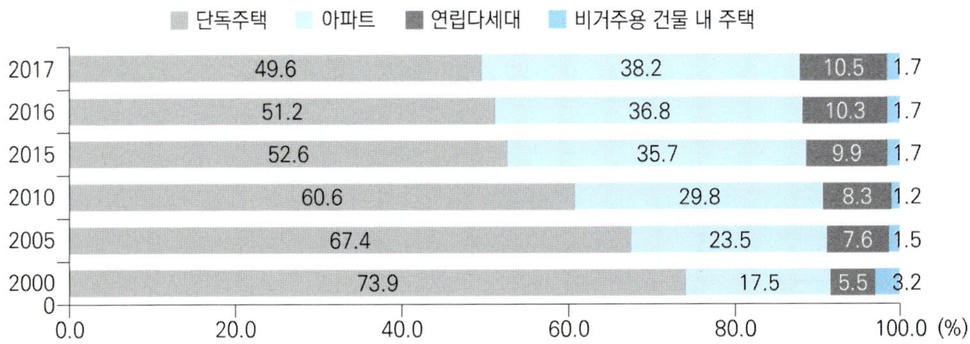

자료: 통계청(2018a: 27).

[그림 10-2] 고령자 가구의 주택 유형 구성비

3. 노인주거의 유형

노인주거의 유형은 다양하게 분류할 수 있다. 그 내용은 다음과 같다(이근홍, 2018: 117-120; 임정문 외, 2017: 114-115).

1) 주거입지형

(1) 도시형

도시형은 일상생활에 필요 서비스가 잘 정비된 도시에 소재하여 지역사회 내에 있는 공공시설, 상업시설, 편의시설, 의료시설 등과 밀접한 관계를 유지할 수 있는 형태이다. 이 형태는 도시에 거주하는 다수의 노인인구를 배경으로 설치되어 있기 때문에 가족들과의 교류가 용이하고, 의료시설 등을 이용하기 편리하며, 일자리의 기회도 많아 노인주거시설로써 유리한 조건을 갖추고 있다. 그러나 도시형은 토지비용이 지나치게 비싸고, 부지를 확보하기 어려우며, 녹지의 확보가 어려운 단점을 지니고 있다.

(2) 도시근교형

도시근교형은 도심까지의 교류가 비교적 단시간 내에 이루어지고, 도시 내에 소재하는 각종 서비스를 이용할 수 있는 주거환경이 양호한 형태이다. 이 형태는 도시형과 전원형의 중간적 특성을 지니고 있으며, 토지가격이 비교적 저렴하고 넓은 면적의 부지를 확보할 수 있어서 토지활용에 여유가 있으며, 교통망도 양호하여 도심지로의 통근도 가능하고 시장성도 높다고 볼 수 있다. 그러나 도시근교형은 도시형만큼 공공시설, 의료시설, 상업시설, 여가시설 등과의 접근성이 양호한 것만은 아니다.

(3) 휴양단지형

휴양단지형은 주로 공기가 좋고 물도 맑으며 자연경관이 수려한 곳에 소재하는 형태이다. 이 형태는 주거로 상주하는 시설이라기보다는 휴양을 위해서 일시적으로 거주하는 특성이 있으므로 온천지역, 경치가 아름다운 곳, 역사적·문화적 요소가 풍부한 곳 등에 설치하는 시설이다. 휴양단지형은 자연환경이 좋은 곳에 설치하여 휴식과 휴양을 취하기에 유리하지만, 일상생활에 필요한 각종 서비스에 접근하기가 어렵고 고립된 생활을 할 수 있다는 단점을 지니고 있다.

(4) 전원형

전원형은 도시에서 떨어진 곳에 농원, 화단, 연못 등의 전원생활을 즐길 수 있는 곳에 위치한 주거의 형태이다. 이 형태는 대도시로부터 멀리 떨어져 있다 하더라도 산간벽지에 설치하기보다는 중소도시의 생활권이나 중소도시 근교에 설치하는 것이 유리하다. 전원형은 생활의 공간이 넓고 간단한 소일거리도 있으며, 주변환경도 좋은 장점을 가지고 있다. 그러나 일상생활에 필요한 각종 서비스에 접근하기가 어려우며, 작은 주거단지의 경우 주변에 가까운 이웃이 적다는 단점을 지니고 있다.

2) 계획주거형

(1) 은퇴주거단지

은퇴주거단지(retirement community)는 은퇴한 노인을 위해 계획적으로 조성된 것으로 일반 주거지역과는 달리 노인을 위해 특별히 계획한 주거단지이다. 이 형태는 노인에게 편리하고 안전하게 생활할 수 있도록 한 주거지역이며, 자녀에게서 독립된 생활을 영위하는 노인들이 공동생활을 할 수 있도록 한 광범위한 공간인 것이다. 은퇴주거단지는 노인을 위한 의식주, 여가시설, 문화시설, 기본적인 의료시설 등 노인에게 필요한 서비스를 제공하는 시설들로 일반 주거지역과는 달리 노인을 위해 특별히 계획한 주거단지이다.

이 형태는 노인에게 편리하고 안전하게 생활할 수 있도록 한 주거지역이며, 자녀에게서 독립된 생활을 영위하는 노인들이 공동생활을 할 수 있도록 한 광범위한 공간인 것이다. 이 형태는 노인을 위한 의식주, 여가시설, 문화시설, 기본적인 의료시설 등 노인에게 필요한 서비스를 제공하는 시설들을 갖추고 있다. 입주자는 주로 중류층이나 상류층의 은퇴한 노인들로, 독립적이면서 활동적인 생활을 추구하는 노인들이 주요한 대상이며, 조용한 환경에서 안정적인 생활을 영위하는 데 관심을 가진 노인에게 적합한 주거 유형이다.

(2) 공동생활주택

공동생활주택(congregate housing)은 간호 서비스를 필요로 하지는 않지만 완전히 독립적이지도 않는 노인에게 생활에 필요한 시설을 갖추어 놓고 비교적 독립적인 생활을 할 수 있도록 하는 주거형태이다. 이 형태는 가사가 힘겹고 덜 활동적인 노인들이 관심을 가지는 곳으로, 거주자는 대개 부유층 노인이다. 공동생활주택은 기본적인 서비스를 제공하여 노인의 독립적인 생활을 더욱 촉진할 수 있으며, 사회적 고립감을 감소시켜 정서적 안정감을 제공할 수 있다. 공동생활주택의 소유형태로는 소유권은 있으나 거주권리만을 갖는 형태, 주거 단위에 대한 완전한 소유권을 갖는 형태 또는 임대형태 등이 있다.

(3) 요양시설

요양시설(nursing home)은 병원시설이 통합되어 있는 주거형태로 지속적인 건강치료를 하는 노인을 돕기 위한 시설이다. 요양시설의 서비스는 일어나기, 약물치료, 몸단장하기 등과 같은 일상생활을 돕는 것과 24시간을 연속적으로 간호해주는 것이 있다. 이 형태는 노년기의 마지막 단계, 에릭슨(E. H. Erikson, 1902~1994)의 9단계(the ninth stage)에서 이용하는 시설로, 대개 일상생활을 돕는 서비스와 24시간 간호해주는 서비스가 분리되어 제공되고 있다. 요양시설에 입소한 노인들은 건강상태에 따라 동일 주거시설 내에서 건강의 호전 여부에 따라 단계별로 거주지를 이동할 수 있다.

3) 주거협조형

(1) 공동사용주택

공동사용주택(shared hosing)은 2인 이상의 비혈연관계에 있는 개인이 상호 이익을 위하여 인적·재정적 자원을 공동 부담하여 주택을 공동으로 사용하는 주거형태이다. 이것은 각 개인이 자신의 개인 침실을 독립적으로 소유하고 거실, 부엌, 식당 등과 같은 공동영역을 함께 사용하는 형태이다. 이 형태는 혼자 사는 노인이 고독과 소외 등과 같은 정서적 어려움을 혼자서 극복해낼 수 없을 경우 선택할 수 있는 대안이 될 수 있다.

(2) 액세서리주택

액세서리주택(accessory apartment)은 현관, 주차장 등은 공동으로 사용하나 침실, 거실, 식당 등은 독립적으로 이용하는 주거형태이다. 이것은 임대가 가능한 독립적인 공간을 별도로 마련해주어야 하므로, 주택 내에서 한 세대만 살게 되어 있는 구조로 변경하는 경우가 많다. 이 형태는 자녀가 성장하여 집을 떠나게 되면서 여분의 공간이 생기게 되고, 주택의 유지에 필요한 난방비, 유지관리비, 세금 등의 부담이 높아지면서 주택을 하나의 수입원으로 활용하는 형태이다.

(3) 노인조립주택

노인조립주택(elder cottage housing opportunity)은 자녀세대와 부모세대가 같은 울타리 내에서 독립적으로 살 수 있도록 계획한 가족 지향적인 주거형태이다. 이 형태는 노인이 가족과 가까이 있으면서 독립적으로 살 수 있도록, 기존의 주택이 위치한 대지에 노인을 위해 지은 작고 이동 가능한 일시적인 조립식 주택을 말한다. 노인조립주택은 자녀의 집 옆에 조립식 주택을 세워 자녀와의 상호 교류가 가능하도록 함으로써, 노인이 신체적 · 정서적 · 심리적 측면에서 도움을 받을 수 있도록 한 것이며, 노인과 그 가족에게 독립성, 사생활보호, 안전성, 경제성 등을 제공해준다.

4) 생활주거형

(1) 독립거주형

독립거주 유형은 가장 일반적인 주거형태로, 비교적 건강하고 보건의료 서비스를 필요로 하지 않는 노인의 거주형태이다. 이러한 거주형태에는 일반주택, 3세대주택, 고령자주택 등의 주택형태가 포함된다. 우리나라의 경우 일반주택에서 노인이 거주하는 경우가 많지만, 세대 간의 가치관 변화와 생활양식의 다양화로 인하여 다양한 형태의 3세대주택(three-generation family home, 3세대가 동거하는 주택)이나 가까운 곳에서 살면서 생활을 공유하는 주거형태가 늘어나고 있다.

(2) 서비스형 거주시설

서비스형 거주는 비교적 경제적인 여유가 있는 동년배의 노인이 입주하여 노인을 위한 건강, 여가 등의 필요한 생활 서비스를 제공하는 시설에서 거주하는 형태이다. 이러한 서비스형 거주시설에 입소한 노인은 공동생활을 할지라도 개인생활을 보장받게 되는데, 「노인복지법」의 노인복지주택이나 정부가 추진하고 있는 고령친화모델지역이 이에 속한다.

자료: cafe.naver.com

[그림 10-3] 3세대분리형 전원주택

(3) 복지시설 거주

복지시설 거주는 고령자들이 입소하여 보호적인 환경에서 집단생활을 하는 거주형태로, 「노인복지법」상 노인 주거복지시설인 양로시설과 노인의료복지시설인 노인요양시설이 이에 해당한다.

(4) 의료시설 거주

의료시설 거주는 질병의 치료와 간호를 목적으로 한 의료 서비스가 중점 제공되는 시설에 거주하는 형태로, 보건소, 병·의원 그리고 노인전문병원 등이 이에 속한다.

현재 우리나라에서는 작은 병에도 장기입원하고 병원에서 임종을 맞으려는 사회적 입원이 증가하고 있는 실정이다.

(5) 일시 거주형

일시 거주형은 이용시설에 잠시 머무르면서 숙식이나 기타 필요한 서비스를 받는 주거형태로, 「노인복지법」상의 단기보호시설이 이에 속한다.

4. 노인주거복지시설

1) 노인주거복지시설의 개념

65세 이상의 노인이 심신적 · 사회적 · 경제적 등의 이유로 가족과 생활하기가 어려울 때, 그들을 수용하기 위하여 국가 · 지방자치단체 또는 민간단체가 경영하는 시설을 말한다(「노인복지법 시행규칙」[별표 2]). 「노인복지법」 제32조 제1항은 노인주거복지시설을 규정하고 있다.

- 양로시설: 노인을 입소시켜 급식과 그 밖에 일상생활에 필요한 편의를 제공함을 목적으로 하는 입소정원 10명 이상 시설
- 노인공동생활가정: 노인들에게 가정과 같은 주거여건과 급식, 그 밖에 일상생활에 필요한 편의를 제공함을 목적으로 하는 입소정원 5명 이상 9명 이하 시설
- 노인복지주택: 노인에게 주거시설을 임대하여 주거의 편의 · 생활지도 · 상담 및 안전관리 등 일상생활에 필요한 편의를 제공함을 목적으로 하는 30세대 이상 시설

통계청(2018a: 41)에 따르면, 노인주거복지시설은 노인복지시설 전체의 0.5%(2017년)를 차지하고 있는데, 이는 과거에 비해 별로 달라진 것이 없고, 오히려 감소하는 추세이다. 노인주거복시시설 중 양로시설과 노인공동생활가정은 감소하고 있으며, 노인복

지주택은 증가하고 있다. 따라서, 노인복지시설이 꾸준한 증가세를 보이고 있는 반면에, 노인주거복지시설이 감소하고 있다는 것은 노인복지시설에 대한 정부정책을 가늠해 볼 수 있다.

노인주거복지시설 현황은 〈표 10-3〉과 같다.

〈표 10-3〉 노인주거복지시설 현황 (단위: 개소)

구분		2011	2012	2013	2014	2015	2016	2017	증감
노인복지시설 총계		70,643	71,873	72,860	73,774	75,029	75,708	76,371	663
노인주거복지시설	소계	414	416	435	443	427	425	404	-21
	양로시설	303	285	285	272	265	265	252	-13
	노인공동생활가정	87	108	125	142	131	128	119	-9
	노인복지주택	24	23	25	29	31	32	33	1

자료: 통계청(2018a: 41).

2) 입소 및 퇴소

(1) 입소 대상(「노인복지법 시행규칙」 제14조)

① 무료 입소 대상자

첫째, 일상생활에 지장이 없는 65세 이상의 자로서 아래에 해당하는 자이며, 입소 대상자의 배우자는 65세 미만의 경우에도 입소 대상자와 함께 입소할 수 있다.

둘째, 「국민기초생활 보장법」 제7조 제1항 제1호에 따른 생계급여 수급자 또는 같은 항 제3호에 따른 의료급여 수급자이다.

셋째, 「국민기초생활 보장법」 제7조 제1항 제1호에 따른 생계급여 수급자 또는 같은 항 제3호에 따른 의료급여 수급자가 아닌 자 중 생계를 같이 하는 부양의무자로부터 적절한 부양을 받지 못하는 자이다. 노인보호전문기관에서 학대피해노인으로 입소의뢰를 받은 노인 및 긴급조치 대상자 등이 해당된다.

② 실비 입소 대상자

일상생활에 지장이 없는 65세 이상의 자로서 아래에 해당하는 자로서, 입소 대상자의 당해연도 월 평균소득액이 도시근로자 1인당 월 평균소득액 이하인 자이다.

③ 유료 입소 대상자

입소자로부터 입소비용의 전부를 수납하여 운영하는 양로시설 또는 노인공동생활가정의 경우는 60세 이상의 자, 입소 대상자의 배우자는 60세 미만인 경우에도 입소 대상자와 함께 입소 가능하다.

(2) 입소절차

① 무료 입소 대상자

해당 시・군・구에 입소 신청을 하는데, 신청접수는 읍・면・동사무소에서 접수 가능하다. 입소 여부와 입소시설을 결정한 후, 시・군・구는 신청인 및 당해 시설장에게 통보한다.

② 실비 입소 대상자

시설장과 입소신청자가 협의하는데, 시설장이 입소신청자와 계약하고자 하는 경우 관할 시・군・구에 입소 심사를 의뢰한다. 관할 시・군・구는 심사결과와 조사의뢰를 시설장에게 통보한다. 시설장과 입소신청자 당사자 간 계약에 의거하여 시설에 입소한다.

③ 유료 입소 대상자

입소는 시설장과 입소신청자 당사자 간의 계약에 의한다. 입소 대상자가 계약을 체결할 수 없는 부득이한 사유가 있다고 시장・군수・구청장이 인정하는 때에는 입소 대상자의 배우자 또는 부양의무자가 계약당사자가 될 수 있다.

(3) 퇴소 및 전원절차

① 공통사항

노인주거복지시설의 폐지 또는 휴지의 신고를 하고자 하는 자는 폐지・휴지 신고서에 관련 서류를 첨부하여 특별자치도지사・시장・군수・구청장에게 제출하여야 한다. 서류를 제출한 해당 시설의 장은 폐지 또는 휴지 시까지 위의 각 호의 계획을 이행하고 그 결과를 특별자치도지사・시장・군수・구청장에게 보고하여야 한다. 특별자치도지사・시장・군수구청장은 시설의 폐지 또는 휴지의 신고를 받은 경우, 입소자 또는 이용자의 권익보호를 위하여 조치계획의 이행 여부 확인, 보조금・후원금 등의 사용실태 및 결과 확인 등을 하여야 한다.

② 무료 입소 대상자

- 입소자의 사망, 시설의 전원, 입소자의 요구 등으로 입소자에 대한 시설 서비스가 종료되는 경우, 해당 시설장은 복지실시기관(시・군・구청장) 및 입소자 가족 등에 퇴소 사실을 통보하여야 한다.
- 시설의 전원 및 입소자의 요구 등으로 시설 서비스가 종료되는 경우, 해당 복지실시기관은 전원되는 시설에 대한 정보와 시설 서비스 종료 후 지역사회에서 이용할 수 있는 서비스에 대한 정보를 제공하여야 한다.
- 시설장은 당해 입소자의 요청이나 그 밖에 시설운영에 필요할 경우, 그 사유를 기재한 시설보호자 퇴소 및 전원 심의요청서를 복지실시기관에 제출할 수 있다.
- 시설보호자 퇴소 및 전원 심의요청서를 제출받은 복지실시기관에서는 당해 입소자의 의견 등을 청취한 후, 심의를 거쳐 당해 시설보호자의 퇴소 및 전원 여부와 전원시설을 결정한 후 이를 시설장 및 해당 입소자에게 통지하여야 한다.

③ **실비 및 유료 입소 대상자**

당사자 간 계약에 의거하여 시설에서 퇴소한다. 이 시설은 학대피해노인보호를 위한 양로시설로 지정, 운영된다.

3) 설치 및 운영

(1) 양로시설・노인공동생활가정

① **설치기준**

「노인복지법 시행규칙」이 정하는 기준에 적합한 기본시설 및 인력을 갖추고 수행사업의 성격 및 이용 대상자 등을 감안하여 적정한 규모와 시설을 갖추어야 한다(「노인복지법 시행규칙」 제17조, [별표 2] 참조).

② **시설설치 부지**

노인복지시설을 설치할 토지 및 건물은 시설설치목적 외의 목적에 의한 저당권 등이 설정되어서는 안 된다(「노인복지법 시행규칙」 제17조, [별표 2] 참조).

③ **신고절차**

「노인복지법 시행규칙」 제17조의 시설설치기준과 관계법령에 의한 적법한 시설을 갖추어 「노인복지법 시행규칙」 제16조의 서류를 시・군・구청장에게 제출한다. 특히, 노인복지시설(노인주거복지시설 등)과 같은 건축물에 설치할 수 없는 다른 시설물의 설치여부를 「건축법 시행령」 제47조(방화에 장애가 되는 용도의 제한)에 따라 시설 신고 시 반드시 사전 확인이 필요하다.

④ 구조설비

건물은 입소자가 쾌적한 일상생활을 하는 데 적합한 규모 및 구조설비를 갖추고 있어야 하며 보건위생과 재해방지를 충분히 참작하여야 한다.

⑤ 양로시설 및 노인공동생활가정의 설치 · 신고

국가 또는 지방자치단체 외의 자가 양로시설 및 노인공동생활가정을 설치하고자 하는 경우에는 「노인복지법 시행규칙」 제17조에서 규정하는 시설설치기준 등과 건축 관계 법령에 의한 적법한 시설을 갖추어 관할 시 · 군 · 구청장에게 신고하여야 한다(「노인복지법」 제33조).

(2) 유료 양로시설

① 목적

유료 양로시설은 일반노인을 대상으로 급식, 주거의 편의 등을 제공할 목적으로 민간사업자가 양로시설을 설치하고, 운영비는 입소노인의 본인부담으로 조달하여 운영하는 노인주거복지시설이다. 즉, 입소자로부터 입소비용의 전부를 수납하여 운영하는 양로시설 및 노인공동생활가정을 말한다. 유료 양로시설은 입소노인에게 급식, 주거의 편의, 생활지도, 상담 및 안전관리 등 일상생활에 필요한 각종 편의를 제공하여 노후에 편안하고 안정된 생활을 도모하고자 한다.

② 설치 및 운영

「노인복지법」에 따른 양로시설 설치신고, 시설 · 설비 · 직원자격 · 직원배치 · 시설운영 기준 등 시설의 설치 · 운영에 관한 일반적 사항을 적용한다. 또한 「건축법」, 「장애인 · 노인 · 임산부 등의 편의증진보장에 관한 법률」 등이 있으며, 용도는 노유자시설로 분류된다(「건축법 시행령」 [별표 1], 제11호).

③ 건축물의 허가

건축물 허가권자는 시장·군수·구청장(건축담당부서)이며, 노인복지주택을 설치하고자 하는 자는 시설 소재지 관할 시·군·구청의 건축담당 부서에 건축허가 신청을 하여야 한다(「건축법」 제11조).

④ 설치신고

설치 주체는 국가 또는 지방자치단체, 국가 또는 지방자치단체 외의 자인 사회복지법인, 비영리법인, 민간기업체, 개인 등이다. 설치신고 대상인 국가 또는 지방자치단체 외의 자는 시설 소재지 관할 관청에 설치신고를 하여야 한다(「노인복지법」 제33조, 동법 시행규칙 제16조).

(3) 노인복지주택

① 노인복지주택 설치·운영

노인복지주택의 설치·관리 및 공급 등에 관하여 「노인복지법」에서 규정된 사항을 제외하고는 「건축법」의 관련 규정을 준용한다. 노인복지주택의 공급은 건축물의 분양에 관한 법률을 준용한다.

② 건축물의 허가

건축물 허가권자는 시장·군수·구청장(건축담당부서)이며, 노인복지주택을 설치하고자 하는 자는 시설 소재지 관할 시·군·구청의 건축담당 부서에 건축허가 신청을 하여야 한다(「건축법」 제11조).

노인복지주택의 처리절차는 [그림 10-4]와 같다.

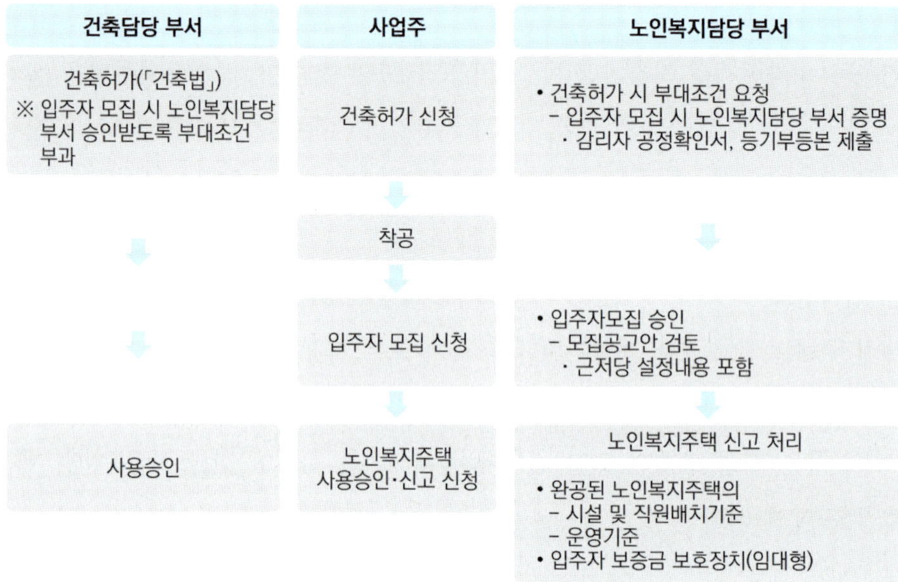

자료: 보건복지부(2019a: 84)

[그림 10-4] 노인복지주택 처리절차

③ 설치신고

설치 주체는 국가 또는 지방자치단체, 국가 또는 지방자치단체 외의 자인 사회복지법인, 비영리법인, 민간기업체, 개인 등이다. 설치신고 대상인 국가 또는 지방자치단체 외의 자는 시설 소재지 관할 관청에 설치신고를 하여야 한다(「노인복지법」 제33조, 동법 시행규칙 제16조).

④ 시설의 규모 · 구조 및 설비(「「노인복지법 시행규칙」」 [별표 2, 3])

- 시설규모: 30세대 이상
- 시설의 구조 및 설비: 복도 · 화장실 · 거실 등 입소자가 통상 이용하는 설비는 휠체어 등의 이동이 가능한 공간을 확보하여야 하며, 문턱 제거, 손잡이시설 부착, 바닥 미끄럼방지 등 노인의 활동에 편리한 구조로 건설한다.

• 스포츠 · 레크리에이션 시설 등 적정한 문화 · 체육부대시설을 설치하도록 하되, 지역사회와 유대감 증진을 위해 입소자가 이용하는 데 지장을 주지 아니하는 범위 안에서 외부에 개방하여 운영 가능하다.

자료: blog.naver.com

[그림 10-5] 사용 중인 노인복지주택

4) 기타 주거복지제도

노인주거복지시설과 같은 제도 외에도 다양한 복지정책으로 노인의 주거안정을 돕고 있다.

(1) 주거급여제도

주거급여제도는 소득인정액이 중위소득 44% 이하(4인 가구 기준 약 203만 원)인 임차 및 자가 가구의 주거안정을 위하여 주거비를 지원하는 정책이다.

주거급여 선정기준은 〈표 10-4〉와 같다.

〈표 10-4〉 2019년 주거급여 선정기준(중위소득 44%) (단위: 원/월)

가구원 수	1인	2인	3인	4인	5인	6인
소득인정액	751,084	1,278,872	1,654,414	2,029,956	2,405,498	2,781,039

자료: 한국토지주택공사(2019: 1).

지원 대상에 해당하는 전·월세 임차가구의 경우 지역별, 가구원수별 기준임대료를 상한으로 수급자의 실제임차료를 지원하며, 주택을 소유 및 거주하는 자가가구에는 주택 노후도 등을 감안하여 설정한 주택보수 범위별 수선비용을 상한으로 주택개보수를 지원한다.

임차가구 기준임대료는 〈표 10-5〉와 같다.

〈표 10-5〉 임차가구 기준임대료(2019)

	1급지 (서울)	2급지 (경기·인천)	3급지 (광역시·세종시)	4급지 (그 외 지역)
1인 가구	233,000	201,000	163,000	147,000
2인 가구	267,000	226,000	178,000	161,000
3인 가구	316,000	272,000	213,000	194,000
4인 가구	365,000	317,000	247,000	220,000
5인 가구	377,000	329,000	258,000	229,000
6인 가구	441,000	389,000	296,000	267,000

자료: 한국토지주택공사(2019: 2).

자가가구 수선비용은 〈표 10-6〉과 같다.

〈표 10-6〉 자가가구 수선비용(2019)

가구원 수	1인 가구	2인 가구	3인 가구	4인 가구	5인 가구	6인 가구
소득인정액(원/월)	751,084	1,278,872	1,654,414	2,029,956	2,405,498	2,781,039

자료: 한국토지주택공사(2019: 2).

특히, 2018년 10월 주거급여 부양의무자기준이 전면 폐지됨에 따라 자격기준이 대폭 완화되어, 부양의무자에 있어 그동안 복지사각지대에 놓였던 많은 저소득층이 주거급여 혜택을 받을 수 있게 되었다.

(2) 다양한 노인전용주택 개발

노인의 주거욕구가 다양해지고 개인의 가치관과 신체적 독립성에 따라 선호하는 주택의 형태가 다를 것이므로, 노인전용주택을 다양한 형태로 개발하는 것이 바람직하다. 노인단독가구의 거주형태는 부부 중심의 단독가구가 일반적이고 이러한 거주형태는 앞으로 더욱 증가하여, 이를 고려한 주거모형의 개발이 우선적으로 이루어져야 한다(김한식 외, 2019: 87).

노인주거 개발 유형은 〈표 10-7〉과 같다.

〈표 10-7〉 노인주거 개발 유형

구분	내용
완전자립형	• 도시형 노인주거(기존 공공시설, 상업시설, 의료시설 등 활용) • 도시근교형 노인주거(전원의 넓은 부지를 확보) • 범용형 주택(노인이 생활하기 편리하도록 을 완화) • 3세대 동거주택(고립감, 사회적 교류 차단
반의존형	• 유료양로시설(급식, 의료 서비스 집단적 공급) 개량, 현재 공급되고 있는 주택의 유형 • 유료요양시설(노인성 질환 치료를 위한 의료 서비스 항목 추가)
완전의존형	• 노인간호시설(높은 수준의 간호가 겸비된 주택)
기타	• 그룹홈(행정 지원 서비스 단계부터 생활 지원 서비스, 의료 지원 서비스 단계까지 재가 서비스 지원 가능) • 통합형 노인주거시설(건강상태와는 상관없이 60세 이상이면 가능, 중산층 이상의 경제적 능력이 있는 노인을 대상으로 함)

자료: 김한식 외(2019: 87).

PART

04

노인복지실천

contents

Senior Services Welfare

CHAPTER

11

노인복지 서비스

학습목표

1. 노인복지시설 파악
2. 노인복지서비스정책 수립
3. 복지와 문화 간의 융합을 위한 토의

학습내용

1. 노인복지서비스의 개념
2. 시설복지서비스
3. 재가노인복지서비스
4. 노인돌봄 및 지원서비스
5. 여가와 문화

개요

노인복지서비스는 노인의 개별적 욕구에 대응해야 하는 개별성, 일상생활의 곤란을 겪는 노인의 의존상태로의 전락을 방지하는 예방성, 노인의 선택가능성과 서비스이용에 필요한 접근 정도를 증진시켜야 하는 접근성, 장소·기간·기능 측면에서 포괄적이어야 하는 다양성의 특성을 지닌다. 여기에서는 노인복지서비스를 학습하고자 한다.

CHAPTER

11 노인복지 서비스

1. 노인복지 서비스의 개념

도시화 · 산업화 · 정보화 사회로 급변하는 현대사회에서 노인은 과거 전통사회에서의 지위와 역할이 상실되어 소외 · 배제되는 계층으로 전락함에 따라 사회복지 서비스의 대상이 되고 있다. 따라서, 노인은 존경의 대상보다는 오히려 보호의 대상으로서 노인복지정책을 마련하고 있으나, 노인문제의 심각성은 더욱 가중되고 있는 형편이다(고수현 · 윤선오, 2018: 253).

노인에 대한 사회 서비스는 일상생활에서 문제를 겪고 있는 노인들과 그 가족의 사회적 기능을 향상시키기 위한 신체적 · 심리적 · 사회적 측면의 다양한 서비스를 포함하는데, 노인의 심리사회적 적응, 자아발달을 위한 욕구충족, 그리고 일상생활의 당면문제 해결 등을 위한 비화폐적 서비스를 '노인복지 서비스'라고 부른다(권중돈, 2016: 409).

노인복지 서비스는 노인 및 그 가족의 다양한 욕구와 문제를 해결하고 사회적 기능을 향상시키기 위한 사회보장제도 중에서 사회보험과 공공부조를 제외한 신체적・심리적・사회적 측면의 복지 서비스를 말한다. 이는 사회보험과 공공부조의 부족한 기능을 보완하기 위해 정부와 민간이 협력하여 노인 및 그 가족들이 지역사회에 잘 적응하여, 인간다운 생활을 영위하고 삶의 질이 향상될 수 있도록 다양한 서비스를 제공하는 것이다.

노인복지 서비스는 소득, 의료, 고용 및 취업, 그리고 주거 등의 내용을 기초로 노인의 심리사회적 적응, 자아발달을 위한 욕구충족, 일상생활의 당면문제해결 등을 통해 노인의 노후를 신체적・심리적・사회적 측면에서 다각도로 지원하고, 독립적이며 안정적인 노년기를 보장받을 수 있도록 상담, 재활, 돌봄, 정보의 제공, 관련 시설의 이용, 역량 개발, 사회참여 지원 등 비화폐적 서비스의 형태로 제공된다(임재옥 외, 2017: 138-139).

노인복지 서비스는 노인의 개별적 욕구에 대응해야 하는 개별성, 일상생활의 곤란을 겪는 노인의 의존상태로의 전락을 방지하는 예방성, 노인의 선택 가능성과 서비스 이용에 필요한 접근 정도를 증진시켜야 하는 접근성, 장소・기간・기능 측면에서 포괄적이어야 하는 다양성의 특성을 지닌다(최혜경, 2017: 230).

2. 시설복지 서비스

노인들의 욕구는 주로 질병과 건강관리, 일상생활 욕구, 사회・문화・경제활동 욕구 등으로 나뉜다. 그러나 연령의 증가와 더불어 노인들의 생활은 독립성이 감소됨에 따라 관련 시설이나 전문가에게 의존해 욕구를 해결해야 되는 경우가 생긴다. 이와 같이 노인복지시설은 노인들의 삶에 필요한 개개인의 포괄적인 욕구가 개인적인 차원에서는 해결이 곤란하거나, 또는 이를 보다 효과적이고 효율적으로 해결해야 할 필요가 있을 때 이용하게 된다.

노인복지시설이란 정상적인 일상생활 및 사회생활을 하기 어려운 노인들에 대해 보호·치료·자립 등의 서비스를 제공할 것을 목적으로 이용·생활 기타의 방법으로 편익을 제공하기 위해 마련된 장소·설비·건조물 등을 말한다(박석돈 외, 2016: 199). 이러한 복지시설을 통한 서비스를 시설복지 서비스라고 한다.

1) 노인복지시설 현황

통계청(2018a: 41)에 따르면, 2017년 12월 말 현재 노인복지시설은 7만 6,371개소로 매년 증가 추세이다. 노인복지시설의 점유율을 보면, 여가복지시설은 6만 7,324개소로 88.2%를 차지하였고, 그중에는 경로당이 6만 5,604개소로 가장 많은 것으로 나타났다. 이 조사에 따르면, 노인요양시설, 주야간보호 서비스 및 노인일자리지원기관은 2013년 이후 지속적으로 증가하고 있다.

노인복지시설 현황은 〈표 11-1〉과 같다.

〈표 11-1〉 노인복지시설 현황(연도별)

(단위: 개소)

구분		2011	2012	2013	2014	2015	2016	2017	증감
총계		70,643	71,873	72,860	73,774	75,029	75,708	76,371	663
노인주거 복지시설	소계	414	416	435	443	427	425	404	-21
	양로시설	303	285	285	272	265	265	252	-13
	노인공동생활가정	87	108	125	142	131	128	119	-9
	노인복지주택	24	23	25	29	31	32	33	1
노인의료 복지시설	소계	4,079	4,352	4,585	4,841	5,063	5,163	5,242	79
	노인요양시설	2,489	2,610	2,497	2,707	2,933	3,136	3,261	125
	노인요양공동생활가정	1,590	1,742	2,088	2,134	2,130	2,027	1,981	-46
노인여가 복지시설	소계	63,375	64,077	64,983	65,665	66,292	66,787	67,324	537
	노인복지관	281	300	319	344	347	350	364	14
	경로당	61,537	62,442	63,251	63,960	64,568	65,044	65,604	560
	노인교실	1,557	1,335	1,413	1,361	1,377	1,393	1,356	-37
재가노인 복지시설	소계	2,750	3,003	2,832	2,797	3,089	3,168	3,216	48
	방문요양 서비스	1,180	1,113	1,042	992	1,021	1,009	1,001	-8
	주야간보호 서비스	842	840	848	913	1,007	1,086	1,174	88
	단기보호 서비스	95	94	110	96	112	95	80	-15
	방문목욕 서비스	633	633	603	588	617	588	609	21
	방문간호 서비스	-	-	-	-	-	-	10	10
	재가노인지원 서비스	-	323	229	208	332	390	342	-48
노인보호전문기관		25	25	25	28	29	29	32	3
노인일자리지원기관		-	-	-	-	129	136	153	17

자료: 통계청(2018a: 41).

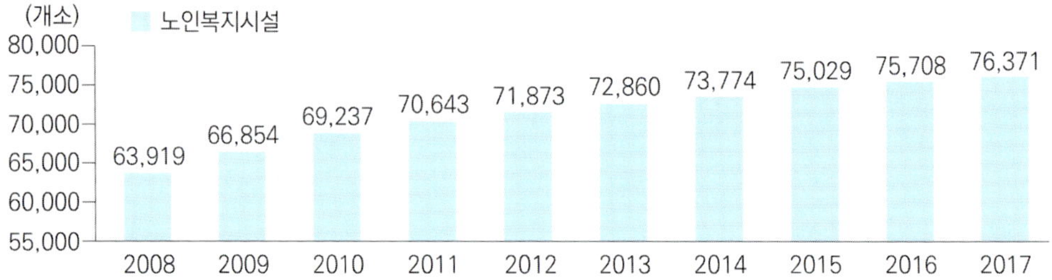

자료: 통계청(2018a: 41).

[그림 11-1] 연도별 노인복지시설 추이

2) 경로당

(1) 운영 기본 지침

① 경로당을 지역의 노인복지·정보센터·학대노인 지킴이센터로 운영

- 건강관리·운동·교육·여가·자원봉사 등 다양한 프로그램 제공으로 노인이 가장 손쉽게 접근할 수 있는 다기능 공간으로 활용
- 프로그램 조정·지원을 담당하는 경로당 순회 프로그램 관리자 기능의 전문화
- 경로당을 독거노인 생활교육 실시장소로 활용하여 지역사회 독거노인 보호기능 수행
- 경로당을 '학대노인 지킴이센터'로 지정하여 학대피해노인을 감시·신고하는 기능 수행

② 경로당 운영의 재정 건전성 및 투명성 확보를 위한 철저한 회계관리

(2) 운영체계

경로당 운영체계는 [그림 11-2]와 같다.

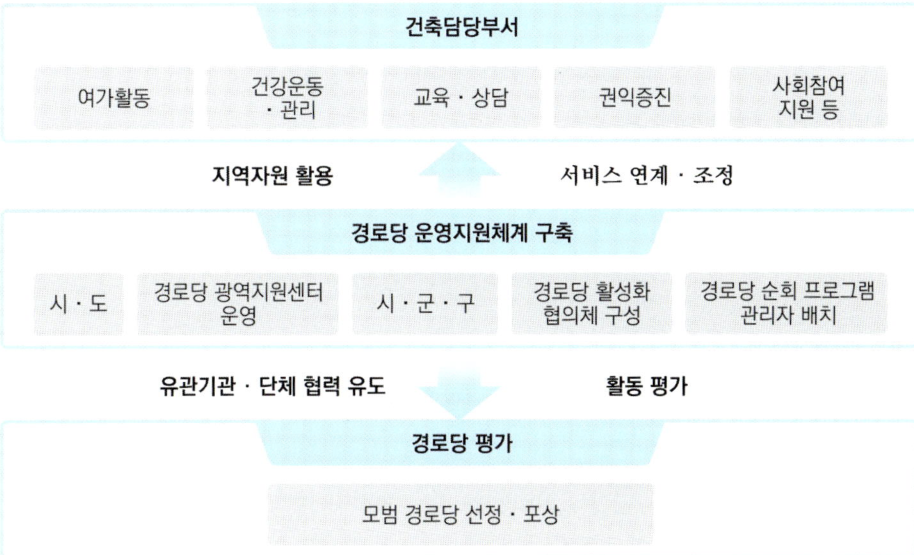

자료: 보건복지부(2019a: 84).

[그림 11-2] 경로당 운영체계도

(3) 경로당의 역할

① 독거노인 생활교육장소 활용

- 경로당에서 지역 내 독거노인을 대상으로 건강 · 영양관리 및 간단한 신체기능 유지 프로그램 등 교육 실시(주 1회 2시간)
- 독거노인의 보호기능을 수행함으로써 경로당의 공공성 강화 기대

② 노인공동생활장소 활용

- 농어촌의 경우 경로당을 노인공동생활 공간으로 활용
- 열악한 주거환경 개선과 공동난방 · 공동취사에 따른 경비절감 도모, 공동생활을 통한 독거노인 상호 간 안전 확인 및 정서적 외로움 해소 기대

③ **학대노인 지킴이센터 활용**

- 전국 6만 5,000천여 개 경로당을 활용하여 학대피해노인을 발굴・신고하는 지역사회 학대 예방체계 구축
- 학대의 내용과 신고절차 등을 안내하는 홍보용 포스터를 비치하여 노인학대 관련 정보를 안내

3) 노인복지관

(1) 정의

노인복지관이란 노인의 교양・취미생활 및 사회참여활동 등에 대한 각종 정보와 서비스를 제공하고, 건강증진 및 질병 예방과 소득보장・재가복지・그 밖에 노인의 복지증진에 필요한 종합적인 노인복지 서비스를 제공하는 시설을 말한다(보건복지부, 2019a: 117). 즉, 노인복지관은 여가・건강・일자리・자원봉사・사회참여 등 노인들의 다양한 복지욕구에 따른 서비스를 체계적이고 복합적으로 제공하여 지역사회 노인복지 증진에 기여하는 기관이다. 노인복지관은 시・군・구별로 지역실정에 따라 최소 1개소 이상을 설치・운영하여 지역사회 노인들의 여가복지 증진을 추진한다(보건복지부, 2019a: 114).

(2) 운영목표

노인복지관은 복지 서비스가 필요한 노인을 대상으로,

첫째, 건강한 노후를 위한 질병을 예방한다.

둘째, 취약노인 케어 기반을 구축하고 확충한다.

셋째, 활동적인 노후를 위한 사회참여 여건을 조성하고 활성화한다.

넷째, 안정적 노후를 위한 소득보장의 다양화와 내실화를 통해, 성공적인 노후가 실현될 수 있도록 지원하는 종합적 노인복지 서비스 전달기구로서 중심적인 역할을 수행한다.

(3) 사업내용

① 평생교육 지원사업

노년기의 연장과 급속한 사회 변화 속에서 성공적 노후생활을 위해 다양한 지식 및 기술학습과 자기계발을 할 수 있도록 인생주기별 교육욕구에 따른 평생교육 프로그램 실시

예) 교양, 인문학, 외국어교육, 정보화교육, 노화와 노년기에 대한 이해, 노후생활방법, 예비노인 노후준비 프로그램 등

② 취미여가 지원사업

노인들의 의미 있는 노후시간을 보낼 수 있도록 문화예능활동과 여가활동의 기회를 제공하여 취미를 개발하고 여가활동을 활성화하기 위하여 다양한 프로그램 제공

예) 예능활동, 문화활동, 취미활동, 체육활동, 동아리활동 등

③ 건강생활 지원사업

- 노인성 질환을 예방하기 위한 신체활동지도, 지적 능력과 신체기능이 저하되거나 마비되어 일상생활에 곤란을 겪고 있는 노인들의 정신적·신체적 기능회복, 요양 서비스, 영양공급 등 지원
- 건강증진 지원: 건강 및 보건교육, 질병 예방, 상담, 건강교실 운영(건강체조, 기체조, 요가 등), 치매 예방 프로그램(인지활동 서비스), 이·미용, 물리치료
- 기능회복 지원: 운동요법, 한방요법, 일상생활 동작훈련(ADL요법), 단체(GROUP)요법, 작업요법, 물리요법 등
- 급식 지원: 경로식당 중식 서비스, 밑반찬·도시락 배달, 푸드뱅크

④ 상담 및 정보 제공 사업

지방자치단체는 노인복지관에 노인복지상담이 가능한 별도의 상담실을 설치하여

상담전문가를 1인 이상 배치하고, 노인상담 담당 인력은 한국보건복지인력개발원 등 전문적인 노인상담 교육과정(노인위기상황에 대한 이해와 대처기술, 면접 상담기법, 개입 및 평가기법 등)을 이수하도록 지원

예) 노인의 일반상담(이용상담, 접수상담), 전문상담(경제, 법률, 주택상담, 세금상담 등), 심리상담을 비롯하여 치매 종합상담, 노인학대상담(노인학대사례 발견 시 노인보호전문기관에 연계), 노인 성상담, 노인자살예방사업, 복지정보 제공, 상담 등

⑤ 사회참여 지원사업

- 노인자원봉사 활성화 사업, 노인일자리 및 사회활동 지원사업, 노인재능나눔활동 등 지역사회 참여를 통하여 노인의 사회적 역할을 모색하는 사업
- 노인자원봉사 활성화 사업

⑥ 위기 및 독거노인 지원사업

- 지역사회 내 독거노인의 신체 · 정서 · 사회적 자립 지원 프로그램 운영, 독거노인 돌봄 서비스, 읍 · 면 · 동 행정복지센터 및 유관기관 등과 연계, 사례관리사업 등 진행
- 취약노인보호 연계망을 구축하여 지역 노인보호전문기관, 독거노인돌봄수행기관 등을 통해 접수된 위기 · 취약 노인에게 우선적인 지원 사업 시행

⑦ 정서 및 사회생활 지원사업

노인의 우울 및 자살을 예방하고 자아존중감, 자아통합감을 향상시킴으로써 안정적인 심리 · 정서상태를 유지할 수 있도록 다양한 정서생활을 지원할 수 있는 프로그램 운영

예) 우울 및 자살 예방 프로그램, 죽음 준비 프로그램, 집단 프로그램, 자조모임 등

⑧ **지역자원 개발 및 연계**

- 지역사회에서 후원자 및 자원봉사자를 개발하고 지역복지기관과의 연계를 통하여 노인복지 서비스의 효과성 제고
- 노인복지관의 우수 프로그램을 지역사회 타 노인복지시설과 연계하여 지원

⑨ **노인권익증진사업**

- 노인학대 방지 및 노인권익사업을 실시하여 노인에 대한 인식개선 및 권익증진
- 노인복지관은 노인소비자피해 신고기관으로 지정 운영
- 노인 연령의 특성상 사기판매 등의 소비자 피해에 취약하므로 이에 대한 정기적 교육 홍보활동 실시
- 노인복지관 종사자 및 이용자를 대상으로 성인지적 관점 정립을 위한 양성평등 교육 실시

⑩ **고용 및 소득 지원사업**

- 저소득 노인에 대한 후원금 연결과 은퇴 후 경제적 노후 설계를 위한 경제교육 실시
- 노인의 사회참여 활성화를 통하여 소득을 확보하고 고용을 창출함으로써 건강보장, 자아성취 등의 종합적 복지증진에 기여
  예) 고용자취업 지원사업, 경제교육, 노후준비교육 등

⑪ **가족기능 지원사업**

요보호노인으로 인한 가족해체를 방지하고, 돌봄이 필요한 노인에게 서비스를 제공하여 가족을 지원하고, 지역사회 안에서 보호될 수 있도록 지원하는 사업

⑫ 가족통합 지원사업

세대통합 및 가족 관계 프로그램을 통한 노인인식 개선사업

⑬ 돌봄 요양 서비스

장기요양보험 등급자를 대상으로 잔존기능 유지 및 건강증진 지원을 위한 프로그램 제공

예) 치매환자 프로그램, 주・야간 보호 등

⑭ 노인주거개선사업

도배・장판교체 및 보일러 수리 등 집수리를 위하여 능력과 기술이 있는 노인들이 참여하는 노인주거개선사업단을 구성・운영하여 노인들의 주거환경을 개선하고, 삶의 질 향상에 기여

3. 재가노인복지 서비스

1) 재가노인복지 서비스의 개념

(1) 정의

재가노인이란 자녀들과 별거하고 노년기에 홀로 사는 노인을 말하는 것으로, 우리나라에서는 재가노인, 재택노인, 거택노인 등의 용어가 사용되고 있으나, '재가노인'이 가장 포괄적이고 일반적인 용어로 사용되고 있다. 즉, 재가노인이란 장기치료나 요양보호를 목적으로 수영시설에 입소된 노인을 제외한 지역사회에 살고 있는 모든 노인을 가리킨다(변재관 외, 2013: 28).

보건복지부(2019a: 132)에 따르면, 재가노인복지 서비스란 정신적・신체적인 이유로 독립적인 일상생활을 수행하기 곤란한 노인과 노인부양가정에 필요한 각종 서비스를

제공함으로써, 노인이 가족 및 친지와 더불어 건강하고 안정된 노후생활을 영위할 수 있도록 함과 동시에, 노인부양으로 인한 가족의 부담을 덜어주기 위한 시설을 통해 이루어지는 서비스를 말한다(보건복지부, 2019a: 132).

(2) 이용 대상

① 장기요양급여수급자

② 장기요양급여수급자 이외의 자 중 기초수급권자 및 부양의무자로부터 적절한 부양을 받지 못하는 자로서, 혼자서 일상생활을 수행하기 어려워 재가 서비스의 제공이 필요한 자

③ 2008년 7월 1일 이전에 국가 및 지방자치단체로부터 운영비를 지원받는 시설을 이용하고 있는 장기요양급여수급자 이외의 자 중 기초수급권자 및 실비이용자

2) 서비스의 종류

(1) 방문요양 서비스

① 정의

방문요양 서비스는 가정에서 일상생활을 영위하고 있는 노인으로서, 신체적 · 정신적 장애로 어려움을 겪고 있는 노인에게 지역사회 안에서 건전하고 안정된 노후를 영위하도록 장기요양요원(요양보호사)이 가정을 방문하여 신체활동 및 가사활동 등에 제공하는 각종 서비스를 말한다(보건복지부, 2019a: 132).

② 이용 대상

- 장기요양급여 수급자(1~5등급)
- 심신이 허약하거나 장애가 있는 65세 이상의 자(이용자로부터 이용비용의 전부를 수납받아 운영하는 시설의 경우에는 60세 이상의 자)로서, 가정에서의 보호가 필요한 자

단, 노인돌봄 서비스, 가사간병도우미, 독거노인생활지도사 등 타 서비스를 제공받고 있는 자는 대상에서 제외한다.

③ **서비스 내용**

- 신체활동 지원 서비스: 세면 도움, 구강관리, 몸 청결, 머리 감기기, 몸단장, 옷 갈아입히기, 목욕 도움, 배설 도움, 식사 도움, 체위변경, 이동 도움, 신체기능의 유지·증진 등
- 가사활동 지원 서비스: 취사, 생활필수품 구매, 청소·세탁·주변정돈 등
- 개인활동 지원 서비스: 외출 시 동행·부축, 일상업무 대행 등
- 정서 지원 서비스: 말벗, 격려 및 위로, 생활상담, 의사소통 도움 등

(2) 주야간보호 서비스

① **정의**

주야간보호 서비스는 부득이한 사유로 가족의 보호를 받을 수 없는 심신이 허약한 노인과 장애노인을 주간 또는 야간 동안 보호시설에 입소시켜 필요한 각종 편의를 제공하여, 이들의 생활안정과 심신기능의 유지·향상을 도모하고, 그 가족에 대한 신체적·정신적 부담의 경감을 목적으로 하는 서비스를 말한다(보건복지부, 2019a: 148).

② **이용 대상**

- 장기요양급여 수급자(1~5등급 또는 인지 지원 등급)
- 심신이 허약하거나 장애가 있는 65세 이상의 자(이용자로부터 이용비용의 전부를 수납 받아 운영하는 시설의 경우에는 60세 이상의 자)로서, 주간 또는 야간 동안의 보호가 필요한 자 단, 보호기간은 1일(08:00~22:00)로 하되, 시설의 운영여건 및 이용노인과 그 가정의 형편에 따라 2시간 이내에서 신축성 있게 운영(특별한 사유가 없는 한 24시 이후에는 수급자를 보호해서는 안 됨)

③ **서비스 내용**

• 생활지도 및 일상동작훈련 등 심신의 기능회복을 위한 서비스

예 1) 일상생활 지원: 취미·오락, 운동 등 여가생활 서비스

예 2) 일상동작훈련: 이동, 체위변경, 기능훈련(물리치료적 훈련, 작업치료적 훈련, 언어치료적 훈련) 등

• 급식 및 목욕 서비스 등

예) 몸 청결, 머리 감기, 얼굴 씻기, 손 씻기, 구강관리, 몸단장, 옷 갈아입히기, 배설, 식사 도움

• 이동 서비스

• 노인가족에 대한 교육 및 상담

(3) 단기보호 서비스

① **정의**

단기보호 서비스는 부득이한 사유로 가족의 보호를 받을 수 없어 일시적으로 보호가 필요한 심신이 허약한 노인이나 장애노인을 보호시설에 단기간 입소시켜 보호함으로써, 노인 및 노인가정의 복지증진을 도모하기 위해 제공하는 서비스를 말한다(보건복지부, 2019a: 154).

② **이용 대상**

• 장기요양급여 수급자(1~5등급)

• 심신이 허약하거나 장애가 있는 65세 이상의 자(이용자로부터 이용비용의 전부를 수납받아 운영하는 시설의 경우에는 60세 이상의 자)로서 월 1일 이상 9일 이하 단기간의 보호가 필요한 자

단, 월 1일 이상 9일 이하, 다만 가족의 여행, 병원치료 등의 사유로 수급자를 돌볼 가족이 없는 경우 등에는 1회 9일 이내의 범위에서 연간 4회까지 연장 가능

③ **서비스 내용**

- 신체활동 지원, 기능 회복 훈련, 그 밖의 일상생활에 필요한 편의를 제공하는 서비스
- 그 밖에 노인요양시설 또는 노인요양공동생활가정의 사업에 준하는 서비스

(4) 방문목욕 서비스

① **정의**

방문목욕 서비스는 목욕장비를 갖추고 재가노인을 방문하여 목욕 서비스를 제공한다(보건복지부, 2019a: 158).

② **이용 대상**

- 장기요양급여 수급자(1~5등급)
- 심신이 허약하거나 장애가 있는 65세 이상의 자(이용자로부터 이용비용의 전부를 수납받아 운영하는 시설의 경우에는 60세 이상의 자)로서 가정에서의 목욕이 필요한 자

③ **서비스 내용**

목욕 준비, 입욕 시 이동보조, 몸 씻기, 머리 말리기, 옷 갈아입히기 등이며, 목욕 후 주변정리까지를 포함

(5) 재가노인 지원 서비스

① **정의**

재가노인 지원 서비스는 경제적·정신적·신체적인 이유로 독립적인 일상생활을 영위하기 어려운 노인과 복지 사각지대 노인들에게 일상생활 지원을 비롯한 각종 필요서비스를 제공함으로써, 지역사회 내에서 건강한 생활을 영위하는 데에 어려움이 없도록, 예방적 복지 실현 및 사회 안전망 구축을 목적으로 한다. 또한 사업수행기관

에서 직접 서비스를 제공하거나, 지역사회 가용자원을 발굴·연계하여 지원함으로써, 복지 사각지대를 최소화하고, 맞춤형 서비스 연계로 대상자의 만족도를 향상시키며, 서비스 중복 지원을 예방한다(보건복지부, 2019a: 160).

② 이용 대상

- 재가장기요양급여 이용자로서 기타 서비스를 필요로 하는 자
- 기초수급권자 및 부양의무자로부터 적절한 부양을 받지 못하는 자로서 혼자서 일상생활을 수행하기 어려워 서비스의 제공이 필요하여 시·군·구청장이 의뢰한 자
- 2008년 7월 1일 이전에 국가 및 지방자치단체로부터 운영비를 지원받는 시설을 이용하고 있는 장기요양급여 수급자 외의 자 중 기초수급권자 및 실비이용자
- 기타 자연재해 등으로 긴급 지원이 필요한 노인(장기요양 서비스 이용자 포함)

③ 서비스 내용(예시)

재가 지원 서비스 내용은 〈표 11-2〉와 같다.

〈표 11-2〉 재가 지원 서비스 내용(예시)

대분류(사업)	중분류(프로그램)	소분류(서비스)	
예방적 사업 (직접 서비스)	일상생활 지원	• 무료급식 및 밑반찬 서비스 • 김장 서비스 • 명절 · 생신 서비스 • 장보기 서비스	• 행정 지원 서비스 • 이 · 미용 서비스 • 차량이송 서비스
	정서 지원	• 심리지지 서비스	
	주거환경 개선 지원	• 도배 서비스 • 전기수리 서비스 • 보일러수리 서비스 • 편의시설개보수(문턱 제거 등)	• 장판교체 서비스 • 방역 서비스 • 변기수리 서비스 • 집수리 서비스
	여가활동 지원	• 나들이 서비스	• 문화체험 서비스
	상담 지원	• 상담 서비스	
	지역사회 자원개발	• 후원 · 결연 서비스	• 자원연계 서비스
	연계 지원	• 안전확인 서비스 • 노인케어 서비스 • 노인장기요양보험 • 건강검진 서비스 • 보청기, 틀니 제작 의뢰 서비스 • 노인돌봄기본	• 생활교육 서비스 • 장수사진 서비스 • 개안수술 서비스 • 의료연계 서비스 • 전 · 월세자금 지원 서비스 • 노인돌봄종합
사회안전망 구축사업 (간접 서비스)	교육 지원	임종교육 • 보호자교육 • 낙상 예방 • 사기 예방 • 자살 예방	 • 응급처치교육 • 치매 예방 • 대인관계기술 • 이성교육
	지역사회 네트워크 지원	• 지역재가협의체구성	• 사례관리
긴급 지원사업 (긴급 서비스)	긴급 지원	• 위기 지원 서비스 • 응급호출 서비스	• 무선페이징 서비스 • 화재, 가스유출감시 서비스

자료: 보건복지부(2019a: 163).

(6) 방문간호 서비스

① **정의**

방문간호 서비스는 간호사 등이 의사, 한의사 또는 치과의사의 지시서에 따라 재가노인의 가정 등을 방문하여 간호, 진료의 보조, 요양에 관한 상담 또는 구강위생을 제공한다(보건복지부, 2019a: 172).

② **이용 대상**

가정 등에서 간호, 진료의 보조, 요양에 관한 상담 또는 구강위생 등이 필요한 자

③ **서비스 내용**

간호사정 및 진단 등 기본간호, 욕창치료 및 단순 상처치료 등 간호, 검사 관련 사항, 투약 관련 지도, 환자・가족 대상 건강관리에 필요한 식이요법 등 교육훈련, 상담 등

3) 농어촌 재가노인복지시설

(1) 개념

농어촌 재가노인복지시설은 치매・중풍 등 노인성 질환으로 인하여 혼자서 일상생활을 하기 어려운 자에게 지역사회 내에서 방문요양, 주간보호, 단기보호 서비스를 제공하는 시설을 말한다.

(2) 건물의 규모

지원기준: 연면적 314㎡

(3) 주요 사업

방문요양 + 주간보호 + 단기보호

단, 지역실정에 따라 조정할 수 있음

(4) 이용 인원

방문요양 + 주간보호(10명) + 단기보호(5명)

4) 재가노인지원센터

(1) 개념

재가노인지원센터는 건강상의 문제 등으로 일상생활을 스스로 하기 어려운 노인의 가정을 요양보호사가 방문하여 필요한 서비스를 제공하고 낮 동안 또는 단기간 통원 서비스 등을 종합적으로 제공하는 재가노인복지시설을 말한다.

(2) 시설 규모

지원기준: 연면적 973.5㎡

(3) 주요 사업

- 방문 서비스 : 방문요양, 방문목욕, 방문간호
- 통원 서비스 : 주간보호, 단기보호
- 사례관리 서비스 : 노인상담, 재가노인 사례관리, 재가시설 네트워크 구축
- 기타 사업 : 시·군·구가 위탁하는 재가노인복지사업을 수행

(4) 이용 인원

- 방문 서비스
- 통원 서비스: 주간보호 30명, 단기보호 10명

4. 노인돌봄 및 지원 서비스

1) 노인돌봄 기본 서비스

(1) 정의

노인돌봄 기본 서비스사업은 독거노인에 대한 생활실태 및 복지욕구 파악, 정기적인 안전 확인, 보건·복지 서비스 연계 및 조정, 생활교육 등을 통해 독거노인에 대한 종합적인 사회안전망을 구축하는 사업을 말한다(보건복지부, 2019a: 131).

(2) 서비스 대상

주민등록상 거주지와 동거자 유무에 상관없이 실제 혼자 살고 있는 만 65세 이상 노인으로서, 다음의 경우에 해당하는 자로서, 현황조사를 통해 파악된 소득, 건강, 주거, 사회적 접촉 등의 수준을 평가하여 보호 필요가 높은 독거노인을 사업 대상자로 선정한다.

(3) 제공 서비스

① 안전 확인

말벗 서비스, 건강상태 및 생활실태 확인, 정보 제공, 기상특보 안전확인, 환경 변화 및 욕구파악, ICT기술 및 민간자원활용 등의 안전확인 실시

② 생활교육

독거노인의 사회관계망 확대 및 정보 제공을 위한 프로그램 제공

③ 서비스 연계

종합사정계획 및 대상자의 수시적인 서비스 사정에 따라 복지자원 발굴 및 연계

2) 독거노인 공동생활홈 서비스

(1) 정의

독거노인 공동생활홈 서비스는 공동생활공간 운영을 통한 독거노인 고독사·자살 예방 및 공동체 형성을 목적으로 하는 사업이다(보건복지부, 2019a: 168).

(2) 대상자

소득, 건강, 주거, 사회적 접촉 등이 취약한 65세 이상의 독거노인 중 자체 운영기준에 따라 선정된 사람

- 지역별 독거노인 현황자료 활용, 65세 이상 독거노인 발굴·선정
- 해당 지방자치단체는 주민자치센터 담당자와 협력하여 대상자 발굴 및 통·반장 등 지역자원 연계를 통해 참여할 수 있는 여건 조성

(3) 제공 서비스

① 제공 서비스는 개별 공동생활홈의 유형 및 여건에 따라 탄력적으로 운영 가능

- 안부 확인 및 각종 보건·복지 서비스 연계
- 밑반찬 배달 및 자원봉사
- 민간 후원 연계

  예) 기업 및 단체 연계를 통해 선풍기, TV, 세탁기 등 지원
- 건강·여가 프로그램 및 일자리 제공

② 노인복지관, 보건소, 치매안심센터, 주민자치센터, 일자리 수행기관, 기업 등과 연계한 맞춤형 프로그램 운영

3) 노인돌봄 종합 서비스

(1) 정의

노인돌봄 종합 서비스는 혼자 힘으로 일상생활을 영위하기 어려운 노인에게 가사・활동 지원 또는 주간보호 서비스를 제공하고, 신체・인지기능이 약화됨을 방지하여 안정된 노후생활 보장 및 가족의 사회・경제적 활동기반을 조성하는 사업이다(보건복지부, 2019a: 177).

(2) 서비스 대상

만 65세 이상의 노인(단기가사의 경우 독거노인 또는 고령(만 75세 이상) 부부노인가구 중 가구소득, 건강상태 등을 고려하여 돌봄 서비스가 필요한 대상자를 선정한다.

(3) 제공 서비스

① **방문 서비스(월 27시간, 36시간)**

식사・세면 도움, 옷 갈아입히기, 신체기능의 유지・증진, 화장실 이용 도움, 외출동행, 생필품 구매, 청소・세탁 등 서비스 제공. 단, 목욕보조 서비스는 보호자가 동의하는 경우에만 가능

② **주간보호 서비스: 월 27시간(9일), 36시간(12일)**

심신기능 회복 서비스(여가, 물리치료・작업치료・언어치료 등의 기능훈련), 급식 및 목욕, 노인가족에 대한 교육 및 상담 등의 주간보호 서비스 제공

③ **단기가사 서비스(1개월(24시간) 또는 2개월(48시간))**

식사 도움, 옷 갈아입히기, 외출동행 , 취사, 생활필수품 구매, 청소, 세탁 등. 단, 의료인이 행하는 의료・조산・간호 등의 의료 서비스 제공은 불가

4) 결식 우려 노인 무료급식 지원

(1) 정의

가정형편이 어렵거나 부득이한 사정으로 식사를 거를 우려가 있는 노인들(기초수급자 노인 및 차상위계층 노인, 저소득 독거노인)에게는 무료로 식사를 제공하고, 그 이상의 일정한 경제적 능력을 갖춘 노인들에게는 실비로 식사를 제공할 수 있도록 함으로써, 노인급식 지원수준을 제고한다. 이 서비스는 경제침체 등에 따라 결식노인이 발생하지 않도록 특별조치함을 중점사업방향으로 한다. 법적 근거는 「노인복지법」 제4조(보건복지증진의 책임)에 있다.

(2) 서비스 내용

① 무료급식

② 거동불편 저소득 재가노인 식사배달

5) 폐지수집노인 발굴 · 보호

(1) 정의

고령, 저소득, 위험노출, 건강문제 등 취약요소가 다빈도로 나타나는 폐지수집노인에 대하여 지방자치단체에서 발굴 · 파악하여 개개인의 복지욕구를 확인하고 필요한 보건 · 복지에 관한 조치를 함으로써, 취약노인보호를 강화하고 복지사각지대를 축소한다. 이 서비스는 지역 내의 폐지수집노인을 발굴 · 확인하여 필요한 보건 · 복지 서비스를 제공함을 중점 사업방향으로 한다. 법적 근거는 「노인복지법」 제4조(보건복지증진의 책임)에 있다.

(2) 서비스 내용

① 폐지수집노인 발굴 · 상담

② 소득 · 생활 지원 및 고용 · 일자리

③ 주거 지원

④ 건강 · 의료

⑤ 돌봄 · 안전

5. 여가와 문화

1) 노인여가의 개념

서구사회에서 여가(leisure)라는 용어는 어원적으로 그리스어로는 정지, 중지, 평화 및 평온을 의미하는 '*scole*'에서 유래하였는데, 이는 교양을 높이기 위한 적극적 행위를 의미하고, 로마어로는 아무것도 하지 않는 소극적인 상태를 의미하는 '*otium*'에서 유래하여 휴식이나 기분전환, 이완과 같은 소극적 행위를 의미한다. 이와 같이 어원으로 볼 때, 여가는 소극적 활동과 적극적 활동이라는 두 가지 의미를 포함하는 용어다(최혜경, 2017: 296). 여가란 의무적인 업무로부터 벗어나 자유롭게 향유할 수 있는 시간들을 의미하며, 자기 자신을 위한 활동수행에 개입하는 의미와 동시에 자신을 중심으로 한 자율적인 활동으로 즐거움과 만족감을 구하는 일련의 활동을 의미한다.

여가의 기능은 신체적 기능, 심리적 기능, 자아실현의 기능, 사회적 기능, 교육적 기능, 문화적 기능, 기분전환의 기능 등 다양하며, 현대인들은 여가를 통해 일상적 스트레스와 긴장으로부터 완화하거나 원기회복함으로써, 삶의 정상적인 리듬을 유지하는 기능을 가지고 있다. 또한 여가의 인적 차원으로 신체적 · 정신적 건강을 증진시키며 스트레스 해소를 할 수 있으며, 노동의 재창조로 생산기능을 향상시키거나 심신의 에너지를 창출할 수 있는 긍정적 기능이 있으며, 자아실현과 개인적인 발전을 통해 삶의 질을 증진시킬 수 있다.

노인여가 특성은 다음과 같다(송진영 외, 2016: 391).

첫째, 노인층은 청・장년층에 비해 스포츠나 레크리에이션활동 등의 참여율이 저조한 반면, TV나 라디오 시청 또는 무료하게 시간을 소일하는 경우가 더 많다.

둘째, 여가시간의 활용은 노인들이 처한 개인적 상황에 따라 다르며 경제적 여건에 따라 서로 다르게 나타난다.

셋째, 노인들의 여가활동시간은 돈이 적게 드는 TV시청에서부터 사회활동, 다양한 지역노인복지시설의 프로그램 등 매우 다양하지만 대체로 노후를 위해 별다른 저축이나 고정수입 및 경제활동이 활발하지 못한 현실적인 여건으로 적극적인 여가활동이 이루어지지 못하는 실정이다.

넷째, 노인들은 사회활동, 봉사활동 등에 소극적으로 참여하거나 정보의 단절과 세대 간 참여와 공감을 형성하는 측면에서 기회가 없거나 매우 제한적이다.

다섯째, 퇴직이나 은퇴 이후, 새로 개발한 취미나 오락이 거의 없는 실정이다. 특히, 우리나라의 65세 노인층들은 과거 자녀교육과 가계부양, 가족주의적 성향을 유지해 오면서, 개인의 여가생활이나 취미와 특기 등을 개발하기 위한 특별한 준비와 경험을 하지 못한 세대의 특성을 가지고 있어 노년기의 여가생활에 있어 소극적이거나 소일형, 한거형의 유형을 나타내고 있다.

노인의 경제수준과 건강한 노인인구의 비율이 증가하면서 노인의 여가활동에 대한 욕구는 증가하고 있으나, 이에 대한 정책적인 배려와 그 중요성에 대한 사회적 인식은 매우 낮은 수준이다. 왜냐하면 노인의 빈곤문제 해결을 위한 소득보장이나 질병문제 해결을 위한 의료보장은 노인이 인간으로서 기본적인 생활을 유지하기 위한 절대적 당면과제라고 인식하고 있는 반면, 여가활동은 노인의 생존에 직접적인 영향을 덜 미치는 것으로 인식하고 있기 때문이다. 그러나 노인의 여가활동도 의료나 소득보장 못지않게 중요한 기능을 가진다(송진영 외, 2016: 391-392).

첫째, 노인도 젊은 사람처럼 국가와 사회의 구성원으로 평등하고 당당하게 가치 있는 삶과 무한한 성장을 추구할 수 있다는 원리, 즉 노인복지정책에 있어 '사회적 통합의 원리'와 정장 및 발달욕구 충족의 원리' 측면에서 볼 때, 노인에게도 젊은 사람처럼 여가활동을 보장하는 것은 곧 노인의 사회적 통합성 원리를 실천함으로써, 노인복지의 기본이념을 국민에게 인식시키는 가장 기초적인 단계가 되는 것이다.

둘째, 현대 산업사회에서 발생하는 노인문제의 하나인 '고독 및 소외감'은 우울증과 삶의 의욕에 직결되므로, 이것을 해결하는 수단으로서의 여가활동은 곧 노인의 생존과 직결되는 문제이기도 하다.

셋째, 정신질환, 치매, 중풍, 고혈압, 당뇨, 관절질환 등 노인의 만성퇴행성 질환 대부분의 예방 및 관리는 실제로 음악치료, 연극, 글짓기, 공예, 수영, 걷기 등 여가활동의 형태로 이루어지는 경우가 많기 때문에, 여가활동은 곧 의료보장의 한 영역이 될 수 있다.

이러한 여가활동은 현대를 살아가는 노인이 겪고 있는 역할상실과 소외감으로 인한 정서적인 문제를 극복하는 해결책일 뿐만 아니라, 가정과 지역사회의 한 구성원으로 인정받을 수 있는 새로운 역할을 부여하고, 자기의 능력을 발휘할 수 있는 기회를 제공한다.

2) 노인여가 유형

오늘날 여가는 연령에 관계없이 일반화되어 있는 현상으로 생활의 질 향상에 따라 여가문화도 다양해지고 있다. 노인의 여가활동 유형은 학자에 따라 약간의 차이는 있으나, 그 범주는 크게 벗어나지 않고 있다.

노인여가 유형은 다음과 같다(고재욱 외, 2018: 105-106).

첫째, 근로형이다. 부업이나 시간제 혹은 비정규적으로 소일 겸 간단한 근로활동을 하며, 소득을 올리는 경우나 단순히 일이 좋아서 가족구성원의 사업장 등에서 소일하는 경우를 말한다.

둘째, 한거형이다. 무거운 중책을 맡았거나 어려운 일들을 해결해야 하는 분야에 종사하다가 은퇴하여 비교적 여유 있는 생활을 하며, 혼자서 즐길 수 있는 기회를 가지며, 심신에 휴식을 취하는 경우이다.

셋째, 사교오락형이다. 대부분의 여가가 이에 해당한다고 볼 수 있는데, 특히 여가 스포츠활동에 나서는 경우를 말한다.

넷째, 자기완성형이다. 젊은 시절에 하지 못했던 부족한 부분을 노후 여가시간을 이용하여 보완해 나가는 유형이다.

다섯째, 참여활동형이다. 각종 사회활동에 부지런히 참여하고 정치활동, 학술활동 등 사회활동으로 여가를 보내는 경우이다.

여섯째, 폐쇄형이다. 건강, 경제적 사정 등의 이유로 활동이 부자연스럽거나 외출에 제한을 받아서 폐쇄된 일정 공간에서 여가생활을 하는 경우이다.

생태학적 관점에서 본 노인여가 유형은 〈표 11-3〉과 같다.

〈표 11-3〉 생태학적 관점에서의 노인여가 유형

가족 중심형	지역사회 · 생활환경 중심형
가족과 대화 텔레비전 시청 라디오 청취 정원수 손질 근교 산책	노인정 활동(바둑, 장기) 공원산책(건강관리) 노인학교 · 사회교육기관(특강, 노래, 춤) 운동활동(등산, 낚시, 테니스) 지역사회봉사활동(교통정리, 청소, 선도, 교회봉사)
텔레비전 시청	

자료: 고재욱(2018: 106).

3) 노인여가 현황

노인여가의 형태별로 노인여가 현황을 살펴보면 다음과 같다.

(1) 여가활동

통계청(2018a: 42)에 따르면, 2017년 65세 이상 고령자는 주중·주말 모두 대부분 'TV 시청'과 '휴식활동'으로 여가시간을 활용하는 것으로 나타났다. 65세 이상 고령자가 앞으로 시간적·경제적 여유가 생긴다면 여가시간에 가장 하고 싶은 것은 '관광활동' 65.8%를 나타냈고, 다음은 '휴식활동' 33.3%, 'TV 시청' 32.4% 순으로 나타났다.

노인여가활동 현황은 〈표 11-4〉, [그림 11-3]과 같다.

〈표 11-4〉 노인여가활동 현황(65세 이상, 복수응답, 2017년) (단위: %)

	TV 시청	문화예술 관람 및 참여	스포츠 관람 및 활동	관광 활동	취미 자기개발 활동	휴식 활동	사회 및 기타 활동	기타
주중	91.4	5.0	13.3	2.8	14.8	69.8	11.3	5.0
주말	86.2	5.7	12.3	8.0	11.8	70.0	18.9	3.8
향후	32.4	22.4	16.7	65.8	28.1	33.3	30.6	1.9

자료: 통계청(2018a: 43).

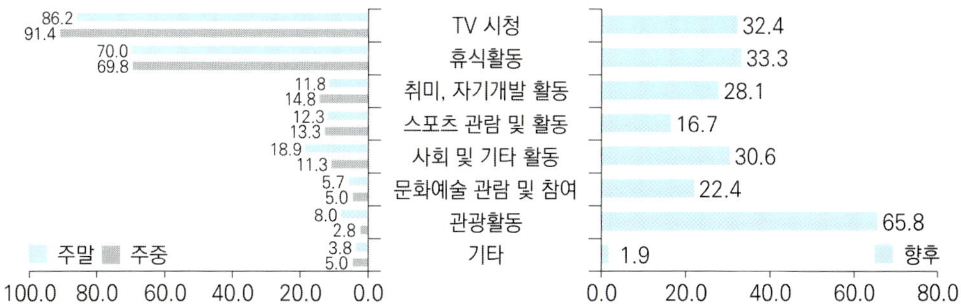

자료: 통계청(2018a: 43).

[그림 11-3] 노인여가활동 추이(65세 이상, 복수응답, 2017년)

통계청(2018a: 42)에 따르면, 2017년 65세 이상 고령자는 가족과 함께 여가활동을 하는 사람이 주중 45.8%, 주말 54.3%로 모두 가장 많고, 그 다음으로 혼자서 하는 사람이 주중·주말 각각 35.4%, 24.3%로 나타났다.

노인과 함께 여가활동을 하는 사람들은 〈표 11-5〉와 같다.

〈표 11-5〉 여가활동을 함께하는 사람들(65세 이상, 2017년) (단위: %)

구분	계	가족과 함께	친구와 함께	동호회 활동을 통해서	혼자서	직장동료와 함께	기타
주중	100.0	45.8	12.8	5.3	35.4	0.5	0.1
주말	100.0	54.3	10.8	10.2	24.3	0.4	0.1

자료: 통계청(2018a: 43).

(2) 휴가

통계청(2019b: 53)에 따르면, 2018년 지난 1년간 휴가를 사용한 사람은 68.1%로 2년 전보다 3.9%p 증가하였으나, 평균 휴가일수는 5.4일로 전년보다 0.5일 감소한 것으로 나타났다. 휴가를 사용한 비율은 남자가 70.0%, 여자가 66.3%로 상대적으로 남자가 여자보다 휴가경험 비율이 높게 나타났다. 연령별로는 30대가 81.9%로 휴가를 가장 많이 사용하였고, 그 다음은 40대(80.6%), 20대(74.7%) 순으로 나타났다.

노인의 경우, 60대가 53.4%, 70세 이상 35.4%로 나타났는데, 이는 타 연령대에 비해 소득과 건강을 고려할 때, 불평등한 것은 아니지만, 내용적으로 볼 때 5일 미만이 60대 64.7%, 70세 이상 67.8%로 나타났다. 따라서, 타 연령대에 비해 짧은 휴가 경향을 보이고 있으므로, 보다 여유로운 휴가를 즐길 수 있는 정책적 배려가 필요함을 나타낸다고 볼 수 있다.

휴가경험 및 사용일수는 〈표 11-6〉, [그림 11-4]와 같다.

〈표 11-6〉 **휴가경험 및 사용일수**

(단위: %)

구분		휴가경험	5일 미만	5~9일	10~19일	20일 이상	평균(일)
2014		62.3	49.6	37.8	9.6	2.9[2)]	6.0
2016		64.2	48.7	33.7	15.4	2.2	5.9
2018		68.1	53.7	33.0	12.3	1.1	5.4
	남 자	70.0	52.5	34.4	12.2	1.0	5.4
	여 자	66.3	54.9	31.5	12.4	1.2	5.3
	15~19세	57.7	58.1	26.5	14.8	0.6	5.4
	20대	74.7	51.3	33.2	13.4	2.1	5.7
	30대	81.9	44.2	40.6	14.2	1.0	5.7
	40대	80.6	52.1	35.0	12.4	0.5	5.4
	50대	71.0	56.0	32.0	11.2	0.9	5.2
	60대	53.4	64.7	23.8	10.1	1.4	4.9
	70세 이상	35.4	67.8	23.7	7.8	0.7	4.4

자료: 통계청(2019b: 53).

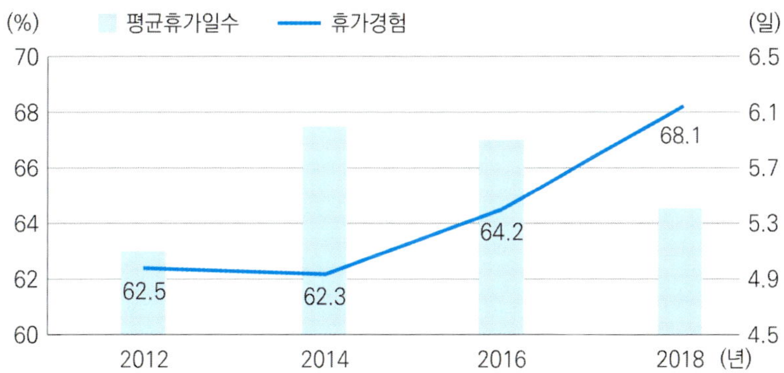

자료: 통계청(2019b: 53).

[그림 11-4] **휴가경험 및 사용일수 추이**

(3) 생활체육

통계청(2019b: 54)에 따르면, 2018년 우리나라 국민들의 생활체육 참여율은 72.0%로 전년보다 0.9%p 증가한 것으로 나타났다. 생활체육에 참여하는 사람들 중 주 1회 이상 규칙적으로 참여한 사람들은 62.2%이며, 이 중에는 주 2~3회가 30.0%로 가장 많고, 그 다음은 주 4~5회가 15.4%로 나타났다. 생활체육 참여율은 남자가 여자보다 5.0% 높고, 남자와 여자 모두 주 2~3회 정도 참여하는 사람이 가장 많았다.

연령별로는 50대의 참여율이 77.7%로 가장 높고, 40대 76.5%, 60대 72.2%, 30대 70.4%, 70대가 65.6% 순으로 높았다. 또한 규칙적 참여율은 60대 63.6%, 70세 이상 59.8% 비교적 활발한 여가생활을 하고 있는 것으로 보인다. 그러나 70대 이상에서 '전혀 안 함'은 34.4%로 타 연령대에 비해 높게 나타났는데, 이에 대한 대책이 필요한 것으로 보인다.

생활체육 참여율은 〈표 11-7〉과 같다.

〈표 11-7〉 생활체육 참여율

(단위: %)

구분	참여함	규칙적					월 2~3회	전혀 안 함
			매일[2)]	주 4~5회	주 2~3회	주 1회		
2016	70.5	59.5	5.6	14.5	29.2	10.2	11.0	29.5
2017	71.1	59.2	5.9	15.1	27.2	11.1	11.9	28.9
2018	72.0	62.2	7.0	15.4	30.0	9.8	9.8	28.0
남자	74.5	61.6	6.4	13.8	28.4	12.9	13.0	25.5
여 자	69.5	62.8	7.7	16.9	31.6	6.7	6.7	30.5
10대	67.1	57.2	4.6	13.6	26.1	12.9	9.9	32.9
20대	69.2	59.3	4.7	16.0	31.9	6.6	10.0	30.8
30대	70.4	61.9	4.1	18.3	30.4	9.2	8.5	29.6
40대	76.5	65.7	4.6	15.2	32.3	13.5	10.8	23.5
50대	77.7	64.5	6.8	15.0	31.4	11.3	13.2	22.3
60대	72.2	63.6	9.9	16.6	28.4	8.7	8.6	27.8
70대 이상	65.6	59.8	18.0	11.6	26.0	4.1	5.8	34.4

자료: 통계청(2019b: 53).

4) 노인문화활동

(1) 노인문화활동의 형성

노인의 문화는 여가 및 사회참여와 깊은 상관관계가 있다. 역사적으로 세계의 4대 문명의 발생지는 잘 알려진 대로, 비옥한 농토가 있어서 잉여생산이 가능하여 문명과 문화가 융성했던 지역이다. 따라서, 시간적으로 여유가 있는 노인들은 나름대로의 문화를 가질 수 있었다고 할 수 있다. 특히, 전통적인 농경사회에서는 노인 자신들이 문화의 전부라고 해도 과언이 아닐 정도였으나, 산업사회로 전환하는 과정에서 노인들은 주변문화 또는 하위문화를 구성하게 되었다. 이와 같이 노인의 문화는 넓은 의미에서 하나의 부분문화 또는 하위문화를 형성하고 있는데, 이것들은 사회를 주도하는 문화규범과는 다소 거리가 있다. 즉, 사회적으로 일부 집단의 사람들이 주도문화의 영향 속에서도 자기만의 생활양식, 가치관, 규범, 그리고 언어 등을 가지고 있는 것을 말한다(송진영 외, 2016: 393-394).

① 노인의 절대 수가 증가하여 노인끼리 교류할 기회가 증대되었다.

② 의료, 보건 등의 발달로 인하여 건강하고 활동적인 노인이 증가하였다.

③ 반대로 만성질병으로 고통받는 노인들이 증가하면서 공동의 관심사를 갖게 되었다.

④ 노인단체 같은 곳에서 노인들이 지리적으로 함께 모이려는 경향이 있다.

⑤ 조기퇴직의 증가로 직업, 생활상이 다른 노년층과의 교류가 감소하였다.

⑥ 금전, 지식을 가지고 있는 노인들이 여러 가지 활동을 통하여 독자적인 행동양식을 취하게 되었다.

⑦ 노인을 위한 여러 가지 사회복지 서비스가 노인들에게 모일 수 있는 기회를 제공하였다.

⑧ 많은 수의 노인들이 자녀들과 동거하지 않고 노인 단독가구를 형성하고 있다.

통계청(2018a: 42)을 살펴보면, 2017년 지난 1년간 공연, 전시 및 스포츠를 한 번이라도 관람한 65세 이상 고령자는 24.2%로 2년 전(24.5%)보다 0.3% 감소한 것으로 나타났다. 문화활동 중 '영화관람'이 75.9%로 가장 많았으며, '음악 · 연주회' 22.5%, '박물관 관람' 21.6% 순으로 나타났다. 따라서, 박물관 · 미술관 · 스포츠 관람 비율은 남자 고령자가 여자 고령자보다 상대적으로 높으며, '음악 · 연주회', '연극 · 마당극 · 뮤지컬', '무용' · '영화' 관람 비율은 여자가 높은 것으로 나타났다.

문화예술 및 스포츠 관람 현황은 〈표 11-8〉과 같다.

〈표 11-8〉 노인문화예술 및 스포츠 관람 현황(복수응답) (단위: %)

구분	관람함	음악 연주회	연극 마당극 뮤지컬	무용 관람	영화 관람	박물관 관람	미술관 관람	스포츠 관람	기타
2011	13.8	27.5	16.5	3.1	47.2	30.5	20.1	18.5	-
2013	18.1	28.1	21.5	2.5	55.1	32.9	18.4	15.1	-
2015	24.5	21.4	15.6	1.7	73.0	29.1	15.7	11.5	-
2017	24.2	22.5	14.6	1.3	75.9	21.6	16.1	16.6	0.2
남자	29.0	22.1	14.1	0.9	71.6	23.0	17.1	26.3	0.3
여자	20.6	22.8	15.1	1.7	80.3	20.1	15.0	6.7	0.2

자료: 통계청(2018a: 42).

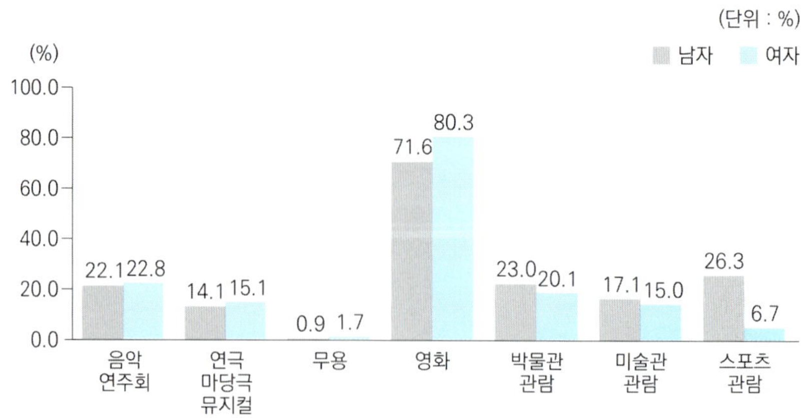

자료: 통계청(2018a: 42).

[그림 11-5] 노인 성별 문화활동 비율(2017)

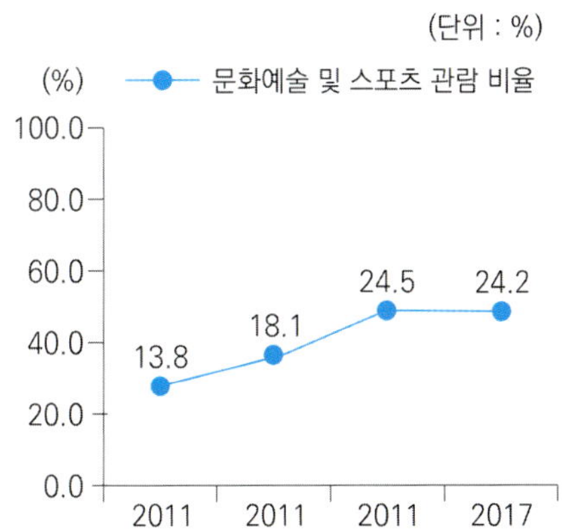

자료: 통계청(2018a: 42).

[그림 11-6] 노인문화활동 비율

5) 경로우대제도

노인의 여가활동 지원을 위한 경로우대제도가 실시되고 있다.

(1) 취지

도시화, 산업화에 따른 노인문제 대처를 위하여 노인복지를 증진하고, 전통적 미덕을 기려 노인을 우대하고 경로효친사상을 앙양하고자 실시하는 노인에 대한 우대제도이다.

경로우대제도의 법적 근거로는 「노인복지법」 제26조(경로우대), 동법 시행령 제19조(경로시설의 종류)가 있다.

(2) 공영 경로우대제도

① 철도

- 통근열차: 운임의 50% 할인
- 무궁화호: 운임의 30% 할인
- 새마을열차 및 KTX, SRT: 30% 할인(단, 토·일요일, 공휴일 제외)

② 수도권전철, 도시철도, 고궁, 능원, 국·공립박물관, 국·공립공원 및 국·공립미술관: 운임 또는 입장료 100% 할인

③ 국·공립국악원: 입장료 50% 이상 할인

(3) 민영 경로우대제도

① 국내 항공기: 운임의 10% 할인

② 국내 여객선: 운임의 20% 할인

③ 타 경로우대업종(목욕, 이발 등)은 자율적으로 실시

(4) 기타

지방자치단체는 지역사회 내 복지 수요 및 공급과 복지 대상자들의 욕구 등을 고려하여, 노인들의 노후 생활안정, 효행장려 등 복지 서비스 제공이 필요한 경우 조례, 규칙 등을 제정하여 지원한다(「노인복지법」 제4조).

CHAPTER

12 노인상담

학습목표

1. 노인상담의 개념 파악
2. 노인상담 실습
3. 노인상담의 기술 습득

학습내용

1 노인상담의 개념
2. 노인상담의 과정
3. 노인상담의 의사소통기술
4. 노인상담의 기법

개요

노인상담이란 노인문제에 관한 전문적인 지식과 훈련을 받은 상담자가 노인들이 당면한 제반 문제를 의논하고, 그 해결점을 찾을 수 있도록 도와주는 과정이다. 노인상담은 전문적 훈련을 받은 상담자와 문제를 지닌 내담자 간에 이루어지는 전문적 협력관계라는 특징이 있다. 여기에서는 노인상담을 학습하고자 한다.

CHAPTER

12 노인상담

1. 노인상담의 개념

1) 노인상담의 정의

노인상담에 대한 정의는 그 학문적 성과에도 불구하고 정의를 명확히 하기는 쉽지 않다. 그 이유는 노인을 바라보는 관점에 따라 조금씩 다르게 해석할 수 있기 때문이다.

노인상담은 심리학, 가족학, 사회복지학 등 다양한 학문분야에서 사용하는 전문적인 임상적 개입방법이다. 그중에서도 사회복지학의 지식과 기술, 가치를 기반으로 하여 이루어지는 노인복지실천에서 노인상담은 매우 중요한 위치를 차지하고 있다(김인혁 외, 2015: 190). 노인복지실천에서 노인상담은 노인이 직면한 심리사회적 문제를 직접

해결하는 치료적 기능뿐만 아니라, 노인문제해결을 위한 다른 서비스나 원조의 매개체로서의 기능도 지니고 있다(McDonald, et al., 1988).

노인상담이란 노인문제에 관한 전문적인 지식과 훈련을 받은 상담자가 노인들이 당면한 제반 문제를 의논하고, 그 해결점을 찾을 수 있도록 도와주는 과정이라 할 수 있다(이근홍, 2018: 171). 즉, 이것은 노인들이 당면하고 있는 여러 문제에 대해 전문적인 상담자가 문제해결을 위해 대안을 제시하거나 안내하는 절차를 말한다. 노인상담은 노인들에게 정서적 지지를 제공하며, 고립감과 문제에 대한 압박감을 감소시키고, 노인들로 하여금 문제를 스스로 해결할 수 있도록 동기를 부여하고 이를 조장하는 기능을 수행한다(Brindis, et al., 1987). 노인상담은 이미 사회구조의 주변으로 밀려난 약자인 노인을 정서적으로 지지하여 변화한 사회에 적응할 수 있도록 하고, 노인과 관련해 어려움을 겪고 있는 가족구성원의 지지를 도모하는 총체적 보살핌의 역할을 의미한다(김희수 · 이은숙, 2014: 172).

노인상담은 주변 집단인 가족, 친척 및 친지들에 의해 이루어지던 정서적 지지와 지원 및 문제해결과 예방의 역할과 태도를 객관적으로 대행하여, 사회로부터 격리되고 소외된 많은 노인들에게 우선적으로 1차적 사회관계망의 역할을 해 준다. 또한 노인상담은 노인으로 하여금 변화하는 현대사회에 기능적으로 잘 대처할 수 있도록 새로운 정보를 제공하여 복잡한 현대인의 생활양식에 잘 적응할 수 있도록 해 주는 정보 제공의 역할을 한다. 노인뿐만 아니라, 노인을 부양하는 가족원으로 하여금 노인에 대한 이해를 돕고 더불어 잘 지낼 수 있도록 하는 정서적 지지와 정보를 제공한다. 즉, 가족이 노인의 성공적인 노후생활을 돕는 사회관계망의 역할을 잘 감당할 수 있도록 가족원을 돕는 역할을 한다. 뿐만 아니라, 노인상담은 노인의 숨은 욕구와 필요에 대한 실증적 탐색을 가능하게 하는 데 그 의의가 있다(서혜경 외, 2017: 53).

일반상담과 비교해볼 때, 일반적으로 상담은 대화와는 달리 전문적 훈련을 받은 상담자와 문제를 지닌 내담자 간에 이루어지는 전문적 협력관계라는 특징이 있다. 즉, 상담은 일상적인 대화나 일상적인 인간관계와는 다르며, 주로 직접적 대면을 통한

'전문적 조력관계'이다. 이러한 맥락에서 노인상담은 도움을 구하는 노인 및 가족과 상담자(노인상담심리사, 노인정신과의사, 노인사회복지사 등) 간의 전문적 대면관계를 통하여 일상생활의 부적응문제를 해결 또는 예방하기 위한 조력과정이라고 말할 수 있다(이장호 · 김영경, 2015: 88).

이러한 기능을 수행하는 노인상담은 몇 가지 목적을 가지고 있다(Harbert & Ginsberg, 1990).

첫째, 정보를 제공하기 위한 것이다. 노인상담자는 가끔 노인 클라이언트에게 소속하고 있는 복지관의 조직을 설명한다. 예를 들어, 노인복지관의 노인집단 프로그램에 참여하는 데 관심 있는 노인은 입회비용, 활동내용, 활동방법, 회원들의 이름과 관심사항 등과 같은 프로그램에 관련된 사실들을 알기를 원한다. 이때 노인상담자는 노인집단 프로그램에 대해서 노인에게 설명해 주고 아울러 노인복지관에 대해서도 설명을 해준다.

둘째, 정보를 파악하기 위한 것이다. 노인복지관은 노인에게 효과적으로 서비스하기 위해서 정보를 갖추고 있어야 한다. 예를 들면, 생활보호 프로그램에서 노인상담자는 노인이 가진 재정적 자원과 사회적 · 경제적 요구조건에 대해서 알 필요가 있다. 정신건강 프로그램에서 상담은 노인이 직면한 정서적인 문제를 찾아내기 위해 이루어지며, 상담자는 '노인의 정서적인 문제는 무엇인가?', '그들 문제는 얼마나 지속되었는가?', '조직은 어떤 방법으로 노인이 정서적 문제를 극복하도록 도움을 줄 수 있는가?'와 같은 질문에 해답을 찾기를 원한다.

셋째, 문제를 해결하기 위한 것이다. 노인상담의 또 다른 목적은 노인으로 하여금 그들의 사회적 · 정서적 문제들을 해결하도록 돕기 위한 것이다. 노인상담자는 노인이 배우자를 잃거나, 거주환경이 바뀐 후에 새로운 생활환경에 적응하도록 돕기 위해 노력한다. 때로 노인상담은 클라이언트의 생활을 돕거나 양로원이나 요양원에 입소 또는 노인집단 프로그램에 참여하는 것과 같은 생활대책을 찾도록 돕기 위해 이루어진다.

치료상담 및 기타 변화 지향적 상담이 문제해결 범주에 속한다. 대부분의 상담은 정보를 제공하고, 정보를 파악하며, 문제를 해결하는 목적 중의 하나 또는 조합으로 이루어진다. 노인상담자는 자신의 상담 목적, 노인 클라이언트가 상담에 참여하려는 목적, 그리고 상담에 대한 기관의 목적과 상담의 기대효과를 이해하는 것이 중요하다(서혜경 외, 2017: 55).

노인상담의 특징은 다음과 같다(이장호·김영경, 2015: 88-89).

첫째, 노인 내담자는 신체적·사회심리적 노화과정을 겪고 있는 사람이다. 따라서, 더 많은 인내심과 기술, 그리고 내담자 중심의 이해력과 수용을 요한다.

둘째, 사고 및 감정배경의 탐색과 행동 변화의 추구보다는 지금 - 여기의 생활향상에 대한 지지과정에 우선적 중점을 둔다.

셋째, 노인상담의 접근기법 면에서는 직면, 도전 등의 직접형 접근방법보다 경청, 명료화적 질문 및 해설식 언급 등의 완만한 간접형 접근법이 바람직하다.

넷째, 노인상담에서 권장되고 있는 '회상요법(life review therapy)'은 과거의 긍정적 자아상과 현재의 삶을 동일시(통합)함으로써, 상실감, 우울, 죄책감 등을 감소시킬 수 있다.

다섯째, 타 연령층에 비해 임종 및 의료요양시설에 입원하는 경우가 많으므로, 상담의 종결과정에서 변화에의 불안 완화 등 세심한 배려와 종결 후 추수 점검의 노력이 필요하다.

(1) 노인상담 시 고려해야 할 원칙(이효선, 2008: 194-198)

첫째, 노인상담에서 상담자는 노인의 인권을 존중하고, 그들의 권리와 가치를 강화하는 데 많은 노력을 기울여야 한다. 노인들은 상대적으로 신체적·경제적·사회적 능력이 부족하고 사회적 약자로 취급될 수 있기 때문에, 상담과정에서 인간으로서의 기본적 권리를 보장하고 존중해야 한다.

둘째, 노인이 편안하고 안락한 마음으로 상담을 제공받을 수 있도록 적절한 물리적 환경이 조성되어야 한다. 노인의 특성을 고려하여 편안한 의자, 적당한 온도와 조명,

이완된 분위기, 방음장치, 적절한 방의 크기와 실내장치, 비교적 짧은 상담시간 등이 제공되어야 한다.

셋째, 노인상담은 노인이 의존성을 줄이고 독립성을 증대시키며, 노인의 강점, 장점, 잠재능력 등을 강화하는 방향으로 이루어져야 한다. 노인상담은 주로 강점 관점과 권한부여 관점에서 이루어져야 하지만, 노인의 생활사도 고려하여 상담에 도움이 될 수 있도록 해야 한다.

넷째, 노인상담에서 상담자는 노인의 특성을 고려하여 사정해야 하며, 노인들 간의 개인차를 인정하고 상담자와 노인 간의 차이점도 고려해야 한다. 노인을 대상으로 상담에 필요한 자료를 수집하고 분석할 경우, 노인의 다양한 특성을 고려해야 하며, 노인상담의 기법과 상담자의 역할도 개별적으로 다르게 적용되어야 한다.

다섯째, 노인상담에 대한 노인들의 인식과 관심을 고려하여 상담이 활성화될 수 있도록 노인상담의 긍정적 효과를 증명하고, 적극적으로 홍보해야 한다. 노인들은 상담을 받는다는 것에 대해 자신의 약함과 부족함을 드러내는 것으로 보는 부정적 인식을 가질 수 있으므로, 노인들에게 상담을 통하여 긍정적 결과를 얻을 수 있다는 확신을 부여하며, 상담자는 상담과정에서 획득한 긍정적인 효과를 노인들에게 알리는 데 많은 노력을 기울여야 한다.

(2) 노인상담의 필요성(서혜경 외, 2017: 57)

첫째, 인간은 나이를 먹음에 따라 생물학적 노화를 겪게 된다. 이에 따른 노인의 신체적 기능의 변화와 상실은 노인의 활동성을 저하시키고, 이는 노인의 심리와 성격의 변화에 영향을 미치게 된다. 즉, 신체적 기능이 저하되고, 외모가 변화하며, 만성질환 등의 질병에 걸릴 확률이 증가함에 따라, 노인은 질병과 죽음에 대한 두려움, 젊음을 잃었다는 구체적인 현실로 인한 상실감, 의존성 증가 등의 심리적·사회적 변화를 경험하게 된다. 그리고 노화에 따른 감각기관의 기능 쇠퇴는 노인으로 하여금 일상생활에 자신감을 잃게 하거나, 대인관계를 어렵게 하는 원인이 되기도 한다. 이때 노인상담을 통하여 노인 스스로가 이러한 사실에 대한 이해를 증진함으로써, 노인의 가족과 사회에 대한 적응과 통합에 도움을 줄 수 있다.

둘째, 생산과정이 기계화됨에 따라 생산 등에 필요한 노동력이 감소하고, 젊은 세대와의 경쟁에서 뒤처진 노인세대는 직업적 역할을 상실하게 된다. 이러한 역할 상실에 따른 노인의 사회적 고립문제가 발생하게 되는데, 이때 노인의 은퇴 전·후의 정신적 준비를 위해서도 상담이 필요하며, 은퇴 후의 휴식과 여가를 가장 잘 활용할 수 있는 방법과 경제적 문제 등 퇴직에 따른 다양한 변화에 대한 상담이 필요하다.

셋째, 상담을 통하여 노년기에 직면할 수 있는 다양한 문제에 대한 예방과 이에 대한 효과적인 해결을 원조하여 노인의 적응력을 향상시키고 노인복지의 향상을 도모할 수 있다.

그러므로 노화와 더불어 발생하는 경제적 문제, 심리적·사회적 문제, 신체적 문제, 역할 및 기능 감소에 따른 문제, 성문제 등 다양한 문제영역에서 노인상담이 필요하다.

2) 노인상담의 특성

다른 발달단계에 있는 사람들에 대한 상담처럼 노인상담 역시 몇 가지 면에서 차이를 갖는다. 이 차이는 노인의 특성이나 노인상담의 어려움과도 밀접한 관련이 있다. 노인상담의 주요 특성을 살펴보면 다음과 같다(김희수·이은숙, 2014).

첫째, 내담자의 경험의 폭이 넓다.

내담자는 오랜 삶의 경험을 통하여 다양한 지식을 축적하고 있다. 그중 삶의 변화에 대한 과정과 결과에 대한 경험은 내담자가 상담에 임하는 자세와 상담과정에 중대한 영향을 미칠 수 있다. 이 영향력은 상담에 긍정적 영향을 미칠 수도 있고 부정적 영향을 미칠 수도 있다. 특히, 부정적 영향을 미치는 경우 내담자는 상담을 중지할 수도 있다. 그러므로 상담자는 상담과정 중에 유연함과 더불어 전문성을 발휘해야 한다.

둘째, 내담자의 저항이 강하다.

노인 내담자의 경우 인생을 살면서 많은 경험을 하였기 때문에 상담자의 상담 의도에 강한 저항을 보일 수 있다. 노인은 경험적으로 축적한 지식과 다양한 삶의 변수를 통제하고 조절하는 방법에 대한 개인적 신념이 강하다. 이 점은 상담에서 부정적 영향을 미칠 수 있다. 특히, 상담자의 연령이 어릴 경우 내담자는 상담자를 통제하려고 하거나 자신의 경험에서 얻은 결과가 변하게 될 때 강하게 저항하기도 한다.

셋째, 내담자의 나이가 상담자의 연령보다 대체로 높다.

노인상담의 경우 내담자의 나이가 다른 내담자에 비해 상대적으로 높다. 이는 상담자의 나이가 내담자의 나이보다 적을 경우가 많다는 것이다. 내담자가 상담자보다 현격하게 연장자일 경우, 내담자와 상담자 사이에 여러 차원에서 역동과 저항이 일어날 수 있다. 이것은 곧 상담을 위한 라포르(라포, rapport)를 형성하는 데 문제가 된다. 라포르를 형성하기 위해서는 상담자와 내담자 사이에 신뢰와 긴밀한 관계가 형성되어야 한다. 그러나 상담자에 비해 내담자의 나이가 많을 경우 상담자는 내담자에 대해 부담을 느낄 수 있다. 상담자는 내담자가 자신을 압도하거나 가르치려 할지도 모른다는 생각을 갖게 되어 내담자에 대해 개방적 자세를 보이기 어렵게 된다. 반대로 내담자 역시 자신보다 나이가 어린 상담자에 대해 신뢰를 형성하기가 어렵다. 인생의 최고점과 최저점을 넘어선 노인 내담자로서는 상담자가 젊다는 것이 라포르를 형성하는 데에서부터 상담 전 과정에 이르기까지 부담으로 작용할 수 있다.

라포르(라포, rapport)

상담이나 교육을 위한 전제로 신뢰와 친근감으로 이루어진 인간관계이다. 상담, 치료, 교육 등은 특성상 상호협조가 중요한데, 라포르는 이를 충족시켜주는 동인(動因)이 된다. 라포르를 형성하기 위해서는 타인의 감정, 사고, 경험을 이해할 수 있는 공감대 형성을 위하여 노력하여야 한다. 따라서, 효과적인 장애학생 교육이나 부모상담을 위해서는 라포르의 형성이 무엇보다 중요하다.

라포르형성(Rapport building)은 의사소통에서 상대방과 형성되는 친밀감 또는 신뢰관계를 말한다.

넷째, 새로운 삶에 대한 의지와 변화욕구가 상대적으로 약하다.

노년기에 겪게 되는 신체 노화, 경제적 제약 등은 노인의 새로운 도전을 방해하는 주요 요인으로 작용한다. 노인은 늙었다는 것 자체를 새로운 것, 도전적인 것과는 거리가 있는 것으로 생각하는 경향이 있다. "다 늙어서 뭘 하나."는 식의 말은 새로운 삶을 가꾸어 나가려는 의지가 많지 않다는 것을 입증하고 있다. 그대로 정체시키려는 경향으로 나타난다. 또 노인은 같은 이야기를 반복하는 경우가 많다. 이는 상담자를 지치게 하고 상담의 진행을 더디게 한다. 상담자는 노인이 가지는 특성을 상담 전에 충분히 파악하고 내담자가 변화를 기대하고 변할 수 있도록 동기를 부여해야 한다.

다섯째, 가족 및 보호자의 의지가 약하다.

노인상담은 대개 노인 내담자 가족의 지원과는 무관하게 이루어지는 경우가 많다. 노인 내담자는 표면적으로 그 이유를 자신의 문제에 가족이 개입하기를 원하지 않기 때문이라고 말한다. 그러나 보다 깊은 차원에서 그것은 다른 가족구성원이 노인 내담자에게 진정한 관심을 갖지 않기 때문이다. 즉, 자녀는 노인문제에 깊은 관심을 가지고 있지 않으며, 관심을 가지고 있다고 해도 가족적 차원에서 그 문제를 해결하려고 하지 않는다. 이는 가정 내에서 노인의 소외 정도는 가족의 지지와 반비례하는 것으로 보인다.

여섯째, 노인은 남은 삶에 의미를 부여하지 않으려 하고, 죽음과 연결 지으려는 경향이 있다.

노년기의 사람들은 삶을 되돌아보며 정리한다. 이 말은 삶에 대한 평가와 더불어 삶을 마감한다는 의미를 포함한다. 노인에게 죽음은 긴박한 문제이며, 노인상담에서는 이 죽음의 문제가 중요한 상담내용이 되고 있다. 죽음에 대한 공포나 죽음준비를 위한 상담을 제외하고도 노인은 상담 시 죽음에 대해 강한 관심을 보인다. 노인 내담자는 죽음에 대해 각기 다른 태도와 평가를 보여 주므로, 상담자는 상담 중인 노인 내담자의 특성을 잘 파악하게 되는 기회를 얻기도 한다. 그러나 죽음에 대한 노인의 의식적·무의식적 태도나 공포는 내담자가 가지고 있는 현재의 문제를 위한 해결과 진전을 방해할 수 있다.

이러한 노인의 특성을 고려할 때, 노인상담에서 특별히 강조되어야 할 사항은 다음과 같다(정성수 외, 2018: 284-285).

첫째, 비심판적 태도와 수용이며, 그 방법으로는 적극적 경청이다. 노인은 생의 마무리 단계에 와 있으며, 지금 돌이켜서 다시 무엇을 해볼 수 있는 시간적 여유를 가질 수 없는 사람들이다. 또한 노인은 삶의 경험을 말하고 싶어 하고 그렇지 못할 때, 불만과 소외감을 느끼므로 적극적인 경청을 통해 심리적 지지를 제공하고, 이로써 노인의 상황을 더 잘 이해할 수 있다.

둘째, 자기결정의 원리로 노인의 자기결정능력을 최대한 활용하도록 격려해 주어야 할 것이다. 노인과의 상담에서는 노인이 최대한 주도권과 결정권을 갖도록 하여 통제력과 독립성을 유지할 수 있도록 돕는다. 노인과의 상담이나 노인문제에 대한 개입은 노인의 입장에서 최대한 노인의 의견이 존중되어야 한다.

셋째, 노인과의 상담에서는 격려와 지지가 이들의 심리적 안정에 무엇보다도 큰 힘이 된다. 노인은 후손과의 관계에서 만족감을 얻으려는 욕구가 강하고 가족의 관심과 지지는 자존감 회복에 중요하므로 가족 간의 관계 강화를 돕는다. 이러한 격려와 지지를 통해서 노인이 지니고 있는 능력과 특성 및 장점을 최대한 활용할 수 있도록 돕는다.

넷째, 초기면접에 보다 많은 시간을 투자하면서 노인의 구체적인 욕구를 명확하게 파악한다. 노인들은 체통을 중시하고 가족주의 의식이 강한 문화적 특성으로 인해 자녀에게 폐가 된다는 생각에 외부에 도움을 요청하지 않고 감추거나 상담을 기피하는 경향이 있기 때문에, 욕구파악은 노인의 삶의 질 향상과 상담효과를 위해서 중요하다.

다섯째, 노인의 언어적・비언어적 메시지를 명확하게 이해하고 상담자의 메시지는 간단하고 반복적으로 가까운 거리에서 전달하는 것이 유익하다. 특히, 나이가 들면 음에 대한 민감성이 떨어지고, 고음을 잘 듣지 못하며 복잡한 소음 속에서는 소리를 잘 구별하지 못하는 노인성 난청으로 인해 낮은 목소리로 크게 말할 필요가 있다.

여섯째, 우리나라는 정신적 학대나 방임 등 외형적으로 드러나지 않는 유형의 학대가 많고, 학대에 대해 노인 스스로 체념이나 가정문제라는 인식 때문에 피학대 사실이 알려지지 않는 경우가 않으므로 노인상담자는 학대 발생 가능성에도 유의해야 한다.

3) 노인상담의 방법

노인상담의 방법은 다음과 같다(이근홍, 2015: 173-174; 이장호 · 김영경, 103-104).

(1) 면접상담

면접상담은 노인이 직접 상담자와 대면하여 상담을 하는 것이다. 이것은 상담자 측면에서 볼 때, 내담자의 언어적 의사소통은 물론, 비언어적 의사소통까지 직접적인 질문과 관찰을 통해 상담하기 때문에, 상담의 효과성 · 효율성 및 정확성을 높일 수 있다. 그러나 노인이 자신의 문제를 상담하기 위해 스스로 찾아오는 것이 쉽지 않기 때문에 자발적으로 상담에 참여하려는 의지가 있어야 가능한 방법이다. 따라서, 노인 자신의 문제를 해결하기 위해 상담자를 스스로 찾아갈 수 있도록 동기를 부여해야 하며, 상담장소에 쉽게 찾아올 수 있도록 교통편의를 제공하는 등 접근성을 강화해야 한다. 또한 노인상담의 중요성에 대한 적극적인 홍보가 있어야 하며, 노인상담에 대한 인식을 제고해야 할 것이다.

(2) 전화상담

전화상담은 전화를 활용하여 상담자와 내담자와의 언어적 의사소통을 통해 상담을 하는 것이다. 전화상담은 노인 체면을 신경 쓰지 않아도 되는 개방통로이고 거동이 불편한 노인에게 적합하며 노인 수발 부양자(가족)에게 즉각적 정보 제공에 편리하다. 전화상담이 익명성, 편리성, 즉시성의 장점이 있지만, 전화로 자기 개인문제를 말하는 노인이 얼굴을 대하지 않는 전화상담자와 친밀감, 신뢰감의 상담관계를 경험하기는 쉽지 않다.

이것은 상담 장소가 멀어 접근하기 어렵거나, 거동이 불편하여 직접 찾아가기 어렵거나, 직접 대면하여 자신의 문제를 밝히기를 주저하는 노인에게 적합한 상담의 유형이다. 전화상담은 접근의 용이성, 익명성, 편리성, 즉시성, 개방성 등의 특성을 가지고 있다. 즉, 이것은 공간적으로 떨어져 있는 상담자와 내담자의 물리적인 거리를 연결시켜 상담에 대한 접근을 가능하게 하며, 자신의 신상이나 문제를 드러내 놓지 않더라도 문제해결을 위한 도움을 받을 수 있으며, 상담과 관련된 복잡한 절차를 거치거나 순서를 기다리지 않고서도 편리하게 상담을 받을 수 있다. 전화상담은 직접 상담장소를 방문하지 않더라도 언제든지 즉시 상담을 받을 수 있으며, 노인을 대상으로 하는 것만이 아니라, 노인과 관련된 가족, 친척, 친구 등과 같은 비공식 지원체계와도 노인의 문제를 상담할 수 있는 개방적인 통로가 될 수 있다.

더 나아가 정기적 전화 문안 등을 통해 노인들의 가정적·사회적 단절과 소외를 해소하고, 필요한 전화상담 서비스로 연결할 수 있다. 또한 유사시 위기상황을 관리할 수 있게 한다.

(3) 사이버상담

사이버상담은 상담이 필요한 노인이 사이버 공간에서 컴퓨터를 매개로 훈련된 상담사와의 교류를 통하여 자신의 문제를 해결하거나 문제에 대한 보다 바람직한 결과를 얻는 것을 말한다. 이것은 내담자가 자신의 문제를 호소하고 글을 쓰는 과정에서 자신의 문제를 정리하는 시간을 제공하며, 상담자의 답변이 오기까지 기다리면서 문제에 대한 대안을 생각하고 관심을 지속할 수 있다는 장점이 있지만, 면접상담에 비하여 자신의 문제를 정확히 표현하거나 상담자가 내담자의 문제를 보다 정확하게 사정하기 어렵다는 단점이 있다.

사이버상담은 편리성, 익명성, 효율성, 융통성, 심리적 안정성, 접근의 용이성 등의 특징을 가지고 있다. 이것은 사이버 공간에서 상담이 이루어지기 때문에 상담실을 직접 방문하지 않고도 어디에서나 언제나 인터넷을 통해 전문상담자와 상담을 할 수 있으며, 내담자가 원한다면 자신의 실명이나 신분을 밝히지 않고서도 상담을 받을 수 있다. 사이버상담은 자신이 필요한 시간에 많은 비용을 지불하지 않고서도 상담을 받을 수 있으며, 상담자와 직접 대면하기를 부담스러워 하는 내담자가 편안한 마음으로 상담을 받을 수 있고, 사이버상에서 상담이 이루어지므로 접근이 용이하다.

(4) 시설거주 노인과의 상담

시설거주 노인은 일반 노인에 비해 사회적 · 경제적 상태와 건강수준이 나쁜 편이고 생활 만족도도 낮다. 일반가정 노인, 생활보호대상 재가노인, 기관이용노인 등과 차등화 된 지침에 따른 상담접근이 필요하다.

시설노인의 공격적 행동 및 부적응적 성격특성을 감소시키려는 상담에서는 노인 자신의 변화와 환경조건의 변화조정 중 어느 쪽에 비중을 둘 것인지를 고려해야 할 것이다. 또한 시설노인 인구 중 2/3 이상이 고령 여성노인들(배우자 없는 빈곤, 상실감, 비교적 높은 유병률과 자녀의존도, 우울성향 등의)임에 유의할 필요가 있다.

2. 노인상담의 과정

노인상담의 과정은 다음과 같다(이근홍, 2018: 179-182; 서혜경 외, 2017: 157-193; 이은희 · 박양숙, 2018: 206-207).

1) 초기과정

초기과정은 애착의 단계로 클라이언트에 대한 깊은 이해를 전제로 한 상담의 준비단계이며, 다음 과정을 위한 토대를 닦는 과정이다.

이 과정은 상담관계의 형성시기라고 말할 수 있다. 성공적인 노인상담은 클라이언트가 상담자와 만나 이야기하면서 편안함을 느낄 수 있는 촉진적인 관계에 달려 있다. 이러한 클라이언트와의 관계형성을 통해 적절한 상담 분위기를 만드는 동시에 클라이언트의 위기의 주요 원인과 문제를 지속시키는 환경이 무엇인지에 관해 많은 정보를 파악하며, 이를 통해 노인 클라이언트를 명확하게 이해할 수 있게 된다. 노인상담의 초기과정에서 수집된 정보는 상담의 목표, 개입전략을 구성하는 데 도움을 준다(서혜경 외, 2017: 157).

노인상담을 시작하기 전에 상담실이 쾌적하고 안락하며 비밀유지가 되도록 분위기를 조성하고, 기록에 필요한 도구 준비와 녹음이나 녹화가 필요할 경우에는 내담자의 동의를 받기 위한 서류를 준비해야 한다. 초기과정에서는 상담의 신청과 접수, 내담자와의 관계형성과 구조화, 상담목표의 합의 및 계약이 진행된다.

노인상담은 내담자 본인이 상담기관에 직접 찾아와 상담신청을 하기도 하지만, 가족이나 의사, 간호사, 사회복지사 등 전문가가 의뢰하여 이루어지기도 한다. 상담의 신청은 직접 방문하여 신청하거나 전화로 신청할 수 있다. 접수 시에는 성명, 주소, 전화번호, 가족관계, 당면한 문제 등의 기본적인 사항 및 문제의 특성, 지속기간, 대처능력, 해결방안 등도 확인한다. 접수 이후에는 내담자에 대한 상담자의 이해, 수용, 존중, 배려, 신뢰, 경청 등을 통한 신뢰관계의 형성이 무엇보다도 중요하며, 상담을 보다 안정적이면서도 체계적으로 실시하기 위해 해결 가능한 범위와 제한점을 교육시키는 구조화가 필요하다. 그 다음에는 내담자의 문제를 명료화하고 내담자와 상담자 상호 간에 합의를 통하여 상담목표를 설정하며 계약하는 것이다(이근홍, 2018: 179-180).

2) 사정과정

사정과정은 노인의 문제와 관련된 자료를 수집하고 분석하며, 문제의 규정, 문제의 심각성, 문제로 인한 결과 등도 검토하며, 문제해결에 필요한 노인의 강점, 장점, 잠재능력, 제한점 등을 파악하고 구체적이면서도 체계적인 개입계획을 수립하는 것이다. 사정과정에서는 노인의 신체적・심리적・사회적 기능이 전반적으로 고려되어야 한다.

사정과정에서 구체적으로 파악할 사항은 노인의 건강상태, 일상생활기능수준, 성격특성, 인지기능, 정서기능, 문제해결능력, 치매 여부, 가족관계, 재정상태, 사회활동 참여수준, 주거환경, 공식·비공식 지원체계 등이다. 초기과정에서 문제의 명료화와 내담자와 상담자와의 합의에 의해 설정된 상담목표를 바탕으로 하위목표를 설정하고 우선순위를 결정하며, 사정과정에서 수집하여 분석한 자료를 통하여 상담에서 제기된 문제를 해결하기 위한 개입계획을 수립해야 한다(이근홍, 2018: 180).

사정단계를 거치면 노인과 그 가족의 문제해결 욕구를 분석하고, 클라이언트의 참여를 기반으로 한 개입계획을 수립하여야 한다. 이때 단기치료접근법에 대한 검토가 필요하다(이은희·박양숙, 2018: 207).

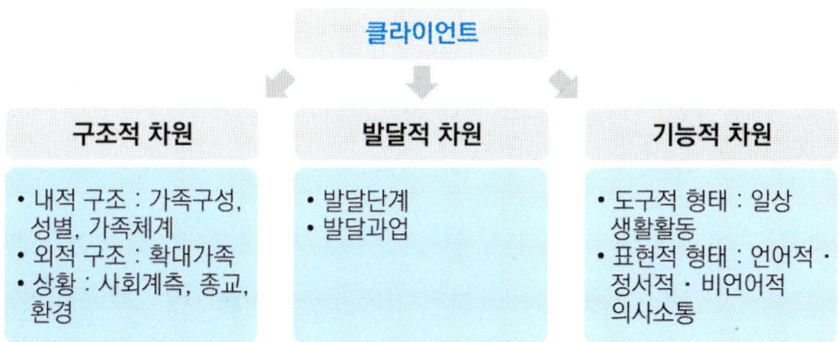

출처 : 서혜경 외(2017, 164).

[그림 12-1] 노인상담의 클라이언트 사정모형

3) 개입과정

개입과정은 몰입의 단계로 상담자가 가진 경험과 기술을 총동원하여 클라이언트의 문제에 개입하는 단계로서, 초기와 종결단계보다 매우 감정적인 단계이며, 문제의 변화를 시도하는 단계다. 상담의 개입과정은 상담 초기 단계에서 상담자와 클라이언트 사이에 라포르를 형성하고, 상담의 목표를 무엇으로 할 것인지를 결정한 후 결정된 상담목표를 실제적으로 성취하고자 노력하는 실행단계다. 상담과정은 고정된 것이기보다는 끊임없이 변화되고 행동을 평가하는 것이 요구되는 유동적인 과정이므로 상담자는 초기 단계에서 설정된 목표를 재검토해야 한다(서혜경 외, 2017: 165).

사정을 통해 분석된 문제를 기반으로 개입목표가 설정되었으므로, 문제해결을 위한 목적과 목표가 달성되기 위해서 클라이언트의 참여를 유도하고, 효과적 · 효율적 목표달성을 위해 의도적 개입이 유지되어야 한다. 계획된 목표가 달성되었거나, 새로운 문제나 욕구가 발생하였을 때는 목적과 목표가 변경될 수도 있어야 한다(이은희 · 박양숙, 2018: 207).

개입과정은 문제해결을 위해 수립한 개입계획을 구체적으로 실천하며, 내담자의 문제해결을 위해 상담자가 적절한 정보, 이론, 기법 등을 선택하고 적용하는 단계이다. 개입과정에서 적절하고 효과적인 개입을 위해 상담자는 궁극적으로 달성하고자 하는 목표와 관련된 지식, 경험 및 기술을 소유하고 있어야 하며, 노인의 입장을 고려하여 친절하고 우호적인 분위기를 조성하여, 노인의 변화 동기를 고취시키는 방향으로 문제해결 노력을 기울여야 한다.

개입과정에서는 내담자가 자신의 문제를 자각할 수 있도록 돕고, 문제해결을 위한 동기부여가 되도록 하며, 긍정적인 변화를 자각하고 자율적인 문제해결능력을 습득하도록 돕는 것이다. 만일 상담자가 해결하기 어려운 문제가 발생할 경우에는 문제에 따라 전문적인 다른 기관에 의뢰하여 해결하는 것도 효과적일 것이다(이근홍, 2018: 181).

4) 종결과정

종결과정은 개입에 대한 결과를 평가하고 상담자와 내담자인 노인 간의 전문적 원조관계를 종결하며 사후관리를 하는 단계이다. 평가란 개입과정 동안에 이루어진 활동의 결과를 연구하고 측정하는 것이다. 이러한 활동의 핵심은 특정 지표를 이용하여 목적성취 정도를 분석하는 것이다. 종결이란 사회복지사와 클라이언트 간의 상담관계가 끝나는 것을 의미한다. 이 단계에서는 종결의 이유를 명확히 하고 종결에 대한 계획을 세우며 진전상황을 평가하게 된다(모선희 외, 2018: 207).

개입과정에서 종결단계가 어느 시점에서 있을 것임을 내담자에게 알려 주어 종결을 준비하도록 하여야 한다. 종결단계에서 나타나는 불안감을 감소시키고, 종결을 준비하도록 하여 부정적인 정서반응도 다루는 과정이 필요하다. 종결단계에서는 상담목표의 달성을 다루고, 추후 다룰 문제에 대해 다루는 평가도 실시하여야 한다(이은희・박양숙, 2018: 207).

종결과정에서는 개입목표의 달성, 노인의 변화와 만족, 서비스의 효율성 등에 대해 종합적으로 평가하며, 상담자의 전문적인 판단에 근거하여 상담을 종결하고 종결에 따른 노인의 정서적인 문제를 해결한다. 종결 이후 노인과의 지속적인 의사소통을 통해 관계를 지속하고 정서적 지지를 제공하며, 필요할 때에 서비스에 쉽게 접근하여 이용할 수 있도록 한다.

노인이 상담자의 도움 없이도 스스로 자신의 문제를 해결할 수 있을까 하는 걱정과 의구심이 생기고 관계의 종결에 대한 불안감이 나타날 수 있으므로, 개입과정에서 일어난 변화를 재음미하고 요약하는 과정을 통해 종결에 대한 노인의 불안을 비롯한 부정적 정서반응을 최소화할 수 있도록 하는 것이 필요하다. 그와 동시에 노인의 자율적 판단과 결정을 허용하고 격려하는 상담자의 태도와 자세가 중요하다. 이러한 과정을 통해 노인이 상담자의 도움이 없이도 독자적으로 자신의 문제를 해결하고, 만족스런 삶을 영위할 수 있게 될 것이다(이근홍, 2018: 180-181).

상담관계를 종결하는 과정에서는 종결의 시기, 이별의 슬픔, 의뢰, 종결 후의 방문, 추후지도의 문제 등에 대해 생각해 보아야 한다. 이와 관련하여 각 문제에 대해 다음과 같이 유용한 지침을 제시한다(McDonald, et al., 1988).

첫째, 종결의 시기와 관련하여 클라이언트와 사회복지사가 상호 합의된 상태에서 관계를 종결하기로 결정했더라도 클라이언트에게 추가회기를 권유하는 것이 필요하다. 문제가 해결됐을 때 관계를 종결하는 것이 사회복지사의 입장에서는 합리적이지만 클라이언트의 입장에서는 차갑고 무관심하다고 느낄 수 있기 때문이다.

둘째, 사회복지사는 종결과 관련된 클라이언트의 슬픔을 다루기 위해 클라이언트의 분노, 슬픔, 죄의식, 버려졌다는 두려움, 새로운 과정을 시작하는 데서 오는 흥분 등의 감정을 탐색해 볼 필요가 있다. 이러한 감정을 드러내 놓고 논의하는 과정에서 클라이언트가 사회복지사만큼 친근하게 이야기할 대상이 없다고 느낀다면, 클라이언트가 적어도 한 명의 친한 사람과 지원망을 개발할 수 있도록 추가회기를 갖는다.

셋째, 클라이언트를 다른 기관이나 전문가에게 의뢰할 경우에는 다음과 같은 활동이 필요하다. ① 필요한 기관이나 서비스에 대한 정보를 글로 써서 클라이언트에게 전달한다. ② 의뢰할 기관에 클라이언트의 욕구에 대해 개괄적으로 정리한 글을 보낸다. ③ 클라이언트가 떠나기 전에 의뢰기관에 연락하여 클라이언트와 만날 약속시간을 정한다. ④ 클라이언트가 의뢰기관에 가기를 거부하거나 스트레스 상황에 있을 때, 또는 거동이 불편할 때는 클라이언트와 함께 의뢰기관에 동행한다. ⑤ 의뢰기관에 대해 객관적인 정보를 제공하여 비현실적인 기대를 갖지 않도록 한다.

넷째, 상담이 효과적으로 진행되고 적절하게 종결되었다면 새로운 문제가 발생해도 클라이언트는 문제를 다룰 자원과 자신감을 가질 수 있다. 하지만 클라이언트가 여전히 사회복지사나 기관이 자신을 지지해 주기 바란다면 향후 상담할 일이 있을 때 방문하도록 권유한다.

다섯째, 추후지도를 실시하는 것이 중요하다. 추후지도란 클라이언트와의 상담을 종결하고 어느 정도 시간이 흐른 후 클라이언트가 잘 지내고 있는가를 알아보기 위해 접촉하는 것이다. 신중한 추후지도를 통해 사회복지사는 자신이 클라이언트에게 관심을 가지고 있다는 것을 보여 줄 수 있다.

3. 노인상담의 의사소통기술

상담이 효과적으로 진행되는 데 필요한 의사소통은 말을 통해 이루어지기도 하고 비언어적인 행동을 통해 이루어지기도 한다. 상담관계에서는 두 요소 모두 중요하게 고려되어야 한다.

1) 비언어적(nonverbal) 의사소통기술

모든 메시지의 55%는 비언어적인 행동을 통해서 전달된다. 따라서, 노인의 목소리 톤이나 얼굴 표정 같은 비언어적인 행동은 노인이 전달하는 메시지를 파악하는 데 중요한 힌트가 될 수 있다(김인혁 외, 2015: 194-195). 목소리 톤은 노인의 감정파악에 중요하다. 크고 힘 있는 목소리 톤은 공격성, 통제, 힘을 나타내고, 약하고 잘 들리지 않는 목소리 톤은 철회나 두려움, 약함을 나타낸다. 얼굴 표정을 통해서는 노인의 주의집중 정도와 감정을 파악할 수 있다. 슬픔, 행복, 불안, 걱정, 혼동과 같은 감정도 얼굴표정을 통해 쉽게 나타난다(Kirst-Ashman & Hull, Jr., 2011).

2) 언어적(verbal) 의사소통기술

언어적 의사소통기술에는 '적극적인 질문'과 '경청'의 두 차원이 중요하다. 해결 중심 단기치료의 다양한 질문기술들(초점질문, 해결 중심 질문, 순환질문, 기적질문, 대처질문 등)을 노인상담에 적용한 것이다. 이러한 질문을 통해, 노인의 문제와 감정 및 자원에 대해 파악할 수 있다(모선희 외, 2018: 190).

상담과정에서 노인과 효과적으로 의사소통하기 위해서 사회복지사는 적극적으로 질문할 뿐만 아니라, 노인이 전달하고자 하는 메시지를 적극적으로 들어야 한다. 즉, 경청해야 한다. 경청의 기술에는 지지적 언어반응, 언어의 재구성, 지지적 반응, 명료화, 비언어적 단서탐색, 도전, 자기노출 등이 있다(Kirst-Ashman & Hull, Jr., 2011). 지지적 언어반응이란 "아, 예", "알겠어요" 등과 같은 단순한 말 한마디로 노인의 말에 동의하거나 노인의 말을 이해하고 있다는 것을 전달하여 노인이 계속 이야기하도록 격려하는 것이다.

언어의 재구성이란 노인이 말한 것을 다른 단어를 사용하여 재구성하는 기법이다. 노인의 의도를 파악하고 노인에게 자신이 한 말에 대해 잠시 생각해 볼 수 있는 시간을 주며 노인이 말하는 것을 경청하고 있다는 것을 보여 주기 위해 사용한다. 지지적 반응은 "~는 정상적인 것입니다."와 같은 반응을 통해 수용과 격려를 보여 주기 위해 사용한다.

명료화란 노인의 말 중에서 모호한 점에 대해 좀 더 자세히 설명해 달라고 요구하는 것으로 노인에게 자신이 말한 것을 좀 더 분명하게 인식시키고 동시에 사회복지사 자신의 이해를 분명하게 하기 위해 사용된다.

비언어적 단서탐색이란 비언어적인 단서의 의미에 대해 묻는 것으로 "제가 보기에는 ~는" 또는 "제가 듣기에는"과 같이 표현된다.

도전이란 노인이 한 ① 말들 간의 불일치, ② 말과 행동 간의 불일치, ③ 언어적인 행동과 비언어적 행동 간의 불일치, ④ 둘 이상의 사람들 간의 불일치에 대해 직접적으로 지적하는 것이다. 따라서, 도전은 상대방에게 부정적이거나 적대적인 반응을 일으킬 수 있다. 하지만 도전을 통해 주요 문제와 노인의 욕구 및 강점 그리고 현재의 감정에 대해 탐색하고 명확히 할 수 있다.

끝으로 사회복지사의 자기노출이란 사회복지사 자신의 개인적인 관찰, 경험, 생각을 노인과 함께 이야기하는 것으로 노인의 상황에 적합하고 짧고 간결하며 노인에게 도움이 되어야 한다(김인혁 외, 2015: 195-196).

4. 노인상담의 기법

상담의 상황은 내담자의 연령과 특징, 학력, 인지력, 정서상태, 경제상태 등에 따라 달라진다. 상담기법 역시 내담자의 특성과 문제의 특성에 따라 달리 사용되어야 한다. 상담 초반에 형성된 내담자와 상담자 간의 라포르, 즉 신뢰관계는 상담과정에 들어와 다양한 기법을 사용하는 데 기초가 된다. 그 내용은 다음과 같다.

1) 질문

질문은 노인의 문제를 이야기하도록 노인에게 물어서 스스로 밝히도록 하는 것으로 가장 빈번히 사용되는 상담의 방법이다. 이것은 노인이 그의 문제를 이야기하도록 격려하는 데 사용되어야 하며, 문제해결의 사고와 감정을 북돋우기 위해 사용되어야 한다. 질문은 개방적 질문과 폐쇄적 질문, 직접질문과 간접질문, 이중질문과 단일질문 등으로 구분할 수 있으며, 문제의 특성에 따라, 노인의 인지적·심리적 상태에 따라 적절한 질문의 형태를 활용해야 한다(이근홍, 2018: 177).

자료: 군산부모님요양원(2019).

[그림 12-2] 노인상담 안내

면접의 주요기법은 질문을 통한 탐색이라고 생각하기 쉽다. 그러나 중요한 것은 어떤 질문을 어떻게 하느냐 이고, 질문의 유용성에는 한계가 있다는 점이다. 질문과 답변 형식이나 많은 질문의 상담은 상담과 상담관계에 대한 오해를 불러일으켜 내담자의 문제해결에 도움이 되지 않는다.

바람직한 질문방법의 유의사항은 다음과 같다(이장호 · 김영경, 2015: 109-110).

① 개방적 질문은 바람직한 촉진관계를 열어 놓는다.

② 간접질문은 내담자에게 위협을 주지 않는다.

③ 이중질문은 내담자를 혼란스럽게 한다.

④ 질문 공세는 문제의 검토에 도움이 되지 않는다.

⑤ 내담자가 질문하면 질문 이면의 생각이나 감정을 이해하고 말머리를 내담자에게 돌린다.

⑥ '왜'라는 질문은 비난으로 받아들일 수 있으므로 가능한 한 피해야 한다.

2) 경청

경청하기는 내담자의 이야기를 진지하게 듣고 상담자가 내담자와 내담자의 문제에 관심이 있다는 것을 보여 주는 것이다. 이는 내담자의 내적 · 외적인 문제에 대한 구체적인 분석을 위해 필요하다. 노인상담에서 경청하기가 중요한 것은 내담자가 같은 내용을 자주 반복하게 되고, 인생사를 지내면서 겪은 많은 일들이 상담시간 동안 복잡하게 나타나게 되어 상담자가 자칫 새로운 정보를 놓치거나 중요한 진술을 간과하기 쉽기 때문이다(정상수 외, 2018: 289).

경청은 노인이 말하는 것에 능동적으로 세심하게 주의를 기울이는 것으로서 노인에게 이야기할 기회를 많이 주고 감수성이 예민한 노인의 마음속을 파악해 나가는 것이다. 즉, 경청은 단순한 신체적 과정인 청취가 아닌 정신적 · 정서적 과정으로서 훌륭한 상담자는 곧 훌륭한 경청자라고 말할 수 있을 정도로 상담의 중요한 방법 중의 하나이다. 내담자는 상담자가 자신의 문제에 대해 관심을 가지고 수용해주며 자신의 말을 잘 들어주기를 바라고, 이러한 경청은 문제를 해결하는 중요한 요소가 된다(이근홍, 2018: 177).

기본적인 경청기술은 다음과 같다(김희수 · 이은숙, 2014: 133-134).

(1) 소극적 경청(침묵)

상담자가 말을 많이 하면 내담자가 말하기 어렵다. 효율적 상담자는 내담자와 보내는 대부분의 시간을 침묵하고 있다. 소극적 경청을 하면 감정을 상담자에게 내보이며, 처음에 드러냈던 문제보다 더 깊고 근본적인 문제에 접근할 수 있도록 도와주는 역할을 한다.

(2) 인정하는 반응

말이 잠시 끊어질 때에는 상담자가 잘 경청하고 있다는 것을 알리는 언어적 · 비언어적 신호를 보내는 것이 필요하다. 고개 끄덕임, 열심히 경청하고 있다는 뜻으로 앞으로 약간 수그리기, 미소, 찌푸리기 등의 몸동작을 적절히 사용하면 상담자가 잘 듣고 있다는 것을 내담자에게 알릴 수 있다. "음음", "오", "그래" 같은 '감정이입의 중얼거림'이라고 부르는 언어적 신호를 보낼 수도 있다.

(3) 마음의 문을 여는 데 도움을 주는 언어

내담자가 자신의 감정과 문제에 대해 이야기하려 할 때 격려가 필요할 경우가 있다. 특히, 첫 단계에서 그러하다. 효율적 상담자는 다음과 같이 마음의 문을 여는 데 도움을 주는 언어로 말을 시작한다. 예컨대, "그것에 대해 말하고 싶니?", "그것에 대한 너의 생각에 난 관심이 있단다.", "그것에 관해 뭔가 느끼는 게 있는 것 같구나.", "저것에 관해 좀 더 말하고 싶니?" 등이다.

(4) 반영적 경청

가장 효율적인 경청기술이다. 내가 하고 싶은 말을 하지 않고 다만 내담자가 말한 메시지를 반영해 주거나 다시 내담자의 말을 확인하는 종류의 언어적 반응이다. 이것을 반영적 경청이라고 한다. 이것은 상담자가 내담자에게 들은 것을 다시 확인함으로써 내담자의 말을 이해하고 있고 또 내담자의 말을 경청하였음을 적극적으로 나타내어 준다. 상담자의 반응은 단순히 내담자가 호소해 온 말을 다시 되풀이해 주는 것이지만, 경청하는 내담자 입장에서는 상담자를 신뢰하게 되는 계기가 된다.

3) 명료화

명료화는 노인이 말하고자 하는 의미가 무엇인지 분명하게 하도록 하는 것이다. 즉, 이것은 노인의 진술 중에서 모호하거나 이해가 되지 않은 점을 노인이 스스로 확실히 하도록 상담자가 촉구하거나 격려하는 방법이다. 명료화는 내담자와 신뢰관계를 형성하는 데 필수적이며, 내담자의 문제를 이해하기를 원한다는 것을 전달하고 오해와 편견을 최소화하는 데 기여할 수 있다. 이것은 대개 내담자의 말을 상담자가 완전하게 듣지 못했거나, 그가 말하고자 하는 의미를 제대로 이해하지 못했거나, 그가 모호하거나 익숙하지 않은 용어를 사용할 때 활용해야 한다(Hepworth, et al., 2016). 명료화는 내담자가 자신의 의사를 분명하게 표현할 수 있도록 하며, 상담자가 그의 이야기를 주의 깊게 경청하고 있으며, 이야기에 대해 중요성을 부여하고 있음을 보여 줄 수 있는 장점을 지니고 있다.

명료화 기술이 효율적으로 사용되려면 다음과 같은 점에 유의하여야 한다(김희수·이은숙, 2014: 135).

첫째, 내담자가 언어적·비언어적으로 표현한 실제 메시지의 내용을 확인한다.

둘째, 청취한 메시지 중에서 애매한 부분, 혼란스러운 부분, 더 확인할 부분을 찾아낸다.

셋째, 명료화해야 할 내용을 적당한 말로 표현한다. 대개 의문형으로 표현하는 것이 무난하다.

넷째, 내담자의 반응을 듣고 관찰함으로써 명료화의 효과를 평가한다.

상담자는 명료화 기술을 사용하되 상담의 흐름이 단절되지 않도록 하고, 내담자가 지나치다고 느끼지 않을 정도로 빈도를 적절히 조절할 필요가 있다.

4) 해석

해석은 내담자의 말에 대해 상담자가 자신의 판단을 섞어 반응하는 대화기술이다. 내담자의 대화를 들으면서 상담자는 나름대로 내담자, 내담자의 문제상황, 내담자의 행동 등을 보는 틀이 생기기 마련인데, 이런 틀을 내담자에게 이야기해줌으로써 내담자를 통찰 또는 새로운 깨달음으로 인도하려는 시도가 해석이다. 해석은 일종의 검증되지 않은 가설과 비슷한 성격이 있는데, 이 가설이 내담자의 동의를 얻으면 상담을 급진전시키는 힘을 발휘할 수 있다.

해석은 사태를 지각하고 이해하는 상담자의 준거체제를 드러내놓는 행위이다. 이 해석 행위를 통해서 내담자의 준거체제는 일종의 도전을 받는다. 지금까지 주관에 사로잡혀 객관화시키지 못했던 여러 사태들이 상담자의 해석행위를 통해 새롭게 조명됨으로써, 해결의 새로운 돌파구를 찾는 계기가 될 수 있다(김희수 · 이은숙, 2014: 145).

노인상담에서 해석은 노인으로 하여금 자신의 문제를 새로운 각도에서 이해하도록 상담자가 노인문제의 의미를 설명하는 것이다. 즉, 이것은 노인이 상담자의 설명을 통해 자신의 문제나 상황을 보다 잘 이해하고 환경에 능동적으로 대처할 수 있도록 하기 위한 것이다. 성공적인 상담을 수행하기 위해서는 상담자가 여러 수준의 의미와 다양한 표현으로 노인의 문제를 해석할 수 있어야 하며, 이러한 해석은 노인문제를 해결할 수 있는 요소가 된다(이근홍, 2018: 178).

5) 요약

요약은 상담자가 그동안 상담해 온 문제를 간단하게 재검토하여 의사소통의 범위를 확대시키고, 내담자가 말하는 요점을 잡아주며, 다루지 못한 부분을 지적하고, 상담의 방향을 제시하고 상담의 현재의 위치를 파악하고자 하는 것이다. 효과적인 요약을 위해서는 노인의 말 중에서 중요한 내용, 말할 때의 감정, 말의 목적, 말한 시기 등에 대해 주의를 기울여야 한다(이근홍, 2018: 178).

상담자는 요약기술을 통해 몇 가지 효과를 얻을 수 있다(김희수·이은숙, 2014: 138).

첫째, 요약은 내담자의 메시지에 들어 있는 다양한 요소들을 한 데 묶는 역할을 한다.

둘째, 내담자의 지루한 이야기 전개를 중지시키는 방법으로 활용될 수도 있다. 요약기술을 통해 대화의 초점을 되살리는 방법이다.

셋째, 요약은 대화의 속도를 조절하고 지금까지 면담에서 성취한 바를 확인하는 방법으로 쓰일 수도 있다. 상담대화의 중간 중간 매듭을 지어 놓음으로써 한숨을 돌리고 대화를 정리하는 기회를 갖는 것이다.

6) 자기노출

자기노출은 상담자가 상담상황에서 자신의 신변에 관한 내용을 내담자와 나누는 장면을 말한다. 이것은 상담자가 내담자와의 공감을 높이고 관계를 더욱 공고히 하기 위하여 내담자의 삶이나 문제에 자신의 의견이나 경험을 결부시키는 것이다. 그러나 자기노출은 상담에서 부정적인 영향을 미칠 수 있다. 예를 들어, 내담자가 자신의 경험이 상담자에 비해 너무나 작고 초라하다고 느낄 경우 자신의 감정을 솔직하게 드러내지 못하고 상담을 받을 의지를 유지하기 어렵게 할 수 있으며, 내담자의 문제보다는 상담자의 경험이 상담의 주요 내용이 될 수도 있다. 따라서, 상담자의 자기노출은 조심스럽게 이루어져야 하며, 정도는 다를지라도 되도록 자제하는 것이 좋다(이근홍, 2018: 178-179).

7) 직면

직면은 상담 중에 내담자가 어떤 상황이나 문제를 지속적으로 회피하려고 할 때, 그 상황이나 문제에 직접 부딪히게 하는 것이다. 이것은 내담자의 자기인식을 고양시키고 변화를 촉진하는 기술로서 내담자가 자신의 문제들에 기여하거나 유지하도록 하는 사고, 감정, 행동 등과 직접적으로 대면하게 하는 것을 말한다(Hepworth, et al., 2016). 직면은 내담자가 자신의 문제에 대해 스스로 모순과 불일치를 인식하고 자신의 사고와 행동에 변화가 필요하다는 새로운 자기인식을 갖도록 상담자가 내담자를 직접적으로 사고와 행동에 대면시키는 것이다.

직면은 모순되거나 일관성이 결여된 언어와 행동을 드러내 노출시키는 대화기술이다. 사람은 누구나 의식 · 무의식 중에 자신을 은폐하고 위장하려는 심리를 가지고 있는데, 이런 심리는 은연중 혼란된 대화로 나타난다. 대화의 내용 속에서 발견되는 모순, 불일치, 왜곡, 게임, 변명, 연막치기, 각종 방어기제 등은 직면의 대상이 된다. 상담자는 내담자의 대화 속에 숨어 있는 이런 혼란들을 드러내 직면시킴으로써 내담자가 보다 효율적으로 기능하도록 도울 수 있다.

직면은 상당히 위협적인 대화기술이다. 상담자의 직면반응에 내담자는 심리적으로 위축되기 마련이다. 따라서, 직면기술은 철저히 내담자를 위한 목적으로 활용되어야 한다. 직면을 통하여 모순된 언행을 지적하는 일, 직면에 대한 내담자의 반응을 분석하는 일은 모두 내담자를 새로운 통찰로 이끌어 바람직한 변화를 유도하는 수단으로 활용되어야 한다. 상담자의 분노를 표출하거나 뚜렷한 목적 없이 직면기술을 사용하는 것은 절대 금해야 한다(김희수 · 이은숙, 2014: 145).

CHAPTER

13

노인의 건강과 죽음

학습목표

1. 노인의 건강과 죽음에 대한 이해
2. 건강행태에 대한 현황 파악
3. 죽음과정, 죽음준비교육에 대한 학습
4. 호스피스의 이론과 실제 분석

학습내용

1. 노인건강
2. 죽음
3. 호스피스

개요

노인복지의 마지막 학습은 죽음으로 귀결된다. 죽음에서 특히 죽음준비교육은 아무리 강조해도 지나침이 없다. 죽음준비교육을 통해 생애주기에 있어서 긍정적인 사고를 유지할 수 있다. 여기에서는 노인건강, 죽음, 호스피스를 학습하고자 한다.

CHAPTER

13

노인의 건강과 죽음

1. 노인건강

1) 건강의 개념

(1) 노인건강의 정의

건강의 의미는 다양하며 여러 측면을 포함하고 있다. 이러한 특성을 가장 잘 고려하고 있는 것이 세계보건기구(WHO)의 정의이다. 세계보건기구의 정의에 의하면, 건강이란 단순히 질병이나 허약성이 없는 상태가 아니라, 신체적 · 정신적 · 사회적으로 완전한 복리의 상태이다. 이러한 정의는 인간의 전반적인 면에서의 건강을 강조하고 있다. 신체적 질병이 없다는 것만으로는 한 개인이 복리적인 상태에 있다고 볼 수 없다. 비록 신체적 질병이 없다고 할지라도, 스트레스, 우울, 불안, 무료함 등으로 인하여 정신적 · 사회적으로 안정되고 쾌적한 상태에 있지 못하는 경우도 많다. 그리고 신체적 차원과 정신적 차원에 포함시킬 수도 있고 별도로 분리하며 생각할 수도 있는 영적인 면에서도 갈등이 없고 안정되어 있어야만 건강하다고 할 수 있다는 것이다. 또한 불안과 무료한 상태를 벗어나기 위해서 흡연이나 음주를 하게 되고, 음식을 많이 먹는다거나 약물을 습관적으로 복용함으로써 신체적 질병이나 허약성을 가져오는 데 영향을 미치기도 한다. 특히, 노화는 신체적인 변화뿐만 아니라, 심리적 · 사회적 변화를 가져오므로 노인의 건강을 폭넓게 다차원적인 면에서 이해하는 것이 필요하다. 이러한 면에서 노인의 건강보호 서비스는 단순히 질병의 원인을 신체적이고 개인 내적인 데서 찾아 그 원인을 제거하는 데 중점을 두는 의료적 모델(medical model)에 의한 것보다 질병의 원인을 신체적 · 사회환경적인 것에서 찾아 개인을 총체적이고 종합적인 면에서 치료하려는 종합적인 건강보호체계(comprehensive health care system)로 발전되어야 할 것이다. 노인에 대한 종합적인 건강보호체계의 필요성이 미국에서는 1970년대부터 강조되고 있다(Brody, 1976).

세계보건기구(WHO)의 정의는 건강의 종합적인 면을 강조하고 있는데, 이것은 어떤 의미에서는 건강의 목표를 이상적으로 설정하며 노력하게 하려는 것이지 현실적으로는 그러한 건강상태에 있는 사람은 드물다고 본다. 개인의 건강상태는 그러한 목표수준에 도달하는 어느 단계에 있는 것이라 할 수 있다. 이러한 의미에서 건강은 목표상태에 있느냐 아니냐에 따라 '건강하다', '건강하지 않다'는 식의 이분법적으로 파악되는 개념이라기보다는 목표상태를 향한 계속선상의 정도의 개념으로 보는 것이 더 타당할 것이다(최성재 · 장인협, 2014: 140).

개념상으로 살펴보면, 건강은 신체적 · 정신적 · 사회적인 복리의 상태로 정의될 수 있지만, 이러한 상태를 실질적으로 판단하는 데는 어려움이 많기 때문에 주로 두 가지 방법으로 파악하고 있다. 하나는 질병의 유무에 의한 판단이고, 다른 하나는 기능의 정도에 의한 판단이다.

질병의 유무에 의한 판단은 주로 의사의 진단에 의해서 이루어지고 있지만, 이것은 신체적 · 정신적 · 사회적 기능의 정도를 정확히 잘 나타낼 수는 없다. 기능의 정도에 의한 판단은 주로 개인의 판단에 의해서 이루어지지만(Shanas & Maddox, 1976), 질병의 유무와 관계없이 신체적 · 정신적 · 사회적 기능을 어느 정도 발휘할 수 있는지를 잘 나타내 줄 수 있다. 의사의 판단에 의한 건강진단은 객관적인 면이 강하고 개인 판단에 의한 것은 주관적인 면이 강하여 두 가지의 일치도가 낮을 것 같지만, 실제 조사를 통해 밝혀진 바에 의하면, 이 둘 간의 일치도는 상당히 높은 것으로 나타났다. 따라서, 기능의 정도를 주관적인 판단에 의해 측정하는 것도 상당히 신빙성이 있다(Maddox & Douglass, 1973).

신체적 질병의 유무에 의한 건강의 정도는 질병의 치료와 예방의 면에서 큰 의미가 있고, 기능적인 면의 건강 정도는 사회적인 면에서 큰 의미가 있다. 따라서, 두 가지 면의 건강은 각각의 특성과 실질적 용도가 있으므로 두 가지 모두 유용한 건강의 조작적 정의로 받아들여질 수 있다. 여기에서는 편의상 건강을 신체적 건강과 정신적 건강으로 나누고, 건강의 정도는 신체적 · 정신적 질병에 의해서 주로 영향을 받는 것으로 본다.

'건강에 관한 단계적 척도(stages of the health continuum)'는 건강의 상태를 최상의 좋은 상태로부터 죽음에 이르는 과정까지 총 9단계로 설정하고, 개인이나 집단의 건강상태가 어느 정도인지를 측정하는 보편적 방법으로 기본적 보건통계나 정책수립과 결정의 기본 자료로 활용된다.

건강의 단계적 척도는 〈표 13-1〉과 같다.

〈표 13-1〉 건강의 단계적 척도

단계	상태	비고
1단계	사회적 · 신체적 · 정신적으로 건강한 상태 (social, physical, mental well-being)	신체적 · 정신적 이상이 없더라도 사회적 관계(소외되고 위축된 사회생활 등)에 문제가 있다면 1단계에 포함되지 못한다.
2단계	질병이나 장애가 없는 상태 (absence of disease or impairment)	사회적 위축이 있더라도 특별한 정신적 · 신체적 질환이나 장애가 없는 상태

단계	상태	비고
3단계	이상이 발생한 상태 (presence of a condition)	구체적 증상은 없으나 이상을 호소하는 상태
4단계	치료가 필요한 상태 (treatment is sought)	질환이 나타나서 치료가 필요하지만 생활에 불편이 없는 상태
5단계	활동이 제약받는 상태 (restriction of activity)	일반적 동작, 즉 식사, 목욕, 운동 등에 제약을 받는 상태
6단계	주요 활동이 제약받는 상태 (restriction of major activity)	생계활동, 집 보기, 학교생활에 지장이 있는 상태
7단계	주요 활동의 불능상태 (inability of major activity)	가족의 치료와 보호를 받는 상태
8단계	보건의료기관에 수용되어야 하는 상태 (institutionalization)	요양원이나 병원에 입원하여야 하는 상태
9단계	사망(death)	-

자료: 고수현(2018: 78).

(2) 건강행태

① 흡연과 음주

통계청(2019b: 15)에 따르면, 2017년 우리나라 19세 이상 성인의 흡연율은 21.1%, 고위험 음주율은 13.4%로 전년보다 흡연율은 1.5% 감소하고, 음주율은 0.2% 증가한 것으로 나타났다. 흡연율은 남자 40대 46.3%, 여자 19~29세 9.7%로 가장 높았으며, 고위험 음주율도 각각 남 40대 27.2%, 여 19~29세 11.1%가 가장 높은 것으로 나타났다. 여자는 연령대가 높아질수록 흡연율과 음주율 모두 감소하는 것으로 나타났다.

노인의 경우, 흡연율은 남자 60~69세 14.4%, 여 2.8%이며, 70세 이상 남자 8.5%, 여자 1.9%로 나타났다. 고위험 음주율은 남자 60~69세 15.2%, 여 3.4%이며, 70세 이상 남자 7.2%, 여자 0.5%로 나타났다. 물론 타 연령대에 비해 낮은 수치이나, 건강상태를 고려할 때 좀 더 낮은 수치를 요구한다고 볼 수 있다.

흡연율 및 고위험 음주율은 〈표 13-2〉와 같다.

〈표 13-2〉 흡연율 및 고위험 음주율 (단위: %)

구분	흡연율			고위험 음주율[1]		
	전체	남자	여자	전체	남자	여자
2011	26.3	46.8	6.5	13.6	23.1	4.4
2012	25.0	43.3	7.4	13.4	21.9	5.3
2013	23.2	41.4	5.7	11.9	19.4	4.8
2014	23.3	42.3	5.1	13.1	20.6	5.9
2015	21.6	38.3	5.3	12.7	20.5	5.1
2016	22.6	39.4	6.1	13.2	21.2	5.4
2017	**21.1**	**37.0**	**5.2**	**13.4**	**20.6**	**6.3**
19~29세	24.4	37.3	9.7	14.2	17.0	11.1
30~39세	25.5	42.7	6.8	16.9	24.1	9.0
40~49세	26.3	46.3	5.7	16.9	27.2	6.4
50~59세	20.2	37.0	3.3	14.5	23.5	5.5
60~69세	14.4	26.6	2.8	9.1	15.2	3.4
70세 이상	8.5	18.2	1.9	3.2	7.2	0.5

1) 고위험 음주율: 1회 평균 음주량이 남자 7잔 이상, 여자 5잔 이상이며 주 2회 이상 음주
자료: 통계청(2019b: 15).

② 신체활동 실천율, 비만 유병률

통계청(2019b: 15)에 따르면, 2017년 우리나라 19세 이상 성인의 유산소 신체활동 실천율은 46.4%로 지속적으로 감소 추세이며, 비만 유병률은 34.8%로 전년보다 소폭 감소한 것으로 나타났다. 신체활동 실천율과 비만 유병률 모두 남자가 여자보다 높게 나타났다.

노인의 경우 신체활동 실천율은 남자 60~69세 34.4%, 여 37.1%이며, 70세 이상 남자 34.8%, 여자 22.0%로 나타났다. 비만 유병률은 남자 60~69세 36.7%, 여 39.3%이며, 70세 이상 남자 25.3%, 여자 41.0%로 나타났다. 따라서, 노인들은 신체활동 실천율이나 비만 유병률은 양호한 것으로 나타났다.

신체활동 실천율과 비만 유병률은 〈표 13-3〉과 같다.

〈표 13-3〉 신체활동 실천율과 비만 유병률 (단위: %)

구분	신체활동 실천율			비만 유병률		
	전체	남자	여자	전체	남자	여자
2014	57.1	61.6	52.8	31.5	37.7	25.3
2015	51.0	54.7	47.5	34.1	39.6	28.8
2016	47.8	51.3	44.3	35.5	41.8	29.2
2017	**46.4**	**49.1**	**43.8**	**34.8**	**41.1**	**28.4**
19~29세	65.6	67.0	63.9	29.4	39.0	18.3
30~39세	47.5	51.3	43.6	33.4	46.7	18.3
40~49세	47.5	48.4	46.6	35.3	44.7	25.6
50~59세	44.4	45.9	43.0	38.0	44.3	31.7
60~69세	35.8	34.4	37.1	38.0	36.7	39.3
70세 이상	27.2	34.8	22.0	34.7	25.3	41.0

자료: 통계청(2019b: 16).

(3) 사망원인

통계청(2019b: 14)에 따르면, 2017년 우리나라 국민의 사망원인 1위는 암으로 인구 10만 명당 153.9명이 사망하였고, 그 다음은 심장 질환(60.2명), 뇌혈관 질환(44.4명), 폐렴(37.8명) 순으로 나타났다. 암, 심장질환, 폐렴으로 인한 사망률은 지속적으로 증가하고 있으며, 자살, 뇌혈관질환, 당뇨 등으로 인한 사망률은 감소하는 것으로 나타났다.

주요 사망원인별 사망률은 〈표 13-4〉와 같다.

〈표 13-4〉 주요 사망원인별 사망률

(단위: 인구 10만 명당 명)

구분	암(악성 신생물)	심장 질환[1]	뇌혈관 질환	폐렴	자살	당뇨	간질환	알츠하이머병
2005	134.6	39.6	64.5	8.6	24.8	24.3	17.4	2.3
2010	144.4	46.9	53.2	14.9	31.2	20.7	13.8	4.1
2015	150.8	55.6	48.0	28.9	26.5	20.7	13.4	9.9
2016	153.0	58.2	45.8	32.2	25.6	19.2	13.3	9.4
2017	**153.9**	**60.2**	**44.4**	**37.8**	**24.3**	**17.9**	**13.3**	**9.8**
증감	0.9	2.0	-1.4	5.6	-1.3	-1.3	0.0	0.4
남자	191.1	58.6	42.7	39.4	34.9	17.6	20.0	5.3
여자	116.9	61.8	46.1	36.3	13.8	18.2	6.5	14.3

1) 심장 질환은 허혈성 심장 질환과 기타 심장 질환을 포함

자료: 통계청(2019b: 14).

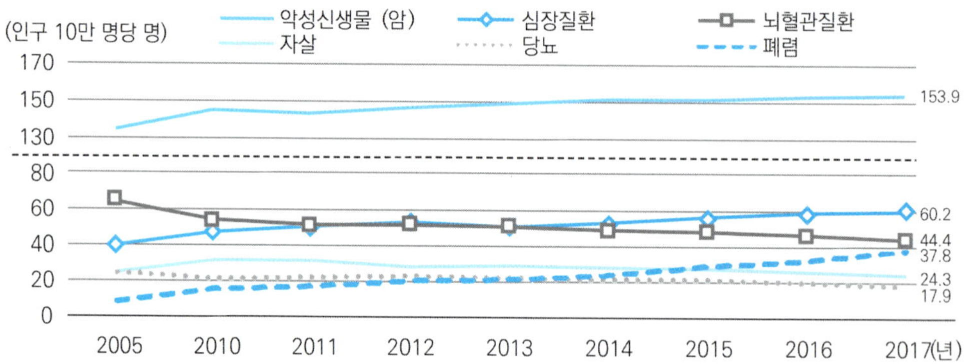

자료: 통계청(2019b: 14).

[그림 13-1] 사망원인별 사망률

2) 노인의 신체적 질병

노인의 신체적 질병에는 많은 종류가 있으나, 통계청의 2005년 이후 조사에 따른 주요 사망원인이 되는 6대 질병은 다음과 같다.

(1) 암(cancer)

조직 내에서 질서를 무시하고 무제한 증식하는 미분화세포로 구성된 종괴(腫塊), 또는 종양을 형성하는 병을 말한다. 암이란 진행이 빠른 병이어서 진단을 받은 후 치료를 받지 않으면 5년 이상 생존한다는 것이 거의 불가능하다. 그래서 역으로 '5년간 생존했다'는 것은 암이 진행하지 않는다는 뜻이 되고, 암으로부터 해방되었음을 의미하는 지표로 사용된다. 즉, 매년 암 발생률이 꾸준히 늘고 있음에도, 의료기술의 발달에 힘입어 생존율도 높아지고 있는 것으로 나타나서, '암 정복시대 도래'에 대한 기대감이 높아지고 있기도 하다.

암이 생기는 이유를 알아보면, 신체성장과정에서 소멸되는 세포가 있고, 생성되는 세포도 있다. 그런데 인체조절과정에 문제가 생기면 소멸되어야 하는 세포가 사라지지 않고 계속 존재하는 경우가 발생한다. 또 세포는 계속 생겨나므로 필요하지 않은 세포가 늘어나 덩어리를 이루며 자란다. 이를 종양(tumor)이라고 한다. 종양 중에는 막에 둘러싸여 덩어리를 이루고 있는 '양성종양'과 경계가 일정하지 않은 상태로 주변 장기를 침범하거나 혈관과 림프관을 타고 온몸을 떠돌아다니면서 전이하는 성질을 가진 '악성종양'으로 나뉜다. 흔히 악성종양을 암(cancer)이라고 한다.

암의 치료법에는 여러 가지가 있다. 현재의 암 치료방법은 수술, 항암요법, 방사선요법 등이다. 최근에는 면역학과 유전학적 치료법이 소개되고 있기도 하다. 수술은 사람의 몸에 자라난 종양세포 덩어리를 제거하는 방법이지만, 전이된 암세포를 제거하기 어렵다. 항암제는 치료할 수 있는 암의 종류가 제한될 뿐 아니라, 부작용이 커서 오래 사용하기가 곤란하고, 시간이 지날수록 치료효과가 낮아지는 단점이 있다.

대개 구미지역은 폐암・대장암・유방암 등이 자주 발생하며, 우리나라를 비롯한 동남아지역에서는 위암・간암・자궁경부암 등이 많다.

(2) 심장 질환(heart disease)

심장에 병이 발생하는 질환으로 선천성 심장 질환(심실중격결손증, 심방중격결손증, 동맥

관개존중 등), 심장판막증(승모판협착이나 폐쇄부전, 대동맥판협착이나 폐쇄부전 등은 후천성인 경우가 많지만 일부에 선천성인 것이 포함됨), 후천성 판막증과 관련된 류마티스성열이 포함되는 경우도 있다. 심장의 전기생리적 이상에 의한 부정맥질환, 허혈성 심장질환, 심장근질환, 위에서 기술한 병변의 결과로의 심부전, 심막 질환, 또한 드문 질환으로서 심장종양도 있다.

(3) 뇌혈관 질환(Cerebrovascular diseases)

뇌졸중은 뇌혈관이 막히거나 터져서 발생하는 뇌혈관 질환을 총칭하는 것으로 우리나라 사람에 있어서 암 다음으로 흔한 사망원인이며, 단일 장기질환으로는 가장 높은 사망률을 보인다.

뇌혈관 질환의 가장 큰 원인은 고혈압과 당뇨이며, 고지혈증, 흡연, 비만, 스트레스 등과 같은 원인질환과 습관들이 대표적 원인으로 알려져 있다. 운동과 식이요법으로도 혈압이나 당뇨, 고지혈증 등이 잘 조절되지 않으면 약물치료를 해야 한다. 많은 환자들이 이러한 약물을 평생 먹는 데 대한 강한 거부감을 가지고 있어 갈 데까지 가보다가 약물치료를 하겠다고 하는데, 이는 매우 어리석은 일로 약물치료를 늦추는 만큼 그 순간에도 혈관 질환은 비가역적으로 진행되기 때문이다. 원인 질환 혹은 습관은 본인의 의지와 약물로 충분히 고칠 수 있기 때문에, 인생이 한순간 송두리째 바뀌는 불행한 일을 당하지 않도록 미리 예방하는 것이 상책이다.

(4) 폐렴(pneumonia)

폐렴은 폐(허파)의 세기관지 이하 부위, 특히 폐포(공기주머니)에 발생한 염증이다. 가장 흔한 원인은 미생물로 인한 감염이 원인으로, 세균이나 바이러스이고, 드물게 곰팡이에 의한 감염이 있을 수 있다. 미생물에 의한 감염성 폐렴 이외에 화학물질이나 구토물 등의 이물질의 흡인, 가스의 흡인, 방사선 치료 등에 의해 비감염성 폐렴이 발생할 수도 있다.

미생물이 원인이 되는 폐렴의 경우, 원인균에 따른 치료를 하며, 항생제를 이용하여 치료한다. 일반적으로 지역사회에서 발생한 폐렴의 경우 세균성 폐렴으로 가정하고 경험적인 항생제 치료를 하고, 원인 미생물이 밝혀지면 그에 적합한 항생제로 변경하기도 한다. 독감과 같은 바이러스성 폐렴은 증상 발생 초기에는 항바이러스제의 효과가 있으나, 시일이 경과한 경우에는 항바이러스제의 효과가 뚜렷하지 않다.

증세가 가볍고 통원이 가능한 경우에는 반드시 입원하여 치료할 필요는 없으나, 면역성이 떨어지는 소아나 노인 환자, 중증 질환을 앓고 있는 환자의 경우는 입원치료가 권장된다. 합병증이 없거나 내성(약물의 반복 복용에 의해 약효가 저하하는 현상)균에 의한 폐렴이 아니라면 보통 10~14일간 치료로 충분하지만 스스로 호흡이 불가능할 정도로 중증인 경우에는 중환자실에서 기계환기기 치료를 받아야 한다.

(5) 당뇨(diabetes mellitus)

인슐린의 분비량이 부족하거나 정상적인 기능이 이루어지지 않는 등의 대사질환의 일종으로, 혈중 포도당 농도가 높은 것이 특징인 질환을 말한다. 즉, 당뇨병은 인슐린의 분비량이 부족하거나 정상적인 기능이 이루어지지 않는 등의 대사질환의 일종으로, 혈중 포도당의 농도가 높아지는 고혈당을 특징으로 하며, 고혈당으로 인하여 여러 증상 및 징후를 일으키고 소변에서 포도당을 배출하게 된다.

당뇨병은 제1형과 제2형으로 구분되는데, 제1형 당뇨병은 이전에 '소아 당뇨병'이라고 불렸으며, 인슐린을 전혀 생산하지 못하는 것이 원인이 되어 발생하는 질환이다. 인슐린이 상대적으로 부족한 제2형 당뇨병은 인슐린 저항성(insulin resistance, 혈당을 낮추는 인슐린 기능이 떨어져 세포가 포도당을 효과적으로 연소하지 못하는 것)을 특징으로 한다. 제2형 당뇨는 식생활의 서구화에 따른 고열량, 고지방, 고단백의 식단, 운동 부족, 스트레스 등 환경적인 요인이 크게 작용하는 것으로 보이지만, 이외에 특정 유전자의 결함에 의해서도 당뇨병이 생길 수 있으며, 췌장 수술, 감염, 약제에 의해서도 생길 수 있다.

당뇨는 혈액검사로 진단한다. 증상이 없는 경우 8시간 이상 금식 후에 측정한 혈당이 126mg/dL 이상이거나, 경구당부하검사 2시간 후 혈당이 200mg/dL 이상인 경우를 당뇨병이라 한다. 물을 많이 마시거나 소변이 많아지고 체중이 감소하는 동시에, 식사와 무관하게 측정한 혈당이 200mg/dL 이상일 때도 당뇨병으로 진단한다.

인슐린은 현재 주사약으로 나와 있으며, 피하주사로 투여하는 것을 원칙으로 하고 있고, 작용시간에 따라 투여방법이 다르다. 먹는 약에 비해서 혈당강하효과가 더 빠르게 나타나고, 먹는 약을 쓸 수 없는 환경에서도 안전하게 쓸 수 있으며, 용량의 제한도 없지만, 주사침에 대한 거부감, 투여방법의 어려움 등이 단점으로 꼽힌다.

예방방법으로는, 생활습관 교정을 통해서 체중을 5~7% 줄이게 되면 일부는 제2형 당뇨병의 발병을 늦추거나 예방할 수 있다. 100% 예방하는 것은 아니지만 가장 믿을 만하고 부작용이 없는 방법이므로 적극 권장된다.

(6) 간 질환

간은 체내의 다양한 대사와 관련된 중요 기관이기 때문에 간 기능에 손상이 오면 영양상태에 심각한 문제가 생긴다. 간과 관련된 질병으로는 지방간, 알코올성 간염, 간경변증 등이 있다.

지방간은 간에 중성지방이나 콜레스테롤이 쌓인 상태를 말하며, 알코올성 간염은 음주로 인해 간세포가 파괴되고 염증이 일어난 상태를 말한다. 지방간이나 알코올성 간염을 방치하면 간경변증으로 악화될 수 있다. 간경변증은 염증에 의해 간세포가 위축·경화되면서 간기능이 저하되는 질환이다. 이러한 간 질환은 원인과 증상, 진행 정도, 영양상태에 따라 식이요법이 다르므로 자신의 상태에 적합한 식사를 하는 것이 중요하다.

3) 노인건강진단

(1) 목적

질병의 조기 발견 및 치료로 건강의 유지·증진을 도모하며, 노인건강수준의 향상으로 노인들에게 건강하고 활기찬 노후생활을 보장하고자 한다. 노인건강진단은「노인복지법」제27조,「노인복지법 시행령」제20조,「노인복지법 시행규칙」제8조와 제9조에 근거한다.

(2) 실시 대상

① 시・군・구 관할구역에 거주하는 만 65세 이상 의료급여 수급권자 중 노인건강진단 희망자이다. 단, 2018년 수검자 중 건강한 자 및 아래 대상자는 제외한다.

② 건강보험 가입자는 국민건강보험공단의 건강검진 수검으로 가능하다.

③ 의료급여 수급권자는 66세가 되는 해에 생애전환기 건강검진으로 수검 가능하다. 기타 보건소장이 노인건강진단이 필요하다고 인정하는 자이다.

(3) 실시내용

① 진단수가는 국민건강보험의 건강진단 수가를 준용한다.

② 검사항목

- 노인건강진단 항목(참고1)에 의해 실시하되, 보건소장은 노인욕구 및 지역보건사업 특성에 맞는 검사가 실시될 수 있도록 예산범위 내에서 검사항목 조정이 가능하다.
- 위암, 간암, 대장암 등에 대한 국가암조기검진을 적극 수검하도록 안내(의료급여 수급권자는 전액 무료)한다.

③ 성매개감염(매독, 임질, 클라미디아감염증)의 경우, 의료기관 검진자는 매독검사만, 보건소 검진자는 매독, 임질, 클라미디아감염증 등 모두 가능하다. 다만, 임질과 클라미디아감염증은 소변검체로 검사가 가능한 보건소에서만 실시한다.

④ 효과적인 검진을 위해 보건복지부의 치매 조기검진, 안검진, 암검진사업 등 다른 검진사업과 통합실시도 가능하다.

⑤ 건강검진기관은「노인복지법 시행규칙」제8조에 따라 시・군・구청장은 선정

하여 공고하여야 한다.

⑥ 건강진단실시기관장은 의료기관, 한국건강관리협회 등 외부의 검진전문기관에 위탁하여 노인건강진단 실시가 가능하다.

⑦ 검진 후 유질환자 사후관리체계 강화

- 유질환자의 경우, 보건소의 등록관리 및 공공의료기관과의 연계를 통해 방문건강관리 또는 의료 서비스를 체계적으로 제공한다.
- 성매개감염병 유질환자의 경우, 보건소에서 무료로 치료 지원한다.
- 보건소는 치매가 의심되는 경우, 무료 치매조기검진사업에 연계한다.
- 필요시 선별검사 후 치매진단검사가 보건소와 협약한 거점병원에서 무료진단검사를 받을 수 있도록 조치한다.
- 치매를 진단받은 노인을 발견 시에는 보건소 치매안심센터에 등록·관리한다.
- 치매치료제를 복용하는 자는 소득수준에 따라 치매치료비(연 36만 원)를 지원한다.
- 보건소는 무료 안검진사업과 연계하여 개안수술비를 지원한다.
- 개안수술 대상 노인의 경우 한국실명예방재단(02 - 718 - 1102)에 통보하여 소득수준에 따라 본인부담금 전액을 지원한다.
- 보건소는 건강진단 결과, 치과진료가 필요한 노인에 대하여는 보건복지부 구강생활건강과에서 수행하는 노인구강보건사업과 연계하여 진료를 받을 수 있도록 조치한다.

노인건강진단항목은 〈표 13-5〉와 같다.

〈표 13-5〉 노인건강진단 항목

<table>
<tr><th colspan="3">구분</th><th>진단항목</th></tr>
<tr><td rowspan="3">1차</td><td colspan="2">기본진료</td><td>1. 진찰(시진, 청진, 촉진, 문진)
2. 체위검사(신장, 체중, 근거리 및 원거리 시력, 청력, 혈압)
3. 치과검사(우식증, 결손치, 치주질환)</td></tr>
<tr><td colspan="2">혈액검사</td><td>1. 혈색소 2. 총콜레스테롤 3. 혈청지오티 4. 혈청지피티 5. 혈당 6. 매독주</td></tr>
<tr><td colspan="2">기타 검사</td><td>1. 요검사(요당, 요단백, 요잠혈, 임질, 클라미디아감염증주
2. 안검사(정밀안저검사, 양측) 3. 간이인지기능검사(MMSE)
4. 흉부 X선 간접촬영</td></tr>
<tr><td rowspan="12">2차</td><td colspan="2">기본진료</td><td>진찰(시진, 청진, 촉진, 문진)</td></tr>
<tr><td colspan="2">기타 흉부 질환</td><td>1. 흉부X선 직접촬영 2. 결핵균 집균도말검사</td></tr>
<tr><td rowspan="2">순환계 질환</td><td>고혈압</td><td>1. 혈압, 2. 정밀 안저 검사(양측) 3. 심전도 검사</td></tr>
<tr><td>고지혈증</td><td>1. 혈압, 2. 트리그리세라이드 3. HDL 콜레스테롤</td></tr>
<tr><td colspan="2">간 질환</td><td>1. 총단백 2. 알부민
3. 알카라인포스파타제 4. 총빌리루빈(총・직접)
5. 유산탈수효소(LDH) 6. 알파휘토단백</td></tr>
<tr><td colspan="2">신장 질환</td><td>1. 요침사 현미경 검사 2. 요산 3. 크레아티닌 4. 요소・질소</td></tr>
<tr><td colspan="2">빈혈</td><td>1. 헤마토크리트 2. 백혈구 수 3. 적혈구 수</td></tr>
<tr><td colspan="2">당뇨 질환</td><td>1. 식전혈당(FBS) 2. 식후 혈당(PPS)</td></tr>
<tr><td colspan="2">안 질환</td><td>1. 안압검사 2.각막곡률 검사 3. 굴절 및 조절검사</td></tr>
<tr><td colspan="2">치매</td><td>치매척도검사(GDS 또는 CDR)</td></tr>
<tr><td colspan="2">골다공증 검사</td><td>양방사선(광자) 골밀도검사</td></tr>
<tr><td colspan="2">낙상검사</td><td>하지기능, 평형성</td></tr>
</table>

자료: 보건복지부(2019a: 469).

4) 기대수명

기대수명(Life expectancy at birth)이란 0세 출생자가 앞으로 생존할 것으로 기대되는 평균 생존연수를 말한다.

통계청(2019b: 12)에 따르면, 2017년 기준 우리나라 국민의 기대수명은 82.7년으로 10년 전인 2007년보다 3.5년, 전년보다 0.3년이 증가한 것으로 나타났다. 2017년 기대수명은 남자 79.7년, 여자 85.7년이며, 남녀격차는 6.0년으로 전년보다 0.1년 감소한 것으로 나타났다. 따라서, 의료기술의 발달 등으로 기대수명이 늘어나면서 1980년 이후 남자와 여자의 기대수명의 차이는 계속 감소 추세를 보이고 있다.

성별 기대수명은 〈표 13-6〉, [그림 13-2]와 같다.

〈표 13-6〉 **성별 기대수명** (단위: 년)

구분	1970	1980	1990	1997	2000	2007	2010	2016	2017	증감	
										07 대비	16 대비
전체	62.3	66.1	71.7	74.7	76.0	79.2	80.2	82.4	**82.7**	3.5	0.3
남자	58.7	61.9	67.5	70.7	72.3	75.9	76.8	79.3	**79.7**	3.8	0.4
여자	65.8	70.4	75.9	78.7	79.7	82.5	83.6	85.4	**85.7**	3.3	0.3
차이(여 - 남)	7.1	8.5	8.4	8.0	7.3	6.6	6.8	6.1	**6.0**	-0.6	-0.1

자료: 통계청(2019b: 12).

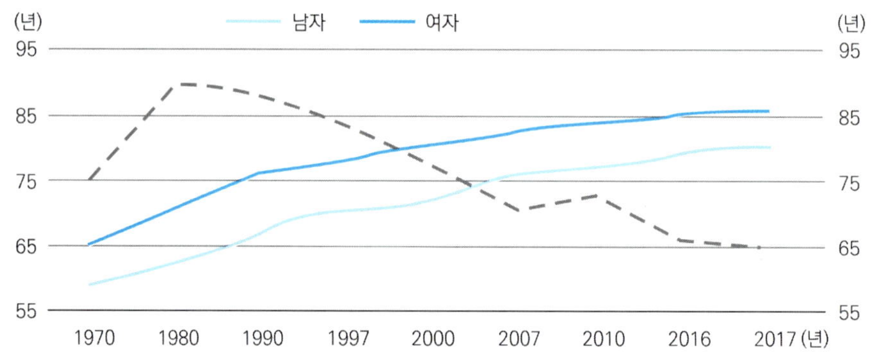

자료: 통계청(2019b: 12).

[그림 13-2] **기대수명**

통계청(2019b: 13)에 따르면, 2016년 기준 건강수준별 기대수명은 유병기간을 제외하면 64.9년으로 2014년보다 0.3년 감소하였으며, 주관적으로 건강하다고 생각하는 기대수명은 68.5년으로 2014년보다 1.0년 증가한 것으로 나타났다. 또한 65세 이상 고령자의 기대수명은 20.6년이며, 유병기간을 제외한 기대수명은 8.5년, 주관적 건강을 고려한 기대여명은 10.8년을 나타냈다. 따라서, 기대수명은 증가하는 추세이나 유병기간을 제외한 기대수명은 점차 감소하고 있는 것으로 나타났다.

건강수준별 기대수명은 〈표 13-7〉, [그림 13-3]과 같다.

〈표 13-7〉 건강수준별 기대수명 (단위: 년)

구분		기대수명			건강수준별 기대수명					
					유병기간 제외			주관적 건강		
		전체	남자	여자	전체	남자	여자	전체	남자	여자
0세	2012	80.9	77.6	84.2	65.7	65.0	66.5	66.1	66.6	65.8
	2014	81.8	78.6	85.0	65.2	64.7	65.7	67.5	67.7	67.5
	2016	**82.4**	**79.3**	**85.4**	**64.9**	**64.7**	**65.2**	**68.5**	**68.8**	**68.4**
65세	2012	19.5	17.2	21.5	9.7	9.4	10.1	9.3	9.8	9.0
	2014	20.2	17.9	22.3	8.8	8.7	9.0	9.9	10.4	9.5
	2016	**20.6**	**18.4**	**22.6**	**8.5**	**8.5**	**8.5**	**10.8**	**11.3**	**10.5**

자료: 통계청(2019b: 13).

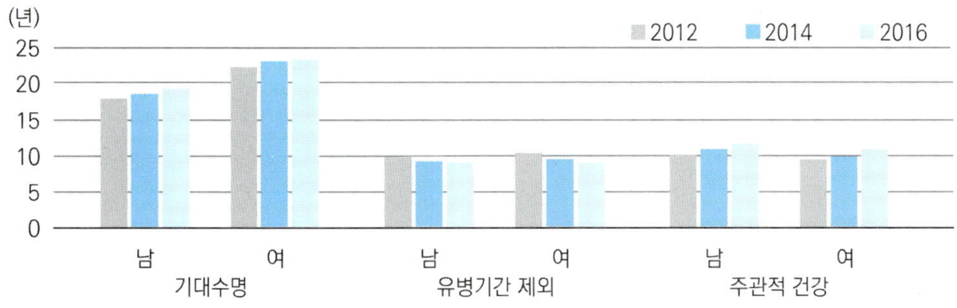

자료: 통계청(2019b: 13).

[그림 13-3] 성별 기대수명

2. 죽음

1) 죽음의 개념

현대사회의 주요 특징 가운데 하나는, 아주 최근까지만 해도 죽음은 사회적 삶을 영위하는 데 '화면 뒤에(behind the scenes)' 감추어진 측면을 전제한 경향을 견지해 온 한편, 그 이전 시대에는 대다수 사람들이 임종이라는 인생의 마지막 과정을 가족이나 친지의 친밀한 배려 속에서 치렀다. 이러한 관행은 오늘날 비산업사회의 많은 지역에서 아직도 이루어지고 있다. 그러나 현대사회에선 대다수의 경우 죽음을 병원 아니면 요양원에서 맞이한다. 사회적 삶의 주류에서 벗어난, 상대적으로 비인격화된 상황이다. 시신은 건물의 다른 곳으로 옮겨지며, 그렇게 해서 생존해 있는 환자들, 그들의 가족들과 망자 사이에 물리적 거리가 유지되도록 하는 것이다(Giddens, 2017: 370).

죽음의 정의에는 많은 논의가 있다. 카스(Kass, 1977)는 "죽음은 살아 있는 상태에서 죽어지는 상태에로의 전환"이라 하였고, 칼리쉬(Kalish, 1976)는 "죽음은 죽어감을 시작으로 하여 죽음으로 종말을 맺는 전이과정이며, 죽어감(dying)은 유기체가 생존능력을 상실해 가는 과정"이라고 하였다. 실제로 죽어가는 사람은, 다른 어떠한 회복의 가능성도 기대될 수 없는 상황에 놓인 것으로 확인된 사람이다. 또한 임종의 강도(dying trajectory)란 사람이 죽어가는 속도, 기능의 쇠퇴율을 말한다(최성재 · 장인협, 2014: 652).

죽음에 대한 일반적 이해는 철학적 죽음이해와 사회적 · 심리적 죽음이해, 생물학적 · 의학적 죽음이해가 있다. 죽음에 대한 일반적 이해는 죽음학(Thanatology)에서 주제를 논의하게 되는데, 죽음과정, 임종간호, 비탄, 죽음의 철학, 죽음의 의의, 죽음의 고지, 안락사, 자살, 민족, 문화, 종교에 따른 사생관의 차이, 사후의 생명, 죽음의 공포 등의 문제를 주제로 다룬다. 죽어가는 이들을 돌보고 대화하는 과정을 통해 퀴블러-로스(Elisabeth Küble-Ross)는 "죽음이란 삶의 가장 중요한 순간이며, 삶의 총체"(Kübler-Ross and Gold, 2012)라고 정의하고 있다. 죽음의 문제는 삶의 문제이고, 이 삶은 어떻게 죽느

냐는 삶을 의미 있게 완성하는 일이다. 이 삶은 죽음이 끝이 아니라 새로운 시작이라는 뜻의 역설성을 지니는 것은 삶의 총체이기 때문이다(최기채, 1988: 34).

물리적이고 임상적인 죽음은 심장의 박동이 멈춤과 혈압을 판독하기 어려움, 그리고 체온이 떨어지는 것을 말한다. 그러기에 일반적으로 환자의 중추기능이 완전히 멈추는 물리적인 죽음은 의사가 죽었다고 동의할 때 확실한 죽음이 된다. 뇌파의 활동이 완전히 정지된 '뇌사(brain death)'증상은 무감각 및 무반응, 움직임이 없거나 호흡을 하지 않음, 무반사, 평면적인 뇌전도로서 '역전할 수 없는 중추기능의 손실'이기 때문에 신체적으로 소생이 불가능한 상태(Graham, 1987)이다. 따라서, 단지 공포와 좌절로만 인식하여 죽음을 거부하기보다는 죽음의 공포로부터 자유로울 수 있는 가능성을 열어놓고 있다(김선숙, 2007: 16 재인용).

죽음의 유형은 〈표 13-8〉과 같다.

〈표 13-8〉 죽음의 유형

구분	내용
생물학적 죽음	• 호흡정지, 심장정지, 동공확대를 죽음의 판단기준으로 하는 이른바 3증후설에 근거하여 인간의 장기기능이 정지된 상태를 의미함
의학적 죽음	• 모든 체세포의 기능 상실로 생체가 기능하는 데 필요한 화학적·물리적 또는 전기·생리적 활동을 잃게 되어 인체의 세포가 불가역적인 상태로 변하는 것을 의미 • 뇌 또는 호흡이나 심장박동의 온전한 정지
사회적 죽음	• 생명은 유지되고 있지만 인간으로서의 기능을 전혀 할 수 없는 상태 • 식물인간이 대표적 예, 의학적·법적 죽음이 전제되어야 함
신학적 죽음	• 생명체의 기능이 완전히 정지된 상태에서 인간의 생명이 신에게 귀의하는 것을 말함 • 철학적 정의로는 생각의 정지
법적 죽음	• 의사가 죽음을 판정한 이후 이를 기초로 죽음을 법적으로 인정한 경우

자료: 최성재·장인협(2014: 652) 재인용.

죽음의 의미와 수단은 첫째, 복수의 수단이 될 수 있으며, 둘째, 감당 못할 현세를 벗어나기 위한 도피수단이 되기도 하고, 셋째, 자기불멸의 존재를 확인하기 위한 최종적이며 완벽한 자기애의 구현을 의미하기도 하며, 마지막으로 응징과 책벌이란 뜻에서 피학적 성향을 만족시키는 방법이 된다(Bromberg & Schilder, 1933).

죽음은 대체로 다음 네 가지 형태로 의인화되고 있다(김태현, 2012: 311 재인용).

첫째, 섬폭한 자(macabre)의 형상으로 가장 혐오스럽고 억압적이며 전형적인 고령의 노인으로 표현되는 것이다.

둘째, 온화한 위안자(gentle comforter)의 형태로 간주하여 강하면서도 부드러운 중년으로서의 죽음을 보는 것이다.

셋째, 유쾌한 사기꾼(gay deceiver)의 형태로 사람들을 죽음으로 유인하고 지휘하는 것으로 죽음을 의인화하는 것이다.

넷째, 자동제어자(Automation)의 형태로 죽음을 객관적이고 감정이 없는 기계와 같고 인간적 성질이 결여된 것으로 보는 것이다. 이 자동제어자 형태는 현대 과학과 기술에 대한 반작용으로 죽음이 헛되고 의미 없음을 뜻하는 것으로 가장 현대적인 형태로 보고 있다.

사실 죽음의 일반적 접근에서 죽음(death)과 죽는 것(dying)에 대한 의미의 변별성을 가리기는 어렵다. 그 의미는 문화에 따라 다르고 같은 문화권 내에서도 연령이나 건강상태 또는 개인이 처한 사회적 상황에 따라서 그 의미가 다르게 나타나기 때문이다. 죽어가는 상태는 유기체가 생존능력을 상실해 가는 과정이기 때문에 삶과 죽음관계는 삶을 모르면 죽음도 모르는 것이고, 죽음을 모르면 삶도 모르는 것이 된다. 죽음은 삶의 일회성, 곧 유일성이라는 존재가치를 강조함으로써 새로운 삶으로서의 죽음, 행복하고 아름다운 죽음을 가질 수 있게 한다. 나아가 바로 '나의 죽음', '너의 죽음', 그리고 '그대의 죽음'의 분별성을 가능하게 한다(김선숙, 2007: 176).

죽음은 살아 있는 상태의 종결을 의미하는 것으로 생존능력을 상실하고서 죽어가는 과정이 끝나는 순간을 의미한다(김태현, 2012: 310). 죽음은 죽어 가는 사람뿐만 아니라, 남은 사람들에게도 매우 견디기 힘든 일이다. 죽음을 받아들이는 형태나 그 개념은 개인에 따라 다를 수 있으나, 특히 노년기에 보다 수용적으로 받아들이기 위해서는 죽음을 이해하는 일이 필요할 것이다.

2) 죽음의 과정

퀴블러 - 로스(Elizabeth Kübler-Ross, 1926-2004)는 '죽음의 5단계'이론으로서 많은 이들이 죽어가는 과정을 이해하는 데 지대한 영향력을 끼쳤다. 퀴블로 - 로스가 평생에 걸친 임상경험과 통찰을 토대로 정리한 죽음의 5단계는 죽음을 앞둔 이들에게는 죽음에 이르기까지 자신의 심리상태를, 죽음을 앞둔 환자를 돌보는 의료진과 가족, 호스피스 봉사단 등에게는 그러한 환자를 어떻게 대해야 할지를 시사해주는 바가 크다. 그가 주장하는 죽음의 단계는 다음과 같다(Kübler-Ross, 1969).

(1) 1단계: 부정과 고립(denial and isolation)

이 단계는 의사로부터 자신의 병이 치유될 수 없다는 사실을 통보받은 말기 환자는 자신의 병이 죽음으로 귀결될 것이라는 현실을 부정하는 반응을 나타내는 단계이다. "내가 그런 병에 걸렸을 리가 없다. 내가 아니다."라고 죽음을 인정하지 않는다. 자기가 죽을 것이란 사실을 부정하여 의사가 오진했다고 한다. 여기저기 다른 전문가를 찾아 다니기도 한다. 이 부정은 일시적인 자기 방어에 불과한 것이고, 곧 이것은 부분적으로 죽음을 수용해야만 하는 단계로 넘어가게 된다. 우리가 죽음에 부딪칠 때 인간의 기본적인 자세가 "내 자신을 보호해야 된다."라고 하는 명제이기 때문에 이 죽어가는 과정을 부정하는 것은 당연한 것이다.

(2) 2단계: 분노(anger)

이 단계는 말기 환자가 자신의 역할을 인식하고 왜 하필이면 자신에게 이러한 일이 일어나게 되었는지에 대해 분노를 표현하는 단계이다.

“왜 하필 내가 죽어야 하나? 나만 죽어야 하느냐.”고 원망하며 가족에게 억울하다고 화를 낸다. 의사나 간호사에게도 잘 돌봐주지 않는다고 화내고 욕을 한다. 환자는 대개 환자 주위에 있는 사람들이 잘못해서 이렇게 되었다고 불평 불만을 토로하게 된다. 환자가 불평 불만을 털어놓고 공격할 때 그것을 개인적으로 자신에게 공격한다고 받아들여서는 안 되는 것이다. 그것은 환자가 단순히 죽음에 대해 화를 내는 것일 뿐이기 때문이다. 환자가 일으키는 분노는 사실은 죽어가는 과정에 대한 지식이 없기 때문에 또 어쩔 수 없다고 하는 공포 때문에 생기는 반응일 뿐이다. 환자가 분노를 터뜨릴 때는 환자와 대화를 하는 것은 대단히 어렵다. 이때는 주위 사람들이 잘 참아야 한다.

(3) 3단계: 타협(bargain)

이 단계는 말기 환자가 자기의 죽음을 일단 인정한다. 환자는 어떻게 해서든지 생명을 조금 더 연장하기 위해서 하나님과 타협을 해보려고 한다든가, 의사와 타협을 하려고 한다든가, 자신의 운명과 타협을 해서 생명을 연장하려고 한다. “몇 달만 더 살게 해 주신다고 하면은…”, “좀 더 보람 있게, 더 착하게 살겠다, 봐 달라.”고 한다. “병을 낫게만 해 준다면 전 재산을 다 바쳐, 몸과 마음을 다 바쳐 좋을 일 많이 할 테니 살려주시오.”, “~까지만이라도 살게 해 달라.”고 타협을 한다. 분노를 느끼는 단계에서는 환자와 의사소통을 하기가 어렵지만, 이렇게 타협을 하려고 하는 환자와는 의사소통하기가 쉬워진다. 짧은 기간 동안 유지되는 이 단계는 환자가 주위 사람과 이성적인 대화가 가능한 시기이다.

임종 환자가 주위 사람에 대해 매우 협조적이고 개방적이기 때문에 환자가 품고 있는 해결하지 못한 문제를 정리하는 ‘삶의 마무리’에 적합한 시기이다. 이 세 번째 단계의 환자를 도와줄 수 있는 것이 자신이 인생을 어떻게 살았느냐 하는 것을 다시 한 번 성찰하고 반성할 수 있는 기회를 주는 것이다. 이 단계에서 중요한 것은 환자로 하여금 인간관계에서 감정적 갈등을 해결하도록 하고, 화해와 용서를 할 뿐 아니라, 자기 자신을 용서하고 하나님께 향할 수 있도록 하는 것이다. 이것이 생애를 성찰하는 치료(life review therapy)의 중요한 기회라고 볼 수 있다. 이 단계에 있어서 어려운 문제는 아직 "내가 끝내지 못한 과업이 있다든가 아직 내가 해결하지 못한 인간관계가 있다."고 느끼는 것이다. 이 시기에 인생을 충분히 되돌아보고 주변정리나 인간관계를 차분히 정리하지 않으면 죽음을 편안하게 맞이하기 어렵게 된다.

(4) 4단계: 우울(depression)

이 단계에서는 이제 더 이상 회복의 가능성이 없다고 느끼며 죽어야 하는 자신의 처지를 자각하게 되니까 절망감에 빠진다. 주위에 애착을 가지고 살던 모든 것(가족, 친지, 사물 등)과 헤어지는 데에서 오는 우울감이다. 임종환자가 세상과의 결별을 각오할 때에 경험하지 않으면 안 되는 '준비의 비탄(preparatory grief)'이다. 이 두 가지 형(型) 우울은 다시 두 가지로 구분된다. 즉, 병으로 죽게 되는 자신의 처지를 한탄하게 되므로 슬퍼지는 '반응으로서의 우울'과, 가까운 시일 안에 모두 잃어버리게 되므로 우울해지는 '죽음 예감을 통해 느껴지는 예비적 우울'이다.

'반응으로서의 우울증'은 이미 걸린 병, 과거의 상실로 말미암아 야기되는 현상이다. 이 우울증의 단계에서는 환자에게 슬퍼하지 말라고 굳이 말하지 말고, 묵묵히 곁에서 지켜주는 것이 돕는 일이다. 지금 그는 사랑하는 모든 것을 잃으려고 하고 있기 때문에 환자가 슬픔을 표현하도록 허용해 줌으로써, 최종적인 수용이 훨씬 용이해지도록 하는 것이다.

'죽음 예감을 통해 느껴지는 예비적 우울'은 앞으로 일어날 자신의 죽음, 즉 미래의 상실에 의해 초래되는 현상이다. 이때는 앞의 반응으로서의 우울증과는 달리 이야기가 거의 필요 없이 조용한 편이다. 슬픔은 환자와 방문자와의 쌍방에서 표출되는 감정이며, 말에 의존하지 않고 다만 손을 잡아주던가 머리를 쓰다듬어 주던가, 아니면 그저 조용히 곁에 있어 주는 편이 바람직하다. 환자는 이 시기에는 기도해 주기를 바라는 일이 많다. 환자가 수용과 화평 속에 죽기 위해서는 이 예비적 우울이 필요하며 도움이 된다.

(5) 5단계: 수용(acceptance)

이 단계에서는 자신의 운명에 더 이상 분노하거나 우울해하지 않는 단계로 담담하게 가족들과 지나간 감정을 이야기하거나 사랑했던 사람들과의 추억을 되새기는 시기이다. 그러나 이미 말기 환자는 이 시기가 되면 대개 지치고 쇠약해지며, 감정반응이 둔해지는 단계이다. 즉, 죽음 자체를 수용한다. 이 수용을 행복의 단계로 오인해서는 안 된다. 수용에는 거의 모든 감정이 소멸되어 있다. 그것은 '긴 여행을 앞둔 마지막 휴식'을 위한 시간이 온 것과도 같다. 환자는 외부 세계의 소식이나 문제로 마음을 자극받고 싶어 하지 않으며, 방문자를 반기지 않을 수도 있다. 다만, 환자에게 이제 중요한 일은 마음의 평화를 회복하고 임종을 맞도록 하는 일이다.

퀴블러 - 로스의 5단계설은 말기 암환자가 죽음에 이를 때까지의 변화가 무엇인지를 밝힌 것으로 최초로 죽음의 단계적 상황을 구체적으로 논리화한 것은 긍정적인 평가에 속한다. 물론 이 단계이론은, 특히 죽어가는 과정을 이해하는 데 많은 도움이 되었다. 죽어가는 사람들이 사망 전에 우울해한다는 보고는 많으나, 일련의 단계를 기술한 사람은 퀴블러 - 로스가 처음이었기에 더욱 그 공로는 크다. 하지만 죽어가는 과정의 이 단계이론을 성찰해 볼 때, 여러 가지 측면에서 일반화할 수 없다는 아쉬움이 있다. 특히, 죽어가는 과정이 일정한 순서에 의한 '단계'가 아니라는 것이다.

이 다섯 개 과정은 순서대로 나타나는 것이 아니라는 비판도 있다. 바뀌서 나타날 수도 있고, 두 개 이상이 동시에 나타날 수도 있으며, 순환할 수도 있다고 한다. 다섯 개 과정 혹은 단계가 아니라, 다섯 개 종류의 반응으로 보는 것이 타당하다고 볼 수 있다. 어떤 환자들은 이 단계들을 순서가 다르게 겪는데, 어떤 이는 몇 단계, 또는 모든 단계를 왔다 갔다 하며 겪기도 하고, 어떤 환자들은 그 단계들 중 어느 것도 겪지 않기도 한다. 사람마다 불치의 병이라는 진단을 받은 후 나타내는 반응이 반드시 그 질병이나 진단에 대한 부정 → 분노 → 타협 → 우울 → 수용의 단계가 아니라, 사람에 따라서는 순서가 뒤바뀔 수도 있다. 이러한 비판에 대하여, 퀴블러 - 로스 자신도 자기이론의 취약점을 인정하고, 죽음으로 가는 '단계'라기보다는 죽음에 대하여 나타내는 5가지 종류의 '반응'이라고 하였다(김선숙, 2007: 175).

3) 죽음 준비교육

죽음 준비교육내용은 퀴블러 - 로스의 강의내용으로 사랑 · 관계 · 상실 · 두려움 · 인내 · 받아들임 · 용서 · 행복으로 이루어져 있는데, 그 주제는 10강의 형식이다(Kübler-Ross and Gold, 2012).

① 자기 자신으로 존재하기
② 사랑 없이 여행하지 말라
③ 관계는 자신을 보는 문
④ 상실과 이별의 수업
⑤ 아직 죽지 않은 사람으로 살지 말라
⑥ 가슴 뛰는 삶을 위하여
⑦ 영원과 하루
⑧ 무엇을 위해 배우는가
⑨ 용서와 치유의 시간
⑩ 살고 사랑하고 웃으라

3. 호스피스

1) 호스피스의 개념

호스피스(hospice)의 어원은 라틴어의 *hospes*와 *hospitium*에서 유래된 것으로 알려져 있다. 원래 접대하는 사람을 뜻하는 host와 손님을 뜻하는 guest의 합성어인 *hospes*에 주인과 손님 사이의 따뜻한 마음을 표현하는 장소를 뜻하는 *hospitium*이 합쳐져 이루어진 말이다. 이는 따뜻하게 손님을 맞이하고 편안히 휴식을 취할 수 있도록 돌보며 환대한다는 것을 의미한다. 호스피스는 죽음을 앞둔 말기 환자와 그 가족을 사랑으로 돌보는 행위이다. 환자가 남은 일생 동안 인간으로서의 존엄성을 지키고 높은 삶의 질을 유지하며, 삶의 마지막 순간을 평안하게 맞이할 수 있도록 신체적 · 정서적 · 영적으로 도움을 줌으로써, 사별가족의 고통과 슬픔을 경감시키기 위한 총체적인 돌봄(holistic care)을 뜻한다.

1960년대 시작된 호스피스(hospice) 운동은 회복 불가능한 치명적 불치병을 앓는 환자들을 비인간적으로 처치하는 병원 당국의 기존 관행에 하나의 대안 제공을 목표로 하고 있다. 호스피스 제도는 중세기에 예루살렘으로 가는 성지 순례자나 여행자가 쉬어가던 휴식처라는 의미에서 유래됐으며, 이후 아픈 사람과 죽어가는 사람들을 위한 숙박소를 제공해 주고 필요한 간호를 베풀어 주면서 시작되었다. 현대에 들어서면서 호스피스는 체계를 갖추며 발전하기 시작하였는데, 1967년 여의사 선더스(D. C. Saunders)에 의해 영국 런던 소재 세인트 크리스토퍼 호스피스(St. Christopher hospice)가 개방된 것이 현대 호스피스 운동의 체계적 모태가 되었다. 1968년 미국에서는 호스피스의 가정간호가 시작되었으며, 1969년 퀴블러 - 로스(Elizabeth Kubler-Ross)가 ≪인간의 죽음(*On death and dying*)≫(1969)을 출판함으로써 죽음의 개념과 말기 환자의 돌봄에 대한 관심이 증가되었다. 미국에서는 1981년 호스피스 법안이 통과되었다(오봉욱 외, 2019: 248). 1980년에는 16개국의 대표가 참가해서 제1회 호스피스 국제회의가 세인트 크리스토퍼 호스피스에서 열리고, 호스피스 케어에 관한 국제적인 학문적 · 실천적 교류와 연구의 장이 형성되었다.

그 후 영국과 미국의 다른 지역에 설립된 여러 호스피스 단체는 기독교 정신에 입각하고 있다. 영국에는 231개의 호스피스가 있다. 죽음과 임종은 삶의 자연스러운 한 부분이며 죽어 가는 사람의 상태 역시 최대한 긍정적이어야 한다는 원칙에 기반을 둔다. 호스피스들은 가족과 친구들에게 환자가 삶이 최후 단계에 이르더라도, 환자

삶의 한 부분으로 지속해 담당 역할을 수행해 줄 것을 기대한다. 선더스는 실제로 호스피스 내의 '통증완화제도(pain-relief regimes)'는 안락사(euthanasia)를 불필요한 것으로 만든다고 믿었다. 완치 불가능한 환자를 위해 보다 인격적 형태의 보살핌이 확대되는 것이야말로 임종을 맞는 오늘날 현대적 경험이 훨씬 더 인간적으로 변모하는 데 기여할 것이다(Giddens, 2017: 370).

안락사(euthanasia)

병자를 고통에서 해방시켜서 안락하게 죽게 하는 것. 영어의 euthanasia는 '좋은 죽음'을 의미하는 라틴어('좋다'는 '*eu*'와 '죽음'을 뜻하는 '*thanatos*')에서 유래한다. 안락사는 몇 가지 유형으로 나눌 수 있다.

① 순수한 안락사: 죽음의 고통 완화를 목적으로 모르핀 투여가 행하여지며, 그것이 병자 생명의 단축을 수반하지 않는 경우
② 간접적 안락사: 그와 같은 조치가 불가피하게 병자의 생명을 약간 단축하는 경우
③ 부작위(不作爲)에 의한 안락사: 적극적인 의료조치를 강구해도 병자의 생명을 약간밖에 연장하지 못하고, 그럼으로써 오로지 그에게 고통을 주기만 하는 경우, 그 조치를 행하지 않는 경우
④ 적극적 안락사: 병자의 생명을 적극적으로 끊음으로써 그를 죽음의 고통에서 해방시키는 경우. 본래의 안락사나 좁은 의미의 안락사라고도 한다.

한국에서는 1963년 마리아의 작은 자매회 수녀들이 내한하여 강릉 갈바리 의원을 개설한 후, 임종 환자들의 간호를 시작한 것이 한국 호스피스의 시초였다. 1980년 광주 성 요한 의료봉사 수도회에서 가정호스피스 활동을 시작하였고, 1981년 가톨릭대학교 성모병원, 강남성모병원에 우리나라 최초로 병동을 개설했으며, 세브란스 암센터와 성 골롬반 의원에서는 가정호스피스 프로그램을 전개해나갔다.

1990년대에는 50여 개의 호스피스협회와 1개의 한국호스피스완화의료학회가 발족되었다. 1995년 가톨릭대학교 간호대학에 WHO 인정기관인 호스피스교육연구소가 개설되어 전문교육을 담당하고 있으며, 한양대학교, 계명대학교 등에서도 호스피스교육을 운영하고 있다. 요즘은 대부분의 호스피스 기관에서 자원봉사자를 위한 정규적

인 교육을 실시하고 있으며, 1991년에 발족한 한국호스피스협회(Korea Hospice Association, KHO)는 호스피스 간호의 개선과 질적 향상을 위해 관련된 모든 분야의 종사자들(의사, 간호사, 조무사, 약사, 사회복지사 본회는 성직자, 교수, 자원봉사자, 후원자, 환우와 가족 등)로 구성되어 있다. 2003년 「암 관리법」 제정과 함께 '호스피스완화의료정책'으로 호스피스완화의료 서비스 체계가 변화되었다. 2007년에는 전국적으로 호스피스 기관이 확대되었으며, 2013년 보건복지부의 '호스피스완화의료 활성화 대책'이 발표되면서 서비스의 확대방향을 설정하게 되었다. 2016년 현재 전국에 걸쳐 66개의 호스피스전문기관이 있다. 최근 호스피스의료체계의 변화와 법 제정 등을 통해 임종 전 환자를 돌보는 의미의 '호스피스'와 생명을 위협하는 질병을 가진 환자와 그 가족의 삶의 질 향상을 목표로 하는 '완화의료' 두 단어를 통합하여 '호스피스완화의료'로 사용되고 있다(김정영, 2019: 7).

오늘날 널리 사용되고 있는 현대적 의미의 호스피스 개념은 선더스에 의해 시작되었으며, 웹스터사전(1972년)에는 여행자를 위한 숙소 또는 병자, 가난한 사람들을 위한 집(inn)으로 설명하고 있고, 미국호스피스협회(NHO)에서는 말기 환자와 가족에게 입원간호와 가정간호를 연속적으로 제공하는 프로그램으로 정의하고 있다. 의협신문에 따르면, 호스피스란 말기 또는 임종과정에 있는 환자, 그리고 그 환자가족의 삶의 질을 향상시키기 위해 통증, 증상 완화 등의 신체적 치료와 함께 심리사회적 · 영적 영역에 대한 종합적인 치료 및 관리를 하는 의료행위를 말한다.

보편적으로 정의되고 있는 '호스피스'란, 죽음을 앞둔 말기 환자와 그의 가족을 사랑으로 돌보는 행의를 말한다. 즉, 남은 인생 동안 인간으로서의 존엄성과 높은 삶의 질을 유지할 수 있도록 신체적 · 정서적 · 사회적 · 영적인 돌봄을 통해 삶의 마지막 순간을 평안하게 맞이할 수 있도록 사별 후 가족이 갖는 고통과 슬픔을 잘 극복할 수 있도록 돕는 총체적인 돌봄(holistic care)을 의미한다. 또한 호스피스는 임종자들이 죽음을 받아들이고 희망 속에서 가능한 한 편안한 삶을 살도록 하며 삶과 죽음에 대한 총체적 접근을 의미한다. 호스피스에서 하는 일은 말기 환자와 그 가족을 돌보고, 임종과 장례를 돕는다.

그러므로 호스피스란 불치질환의 말기 환자에게 편안하고 충만한 삶을 영위하도록 지지와 돌봄을 제공하는 것이며, 말기 환자와 가족에게 입원간호와 가정간호를 연속적으로 제공하는 프로그램이다(고수현 · 윤선오, 2018: 97).

호스피스에 관한 목적과 철학은 다음과 같다(Skobe, 1997).

① 말기 환자와 임종 환자 및 그 가족들을 돌보고 지지한다.
② 환자의 남은 생을 가능한 한 편안하게 하고 충만된 삶을 살도록 해 준다.
③ 삶을 긍정적으로 받아들이며, 죽음을 삶의 자연스런 일부분으로 받아들인다.
④ 호스피스는 삶을 연장시키거나 단축시키지 않는다.
⑤ 환자와 그 가족의 요구에 부응하도록 모든 자원을 이용하여, 신체적 · 사회심리적 · 영적 요구를 충족시키며, 지지하여 죽음을 준비하도록 한다.

2) 호스피스 형태

보건복지부(2019)는 '호스피스 · 완화의료 사업 안내'를 통해 호스피스 형태를 다음과 같이 분류하고 있다. 「연명의료결정법」 제25조는 입원형, 가정형, 자문형으로 그 근거를 제시하고 있다.

(1) 입원형

호스피스 병동에 입원한 말기 암환자를 대상으로 제공하는 호스피스 · 완화의료 서비스를 말한다. 이 형태는 암 환자를 대상으로 하여 말기 환자와 가족의 삶의 질을 향상시키고, 생애 말기 환자들이 죽음을 맞이하는 과정에서 환자와 가족들의 신체적 · 심리적 고통 및 경제적 부담을 완화시키는 것이다.

입원형 호스피스전문기관은 「연명의료결정법」 제25조에 따라 보건복지부령으로 정하는 시설을 말하는데, 이는 인력・장비 등의 기준을 충족하며 호스피스 대상 환자에게 호스피스・완화의료 서비스를 제공하는 의료기관이다. 이 기관에서는 임종실, 가족실, 상담실, 종교실, 목욕실 등 다양한 시설을 독립적으로 설치해 환자와 보호자들이 정서적으로 안정된 환경에서 생활할 수 있도록 돕는다. 또한 입원한 환자들은 의사, 간호사, 사회복지사, 자원봉사자, 사목자 등으로 구성된 호스피스 팀에 의해 총체적 돌봄 서비스를 받게 되며, 기본적인 통증 조절 및 증상 완화관리뿐만 아니라, 환자들의 정서적・영적 치료에 도움을 줄 수 있는 다양한 프로그램도 제공받을 수 있다.

「연명의료결정법」

이 법은 호스피스・완화의료와 임종과정에 있는 환자의 연명의료와 연명의료중단 등 결정 및 그 이행에 필요한 사항을 규정함으로써 환자의 최선의 이익을 보장하고 자기결정을 존중하여 인간으로서의 존엄과 가치를 보호하는 것을 목적으로 한다.

「연명의료결정법」은 회생 가능성이 없는 환자가 자기의 결정이나 가족의 동의로 연명치료를 받지 않을 수 있도록 하는 법으로, 정식 명칭은 「호스피스・완화의료 및 임종과정에 있는 환자의 연명의료결정에 관한 법」이다. 2016년 1월 8일 국회 본회의를 통과했으며, 이후 호스피스분야는 2017년 8월 4일에, 연명의료분야는 2018년 2월 4일부터 시행에 들어갔다.

(2) 가정형

환자가 일상생활을 영위하는 거주지, 즉 가정에서 호스피스・완화의료 서비스 이용을 희망하는 환자와 가족을 대상으로, 가정형 호스피스 팀이 가정을 방문하여 제공하는 호스피스・완화의료 서비스를 말한다. 암, 후천성면역결핍증, 만성 폐쇄성 호흡기질환, 만성 간경화 등을 대상으로 한다.

가정형은 수요자 측면에 볼 때, ① 가정에서 지내기 원하는 호스피스・완화의료 대상자의 삶의 질 향상, ② 가정에서 지내기 원하는 호스피스・완화의료 대상자의 선택권 보장, ③ 말기 환자와 가족의 불필요한 불편 및 경제적 손실 경감을 목적으로 한다. 공급자 측면에서는 ① 호스피스・완화의료의 잠재적 대상자 발굴 및 조기 개입, ② 입원형, 자문형 호스피스 · 완화의료와의 연계를 통해 호스피스 인력 · 시설 · 장비의 효율적 활용을 도모한다.

가정형 호스피스전문기관은 「연명의료결정법」 제25조에 따라 보건복지부령으로 정하는 시설 · 인력 · 장비 등의 기준을 충족하며, 호스피스 대상 환자에게 가정형 호스피스 · 완화의료 서비스를 제공하는 의료기관이다.

2016년 3월 2일 호스피스 시범사업의 실시로 의사, 간호사, 사회복지사 등이 말기 암 환자의 가정을 방문해 의료 서비스를 실시할 수 있게 되었다. 호스피스전문기관(66개 처) 중 병의원 18개 처가 시범사업에 동참하였다.

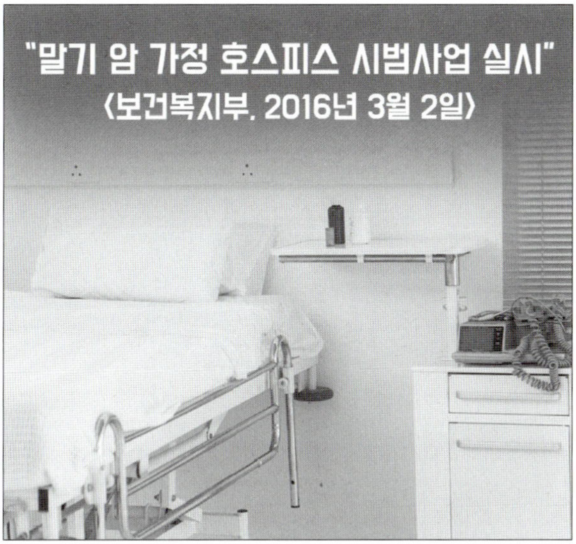

[그림 13-4] 호스피스 시범사업 실시(보건복지부)

(3) 자문형

일반병동(또는 급성기 병동), 외래 및 응급실에서 담당 의료진에 의해 질환치료를 받는 말기 환자와 가족에게 자문의 형태로 제공하는 호스피스 · 완화의료 서비스를 말한다. 대상 질환은 가정형과 동일하다.

자문형은 수요자 측면에서 볼 때, ① 일반병동, 외래 및 응급실에서 호스피스 대상 환자의 완화의료 서비스 제공 확대 및 삶의 질 향상, ② 일반병동, 외래 및 응급실에서 담당 의료진 변경 없이 지내기 원하는 호스피스·완화의료 대상자의 선택권 보장, ③ 일반병동 임종돌봄의 질 향상을 목적으로 한다. 공급자 측면에서는, ① 호스피스·완화의료의 잠재적 대상자 발굴 및 조기 개입, ② 별도의 특정 시설이나 장비 없이 효율적으로 호스피스·완화의료의 제공, ③ 입원형, 가정형 호스피스·완화의료와의 연계를 통해 호스피스 인력·시설·장비의 효율적 활용을 도모한다.

호스피스 관련 업무는 말기 환자와 가족의 필요를 중심으로 질병 경과에 따라 입원형·가정형·자문형 서비스의 유기적 제공이 이루어져야 한다. 그 내용은 [그림 13-5]와 같다.

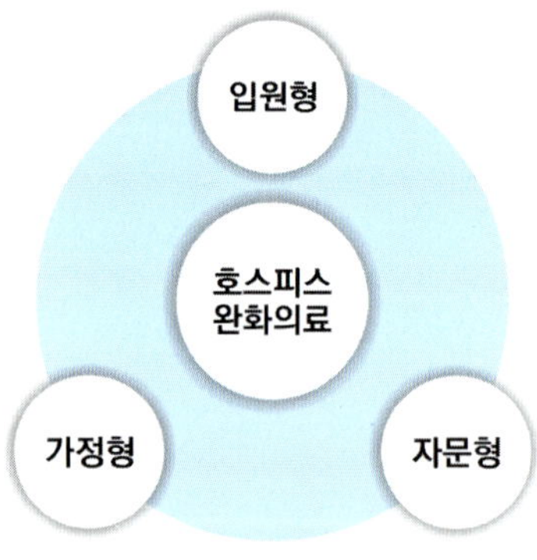

자료: 보건복지부 홈페이지(www.bokjiro.go.kr, 2019c).

[그림 13-5] 호스피스·완화의료 유형의 유기적 연계

참고문헌

1. 국내자료

1) 단행본

강용규 외(2013). 『노인복지론』. 고양. 경기: 공동체.
고명석 외(2018). 『노인복지론』. 서울: 동문사.
고수현(2018). 『100세 시대 노인복지론』. 파주. 경기: 정민사.
고수현 · 윤선오(2018). 『노인복지론』. 파주. 경기: 양서원.
고재욱 외(2018). 『노인복지론』. 파주. 경기: 양서원.
곽미정 외(2016). 『노인복지론』. 파주. 경기: 정민사.
권붕 외(2018). 『사회복지개론』. 파주. 경기: 수양재.
권육상(2009). 『노인복지론』. 서울: 유풍출판사.
권중돈(2012). 『인권과 노인복지실천』. 서울: 학지사.
권중돈(2014). 『인간행동과 사회환경』. 서울: 학지사.
권중돈(2016). 『노인복지론』. 서울: 학지사
김귀환 외(2015). 『인간행동과 사회환경』. 파주. 경기: 정민사.
김근홍 외(2013). 『사회문제론』. 서울: 신정.
김남희 외(2014). 『노인복지론』. 서울: 동문사.
김보기 외(2016). 『최신 사회문제론』. 파주. 경기: 양서원.
김보기 외(2017). 『인간행동이해를 위한 심리학』. 파주. 경기: 양서원.
김보기 외(2019a).『인간행동과 사회환경』. 파주. 경기: 양성원.
김보기 외(2019b).『사회복지실천론』. 파주. 경기: 양성원.
김상호 외(2015). 『노후소득보장 강화방안 연구』. 서울: 한국보건사회연구원.
김수영 외(2017). 『노년사회학』. 서울: 학지사.
김영화 외(2013). 『현장에서 본 사회문제』. 파주. 경기: 양서원.
김영화(2010). 『현대사회복지이론』. 고양. 경기: 공동체.
김은수(2014). 『초고령사회의 복지주거환경 및 자원의 경제학』. 서울: 좋은 땅.
김이영 외(2015). 『인간이해를 위한 심리학』. 파주. 경기: 양서원.
김인혁 외(2015). 『노인복지론』. 서울: 창지사.
김철수(2009). 『헌법개설』. 서울: 박영사.
김치영 외(2014). 『노인복지론』. 서울: 동문사.

김태성(2013). 『복지국가론』. 파주. 경기: 나남.
김태현(2012). 『노년학』. 파주. 경기: 교문사.
김한식 외(2019). 『노인복지론』. 파주. 경기: 정민사.
김희수 · 이은숙(2014). 『노인상담의 이해』. 파주. 경기: 양서원.
노병일(2006). 『취약 지역의 사회적 배제』. 서울: 다운샘.
노병일(2018). 『사회문제론』. 파주. 경기: 양성원.
모선희 외(2018). 『현대노인복지론』. 서울: 학지사.
박미자(2007). 『남자노인의 성 실태와 우울감』. 파주. 경기: 한국학술정보.
박병현(2008). 『사회복지와 문화』. 서울: 집문당.
박석돈 외(2016). 『노인복지론』. 파주. 경기: 양성원.
박선태 외(2016). 『노인복지론』. 고양. 경기: 공동체.
박용순 외(2014). 『사회문제론』. 서울: 학지사.
박원진 외(2018). 『지역사회복지론』. 파주. 경기: 수양재.
박인숙 외(2014). 『인간성장발달』. 서울: 포널스출판사.
박철현(2014). 『사회문제론』. 서울: 박영사.
박한준 · 김보기(2014). 『사회복지정책과 이데올로기』. 안양. 경기: 한국선교연합회.
배기효 외(2015). 『노인복지론』. 파주. 경기: 양서원.
변재관 외(2013). 『재가노인복지정책의 변천』. 서울: 나눔의 집.
서강훈(2016). 『노인복지정책과 사회보장제도』. 파주. 경기: 한국학술정보.
서혜경 외(2017). 『노인상담』. 서울: 학지사.
서혜경 · 나영희(2012). 『고령화사회와 노인인권』. 서울: 경춘사.
송명자(2008). 『발달심리학』. 서울: 학지사.
송선희 외(2016). 『노인교육론』. 서울: 신정.
송진영 외(2016). 『노인복지론』. 파주. 경기: 문예미디어.
송형철 외(2018). 『발달심리학』. 파주. 경기: 양성원.
신명희 외(2013). 『발달심리학』. 서울: 학지사.
양옥남 외(2016). 『노인복지론』. 고양. 경기: 공동체.
양철수 외(2018). 『인간발달』. 파주. 경기: 양성원.
오봉욱 외(2019). 『초고령사회를 대비하는 노인복지론』. 파주. 경기: 정민사.
우국희 외(2014). 『노인의 자기방임』. 고양. 경기: 공동체.
원석조(2018a). 『노인복지론』. 고양. 경기: 공동체.
원석조(2018b). 『사회문제론』. 파주. 경기: 양서원.

유성호 외(2016). 『노인복지론』. 서울: 학지사.

유성호 · 장민수(2008). 『고령화 사회와 고령자 교용정책』. 파주. 경기: 교육과학사.

이근홍(2015). 『인간행동과 사회환경』. 고양. 경기: 공동체.

이근홍(2018). 『노인복지론』. 고양. 경기: 지식공동체.

이병록(2017). 『노인복지론』. 고양. 경기: 공동체.

이순형 · 성미애(2014). 『인간발달』. 서울: 한국방송통신대학교출판문화원.

이영환(2003). 『통합과 배제의 사회정책과 담론』. 서울: 함께읽는책.

이윤경 외(2013). 『고령화 대응 노인복지 서비스 수요전망과 공급체계 개편』. 서울: 한국보건사회연구원.

이은희 · 박양숙(2018). 『노인복지론』. 서울: 학지사.

이장호 · 김영경(2015). 『노인상담』. 서울: 시그마프레스.

이해영(2019). 『노인복지론』. 서울: 창지사.

임재옥 외(2017). 『노인복지론』. 파주. 경기: 양서원.

임정문 외(2017). 『노인복지론』. 서울: 동문사.

장수한 외(2017). 『인간행동과 사회환경』. 고양. 경기: 공동체.

장혁표(2000). 『집단상담의 이론적 접근』. 서울: 중앙적성출판사.

정상수 외(2018). 『노인복지론』. 파주. 경기: 정민사.

정서영 외(2017a). 『인간행동과 사회환경』. 파주. 경기: 양서원.

정서영 외(2017b). 『상담이론과 실제』. 파주. 경기: 양서원.

정서영 외(2018). 『상담심리학』. 파주. 경기: 양성원.

정서영 외(2019). 『상담학개론』. 고양. 경기: 공동체.

정옥분 외(2015). 『전생애 인간발달이론』. 서울: 학지사.

정은(2014). 『인간행동과 사회환경(2판)』. 서울: 학지사.

정태석 외(2014). 『사회학』. 파주. 경기: 한울아카데미.

조성철 · 김보기(2014). 『복지국가 위기론』. 안양. 경기: 한국선교연합회

지영주 외(2016). 『인간성장발달』. 서울: 퍼시픽북스.

최기채(1998). 『성도의 임종학』. 서울: 성광문화사.

최성재 · 장인협(2014). 『노인복지론』. 서울: 유풍출판사.

최세영 외(2018). 『노인복지론』. 파주. 경기: 정민사.

최옥채 외(2015). 『인간행동과 사회환경』. 파주. 경기: 양서원.

최일섭 · 최성재(2000). 『사회문제와 사회복지』. 서울: 나남.

최일섭 · 최성재(2014). 『고령화사회의 노인복지학』. 서울: 서울대학교출판부.

최혜경(2017). 『노인복지론』. 서울: 학지사.

표갑수(2010). 『사회문제와 사회복지』. 서울: 나남.
한국산업사회학회(2009). 『사회학』. 서울: 한울.
한국심리학회(2014). 『심리학용어사전』. 서울: 한국심리학회.
한신애 외(2018). 『사회복지행정론』. 파주. 경기: 수양재.
한형수(2011). 『헌국사회 도시노인의 삶의 질 연구』. 서울: 청목출판사.
허영(2009). 『한국헌법론』. 서울: 박영사.
현성용 외(2015). 『현대심리학의 이해』. 서울: 학지사.

2) 논문

강현정(2009). "노년기 사회적 배제". 한서대학교 대학원. 박사학위논문.
강현정 · 김윤정(2010). "사회적 배제 경험 노인의 삶의 질 향상을 위한 방안". 『국가족관계학회지』. 제14권 제1호: 333-358.
강현정 · 김윤정(2011). "노년기 사회적 배제의 실태 및 예측 요인". 『한국콘텐츠학회논문지』. 제11권 제9호. 한국콘텐츠학회: 323-334.
권금주(2007). "노인학대 과정에 관한 연구: 가해며느리 경험을 중심으로". 이화여자대학교 대학원. 박사학위논문.
김선숙(2007). 한국교회 노인을 위한 죽음준비 교육과정 개발에 관한 연구". 서울기독대학교 대학원. 박사학위논문.
김수진(2019). "사회적 배제, 가정생활스트레스, 우울의 종단적 관계: 노인부부가구의 성별 차이를 중심으로". 이화여자대학교 대학원. 박사학위논문.
김안나 외(2008). "사회통합을 위한 사회적 배제계층 지원방안 연구: 사회적 배제의 역동성 및 다차원성 분석을 중심으로". 서울: 한국보건사회연구원.
김정영(2019). "호스피스완화의료 다학제 팀 내에서의 간호사의 역할 인식과 수행 정도". 연세대학교 간호대학원. 석사학위논문.
김지영 · 김기범(2007). "노인학대의 발생을 예측하는 변인에 관한 연구". 『형사정책연구』. 제18권 제3호: 1341-1360.
문상목 · 김보기(2013). "조지와 윌딩의 복지국가위기론의 유형들에 대한 이데올로기적 분석 연구". 『한국복지실천학회』. 제5권 제2호 : 61-84.
문진영(2004). "사회적 배제의 국가 간 비교연구: 프랑스, 영국, 스웨덴을 중심으로". 『한국사회복지학』. Vol.56 No.3: 253-277.
문진영(2010). "한국의 사회적 배제 성격에 대한 연구: 유럽연합 회원국과의 비교를 중심으로" 『한국사회복지학』. Vol.62 No.2: 87-107.

박미란 · 최정원(2015). "사회적 배제에 나타난 노년기 경제적 배제에 관한 연구". 『한국복지실천학회』. 제7권 제2호: 85-104.

배지연 외(2006). "사회적 배제와 우울에 관한 탐색적 연구". 『노인복지연구』. 통권 33호: 7-27.

신광영(2010). "사회적 배제에 대한 개념적 논의". 『한국사회학연구』. 제2호 : 1-28.

심창학(2001). "사회적 배제 개념의 의미와 정책적 함의: 비교관점에서의 프랑스를 중심으로". 『(계간) 한국사회복지학』. No.44: 178-208.

양철수(2019). "프로이트의 정신분석이론에 나타난 사회복지 연관성 연구". 『산업진흥연구』. Vol.4 No.1: 29-44.

오승주(2017). "노인학대범죄의 대책에 관한 연구". 동국대학교 대학원. 박사학위논문.

이난희(2019). "한국 여성노인의 소득보장에 관한 연구". 서울기독대학교 대학원. 석사학위논문.

이득진(2008). "주거권의 헌법적 보장과 실현방안". 고려대학교 대학원. 석사학위논문.

이미진 · 김혜련(2016). "노인보호전문기관의 노인학대사례 유형별 비교". 『한국노인복지학회 학술발표논문집』.

이혜경(2009). "노인의 사회적 배제 정도가 심리적 복지감에 미치는 영향에 관한 연구". 『노인복지연구』. 통권 제46호 : 315-336.

전병주(2014). "노인의 사회적 배제 특성, 주거 점유형태가 우울 및 생활만족도에 미치는 영향". 충북대학교 대학원. 박사학위논문.

전인철(2014). "농촌지역개발의 공공지원에 대한 주민의 사회적 책임에 관한 연구: 사회교환이론을 중심으로". 서울시립대학교 대학원. 박사학위논문.

정경희 외(2012). 『2011년 노인실태조사』. 서울: 한국보건사회연구원.

정수일 · 김보기(2016). "사회문제 측면에서 본 노인문제의 해결방안에 관한 연구". 『산업진흥연구』. Vol.1 No.1 : 109-120.

정이윤(2003). "사회적 배제의 개념과 지표 평가". 서울: 한국빈곤문제연구소.

조성철 · 김보기(2014). "노인에 대한 사회적 배제의 형태 및 사례연구" 『21세기사회복지연구』. 제11권 제2호 : 163-188.

조진영(2019). "사회적 배제가 노인의 우울에 미치는 영향: 자아통합감의 조절효과". 국제신학대학원대학교. 박사학위논문.

허은실(2010). "노인인권개념 및 학대에 관한 고찰". 한서대학교 대학원. 박사학위논문.

2. 국외 자료

Atchely, R. C. & Barusch, B.(2003). *Social Forces & Aging* (10th Edition). Cenage.

Atchley, R. C.(1971). Retirement and leisure participation: continuity or crisis? *The Gerontologist, 11(1)* (Part 1) : 13-17.

Atchley, R. C.(1996). *Social Forces and Aging: An Introduction to Social Gerontology* (8 edition). Belmont. CA: Wadsworth Publishing Co.

Beaver, M. L.(1983). *Human service practice with the elderly*. Englewood Cliffs. NJ: Practice-Hall.

Bengston, V. L. et al.(1997). Theory, explanation and third generation of theoretical development in social gerontology. *The Journal of Gerontology, 52B* : S72-88.

Bengston, V. L. et al.(1999). Are theories of aging important? In V. L. Bengston & K. W. Schaie (Eds.). *Handbook of Theories of Aging*. NY: Springer Publishing Company.

Bengtson, V. L. & Schrader, S.(1982). Parent-child relations: The measurement of intergenerational interaction and affect in old age. In D. J. Mangen & W. Peterson (Eds.). *Research instruments in social gerontology*. Minneapolis: University of Minnesota Press.

Bengtson, V. L. et al.(1993). The life course perspective applied to families over time. In P. G. Boss, W. J. Doherty, R. LaRossa, W. R. Schumm, & S. K. Steinmetz (Eds.), *Sourcebook of Family Theories and Methods: A Conceptual Approach*. NY: Plenum Press.

Bengtson, V. L. et al.(1996). Paradoxes of families and aging. In R. H. Binstock & C. K. George (Eds.), *Handbook of aging and the social sciences* (4th ed.). San Diego: Academic Press.

Bennett, K. M.(1997). A longitudinal study of well-being in widowed women. *International Journal of Psychiatry, 12* : 61-66.

Bergman, J.(1995). *Social Exclusion in Europe: Policy Context and Analytical Framework. Beyond the Threshold: the measurement and analysis of social exclusion*. Bristol: Policy Press.

Birren, J. E.(Ed.)(1959). *Handbook of Aging and Individual.* Chicago. IL: University of Chicago Press.

Blazer, D. G.(1990). *Emotional Problems in Later Life: Intervention Strategies for Professional Caregivers* (Second Edition). New York: Springer Publishing Company. 김동배 외 역(2007). 『노년기정신건강』. 서울: 학지사.

Blumer, H.(1969). *Symbolic Interactionism*. NJ: Prentice−Hall.

Bredesen, D.(2017). *The End of Alzheimer's: The First Program to Prevent and Reverse Cognitive Decline*. Avery Publishing Group.

Brindis, C. et al.(1987) Continuous Counseling: Case Management with Teenage Parents. *Social Casework, 68(3)*. Milwaukee WI: Family Service America.

Brody, E. M.(1977). *Long-term care of older people: A practical guide*. New York: Human Science Press.

Brody, S. J.(1976). Comprehensive health care for the elderly: An analysis. In B. D. Bell (Ed.). *Contemporary social gerontology: Significant developments in the field of aging*. Springfield. IL: Charles C. Thomas : 138-144.

Burchardt, T. J. et al.(1999). Social Exclusion in Britain 1991-1995. *Social Policy and Administration* 33(3) : 227-244.

Clark, M. & Anderson, B.(1967). *Culture and aging*. Springfield. IL: Charles C. Thomas.

Cowgill, D. O.(1974). Aging and Modernization: A Revision of the Theory. In J. F. Gubrium (Ed.). *Late Life*. IL: Charles C Thomas.

Cumming, E. & Henry, W. E.(1961). *Growing old: The process of disengagement*. New York: Basic Books.

Dean, L. R.(1962). Aging and the decline of affect. *Journal of Gerontology. 17* : 440-446.

Gallagher, D. & Thompson, L. W.(1989). Bereavement and adjustment disorders. In E. W. Busse & D. G. Blazer (Eds.). *Geriatric psychiatry*. Washington, DC: American Psychiatric Press : 459-473.

Giddens, A. & Sutton, P. W.(2017). *Sociology* (8th edition). Cambridge. UK: Wiley Academic.

Giddens, A(2012). *The Third Way and its Critics*. Polity.

Giddens, A.(1998). *The Third Way: The Renewal of Social Democracy*. Cambridge: Polity.

Giddens, A.(2001). *The Global Third Way Debate*. Cambridge: Polity.

Graham, B.(1987). *Facing Death and The Life After*. Waco. Texas: Word Publishing Co. 지상우 역(1999). 『기독교적 관점에서 본 죽음이란 무엇인가』. 서울: 크리스찬 다이제스트.

Hao, Y.(2008). Productive activities and psychological well-being among older adults. *Journal of Gerontology, 63B(2)* : S64-72.

Harbert, A. S. & Ginsberg, L. H.(1990). *Human services for older adults: Concepts & skills(Social Problems and Social Issues)*. Columbia. South Carolina: University of South Carolina Press.

Havighurst, R. J. & Davis, A.(1944). *Who Shall Be Educated?: The Challenge of Unequal Opportunities*. New York: Harper.

Havighurst, R. J. & Neugarten, B. L.(1947). *Father of The Man: How Your Child Gets His Personality*. New York: Houghton.

Havighurst, R. J. et al.(1955). *American Indian And White Children*. Chicago: Univ. of Chicago Press.

Havighurst, R. J. et al.(1968). *Comparative Perspective on Education*. New York: Little and Brown.

Havighurst, R. J. et al.(1968). Disengagement and patterns of aging. In B. L. Neugarten (Ed.). *Middle age and aging*. Chicago. IL: University of Chicago

Havighurst, R. J.(1961). Successful aging. *The Gerontologist. 1* : 8-13.

Havighurst, R. J.(1965). *Development Tasks and Education* (2nd edition). David McKay Company, Inc.

Havighurst, R. J.(1969). *Adjustment to Retirement: A Cross-national Study*. Van Gorcum.

Havighurst, R. J.(1972). *To Live on Earth: American Indian Education*. New York: Doubleday.

Hayachi, Y. & Ende, S.(1982). All-night sleep Polygraphic Recordings of Healthy Aged Person: REM and Slow Wave Sleep. *Sleep. 5* : 277-283.

Henry, W. E.(1964). The theory of intrinsic disengagement. In P. F. Hansen (Ed.). *Age with a future*. Copenhagen: Munksgaard : 415-418.

Hepworth, D. H. et al.(2016). *Empowerment Series: Direct Social Work Practice: Theory and Skills-Standalone Book* (10th Edition). Cengage Learning.

Hooyman, N. R.(2014). *Social gerontology: A multidisciplinary perspective* (10th ed.). AMAZON CC.

James E. B.(1959). *The Process of Aging in the Nervous System*. Thomas.

James E. B.(1964). *Human Aging: A Biological and Behavioral Study*. U. S. Department of Health, Education and Welfare.

James E. B.(1964). *Relations of Development and Aging*. Charles C Thomas.

James E. B.(1964). *The Psychology of Aging*. Prentice-Hall.

James E. B.(2013). *Handbook of the Psychology of Aging* (3 edition). Academic Press.

Kalish, R. A.(1976). Death and dying in a social context. In R. H. Binstock & E. Shanas (Eds.). *Handbook of aging and the social sciences*. New York : D. Van Nostrand : 483-507.

Kass, L. R. (1971). Death as an event: A commentary on Robert Morison. *Science, 173* : 698-702.

Kinsey, A. C.(1948). *Sexual behavior in the human male*. Philadelphia, Saunders.

Kirst-Ashman, K. K. & Hull, G. H. Jr.(1993). *Understanding Generalist Practice* (6th Edition). Brooks Cole.

Kosnik, W. et al.(1988). Visual change in daily Life Throughout Adulthood. *Journal of Gerontology, 43* : 63-70.

Kübler-Ross, E. and Gold, T.(1988, 2012). *The Wheel of Life: A Memoir of Living and Dying*. New York: Charles Scribner' Son.

Kübler-Ross, E. and Kessler, D.(2001). *Life Lessons.* New York: Simon & Schuster. 류시화 역(2006). 『인생 수업』. 서울: 이레, 2006.

Kübler-Ross, E.(1969). *On death and dying*. New York: Macmillan.

Kübler-Ross, E.(1975). *The Final Stage of Growth.* Englewood Cliffs. New Jersey: Prentice-Hall.

Kübler-Ross, E.(1981). *Living with Death and Dying*. Touchstone: Simon & Chuster.

Kübler-Ross, E.(1997). *On Children and Death.* New York: Charles Scribner' Son.

Kuypers, J. A. & Bengtson, V. L.(1973). Social Breakdown and Competence: A Model of Normal Aging. *International Journal of Aging and Human Development. 26.*

Laslett, P.(1985). Societal Development and Aging. In R. H. Binstock & E. Shanas (Eds.), *Handbook of Aging and Social Sciences*. New York: Van Nostrand Reinhold.

Litwak, E. et al.(1989). Organization theory, social support, and mortality rates: A theoretical convergence. *American Sociological Review. 54* : 49-66.

Longino, C. F. & Kart, C. S.(1982). Explicating activity theory: A formal replication. *Journal of Gerontology. 37* : 713-721.

Lynott, R. J., & Lynott, P. P. (1996). Tracing course of theoretical development in the sociology of aging. *The Gerontologist. 36(6)* : 749-760.

MacCormick, A. M. & Campici, J.(1994). Cellar aging and senescence. *Current Opinion in Cell Biology*, *3* : 230-234.

Maddox, G. L. & Douglass, E. B.(1973). Self-assessment of health: A longitudinal study of elderly subjects. *Journal of Health and Social Behavior. 14* : 87-93.

Maddox, G. L. et al.(2001). *The encyclopedia of aging* (3rd Ed.). New York: Springer Publishing Company.

Maddox, G.(1965). Fact and artifact: Evidence bearing on disengagement theory from the Duke Geriatric Projects. *Human Development. 8* : 117-130.

McDonald, P. A. et al.(1988). *Counseling the older adult: A training manual in clinical gerontology* (2nd ed.). San Francisco, CA: Jossey-Bass.

Mclnnis-Dittrich, K.(2009). *Social work with older adults: A biopsychosocial approach to assessment and intervention* (3rd ed.). New York: Allyn & Bacon.

Mclnnis-Dittrich, K.(2013). *Social work with older adults* (4 ed.). Pearson.

Miller, S. J.(1965). The social dilemma of the aging leisure participant. In A. M. Rose, & W. A. Peterson (Eds.), *Older people and their social world.* Philadelpia. PA: F. A. Davis. : 77-92.

Mills, C. W.(2000). *The Sociological Imagination* (40th anniversary edition). Oxford University Press. 강희경 · 이해찬 역(2012). 『사회학적 상상력』. 파주. 경기: 돌베개.

Minahan, A.(1981). Purpose and objectives of social work revisited. *Social Work, 26(1)* : 5-6.

Mooney, L. A. et al.(2002). *Understanding Social Ploblems* (3rd ed.). Belmont: Wasdworth.

Nearing, H.(1993). *Loving and Leaving the Good Life*. chelsea Gree Pub. 이석태 역(1997). 『아름다운 삶, 사랑 그리고 마무리』. 서울: 보리.

Neugarten, B. et al.(1968). Personality and patterns of aging. In B. Neugarten (Ed.). *Middle age and aging*. Chicago: University of Chicago Press.

Neugarten, B.(1967). The awareness of middle age. In R. Owen (Ed.). *Middle age*. London: BBC.

Neugarten, B.(1973). Personality change in late life: A developmental perspective. In C. Eisdorfer & M. P. Lawton (Eds.). *The psychology of adult development and aging*. Washington, DC. American Psychological Association.

Newman, B. M. & Newman, P. R.(2011). *Development Through Life: A Psychosocial Approach* (13 edition). Cengage Learning.

Papalia, D. E. & Olds, S. W.(2008). *Human Development* (11th Edition). McGraw-Hill Humanities.

Papalia, D. E. et al.(2006). *A child's world: Infancy through adolescence*. NY: McGraw Hill.

Papalia, D. et al.(2003). *Child Development*. New York: McGraw-Hill.

Parsons, T.(1937). *The Structure of Social Action* (2 edition.). New York: Free Press.

Parsons, T.(1951). *The Social System*. London: Routledge & Kegan Paul PL.

Passutb, P. M. & Bengtson, V. L.(1988). Sociological Theories of Aging. In Birren & Bengtson (Ed.). *Emergent Theories of Aging*. New York: Springer Publishing Company.

Peck, R. C.(1968). Psychological developments in the second half of life. In B. L. Neugarten (Ed.). *Middle age and aging*. Chicago: University of Chicago Press.

Perls, F. S.(1969, 1988). *Gestalt Therapy Verbatim*. Highland. NY: Gestalt Journal Press.

Reichard, S. et al.(1962). *Aging and personality: A study of 87 old men*. New York: John Wiley.

Riely, M., & Foner, A.(1972). *Aging and society: A Sociology of Age Stratification. 3*. New York: Russel Sage Foundation.

Santrock, J. W.(2015). *Essentials of Life-Span Development* (4th Edition). McGraw-Hill Education.

Sen, A. K.(2000). Social Exclusion: Concept. Application. and Scrutiny. *Social Development Papers*. 1 : 1-54.

Shanas, E. & Maddox, G. L.(1976). Aging, health, and the organization of health resources. In R. H. Binstock & E. Shanas (Eds.). *Handbook of aging and the social sciences*. New York: Van Nostrand Company : 592-618.

Shanas, E.(1979). Social myths as hypothesis: The case of the family relations of old people. *The Gerontologist. 19(1)* : 3-9.

Skinner, B. F.(1938). *The behavior of organisms*. New York: Appleton-Century.

Skinner, B. F.(1948). *Walden two*. New York: Macmillan.

Skinner, B. F.(1953). *Science and human behavior*. New York: Macmillan.

Skinner, B. F.(1954). The science of learning and the art of teaching. *Harvard Educational Review. 24* : 86-97.

Skinner, B. F.(1958a). Teaching machines. *Science, 128* : 969-977.

Skinner, B. F.(1958b). Intellectual Self-Management in Old Age. *American Psychologist. 38* : 239-244.

Skinner, B. F.(1974). *About behaviorism*. New York: Vintage Books, A Division of Random House.

Skinner, B. F.(1990, 2015). *Beyond Freedom and Dignity*. Martino Fine Books.

Skobe, M.(1997). When nurse is not enough: Why the hospice interdisciplinary team may be a nurse's best gift. *American Journal of Hospice & Palliative Care. July/Aug*.

Steams, P. N.(Ed.)(1982). *Old age inpreindustrialsociety*. New York: Holmes and Meier.

Streib, G. & Schneider, C. J.(1971). *Retirement in American society: Impact and process*. Ithaca. NY: Cornell University Press.

Tabloski, P. A.(2006). *Gerontological nursing*. Upper Saddle River. NJ: Prentice Hall.

Tatemichi, T. K. et al.(1994). Risk of dementia after stroke in a hospitalized cohort: Results of a longitudinal study. *Neurology. 44(10)* : 1885-1891.

Williamson, J. B. et al.(1982). *The politics of aging. Springfield*. IL: Charles C. Thomas.

World Health Organization(2009). *Pharmacological treatment of mental disorder in primary health care*. Geneva. Swiss.

3. 기타

건강보험심사평가원 홈페이지(www.hira.or.kr, 2019).
건강보험심사평가원(2018).「2017년 진료비통계지표(개요)」.
국민건강보험공단 홈페이지(www.longtermcare.or.kr, 2019).
국민연금관리공단(2018). 「2017년 국민연금통계연보」.
보건복지부(2019a). 「2019년 노인복지사업안내(1)(2)」.
보건복지부(2019b). 「2019 호스피스 · 완화의료 사업 안내」.
보건복지부 홈페이지(http://www.bokjiro.go.kr, 2019c).
보건복지부(2019d). 「제2차 사회보장기본계획(2019~2023)」.
보건복지부(2019e). 「2019년 고령자친화기업 최종 46개 사업 선정)」.
서울대학교병원 의학정보, 서울대학교병원: http://www.snuh.org).
중앙선거관리위원회(2017). 「제19대 대통령선거 투표율 분석」.
통계청(2017). 「2016년 사망원인통계」.
통계청(2018a). 「2018 고령자 통계」.
통계청(2018b). 「2017년 하반기 및 연간 퇴직연금통계」.
통계청(2019a). 「장래인구특별추계: 2017~2067년」.
통계청(2019b). 「2018 한국의 사회지표」.
한국토지주택공사(2019). 「주거급여 '찾아가는 서비스'시행」.

찾아보기

(ㄱ)

(ㄴ)

(ㅎ)

저자소개

▌양철수

California Central University 사회복지상담학과 석사 · 박사(D.S.W. in Coun.)
서울사회복지대학원대학교 사회복지학 석사(D.S.W)
세한대학교 대학원 경영학과 복지경영 전공 박사과정
현, 서울사회복지대학원대학교 지도교수
  서울복지상담학회 회장
〈저서〉 인간발달, 발달심리학, 사회복지행정론 외 다수

▌김현옥

서울사회복지대학원대학교 사회복지학과 석사
세한대학교 대학원 경영학과 복지경영 전공 박사과정
현, 서울사회복지대학원대학교 지도교수
〈저서〉 정년 후의 삶, 노인복지론 외 다수

▌윤원섭

국제신학대학원대학교 사회복지학과 석사
국민대학교 정치대학원 석사과정
현, (주) 나경이엔씨 대표이사
  한국상담교육원 서울교육원 겸임교수
〈저서〉 인간행동과 사회환경, 사회복지실천론 외 다수

▌윤희열

서울기독대학교 대학원 사회복지학과 석사
서울기독대학교 대학원 사회복지학과 박사(Ph.D)
현, 수색방문요양센터 대표
  배움사이버평생교육원 교수
  중앙사이버평생교육원 사회복지현장실습 지도교수
〈저서〉 지역사회복지론, 노인복지론 외 다수

▌이영희

충남대학교 대학원 경제학박사
청주대학교 대학원 사회복지학박사
현, 대전과학기술대학교 보건복지과 교수
〈저서〉 사회복지개론, 사회복지조사론, 사회복지법제론 외 다수

▌이정미

대구가톨릭대학교 대학원 이학박사
현, 성덕대학교 사회복지심리상담과 교수
〈저서〉 사회복지법제론, 아동상담론 외 다수

❙ 이척희

성균관대학교 무역대학원 지역경제학과 석사
호서대학교 대학원 사회복지학과 박사과정
현, 서울사회복지대학원대학교 지도교수
동성화학산업 대표
〈저서〉 사회복지개론, 사회복지행정론, 상담심리학 외 다수

❙ 임선희

청주대학교 사회복지대학원 석사
충북대학교 행정학과 박사 수료
현, (재)천주교 보혈선교수녀회 하늘재보호작업장
충북보건과학대학교 복지행정학과 겸임교수

❙ 전미숙

신라대학교 대학원 사회복지학박사
현, 제주한라대학교 복지행정과 겸임교수
〈저서〉 사회복지조사론, 사회복지개론 외 다수

❙ 진윤지

성신여자대학교 대학원 사회복지학과 박사(Ph.D. cand.)
현, 한국사회복지실천정책학회 책임연구위원
대한치매예방협회 노인정책연구국장
(사) 국제여가문화협회 노인복지 운영이사
〈저서〉 사회복지개론, 사회복지실천론, 상담이론과 실제 외 다수

노인복지론

1판 1쇄 인쇄 — 2019년 9월 1일
1판 1쇄 발행 — 2019년 9월 5일

저 자 - 양철수 김현옥 윤원섭 윤희열 이영희
이정미 이척희 임선희 전미숙 진윤지
발행인 - 강 성 민
발행처 - 수 양 재
주 소 - 경기도 파주시 검산로 173번길 29-20
전 화 - 031-946-3863(代)
팩 스 - 031-946-3864
이메일 - syjpub@naver.com
출판등록 - 2016년 6월 3일 제 406-2016-000069 호

ISBN 979-11-89457-07-5

정가 20,000원